Contenu

Le propre livre du magicien

ou tout l'art de la conjuration

étant un manuel complet de magie de salon , et contenant plus de mille expériences optiques, chimiques, mécaniques, magnétiques et magiques, des transmutations amusantes, des tours et subtilités étonnants, des tromperies de cartes célèbres, des tours ingénieux avec des chiffres, des énigmes curieuses et amusantes, ainsi que tous les tours les plus remarquables des artistes modernes.

George Arnold, Frank Cahill

Writat

Cette édition parue en 2023

ISBN : 9789358812909

Publié par
Writat
email : info@writat.com

LE JEUNE CONJUREUR.

Y COMPRIS DES TRESSEURS DE MAIN, AVEC DES OBJETS OU DES CARTES, AVEC ET SANS APPAREIL.

Qu'il y ait eu de la « jonglerie » à toutes les époques du monde, les pages de l'histoire le prouvent abondamment. Les anciennes religions païennes étaient mêlées à un vaste système de tours de passe-passe et étaient, plus ou moins, des tissus de supercherie. Des tours de passe-passe, des tours de langue par lesquels la parole était gardée à l'oreille, mais brisée jusqu'à l'espérance, et diverses tromperies miraculeuses, étaient les moyens par lesquels les prêtres d'Égypte, de Grèce et de Rome utilisaient pour subjuguer l'humanité. Heureux devrions-nous être de vivre à une époque où les bêtises de toutes sortes sont sûres d'être exposées aux rayons de la vérité.

Les nations orientales, dès les premiers temps, possédaient, outre ces jongleurs religieux, d'autres qui gagnaient leur vie en se déplaçant de lieu en lieu et en accomplissant divers tours et exploits par lesquels le jugement était déconcerté et la raison embobinée ; et même aujourd'hui, les artistes de l'Orient dépassent infiniment ceux de l'Occident. À l'époque normande, le jongleur était appelé jongleur ou joculator et réunissait en un seul le ménestrel, l'astrologue et le joyeux andrew. Au XIVe siècle, il semble être devenu davantage un interprète de tours et de prouesses et portait le nom de Trégétour. Les tregetours étaient adeptes de toutes sortes de tours de passe-passe et, à l'aide de machines de toutes sortes, trompaient les yeux des spectateurs et produisaient des illusions qu'on croyait habituellement être l'effet de l'enchantement, raison pour laquelle ils étaient fréquemment classé parmi les sorciers, les magiciens et les sorcières. Chaucer, qui a sans doute eu fréquemment l'occasion de voir les astuces des tregetours de son temps, dit : « Là, j'ai vu jouer jogelours , magyciens , tragiques , phétonysses , charmeuses , vieilles sorcières et sorcières ; et le vieux poète continue en leur disant : " Parfois ils évoqueront la similitude d'un lion sinistre, ou feront pousser des fleurs comme dans un pré. ; tantôt ils font fleurir une vigne portant des raisins blancs et rouges, ou montrent un château construit en pierre, et quand ils veulent, ils font disparaître le tout : " et dans une autre partie de son œuvre, il dit :

" Là j'ai vu Coll Trégétour,

Sur une table de sycamour ,

Jouer un grossier pensez à le dire;

j'ai vu hymne Cary un Wyndemell ,

Sous un schiste walnot . "- *House of Fame* , livre iii.

Le savant monarque Jacques Ier était parfaitement convaincu que ces exploits, ainsi que d'autres exploits inférieurs présentés par les tregétours de son époque, ne pouvaient être accomplis que par l'intermédiaire du « vieux gentleman », qu'il n'est pas poli de nommer. La profession était déjà tombée très bas, et à la fin du règne de la reine Elizabeth, les interprètes étaient classés par les écrivains moraux de l'époque, non seulement parmi les voyous, les blasphémateurs, les voleurs et les vagabonds, mais aussi parmi les Juifs, les Turcs, les hérétiques, les païens et les sorciers ; et dans des temps plus modernes, par dérision, le jongleur était appelé un mocus -pocus, ou hocus-pocus, terme applicable à un pickpocket ou à un tricheur commun.

Les pages qui suivent ne visent pas à faire du jeune lecteur un tricheur ou un filou ; il n'y a peut-être rien de plus méprisable dans la vie quotidienne que la supercherie et la tromperie, et nous mettrons en garde notre jeune maître de ne pas obtenir par ces amusements un amour de la tromperie, qui n'est permis que dans de tels exploits d'amusement, et qui n'est en aucune façon coupable, quand chacun sait qu'il est trompé. Mais nous lui conseillons vivement de cultiver dans son esprit les vertus de sincérité, de franchise, de franchise, d'ouverture et de vérité ; éviter le subterfuge et la tromperie comme il le ferait avec un reptile venimeux ; et haïr un mensonge comme il haïrait ce même vieux monsieur que nous étions trop polis pour nommer, et qui en est le père.

Avec ce sage conseil, nous présenterons une collection de tours de prestidigitation amusants.

Un tour de passe-passe.

J'ai l'intention, dans les pages suivantes, d'insister davantage sur les tours qui ne nécessitent aucun appareil, que sur ceux pour lesquels un appareil spécial ou l'assistance d'un complice sont nécessaires. Personne n'est aussi satisfait d'un tour de passe-passe dont l'essence réside évidemment dans la machinerie, tandis que chacun éprouve du plaisir à voir un tour de passe-passe soigneusement exécuté. Pour ma part, je méprise toutes les nombreuses boîtes, bouteilles, couvercles bigarrés et autres gimcracks qu'on voit généralement sur la table d'un prestidigitateur ; et je n'ai jamais été aussi satisfait d'un artiste que de celui qui n'avait même pas besoin d'une table, mais mettait à son service des objets empruntés à son public, tandis qu'il se tenait devant eux ou marchait parmi eux. Les spectateurs ne devraient jamais pouvoir dire : « Ah ! le truc est dans la boîte ; il n'ose pas nous le montrer !

Les tours suivants ont presque tous été exécutés avec succès par moi-même et m'ont valu une certaine réputation dans l'art magique. Certains sont ma propre invention :

1. LE DIME VOLANT.

Cette astuce doit être fréquemment pratiquée avant d'être présentée en public.

Empruntez à la compagnie deux mouchoirs de soie de couleur, et ayez *trois* pièces de dix sous dans la main, mais n'en montrez que *deux* , en gardant l'autre fermement fixé contre la première articulation du deuxième et du troisième doigt. Vous devez également avoir une fine aiguille et du fil coincés à l'intérieur du revers de votre manteau. Ensuite, prenez un des mouchoirs et mettez-y *les deux* pièces de dix sous, mais faites comme si *un seul* était dans le mouchoir ; puis mettez le mouchoir dans un chapeau, en laissant pendre un coin. Tenez maintenant le *troisième* sou (que les spectateurs imaginent être le *deuxième*) et demandez à l'un des membres de la compagnie de poser le deuxième mouchoir dessus. Vous lui demandez ensuite de tenir fermement la pièce de dix cents entre son doigt et son pouce, pendant que vous enroulez le mouchoir. Ce faisant, les deux mains cachées sous le mouchoir, vous passez quelques points sous la pièce de dix cents et replacez l'aiguille. Ceci fait, étendez un coin du mouchoir sur la main de celui qui tient encore la pièce de dix cents, et, en saisissant un autre coin, dites-lui de laisser tomber la pièce de dix cents lorsque vous en aurez compté trois. Au mot « trois », il lâche la pièce de dix cents, et vous fouettez le mouchoir en l'air, lorsque la pièce de dix cents semble avoir disparu, mais est en réalité retenue dans le mouchoir. Vous dites alors à l'individu étonné de sortir l'autre mouchoir du chapeau par le coin qui pend. On entend les deux pièces de dix cents tomber dans le chapeau, et tout le monde est persuadé que vous avez fait sortir l'une des pièces de dix cents de la main d'une personne et l'avez envoyée dans le chapeau.

2. UNE AUTRE MÉTHODE.

Peut-être que les spectateurs demanderont à le revoir ou exigeront de marquer le centime. Dans ce cas, variez-le comme suit. Demandez à quelqu'un (choisissez toujours le plus incrédule du groupe) de marquer un centime de son côté et donnez-le-vous. Prenez le même mouchoir et donnez-lui à tenir la pièce de monnaie qui y est déjà enfermée, comme dans le dernier tour, en laissant tomber la pièce de dix cents marquée dans la paume de votre main. Tournez-le comme avant, puis laissez-le entièrement entre ses mains. Demandez-lui de le placer sur une table et de le recouvrir d'une bassine ou d'une soucoupe. Demandez-lui de vous donner une tasse ou un gobelet et tenez-le sous la table, à l'endroit où se trouve la soucoupe. Dites-lui ensuite de frapper trois fois sur la soucoupe et, au troisième coup, de laisser tomber la pièce de dix cents marquée dans le gobelet. Donnez-lui le gobelet, et pendant qu'il examine la pièce de dix cents pour voir si c'est la même que celle qu'il a marquée, prenez la soucoupe et secouez le mouchoir qui se trouve dessous, comme dans le dernier tour. Il faut alors rendre le mouchoir, et pendant que vous faites semblant de chercher les marques, retirer le fil qui retenait la pièce de dix cents, et déposer la pièce dans la paume de votre main, en prenant soin de frotter entre votre doigt et votre pouce l'endroit où se trouvait la pièce. les fils avaient été, afin d'éradiquer les marques. Cette variation manque rarement de confondre l'entreprise.

Vous devez vous rappeler de continuer à parler tout le temps et d'essayer toujours de faire une blague ou de détourner l'attention du public pendant que vous effectuez les changements nécessaires.

3. LES PERLES ET LES CORDES.

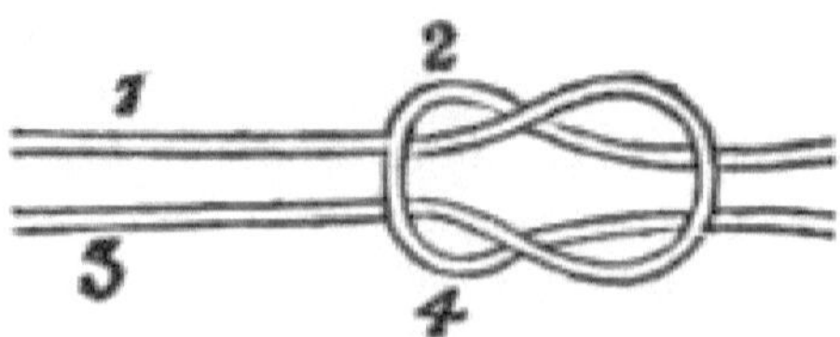

Demandez à une dame de vous prêter les perles de son bracelet, ou ayez avec vous cinq ou six perles que vous pourrez remettre pour examen. Demandez ensuite à quelqu'un de couper deux morceaux de ficelle mince d'égale longueur et de les enrouler autour de vos doigts, en semblant les poser côte à côte, mais en les plaçant en réalité comme dans la figure, puis, en les tordant ensemble avec une apparente insouciance. , la manière dont ils sont disposés ne se verra pas, surtout si vous gardez le point de jonction caché soit par un doigt, soit en y jetant l'ombre de votre main.

Lorsque les perles sont rendues, enfilez-les toutes en prenant soin de passer la perle centrale sur le point de jonction. Vous rassemblez ensuite les extrémités de la ficelle 1 et 2 et les attachez ainsi, en faisant de même avec 3 et 4. Donnez maintenant les extrémités liées à deux personnes, en leur demandant de les tenir fermement. Vous n'avez pas à craindre que les perles se détachent, même si elles tirent fort. Saisissez ensuite les perles à deux mains, en demandant aux supports de détendre les ficelles. Vous alors, sous le couvert de la main gauche, qui est placée au-dessus des perles, glissez la perle centrale d'un côté, et sortez les deux boucles qui y ont été cachées. Les perles se détacheront alors facilement dans votre main droite. Dites aux détenteurs de tirer fort, ce qu'ils feront, et au même moment, retirez vos mains, en montrant les ficelles vides et toutes les perles dans votre main droite. Remettez ensuite les perles et les ficelles comme avant. Pensez à effacer les marques sur les cordes causées par les boucles, avant de retirer vos mains.

4. POUR SORTIR UNE BAGUE D'UN MOUCHOIR.

Pliez un morceau de fil d'or en forme d'anneau, après avoir préalablement affûté les deux extrémités. Vous possédez une vraie bague faite du même morceau de fil, et en cachant la fausse bague dans le creux de votre main, proposez la vraie pour qu'elle soit inspectée. Lorsqu'il vous sera rendu, empruntez un mouchoir, et en le prenant chez le prêteur, glissez l'anneau vrai dans votre main gauche, et prenez le faux à son point de jonction. Jetez le mouchoir sur l'anneau et donnez-le à quelqu'un pour qu'il le tienne entre son doigt et son pouce. Laissez le mouchoir tomber dessus et donnez un morceau de ficelle à un deuxième spectateur, en lui ordonnant de l'attacher autour du mouchoir, à environ deux pouces au-dessous de l'anneau, de manière à l'enfermer dans un sac, et dites-lui de le faire comme il se doit. aussi étroitement qu'il le peut. Pendant qu'il fait cela, prenez votre baguette de prestidigitation, une tige de bois dur, longue d'environ dix-huit pouces, et lorsque le nœud est fait, avancez en passant la tige dans votre main gauche, en prenant soin d'y glisser le vrai bâton. anneau, qui y était caché. Glissez votre main gauche au centre de la tige et demandez à chacune des deux personnes d'en tenir une extrémité dans sa main droite. Dis ensuite à celui qui a l'anneau et le mouchoir de les mettre sur ta main gauche, que tu couvriras aussitôt avec ta droite. Dis-leur ensuite d'étendre un autre mouchoir sur tes mains, et de dire après toi toutes les bêtises que tu voudras inventer.

Pendant qu'ils le font, dépliez le faux anneau, et passez-le à travers les mouchoirs par une de ses pointes, en frottant soigneusement entre le pouce et l'index l'endroit où il est passé. Accrochez le mouchoir vide à l'anneau qui est sur la tige, et enlevez vos mains, que vous exposez vides, comme vous avez enfoncé le faux anneau dans votre manchette. Enlevez le mouchoir supérieur, et qu'une troisième personne vienne l'examiner, lorsqu'elle trouvera l'anneau sorti du mouchoir et accroché à la tige.

5. FAIRE UN NŒUD DANS UN MOUCHOIR QUI NE PEUT PAS ÊTRE SERRÉ.

Faites un nœud ordinaire sur un mouchoir, donnez le bout de votre main droite à un spectateur et dites-lui de tirer fort et fort lorsque vous en comptez trois. Au moment où il tire, glissez votre pouce gauche sous le mouchoir, comme dessiné dans la coupe, et il sera tiré tout droit, sans aucun nœud. Il faut lâcher le bout qui pend au-dessus de la main gauche et saisir le mouchoir entre le pouce et l'avant.

6. LES TROIS COUPES.

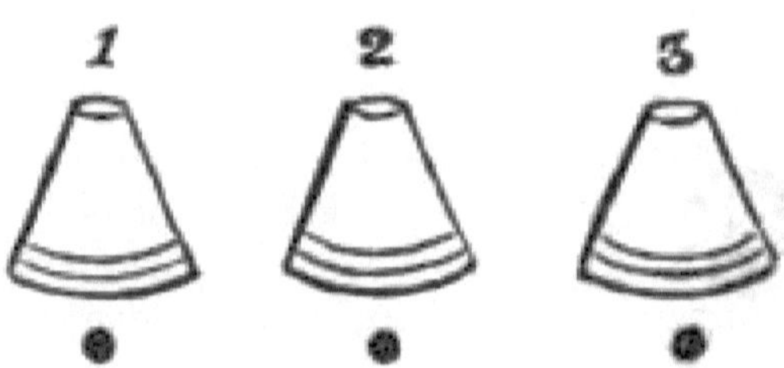

Il s'agit d'une illusion admirable, mais qui nécessite une gestion très prudente et qui doit être pratiquée à plusieurs reprises avant d'être exposée publiquement. Vous obtenez trois tasses en étain, de la forme indiquée dans la coupe. Ils doivent avoir deux ou trois crêtes qui les entourent à l'embouchure, afin de donner une meilleure prise. Quatre boules doivent maintenant être en liège et soigneusement noircies. L'une des boules est tenue cachée entre les racines du troisième et du quatrième doigt, tandis que les trois autres sont remises pour examen, avec les cupules. A leur retour, le jeune prestidigitateur commence par placer chaque boule sous une coupe, ou, s'il le souhaite, en demandant à l'un des spectateurs de le faire à sa place. Pendant ce temps, il glisse la quatrième balle jusqu'au bout du deuxième et du troisième doigt. Il soulève alors la coupelle n° 1, la replace sur la table à quelques centimètres de sa première position, et glisse en même temps la quatrième boule en dessous. Il reprend la balle n°1 et fait semblant de la jeter, mais en réalité il la glisse à la place qu'occupait la quatrième balle. Il fait de même avec les trois tasses, puis commence une fausse recherche de la balle perdue, dans laquelle il renverse accidentellement (!) l'une des tasses et, à son prétendu étonnement, trouve une balle en dessous. Il renverse ensuite les deux autres coupes et y trouve les deux boules manquantes.

Il place à nouveau les boules sous les gobelets en prenant soin de glisser la quatrième boule sous le gobelet n° 3. Il reprend alors le gobelet n° 1, et fait semblant de lancer la balle dans le n° 3, mais la cache comme auparavant. Comme il y a déjà deux ballons dans le n°3, les spectateurs imaginent qu'il a réellement lancé le ballon dedans. Il replace la coupelle n°3 sur les deux boules, et glisse entre elles la boule n°1. Il reprend ensuite la coupelle n°2, et suit le même processus, et en renversant la coupelle n°3, les trois boules se retrouvent ensemble. en dessous, et pendant que les spectateurs s'étonnent, la balle n°2 peut être rapidement éliminée.

Une fin plutôt surprenante à cette astuce peut être obtenue en prenant l'une des tasses, la bouche vers le haut, en tenant le doigt et le pouce près de sa bouche. Puis, en y jetant une autre coupe, en lâchant la première et en attrapant la seconde, vous semblez avoir jeté la deuxième coupe à travers la première.

7. Attacher un mouchoir autour de sa jambe et l'enlever sans dénouer le nœud.

Tenez le mouchoir par les deux extrémités, posez le centre du mouchoir sur votre genou, et passez les deux extrémités en dessous, en semblant les croiser, mais en réalité les attachant l'une à l'autre, comme le représente la gravure, qui montre la manière dont cela est géré. Tendez bien cette boucle, ramenez les extrémités du même côté où elles se trouvaient à l'origine, et nouez-les dessus. Si la boucle est correctement réalisée, elle résistera à une bonne traction. Puis, après avoir montré aux spectateurs à quel point il est solidement noué, passez votre main sous le nœud, et en tirant dessus fortement, il se détachera.

La gravure représente la manière dont la boucle est réalisée, mais elle doit être considérablement plus petite que ce qui est montré, sinon elle sera visible. En fait, il ne devrait pas s'agir d'une boucle du tout, car elle devrait être presque cachée sous le pli du mouchoir. Ne le montrez pas en public avant de pouvoir le lier avec rapidité et précision.

8. LE LIEN MAGIQUE.

Prenez un morceau de ficelle, attachez les deux extrémités ensemble avec un nœud de tisserand, comme celui qui tient le mieux, et disposez-le sur les doigts, comme représenté dans la gravure. Cela fait, laissez pendre la longue boucle, soulevez les deux boucles du pouce, tirez-les vers l'avant jusqu'à ce que la ficelle soit bien tendue, puis placez-les derrière la main, en les passant entre le deuxième et le troisième doigt. Tirez ensuite sur la partie de la ficelle qui se trouve entre les racines des doigts et toute l'affaire se détachera.

9. LE VIEUX HOMME ET SA CHAISE.

Fig. 1

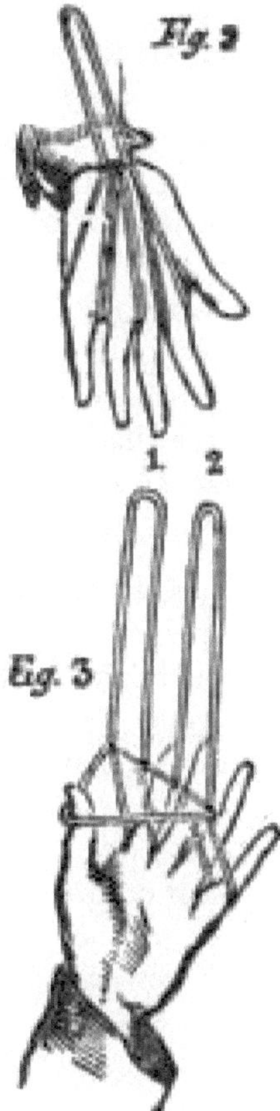

Figure 2

1. Avant- doigt droit
2. Majeur droit

Prenez le même morceau de ficelle que dans le dernier tour, tenez votre main gauche avec la paume vers le haut et accrochez la ficelle au-dessus de la paume. Écartez tous les doigts, et avec la main droite avancez les boucles qui pendent derrière, en la passant sur le deuxième et l'annulaire. Détachez la boucle, saisissez la partie de la ficelle qui traverse la main et tirez-la vers l'avant. Une fois serré, passez-le sur le dos de la main, inversion du mouvement qui l'a fait avancer. Détachez la boucle, insérez l'index et l'auriculaire de la main droite sous la ficelle qui entoure l'index et l'auriculaire gauche, et passez les deux boucles sur le dos de la main, comme indiqué sur la coupe, fig. 1. Rentrez les deux boucles sous les ficelles croisées à l'arrière et vos préliminaires sont terminés. Alors commencez votre histoire : « Il était une fois un vieil homme qui volait une livre de bougies. Les voici. » Vous tenez ensuite votre main gauche comme au début, accrochez l'index droit sous la traverse arrière et le tirez vers le bas jusqu'à ce qu'il soit suffisamment long pour être passé sur le deuxième et le troisième doigt vers l'avant. Passez-le et tirez-le lentement vers le haut, lorsque vous verrez la similitude d'une livre de bougies suspendues par leurs cordes. (Voir Fig. 2.) "Le vieil homme, fatigué, a raccroché ses bougies", vous accrochez ensuite la longue boucle sur votre pouce, "et s'est assis dans sa chaise à haut dossier, que vous voyez ici." Vous attachez ensuite l'avant-index et le majeur droits sous les deux boucles qui pendent derrière la main gauche, les amenez vers l'avant, les soulevez perpendiculairement, et la chaise apparaîtra comme sur la figure 3. Le pouce doit être levé perpendiculairement et ramené autant que possible au centre de la main, sinon la chaise sera toute de côté.

"Quand le vieil homme s'est reposé, il a commencé à faire sombre et il a pris une paire de ciseaux pour se couper une bougie. Voici les ciseaux." Pendant que vous dites cela, vous retirez la boucle du pouce et vous obtenez la Fig. 4. Déplacez les lames et les poignées des ciseaux, comme si vous coupiez quelque chose avec elles. "Au moment où il l'avait allumé, un policier entra et sortit son bâton, avec la couronne de la reine au sommet." Lâchez maintenant le petit doigt de la main gauche et la boucle remontera le long de la corde vers la main droite, ce qui donnera la figure 5. "Le vieil homme a vainement essayé de résister, car le policier a appelé un camarade à son aide, et ils il attacha une corde autour des bras du vieillard en faisant un nœud serré, comme ceci (glissez le majeur droit de sa boucle, et vous obtiendrez la figure 6) et l'emmena en prison.

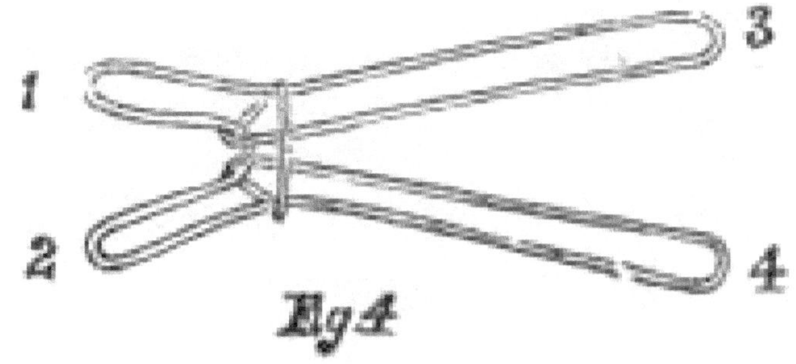

Figure 4

1. Avant-doigt de la main gauche,

2. Petit doigt de la main gauche.

3. Avant-doigt de la main droite.

4. Majeur de la main droite.

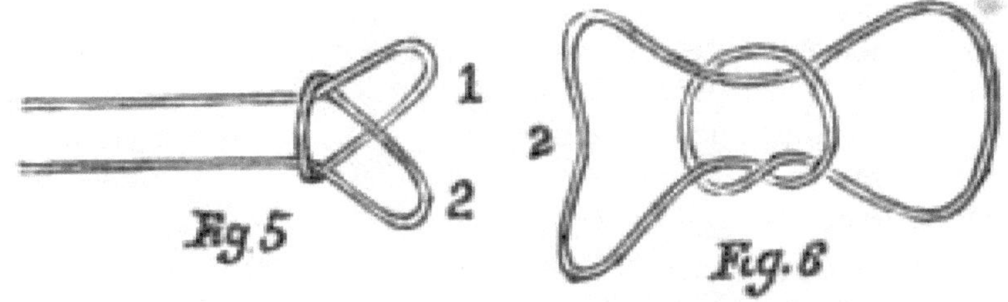

Figure 5

1. Majeur droit.

2. Avant- doigt droit.

Figure 6

1. Juste avant

1. doigt.

2. Main gauche.

10. FAIRE UN NŒUD AU POIGNET GAUCHE, SANS LAISSER LA MAIN DROITE L'APPROCHER.

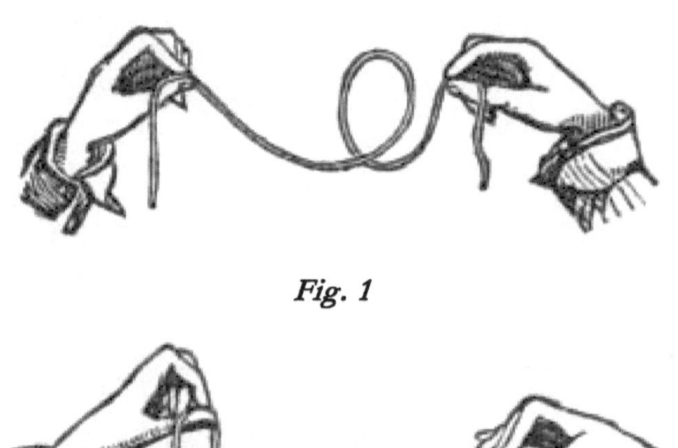

Fig. 1

Figure 2

Prenez un morceau de ficelle épaisse et flexible à chaque extrémité et, d'un coup rapide de la main droite, faites une boucle dessus comme sur la figure 1. Le coup doit être donné vers le haut et vers la main gauche, et son impulsion provoquera la boucle. faire remonter la corde jusqu'à ce qu'elle tombe sur le poignet gauche, comme dans la figure 2. Au moment où la secousse vers l'avant est donnée, la main droite doit être tirée vers l'arrière, de sorte que la boucle soit tendue directement, elle s'est installée sur le poignet. Les deux extrémités doivent être laissées tomber lorsque le nœud est ferme. Il s'agit d'un petit tour de passe-passe très agréable à pratiquer entre des tours plus voyants et, bien qu'assez difficile à apprendre, il est vite acquis.

11. LES MENOTTES.

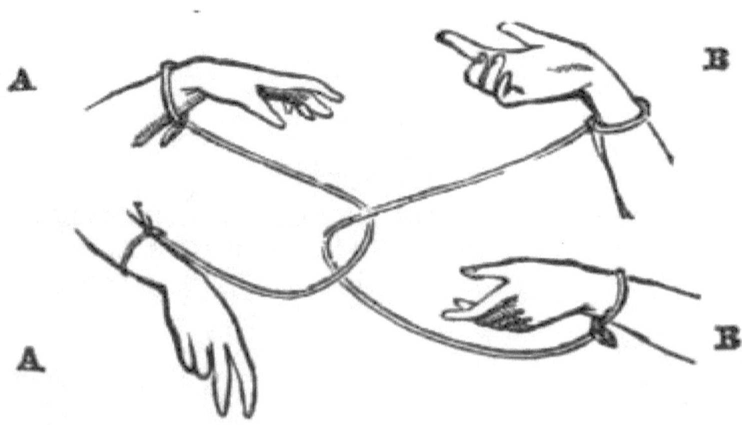

Laissez deux personnes, A et B , avoir les mains liées ensemble avec une ficelle, de manière à ce que les ficelles se croisent, comme représenté dans la gravure. Le but est de se libérer les uns des autres sans dénouer le nœud. Elle s'exécute de la manière suivante :

Laissez B rassembler la ficelle qui relie ses mains, passer la boucle sous la ficelle qui lie l'un ou l'autre des poignets de A , la glisser sur la main de A , et tous deux seront libres. Par une inversion du même processus, la chaîne peut être remplacée.

12. POUR TIRER UNE FICELLE À TRAVERS VOTRE BOUTONNIÈRE.

Prenez un morceau de ficelle d'environ deux pieds de longueur et attachez les extrémités ensemble. Passez-le dans une boutonnière de votre manteau ; attachez un pouce à chaque extrémité, accrochez les petits doigts dans les cordes supérieures de la main opposée. Tirez ensuite les mains bien vers l'extérieur, et la ficelle aura l'air très compliquée, comme dans la gravure.

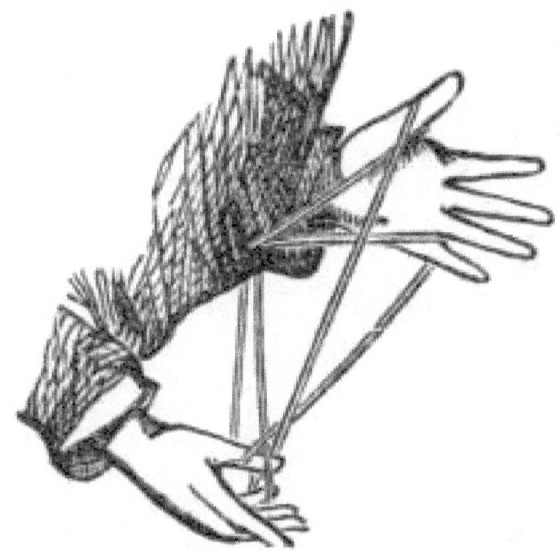

Pour retirer la ficelle, relâchez la prise du pouce droit et de l'auriculaire gauche, et séparez intelligemment les mains, lorsque la ficelle semblera avoir été tirée à travers *la* substance de votre manteau.

C'est une amélioration du tour si, immédiatement après avoir perdu la prise du pouce droit, vous changez la corde du petit doigt droit au pouce.

13. LA CORDE COUPÉE RESTAURÉE.

Attachez ensemble les extrémités d'un morceau de ficelle, passez une main à chaque extrémité, tournez-le une fois et placez les deux extrémités dans la main gauche. Tirez rapidement la main droite le long des doubles cordes jusqu'à arriver à l'endroit où les cordes se sont croisées, comme on le voit sur la gravure. Cacher la jonction avec le pouce et l'index de la main droite ; tenez les cordes de la même manière avec la main gauche et dites à quelqu'un de couper la corde entre elles. Vous montrez que la ficelle a été divisée en deux morceaux et dites que vous les joindrez avec vos dents. Mettez les quatre extrémités dans votre bouche et retirez avec votre langue la petite boucle qui a été coupée. Lorsque vous retirez la ficelle de votre bouche, les spectateurs ne remarqueront pas l'absence d'une si petite partie de sa longueur et croiront que vous les avez réellement rejoints.

1. La ficelle torsadée. 2. La manière de le tenir.

14. LE NOEUD GORDIEN.

Prenez un mouchoir en soie et posez-le sur une table. Prenez chacun des coins, et superposez-les au milieu du mouchoir, qui sera alors carré, comme dans la coupe, fig. 1. Faites de même avec les nouveaux coins, et continuez jusqu'à ce que le mouchoir soit réduit. à la taille de votre main. Ensuite, avec votre doigt et votre pouce gauches, saisissez le centre en prenant soin de saisir les quatre coins qui s'y trouvent, et avec le doigt et le pouce droits, saisissez la couche extérieure de soie et tirez-la vers vous jusqu'au bout. viendra. Tournez-le ensuite un peu sur votre main gauche, et répétez l'opération jusqu'à ce que tout soit vissé en une boule serrée, comme cela est représenté dans la gravure fig. 2. Aucune extrémité ne sera alors perceptible, et une personne qui ne connaît pas le mode ne pourra jamais le dénouer. Bien sûr, vous devez le préparer au préalable. Lorsque la personne à qui vous le donnez n'a pas réussi à le dénouer, vous prenez le ballon dans votre main, et en le tenant derrière votre dos, vous inversez la méthode par laquelle il a été attaché, et lorsqu'il se détache, une bonne secousse le libérera. .

15. LE NOEUD EST DEBLIÉ.

C'est une tromperie très amusante. Vous demandez un mouchoir à n'importe qui et vous attachez fermement les extrémités ensemble dans un double nœud, lui permettant de le sentir, ou vous serrez les extrémités aussi fort qu'il le souhaite. Vous jetez ensuite le centre du mouchoir sur le nœud, demandez à la personne de le tenir fermement entre son doigt et son pouce. Vous lui demandez si le nœud est toujours là, ce à quoi il répondra par l'affirmative. Vous saisissez ensuite n'importe quelle partie du mouchoir et demandez au détenteur de laisser tomber le mouchoir au mot « trois ». On compte « un, deux, trois », auquel mot il lâche son mouchoir, et il ne reste plus aucun vestige du nœud.

La méthode pour réaliser cette astuce est la suivante : prenez le mouchoir et nouez les extrémités en un simple nœud, en gardant *une extrémité serrée* et l'autre extrémité lâche. Nous appellerons la partie serrée A et la partie libre B . Gardez un *toujours* dans la main droite, et étiré horizontalement, et le mouchoir ressemblera à la coupe. Faites cela lorsque vous l'attacherez pour la deuxième fois et serrez B , ce qui formera alors un double lien autour de A , mais ne le maintiendra pas fermement. Lorsque vous jetez le mouchoir sur le nœud, vous tirez A avec le doigt et le pouce de la main gauche, et le nœud semble rester ferme, bien qu'en réalité ce ne soit qu'une double torsion de soie, qui bien sûr se détache lorsque le mouchoir est laissé tomber.

16. POUR METTRE DES NOIX DANS VOTRE OREILLE.

Prenez trois noix dans la main gauche, montrez-les et retirez-en une entre votre doigt droit et votre pouce, et une autre entre l'index et l'annulaire. Ce dernier n'est pas vu par l'entreprise. Vous mettez alors l'un d'eux dans votre bouche et l'y retenez, à l'insu des spectateurs, tandis que vous exposez le second comme celui que vous avez mis dans votre bouche. Ce second, vous le portez à votre oreille, comme si vous vouliez l'y insérer, et en le replaçant dans votre main gauche, il ne vous restera que deux écrous au lieu de trois, dont le troisième semble être entré dans votre oreille.

17. POUR CASSER DES NOIX DANS VOTRE COUDE.

Cachez une noix très forte dans votre main droite et sortez deux autres noix du plat. Placez-en un sur l'articulation de votre bras, et dites que vous allez le briser par la puissance de vos muscles. Vous aurez désormais une noix dans votre bras et deux dans votre main droite. Fermez votre bras gauche et donnez-lui un coup apparemment violent avec la main droite, en serrant violemment la main droite, ce qui brisera la deuxième noix qui s'y trouve, et les spectateurs entendant le fracas penseront sûrement que c'est causé par la démolition de la noix dans votre bras. Ensuite, ouvrez votre bras très doucement (de peur de laisser tomber aucun des fragments, il faut dire), et, en faisant semblant de retirer la noix que vous y aviez placée, vous lui substituez celle cassée de votre main droite.

18. SORTIR LES PLUMES D'UN MOUCHOIR VIDE.

Procurez-vous chez le drapier militaire quatre ou cinq gros panaches, comme ceux que portent les officiers. Enlevez votre manteau et posez les plumes le long de vos bras, la tige étant vers votre main. Maintenant, remettez votre manteau et les plumes reposeront de manière tout à fait lisse et insoupçonnée. Empruntez un mouchoir à l'un des spectateurs et agitez-le pour montrer qu'il est vide. Jetez-le sur votre main gauche, et avec la droite, sortez une des plumes de la manche du manteau, en lui donnant en même temps un mouvement dans l'air, ce qui détachera toutes les fibres de la plume et la fera apparaître. beaucoup trop grande pour avoir été cachée à la personne. Agitez à nouveau le mouchoir et répétez l'opération jusqu'à ce que tous les panaches disparaissent. Vous pouvez transporter suffisamment de plumes sous la manche pour couvrir une table, et si vous préparez une planche ou un vase ornemental plein de trous, vous pouvez placer les plumes à la verticale lorsque vous les retirez.

19. LE MOUCHOIR NOUÉ.

Cette prouesse consiste à faire un certain nombre de nœuds durs dans un mouchoir de poche emprunté à un membre de la société , puis à laisser n'importe qui tenir les nœuds, et par l'opérateur en secouant simplement le mouchoir, tous les nœuds se dénouent et le mouchoir est restauré. à son état d'origine.

Pour exécuter cet excellent tour, procurez-vous un mouchoir aussi doux que possible, et en prenant les extrémités opposées, une dans chaque main, jetez la main droite par-dessus la gauche et passez-la à travers, comme si vous alliez faire un nœud de la manière habituelle. chemin. Jetez à nouveau l'extrémité droite par-dessus la gauche et donnez l'extrémité gauche à quelqu'un pour qu'elle tire, en tirant en même temps l'extrémité droite avec votre main droite, tandis que votre main gauche tient le mouchoir juste derrière le mouchoir. noeud. Appuyez le pouce de votre main gauche contre le nœud pour éviter qu'il ne glisse, en prenant toujours soin de laisser la personne à qui vous avez donné une extrémité tirer en premier : pour qu'en fait, elle ne tire que contre votre main *gauche* .

Vous faites maintenant un autre nœud exactement de la même manière que le premier, en prenant soin de toujours jeter l'extrémité droite par-dessus la gauche. A mesure que vous ferez les nœuds, vous verrez que l'extrémité droite du mouchoir diminue considérablement en longueur, tandis que celle de gauche reste presque aussi longue qu'au début ; parce qu'en fait, vous attachez simplement l'extrémité droite *autour de la gauche* . Pour éviter que cela ne se remarque, vous devez vous baisser un peu après chaque nœud et faire semblant de serrer les nœuds plus fort ; tandis qu'en même temps vous appuyez le pouce de la main droite contre le nœud, et avec les doigts et la paume de la même main, vous tirez le mouchoir, de manière à raccourcir le bout de la main gauche, en le gardant à chaque nœud. aussi près que possible de la longueur de l'extrémité droite.

Lorsque vous avez fait autant de nœuds que le permet le mouchoir, distribuez-les pour que la société sente que ce sont des nœuds fermes ; puis tenez le mouchoir dans votre main droite, juste au-dessous des nœuds, et avec la main gauche, tournez la partie libre du centre du mouchoir par-dessus, en demandant à quelqu'un de le tenir. Avant qu'ils ne prennent le mouchoir en main, vous tirez le bout droit du mouchoir, que vous avez dans la main droite, et ce que vous pouvez facilement faire, et les nœuds étant encore retenus par la partie lâche du mouchoir, celui qui tient le mouchoir déclarera qu'il les sent : vous saisissez alors un des bouts du mouchoir qui pend, et vous lui demandez de répéter après vous, un, deux, trois ; puis dites-lui de lâcher prise, quand, en secouant vivement le mouchoir, tous les nœuds se dénoueront.

Si, par accident, en faisant les nœuds, vous donnez le mauvais côté à tirer, il en résultera un nœud dur, et vous saurez quand cela s'est produit au moment où vous essayez de raccourcir l'extrémité gauche du mouchoir. . Il faut donc tirer le meilleur parti de cette erreur, en demandant à n'importe quel membre de la compagnie combien de temps il lui faudra pour dénouer un nœud, en comptant les secondes. Lorsqu'il aura dénoué le nœud, vos autres nœuds resteront tels qu'avant. Après avoir fini de faire les nœuds, laissez la même personne les tenir, et dites-lui que, comme il a mis deux minutes pour dénouer un nœud, il doit vous laisser quatorze minutes pour dénouer les sept ; mais comme vous ne souhaitez profiter d'aucun avantage, vous vous contenterez de quatorze secondes.

Vous pouvez exciter quelques rires pendant l'exécution de ce tour, en priant ceux qui tirent les nœuds avec vous de tirer aussi fort qu'ils veulent, et de ne pas avoir peur, car le mouchoir n'est pas à vous ; vous pouvez également aller voir le propriétaire du mouchoir et lui demander de vous aider à tirer un nœud, en disant que si le mouchoir doit être déchiré, il est tout à fait juste qu'il en ait une part ; on peut aussi dire qu'il ne tire pas très fort, ce qui fera rire de lui.

20. LE TRUC DE LA NOIX DE HOUDIN.

Réaliser un tour astucieux avec dextérité avant une « petite fête », c'est d'emblée devenir le héros de la soirée. Si vous ne savez pas chanter, vous devez résoudre des énigmes ou danser du cornemuse ; Si aucun de ces éléments n'est « votre point fort », un ou deux bons tours donneront le même plaisir aux « yeux bleus brillants » qui vous regardent. Le tour des noix est exposé ainsi : le professeur remet au public une assiette à dessert et un mouchoir en batiste pour examen ; ceux-ci étant rendus, il place l'assiette sur une table près de lui ; le mouchoir est ensuite étalé bien à plat sur l'assiette. Sur commande, des dragées, des noix et des confits se déversent dans l'assiette à dessert dès que le foulard est soulevé, produisant un effet qui aurait étonné les mages d'autrefois. Voici comment procéder : confectionnez un sac en calicot assez grand pour contenir les noix et les friandises que vous comptez distribuer, exactement selon le motif d'un dernier verre ou de la lettre A : une petite lisière est relevée au fond du sac. le sac; procurez-vous deux morceaux de ressort de montre et pliez-les bien à plat, chaque ressort ayant exactement la moitié du diamètre du sac. Ceux-ci sont mis dans la lisière et cousus fermement. Lorsque le sac est ouvert, il se ferme automatiquement grâce aux ressorts. Une longue épingle est passée à travers le haut du sac et pliée en forme de crochet. Si le sac est maintenant rempli de noix, etc., il peut être suspendu par le crochet, sans aucun danger que les noix ou quoi que ce soit d'autre tombe ; car, bien que l'ouverture du sac soit vers le bas, les ressorts le maintiennent fermé. Lorsque ce tour doit être montré, le sac préparé est suspendu du côté de la table éloigné du public. La plaque est également placée de ce côté-là ; et lorsque le mouchoir est posé sur l'assiette, une partie en tombe sur le côté de la table. Or, avec la main *droite*, on ramasse le foulard au centre (comme le fait une dame lorsqu'elle veut montrer le bord de la dentelle), et avec lui le sac de noix ; les plis de la batiste cachent le sac. La main gauche sert maintenant à tirer sur le mouchoir et à presser le sac ; cela provoque l'ouverture des ressorts et la chute des « bonnes choses » sur la plaque. Cela provoque une diversion suffisante pour que le plus simple débutant de prestidigitateur laisse tomber le sac derrière la table sans être vu, pendant qu'il s'avance vers le public, demandant poliment : « Voudriez-vous prendre quelques noix ou quelques friandises ?

21. CONJURATION D'UNE BAGUE.

Plusieurs tours très merveilleux peuvent être montrés avec une bague ordinaire, comme la faire passer à travers la table, dans une cuvette, un verre à bière ou une assiette, puis dans une boîte ou un nid de boîtes, et d'autres tours de passe-passe du même genre. gentil. Ces tours sont si bons qu'ils sont toujours montrés par les professeurs de magie lors des soirées, mais ne sont jamais expliqués ; cependant, nous allons essayer. Procurez-vous un mouchoir en soie doux et propre et une fausse bague en or ; maintenant une aiguille de soie noire, double ; cousez la soie au milieu du mouchoir, et laissez pendre l'anneau, suspendu par le bout de la soie, disons à environ trois ou quatre pouces du foulard. Lorsque le mouchoir est retenu par deux coins, l'anneau suspendu doit toujours pendre du côté tourné vers le magicien ; le mouchoir peut alors être secoué, plié et froissé dans les mains, de manière à le faire paraître « tout beau ». Maintenant, passer une bague dans un verre et une assiette, et dans la table sur laquelle elle est posée. "Si une dame ou un monsieur veut bien me prêter une bague, je serai heureux de montrer l'action électrique et magnétique des substances métalliques sur diaphanousles corps et les ouvrages en céramique, en montrant leur imperméabilité et la porosité des produits ligneux du Honduras." "Ourlet!" dit tante Caroline, quelle jeunesse extraordinaire ! Ne vous laissez cependant pas emporter par des flatteries de ce genre, mais décidez de bien faire le tour et *méritez* des éloges. Prenez l'anneau emprunté dans la main GAUCHE et gardez-le là ; faites semblant de le passer à la main droite et dites : « Je vais le placer dans le mouchoir. Qui voudra bien me le tenir pendant que je mettrai le verre sur l'assiette au centre de la table ? Pendant que vous demandez ainsi librement qui tiendra le foulard, vous vous assurerez que la dame ou le monsieur le plus timide de la société tiendra la (votre) bague dans le mouchoir. " Vous remarquerez, mesdames et messieurs, que le verre et l'assiette sont maintenant tout à fait vides. Je vais maintenant placer le verre dans l'assiette au centre de la table et prier la dame (ou l'homme) de placer l'anneau et le mouchoir sur le verre. J'attire particulièrement votre attention sur le fait que vous entendrez *l'* anneau tomber dans le verre lorsque je demanderai qu'on le libère. Vous serez alors certain qu'il est dans le verre; mais à mon ordre il devra passez dans cette boîte (montrez la boîte ronde), que je placerai sous la table. Maintenant, mademoiselle (ou monsieur), ayez la bonté de laisser tomber l'anneau dans le verre. Silence ! Ting ! Vous l'avez entendu tomber ? "Oui", doivent répondre tous, sauf les sourds. Presto! Il est désormais dans la boîte. Vous soulevez le mouchoir, lissez votre front avec et le mettez dans votre poche. Le public est désormais livré à lui-même. Ils se précipitent vers l'assiette et le verre, ils n'y sont pas ; maintenant la boîte, voilà ! il est toujours aussi solide : comment il est arrivé là , tante Carry ne pourrait jamais le dire, mais vous le pourriez, car vous l'avez mis là de votre main gauche lorsque vous avez placé la boîte sous la table.

22. L'ŒUF ERRATIQUE.

Transférez l'œuf d'un verre à vin à l'autre, puis remettez-le dans sa position d'origine, sans toucher l'œuf ou les verres, ni permettre à quiconque ou à quoi que ce soit de les toucher . Pour réaliser ce tour, il suffit de souffler vivement sur un côté de l'œuf, et il sautera dans le verre suivant ; répétez ceci et il reviendra à nouveau.

23. LE DIME OBÉISSANT.
UN TRUC CAPITAL À TABLE DU DÎNER.

Placez une pièce de dix cents entre deux demi-dollars et placez un verre sur les pièces les plus grosses, comme dans le diagramme. Retirez la pièce de dix cents sans déplacer ni les demi-dollars ni le verre. Après avoir placé le verre et les pièces comme indiqué, grattez simplement la nappe avec l'ongle de l'avant dans le sens où vous auriez la pièce de monnaie à déplacer, et elle répondra immédiatement. La nappe est nécessaire ; pour cette raison , l'astuce est mieux adaptée à la table du petit-déjeuner ou du dîner. L'amusement sera accru en récitant les mots suivants avant de bouger le doigt :

"Petit centime, ne reste pas

Dans un endroit si isolé ;

Mais quand mon doigt bougera,

Comme un bon garçon, viens à moi.

24. LE PRISONNIER LIBÉRÉ.

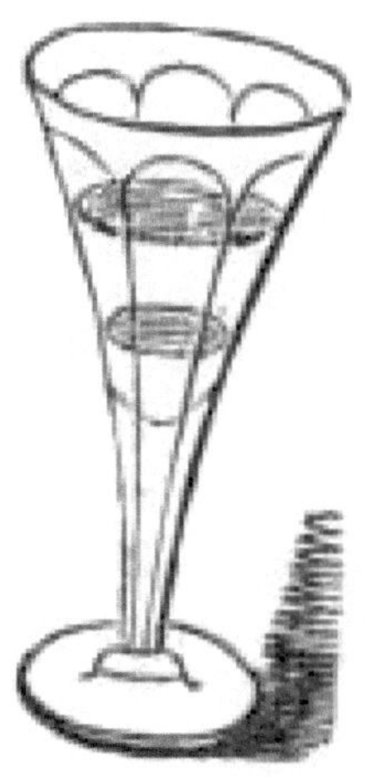

Placez une pièce de dix cents au fond d'un verre, et sur ce dernier mettez-en un quart, comme sur le schéma. Le casse-tête consiste à retirer la petite pièce de monnaie de dessous la plus grande, sans toucher aucune des pièces, ni toucher ou renverser le verre. Pour réaliser ce tour capital, vous devez souffler avec une force considérable sur un côté du verre, sur le bord du quartier. La pièce de dix cents sera expulsée par la force de l'air et tombera soit sur la surface supérieure du quart, soit sur la table. Un peu de pratique rendra la réalisation de cet exploit très facile.

25. PARI AVANTAGEUX.

Demandez à une dame de vous prêter une montre. Examinez-le et devinez sa valeur ; proposez ensuite à la propriétaire un pari bien inférieur à la valeur réelle de la montre, qu'elle ne répondra pas à trois questions que vous lui poserez successivement : « Ma montre ». Montrez-lui la montre et dites : « Qu'est-ce que je tiens dans ma main ? elle ne manquera bien sûr pas de répondre : « Ma montre ». Présentez-lui ensuite un autre objet, en répétant la même question. Si elle nomme l'objet que vous lui présentez, elle perd le pari ; mais si elle est sur ses gardes et se souvient de son enjeu, elle dit : « Ma montre », elle doit, bien sûr, gagner ; et vous donc, pour détourner son attention, lui direz : « Vous êtes certain de gagner l'enjeu, mais si je perds, que me donnerez-vous ? et si, sûre de son succès, elle répond pour la troisième fois : « Ma montre », alors prenez-la et laissez-lui le pari convenu.

26. LE DOUBLE SENS.

Placez un verre de n'importe quelle liqueur sur la table, mettez un chapeau dessus et dites : « Je m'engagerai à boire l'alcool sous ce chapeau, et pourtant je ne toucherai pas au chapeau. » Vous vous placez alors sous la table, et après avoir frappé trois coups, vous faites un bruit avec votre bouche comme si vous avaliez de l'alcool. Puis, sortant de dessous la table, vous dites : « Maintenant, messieurs, soyez heureux de regarder. » Quelqu'un , désireux de voir si vous avez bu de l'alcool, lèvera le chapeau lorsque vous prendrez instantanément le verre et boirez le contenu en disant : « Messieurs, j'ai tenu ma promesse. Vous êtes tous témoins que je n'ai pas *touché* . le chapeau."

27. LES TROIS CUILLÈRES.

C'est un tour des plus capitaux, mais il nécessite l'aide d'un confédéré. Placez trois cuillères d'argent en croix sur une table, demandez à quiconque d'en toucher une, et assurez-lui que vous découvrirez celle qu'il touche par une seule inspection ; bien que vous quittiez la pièce pendant qu'il le fait, et même s'il la touche si doucement que cela ne perturbe pas le moins du monde l'ordre dans lequel ils sont une fois mis. Vous prenez votre retraite ; et lorsqu'il vous donne l'ordre d'entrer, avancez vers la table et inspectez les cuillères, comme si vous essayiez de vérifier s'il y a des traces de doigts dessus, puis décidez. Votre complice, bien entendu, fait un signe, préalablement convenu, pour vous avertir, qui est la même cuillère ; les actions peuvent être, toucher un bouton de sa veste pour la cuillère du haut, toucher son menton pour la seconde, et mettre son doigt sur ses lèvres peut signifier le plus bas ; mais les actions précises sont sans importance, de sorte que la cuillère qu'elles indiquent soit comprise.

28. LA BLAGUE DU JONGILLEUR.

Prenez une petite balle dans chaque main et étendez vos mains aussi loin que possible l'une de l'autre ; dites ensuite à la compagnie que vous ferez venir les deux boules dans la main qui leur plaira, sans mettre les mains en contact l'une avec l'autre. Si l'un des spectateurs conteste votre capacité à réaliser cet exploit, il vous suffit de poser une des balles sur une table, de vous retourner et de la reprendre avec votre autre main. Les deux boules seront ainsi dans l'une de vos mains, sans que celle-ci ne s'approche de l'autre, conformément à votre promesse.

29. POUR FAIRE CHANGER DE PLACE LE VIN ET L'EAU.

Remplissez une petite ampoule à col étroit de porto, ou d'eau et d'alcool de vin coloré, et placez l'ampoule dans un bocal en verre haut et étroit, que l'on remplira ensuite d'eau froide : immédiatement, le liquide coloré sortira. de l'ampoule et s'accumulent à la surface de l'eau dans le pot, tandis que l' on verra de l'eau incolore s'accumuler au fond de l'ampoule. En y regardant de plus près, on peut également observer le courant descendant de l'eau, et voir les liquides colorés et incolores se croiser dans le col étroit de l'ampoule sans se mélanger. La totalité du fluide coloré sera bientôt remontée et le bulbe sera entièrement rempli d'eau claire.

30. EST-CE POSSIBLE ?

Placez côte à côte trois morceaux de n'importe quoi (l'argent est le plus pratique), puis retirez le morceau du milieu sans le toucher.

En retirant la pièce de droite du côté de la gauche, vous enlevez ainsi le centre sans le toucher.

31. LE STRATAGÈME DU TOPER.

Procurez-vous une bouteille pleine d'eau, avec le bouchon bien enfoncé et le haut au niveau du goulot de la bouteille. Vous devez retirer le bouchon de la bouteille sans toucher le bouchon avec quoi que ce soit, et sans blesser la bouteille.

Enroulez une serviette autour du fond de la bouteille et frappez-la uniformément et à plusieurs reprises, mais pas trop fort, contre un mur, un poteau ou un arbre, et après un certain temps, le bouchon sera chassé de la bouteille.

32. L'OMELETTE IMPOSSIBLE.

Produisez du beurre, des œufs et d'autres ingrédients pour faire une omelette, ainsi qu'une poêle à frire, dans une pièce où il y a du feu, et proposez de parier que le cuisinier le plus habile ne saura pas faire une omelette avec eux. Le pari est gagné en ayant préalablement fait bouillir les œufs très fort.

33. NOUVEAU MOUVEMENT DE ROTATION PERPÉTUEL.

Par un événement accidentel, on a découvert récemment qu'un morceau de cristal de roche ou de quartz, taillé selon une forme particulière, produit, sur un plan incliné et sans aucune impulsion apparente, un mouvement de rotation extraordinaire, qui peut-être maintenu pendant une durée indéterminée. La curiosité de ce jouet philosophique ayant suscité l'intérêt général du monde scientifique, le professeur Leslie, dans sa conférence, explique ainsi le phénomène :

"Le cristal a six faces, et étant coupé avec précision depuis les faces jusqu'à une surface convexe parfaite, s'il est placé sur une surface lisse et mouillée et maintenu parallèlement, aucun mouvement n'aura lieu, car le centre de gravité de chaque face est équilibré et soutenu. dans cette position de la surface plane ; mais si une légère inclinaison est donnée au plan, un mouvement de rotation commence, par suite de l'éloignement du support du centre de gravité. L'impulsion une fois donnée, la force centrifuge augmente le mouvement de rotation jusqu'à à tel point qu'un observateur soit incapable de distinguer la forme du cristal.

" *Pour produire l' effet.* — Placer le cristal sur un morceau de plaque ou de vitre commune, une porcelaine ou une plaque émaillée, ou toute surface lisse et parfaitement propre, car de la graisse ou une particule de poussière gênerait son mouvement. Mouiller la surface, et donner au plan une légère inclinaison, lorsque, s'il est correctement géré, un mouvement de rotation commencera, qui peut être maintenu pendant un certain temps en donnant des inclinaisons alternées à la surface plane, selon les mouvements du cristal ; pour augmenter la On peut y attacher une variété de figurines en papier, arlequins, valses , etc.. Le premier essai de l'expérience ferait mieux d'être fait en donnant un léger mouvement de rotation au cristal.

34. LA POMME MIRACULEUSE.

Diviser une pomme en plusieurs parties, sans casser la croûte. Passez une aiguille et du fil sous la peau de la pomme, ce qui se fait facilement en remettant l'aiguille dans le même trou d'où elle est sortie ; et ainsi de suite jusqu'à ce que vous ayez fait le tour de la pomme. Ensuite, prenez les deux extrémités du fil dans vos mains et retirez-le, ce qui permettra de diviser la pomme en deux parties. De la même manière, vous pourrez le diviser en autant de parties qu'il vous plaira, et cependant la croûte restera entière. Présentez la pomme à n'importe qui pour qu'il la pele, et elle tombera immédiatement en morceaux.

35. UNE OMELETTE CUITE DANS UN CHAPEAU, SUR LA FLAMME D'UNE BOUGIE.

Dites que vous êtes sur le point de cuisiner une omelette ; puis vous cassez quatre œufs dans un chapeau, vous placez un court instant le chapeau sur la flamme d'une bougie, et peu après vous faites une omelette bien cuite et bien chaude.

Certaines personnes seront assez crédules pour croire qu'à l'aide de certains ingrédients vous avez pu cuire l'omelette sans feu ; mais le secret de l'astuce est que l'omelette avait été préalablement cuite et placée dans le chapeau, mais qu'elle ne pouvait pas être vue, parce que l'opérateur, en cassant les œufs, la plaçait trop haut pour que les spectateurs puissent en observer le contenu. Les œufs étaient vides, leur contenu ayant été préalablement extrait en étant aspiré par une petite ouverture ; mais pour éviter que l'entreprise ne s'en doute, l'opérateur devrait, comme par accident, laisser tomber sur la table un œuf plein, dont la rupture fait croire que les autres sont également pleins.

36. LE PROPHÈTE INFAILLIBLE.

Dans cette astuce un des trois articles étant pris par chacune des trois personnes, vous proposez de raconter l'article que chaque personne a pris. Nous supposerons que les articles sont une bague, une pièce de dix cents ou un shilling et une clé. L'interprète doit dans son esprit nommer l'anneau a, le shilling ou le centime e et la clé i : (ceci étant l'ordre alphabétique des voyelles, peut être facilement rappelé) et il doit également distinguer mentalement les personnes comme première, seconde. et troisièmement. Puis prenant vingt-quatre jetons ou cartes, il en donne un au premier, deux au deuxième et trois au troisième ; et posant le reste des jetons sur la table, il tourne le dos ou quitte la pièce, en disant aux personnes de prendre chacune un article, et que celui qui prend l'anneau doit aussi prendre autant de jetons qu'il en a déjà ; celui qui prend le shilling, le double ; et celui qui prend la clé, quatre fois plus. Ceci fait, l'exécuteur avance et compte les jetons restants, et d'après leur nombre et la ligne du dessous qu'il doit avoir préalablement acquise, il dit qui a pris chacun des différents articles.

| 1. | 2. | 3. | 5. | 6. | 7. |

Baume certain animations semita vita se calme .

Ainsi, s'il y avait eu un reste de six jetons, la position des voyelles dans le mot correspondant *vita* , montre que la première personne a pris i , la clé ; et la deuxième personne a pris *la* bague ; et, par conséquent, la troisième personne doit avoir pris le shilling. Il faut remarquer qu'en aucun cas il ne peut y avoir un reste de quatre jetons ; et que la première syllabe de chaque mot représente la première personne, et la seconde syllabe la seconde personne. Cette ingénieuse prouesse repose sur la permutation des trois articles, ou de leurs voyelles représentatives, qui ne peuvent être placées que dans six positions différentes, et la disposition numérique correspondante des compteurs, ainsi :

1. *un e je* baume.

2. *e un je* certes .

3. *un je e* animæ .

5. *e je un* semita .

6. *je un e* vita.

7. *je e un* se calme .

Les trois voyelles, dans leurs différentes positions, sont rendues faciles à mémoriser, en étant unies avec des consonnes et formées dans leur succession régulière dans le vers latin ci-dessus, ou dans ce vers français construit de manière similaire :

1.   2.   3.   5.   6.   7.
Par fer César Jadis devenir si grand prince.

37. PHILOSOPHIE TROMPÉE.

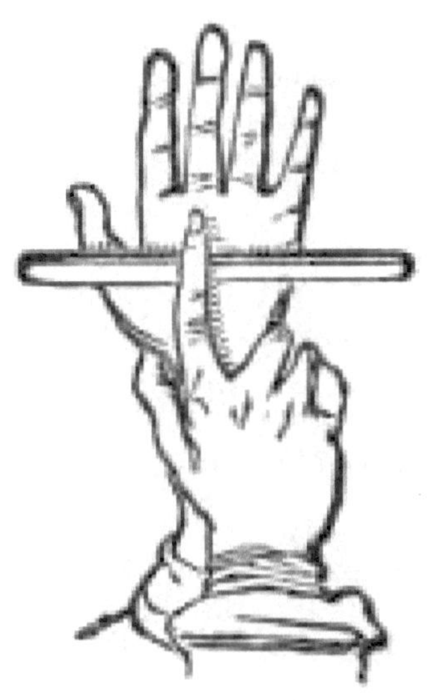

Cet exploit est vraiment excellent et a étonné les foules de spectateurs dans différentes régions des États-Unis. C'était l'un des favoris d'un défunt professeur, par qui il fut promulgué. Avant de le faire en public, il faut le pratiquer jusqu'à ce que vous soyez tout à fait parfait, en privé, car il serait dommage d'en gâcher l'effet en faisant une bévue. Commencez par déclarer que vous êtes sur le point d'accomplir ce qui, sans aucun doute, sera considéré comme une manœuvre très extraordinaire, et vous laisserez l'entreprise décider sur quel principe de philosophie naturelle elle sera accomplie. Le mode d'exécution est le suivant : posez le morceau de bois sur la paume de votre main gauche, qui reste grande ouverte, avec le pouce et tous les doigts bien écartés, de peur que vous ne soyez soupçonné de soutenir le bois avec eux. Ensuite, prenez votre poignet gauche dans votre main droite et saisissez-le fermement, dans le but, comme vous le dites, de donner plus de stabilité à la main. Maintenant, tournez brusquement le dos de votre main gauche vers le haut, et pendant que votre poignet bouge dans votre main droite, étendez l'index de votre main droite, et dès que le bois arrive en dessous , soutenez-le avec cet index. Vous pouvez maintenant serrer la main et, après un moment ou deux, laisser tomber le bois. C'est deux contre un, mais les spectateurs supposeront que cela est produit par l'action de l'air et essaieront de le faire eux-mêmes ; mais, bien sûr, ils doivent, à moins que vous n'ayez accompli l'exploit si maladroitement qu'il soit découvert, échouer dans son exécution. Si vous n'avez pas d'objection à révéler le secret, vous pouvez recommencer, et pendant qu'ils philosophent gravement là-dessus, levez tout à coup la main (vide *Cut*) et exposez le truc. Cela suscitera sans aucun doute beaucoup d'amusement. Observez qu'en accomplissant cet exploit, vous devez garder vos doigts si bas que personne ne puisse voir la paume de votre main gauche ; et bougez votre doigt avec tant de précaution que son action ne puisse pas être détectée ; et si ce n'est pas le cas, vous pouvez être assuré que son absence autour du poignet de la main gauche ne sera pas découverte, certains doigts étant naturellement supposés être sous l'habit ; de sorte que, si les spectateurs n'en voient que deux ou même un, ils croiront que les autres sont sous le brassard. Lorsque vous avez retourné votre main, ne maintenez pas le bâton trop longtemps, de peur que les spectateurs ne s'emparent de vos mains et ne découvrent le tour ; avant que leur surprise soit passée, retirez votre index et laissez tomber le bâton.

38. LE DIME DISPARAISSANT.

Munissez-vous d'un morceau de corde en caoutchouc indien d'environ douze pouces de long et d'une pièce de dix cents avec un trou sur le bord ; attachez la pièce de dix cents au cordon avec un morceau de soie à coudre blanche, et après avoir fait cela, cousez le cordon à la doublure de la manche de votre manteau, mais soyez très prudent et assurez-vous que l'extrémité sur laquelle la pièce de dix cents est attachée ne s'étend pas plus bas que l'intérieur. deux pouces de l'extrémité de la manche lorsque le manteau est enfilé. Il vaut mieux avoir la pièce dans la manche du bras gauche. Cela fait, abaissez la pièce de dix cents avec la main droite, placez-la entre le pouce et l'index de la main gauche et, en la montrant à la compagnie, dites-leur que vous donnerez la pièce à toute personne présente qui ne le voudra pas. laissez-le s'échapper. Vous devez alors choisir parmi l' auditoire celui à qui vous offrirez la pièce de dix cents, et au moment où il s'apprête à la recevoir, vous devez la laisser glisser entre vos doigts, et la contraction de l'élastique fera disparaître la pièce dans votre manche. au grand étonnement de celui qui croit être sur le point de le recevoir. Cet exploit peut être varié en faisant semblant d'envelopper la pièce dans un morceau de papier ou un mouchoir. Il faut faire très attention à ne laisser aucune partie du cordon être vue, car cela permettrait bien sûr de découvrir le truc. C'est l'un des tours de passe-passe les plus surprenants, et sa principale beauté réside dans son extrême simplicité. L'écrivain a souvent étonné une salle entière pleine de monde par l'exécution de ce tour.

ASTUCES NÉCESSITANT UN APPAREIL SPÉCIAL.

Je n'admets pas de trucs entièrement gérés par l'appareil, car je pense qu'ils ne méritent pas d'être remarqués. Par conséquent, chaque astuce mentionnée dans les pages suivantes doit être soigneusement pratiquée en privé avant d'être réalisée en public. L'appareil, bien entendu, ne peut pas être inspecté par le public, et c'est pourquoi il est préférable de les mélanger avec les astuces déjà mentionnées, afin que les personnes suspectes puissent être apaisées par une autorisation occasionnelle d'inspecter les objets utilisés dans les représentations.

Le jeune prestidigitateur doit toujours varier le mode d'exécution dans les éléments non essentiels et étudier les combinaisons d'un tour avec un autre, de manière à produire des résultats plus étonnants que s'il se limitait aux méthodes mentionnées dans cet ouvrage. Il devrait aussi invariablement faire un petit discours, reconnaissant qu'il ne trompe que l'œil et non l'esprit, et devrait donc demander à l'entreprise de ne poser aucune question ou d'exiger une inspection d'aucun de ses appareils.

39. LE TRUC DE LA MORT.

Procurez-vous une matrice en bois d'environ deux pouces et demi carrés (1) et une matrice creuse en étain exactement de la taille de celle en bois, mais sans l'un des côtés (2). Peignez-les ensuite exactement de la même manière, comme sur la gravure. Il vaudra mieux laisser apparaître un défaut *accidentel* du même côté de chacun. Procurez-vous ensuite un couvercle en étain (4) qui s'adapte exactement aux dés. Passons maintenant à l'astuce elle-même.

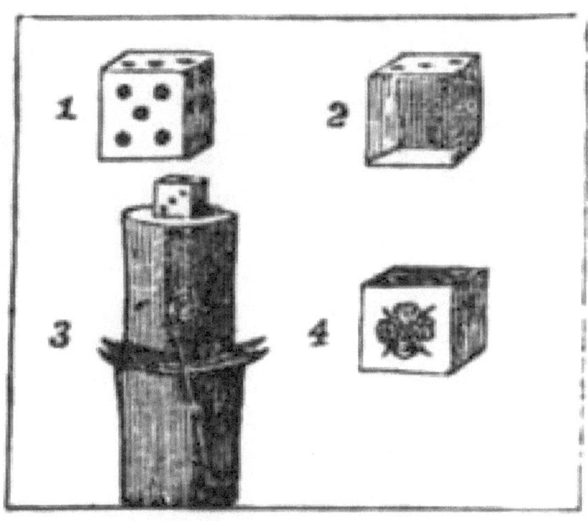

Empruntez deux chapeaux, et pendant que vous tournez le dos au public en vous dirigeant vers votre table, glissez dans l'un d'eux le faux dé. Placez les deux chapeaux sur la table et envoyez le vrai dé et le couvercle pour inspection. Lorsqu'ils reviennent, dites : « Maintenant, mesdames et messieurs, j'ai l'intention de placer ainsi ces chapeaux les uns au-dessus des autres. » Vous placez ensuite les deux chapeaux comme au n°3, le dé creux étant dans le chapeau du bas. "Je couvrirai alors le dé ainsi", ce que vous faites, "et après avoir frappé sur le couvercle, je l'enlèverai, et vous constaterez que le dé n'est pas sous le couvercle, comme il l'est maintenant", en prenant " mais à l'intérieur du chapeau, comme ça. " Vous mettez ensuite le vrai dé dans le chapeau. "Vous ne me croyez pas, mesdames et messieurs, mais je vais bientôt vous convaincre." Vous retirez ensuite le faux dé, remplacez le chapeau supérieur, placez le dé sur le chapeau supérieur (bien sûr, avec le côté ouvert vers le bas) et placez le couvercle dessus. Prenez votre baguette de conjuration, donnez-lui quelques fioritures et abaissez-la sur la couverture. Saisissez fermement le couvercle près du bas, lorsque le couvercle et la fausse matrice se rejoignent ; mettez-y le bout de votre baguette et donnez-leur un bon hochet. Ensuite, faites tomber le chapeau supérieur d'un coup de baguette et poussez celui du bas hors de la table, de sorte que le dé en tombe. Utilisez toujours beaucoup de gestes pour vos tricks.

40. LES CENTS PÉNÉTRATEURS.

Procurez-vous un brasier pour découper tout l'intérieur de cinq cents, en ne laissant que les bords. Il lui fallait alors percer presque tout l'intérieur d'un sixième cent, en ne laissant qu'une coquille de cuivre au sommet. Un long rivet doit ensuite être inséré dans la jante, comme le montre la fig. 1, n° 2, et un trou doit être percé dans chacun des cinq anneaux, comme au n° 3. Le rivet doit être passé à travers les trous. dans les anneaux, et fixé en dessous, afin que tous les anneaux puissent jouer facilement dessus. La figure 1, n° 1, est une coupe de l'ensemble de l'appareil, les lignes pointillées représentant le rivet. Ils peuvent ensuite être placés comme le montre la figure 2, n° 1, et personne n'imaginera qu'ils ne sont que des impostures, car vous pouvez les secouer ou les déplacer les uns sur les autres. On fabrique ensuite une couverture en cuir, fig. 2, n° 2, qui passe facilement sur le tas de centimes, mais étant souple, est capable de ramasser les centimes creux avec lui, lorsqu'on le tient fermement. Au dessous de la table, vous fixez une petite étagère, fig. 2, n° 3, qui se déplace sur une charnière, et se laisse tomber en plaçant le pied sur la pédale, fig. 2, n° 4, qui tire la table. attraper.

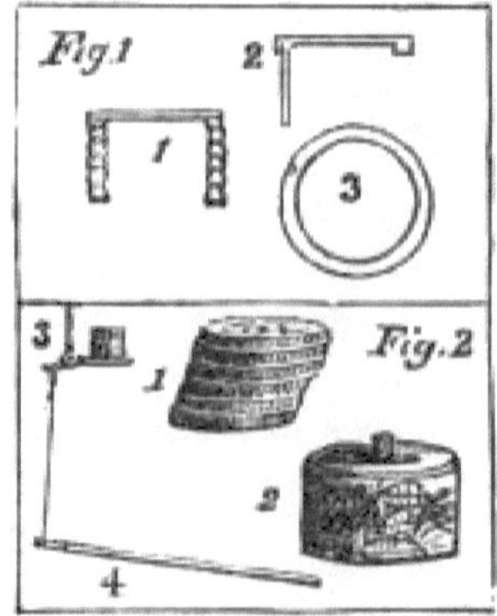

Pour réaliser le tour, placez six vrais centimes sur la petite étagère et placez les faux centimes sur la table. Prenez-les, secouez-les et posez-les comme sur la figure 2, n° 1. Gardez six pence dans la paume de votre main, ramassez les faux centimes, et pendant que vous les posez, glissez les six pence en dessous, pendant que vous faites la balle dans le tour 6. Prenez le couvercle et placez-le sur les faux centimes, faites un bref discours et frappez le couvercle avec votre baguette, en appuyant en même temps sur la pédale avec votre pied, ce qui provoquera tout le six vrais centimes pour s'effondrer avec un grand fracas. Prenez ensemble le couvercle et les faux centimes, insérez-y le bout de votre baguette et brandissez-les triomphalement, montrant aux spectateurs que les six centimes ont été remplacés par un six pence en argent. Pendant que vous ramassez les centimes, glissez les faux hors de la couverture dans votre main gauche et profitez de l'occasion pour laisser la couverture vide rouler vers le public, à qui vous demandez à l'un d'entre eux de la ramasser et de vous l'apporter. Cette manœuvre désarme généralement tout soupçon, car le ramasseur est sûr de l'examiner de très près.

Je n'ai donné que quelques grandes lignes de ce tour vraiment excellent, qui peut être varié de cent manières et qui se combine dans une large mesure avec d'autres tours. La pédale peut être remplacée par un levier passant immédiatement sous la surface de la table, si l'artiste préfère avoir un tissu court dessus. Il doit toujours y avoir deux nappes sur la table ; celui du bas, épais et doux, pour éviter le tintement des objets, et celui du haut, blanc, car il affiche tout mieux qu'un objet coloré. L'ingéniosité du jeune prestidigitateur trouvera facilement des moyens de varier ce tour. *Voir Astuce 67, page* 48.

41. LE TRUC DE LA POUPÉE.

Procurez-vous une poupée comique et coupez-lui la tête en diagonale, en prenant soin de le faire très proprement. Enfoncez une cheville dans le cou et percez un trou dans le corps dans lequel la cheville s'insère, comme dans la coupe. Peignez soigneusement son corps et sa tête, et si vous lui mettez une ou deux chaînes en or autour du cou, cela masquera la ligne de jonction. Confectionnez également un manteau de soie et cousez une poche à l'intérieur du bord de la jupe.

Prenez la poupée et dites : « Maintenant, mesdames et messieurs, voici un homme très instruit. Observez le développement de son front, la sagacité de son nez, l'éloquence de ses lèvres, la dignité de ses lunettes et la philosophie. de sa natte. Il est professeur d'astronomie à Tombouctou, et voici sa robe de fonction. Voyez comme il est beau dedans. Il va à Amsterdam pour voir l'éclipse de la dernière nouvelle comète. Il a l'honneur de vous souhaiter " Vous devez tous faire vos adieux avant de commencer son voyage. Maintenant, professeur, nous attendons de vous voir partir. Oh ! vous voulez de l'argent, n'est-ce pas ? Je vous demande pardon ; here isun quart pour vous. " En disant cela , vous retirez votre main droite de dessous la robe, en emportant avec elle le corps, et vous mettez le corps dans votre poche, pendant que vous faites tinter de l'argent. La tête est désormais soutenue par votre main gauche. Faites semblant de lui donner de l'argent, puis dites : " Quoi ! Vous n'irez pas à moins d'en avoir plus ! Allez-y ! " Frappez la tête d'un coup violent avec votre main droite, ce qui l'enfonce dans la poche que vous maintenez ouverte avec votre pouce et votre petit doigt gauche. "Oh mon Dieu ! le docteur est mort et on ne peut pas le retrouver." En disant cela, vous saisissez la robe par l'endroit où se trouve la tête et vous la secouez pour montrer qu'elle est vide. Si vous le souhaitez, vous pouvez faire un autre discours et dialoguer, en faisant ressusciter le médecin, ce qui se fait bien entendu en sortant la tête de la poche avec la main gauche et en la manipulant par la cheville.

42. LES PIÈCES VOLANTES.

Prenez deux aigles, ou plutôt des imitations de laiton, et broyez-les jusqu'à ce qu'ils soient réduits à la moitié de leur épaisseur. Faites de même avec deux quarts de dollars, et attachez-les soigneusement ensemble, de sorte que vous aurez deux pièces de monnaie, chacune ayant une face d'argent et une face d'airain. Prenez-en un dans chaque main, en montrant le côté argent de l'un et le côté laiton de l'autre, et proposez de les changer sans bouger les bras. Fermez vos mains et les pièces se retourneront. Puis, en les ouvrant à nouveau, ils apparaîtront comme étant passés d'une main à l'autre.

43. LE DEMI-DIME DISPARU.

Mettez un peu de cire sur l'ongle du majeur de la main droite et prenez-en un demi-dix dans la paume de la même main. Fermez la main en appuyant la cire sur la pièce. Ensuite, ouvrez-le rapidement, et la pièce d'argent adhèrera à la cire et sera entièrement cachée derrière le doigt lorsque vous lèverez la main.

44. LE DOCUMENT RESTAURÉ.

Fabriquez un carnet de notes et tapissez la couverture de papier préalablement frotté avec un mélange de noir de fumée et d'huile. Le papier doit être apposé de manière lâche, de manière à pouvoir être soulevé, et une feuille du carnet de notes placée en dessous. Vous devez également réaliser une boîte plate, comportant une double ouverture.

Vous prenez maintenant une feuille du carnet de notes et demandez à quelqu'un d'écrire une phrase, tout en lui offrant le livre sur lequel écrire. Le crayon que vous lui fournissez est très dur, et il est obligé d'appuyer sur le papier pour marquer. Ce faisant, le noir est transféré par la pression du crayon du papier noirci à la feuille blanche qui a été placée en dessous, et fait bien sûr une copie exacte de l'écriture. Vous remettez ensuite à l'homme son document, mettez le carnet de notes dans votre poche et sortez de la pièce pour récupérer votre boîte que vous avez *oubliée*. Pendant que vous êtes hors de la pièce, vous retirez la feuille de dessous le papier noir, vous la placez sur un côté de la boîte plate et vous fermez le couvercle qui la cache. Vous rapportez la boîte en vous excusant de votre absence et vous la remettez entre les mains de l'écrivain, ouverte de l' *autre côté*. Dites-lui de brûler ses écrits dans une bougie et de déposer les cendres dans la boîte. Il le fait et, en fermant la boîte, vous la rend. Vous vous épanouissez alors un peu avec la boîte, vous l'agitez en l'air, vous l'abattez avec fracas sur la table, vous la frappez avec votre baguette, puis, l'ouvrant comme d'abord, vous produisez le double feuillet que l'écrivain reconnaît être de sa propre main. Si le noir de fumée s'est détaché et a maculé le papier, vous pouvez l'expliquer en observant qu'il est très difficile de se débarrasser de toute trace de brûlure.

45. LES ANNEAUX MAGIQUES.

Demandez à un forgeron de fabriquer un certain nombre d'anneaux d'environ six ou sept pouces de diamètre, comme lors de la coupe. A est réalisé avec un ressort s'ouvrant sur un côté, B est un ensemble de deux anneaux forgés de façon permanente l'un dans l'autre, C est un ensemble de trois anneaux formés de la même manière, et D D sont deux anneaux simples. Les anneaux doivent avoir à peu près l'épaisseur d'un crayon à mine noire assez gros.

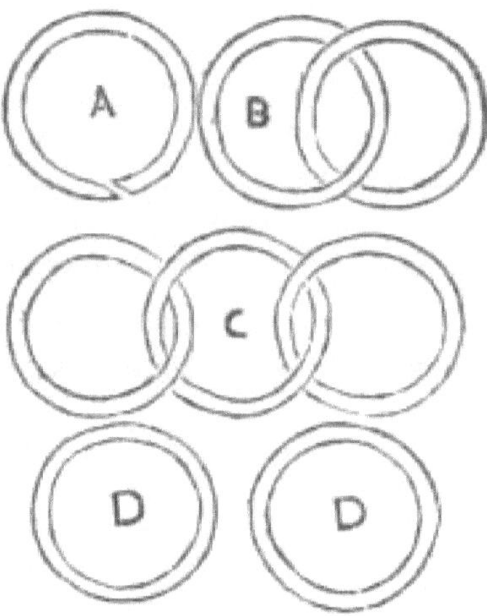

Posez les anneaux les uns sur les autres, et ils apparaîtront tous séparés et distincts : D D devrait être les anneaux les plus hauts, puis B , puis A , et enfin C . Remettez le tour de D pour inspection et si vous en souhaitez d'autres, remettez l'autre D . Une fois de retour, accrochez-les à votre bras gauche ou saisissez-les dans votre main et dites à l'entreprise que vous allez tisser tous les anneaux ensemble. Vous les heurtez l'une contre l'autre, et après avoir effectué des mouvements compliqués, vous faites ressortir B que les spectateurs croiront que vous venez d'attacher ensemble. Distribuez-les. A leur retour, mélangez-les tous et faites ressortir C . Prenez ensuite A dans votre main, et en passant un des anneaux extérieurs de C à travers l'ouverture, vous avez quatre anneaux ensemble. Ajoutez ensuite D et vous en avez cinq. Enlevez D et remplacez B, ce qui vous en donnera six. Alors vous continuez à les tisser dans toutes sortes de formes fantastiques. Il faut toujours cacher l'articulation en A avec le pouce, et s'arranger le plus souvent possible pour laisser libre un au moins des anneaux D. C'est un truc capital, et on peut le diversifier à volonté, surtout si le nombre d'anneaux est augmentée.

46. LE TRUC DU POISSON ET DE L'ENCRE.

C'est vraiment une illusion de premier ordre. Vous présentez aux spectateurs un vase en verre rempli d'encre. Vous y plongez une louche et versez un peu d'encre sur une assiette, afin de convaincre le public que la substance contenue dans le vase est réellement de l'encre. Vous jetez ensuite un mouchoir sur le vase et le retirez aussitôt, lorsque le vase se révèle rempli d'eau pure, dans laquelle nagent un couple de poissons rouges.

Cette impossibilité apparente est réalisée de la manière suivante. A l'intérieur du vase est fixée une doublure de soie noire, qui adhère étroitement aux parois lorsqu'elle est pressée par l'eau, et qui se retire à l'intérieur du mouchoir pendant l'exécution du tour. La louche a un manche creux avec une ouverture dans le bol. Dans le manche se trouve une cuillerée d'encre environ, qui coule dans le bol lorsqu'on le maintient vers le bas, pendant l'acte de le tremper dans le vase.

47. LES BOULETS DE CANON.

L'interprète de ce tour emprunte un certain nombre de chapeaux et les place sur la table. Il rend ensuite à chacun son chapeau, et en le retournant, un boulet de canon de trente-deux livres sort.

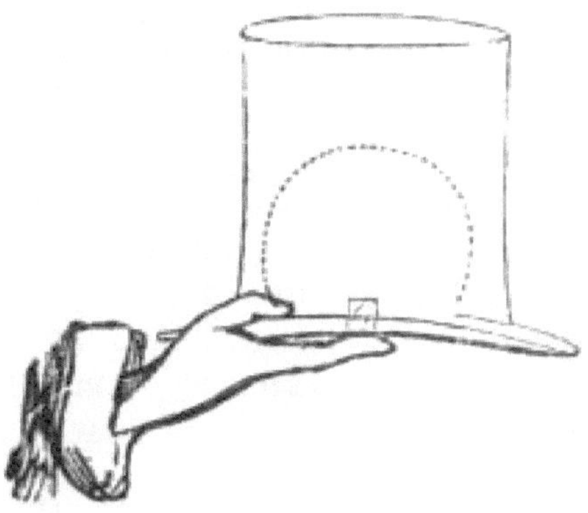

La méthode pour réaliser cette illusion est la suivante. Demandez à un tourneur de fabriquer un certain nombre de boules de bois, chacune de la taille d'un boulet de canon de trente-deux livres , et percez un trou dans chacune d'elles pour permettre le passage du majeur. Les boules sont disposées vers le haut sur une étagère de votre table du côté opposé à votre public, de sorte que les boules soient presque au niveau du dessus de la table. Lorsque vous enlevez un chapeau de la table, vous glissez votre index ou votre majeur dans la balle comme vous le feriez dans un dé à coudre, et en pliant le doigt, vous amenez la balle dans le chapeau.

N'importe quel objet peut être introduit de cette manière dans un chapeau, un gros chou, par exemple, ayant un trou percé dans le stalk.

48. LE DIME DANS LA BOULE DE COTON.

Demandez à un ferblantier de fabriquer un tube plat en fer blanc, qui permettra simplement à une pièce de monnaie de passer à travers. Enroulez une quantité de laine autour de lui, de manière à en faire une boule.

Ces préliminaires accomplis, exécutez n'importe quel tour qui fera disparaître une pièce de dix cents, comme le numéro 1 ou 2. Dites ensuite aux spectateurs que vous amènerez la pièce de dix cents marquée au milieu d'une boule de laine. Retirez la balle de l'endroit où elle repose, déposez la pièce de dix cents dans le tube et retirez le tube en laissant la pièce de dix cents dans la balle. Une bonne pression ou deux le maintiendront fermement et effaceront toutes les marques du tube. Placez la balle dans un gobelet, prenez le bout de la laine et donnez-la à quelqu'un pour qu'il la déroule. Ceci étant fait, la pièce de dix cents se trouvera au centre même de la balle, avec l'extrémité de la laine enroulée étroitement autour d'elle.

49. L'ASTUCE DE L'ŒUF ET DU SAC.

Procurez-vous un sac en chintz ou en tissu double, [1] et entre les deux sacs, faites six ou sept poches, dont chacune contiendra un œuf et aura une ouverture dans le sac. Remplissez les poches d'œufs et vous êtes prêt pour le spectacle.

Tenez le sac à l'endroit où se trouvent les œufs, secouez-le, retournez-le et montrez qu'il n'y a rien dedans. Dites ensuite aux spectateurs que vous êtes sûr qu'il y a une poule dans le sac. Mettez votre tête près de l'embouchure du sac et gloussez comme une poule. Vous dites alors "Je savais que j'avais raison et elle a pondu un œuf". En disant cela , vous mettez la main dans le sac et vous en retirez un des œufs en prenant soin de faire semblant de le chercher dans un des coins.

Ceci est répété jusqu'à ce que tous les œufs sauf un soient partis. Ensuite, après avoir retiré le dernier œuf, vous dites que certaines personnes pensent que les œufs ne sont pas réels, mais vous les convaincrez par une inspection oculaire. En disant cela, vous cassez l'œuf dans une soucoupe avec votre main droite, et pendant que les gens s'en occupent, vous déposez le sac derrière votre table, ou vous l'accrochez à un crochet, hors de vue, et vous en prenez un autre exactement pareil, dans lequel tu as mis une poule. "Ce sont de vrais œufs", dites-vous alors, "et si quelqu'un doute de leur réalité, il ne peut douter que ce soit une vraie poule." Vous retournez ensuite le sac et secouez la poule. Si quelqu'un souhaite inspecter ce sac, il peut le faire sans en être beaucoup plus sage.

50. L'ŒUF DANSANT.

Faites venir quelques œufs, et ayez soin d'en placer un qui ait été vidé de son contenu, et auquel est attaché un long cheveu, à l'autre extrémité duquel est attachée une épingle tordue. Empruntez un petit bâton à l'un des spectateurs et, en passant derrière votre table, accrochez l'épingle tordue à votre manteau en la passant par-dessus le bâton. Placez ensuite l'œuf sur un chapeau inversé et demandez de la musique, et dès qu'elle commence à sonner, une légère et imperceptible dépression ou élévation du bâton fera tordre et rouler l'œuf dessus comme s'il avait la vie. Il faut avoir soin de se retourner doucement de temps en temps, de manière à varier apparemment la distance de l'œuf au corps.

51. CLOCHE ET COUP.

Faites fabriquer une cloche en bois, si épaisse qu'il y ait un espace considérable entre les surfaces extérieure et intérieure, surtout sur la partie supérieure de la cloche. Il faut y creuser un creux, et faire le manche de telle sorte que, lorsqu'il est au repos, il soit poussé vers le haut par un ressort, et tire vers le haut le morceau de bois rond auquel la chaîne du clapet est attachée, et ferme l'ouverture. comme le montre la gravure.

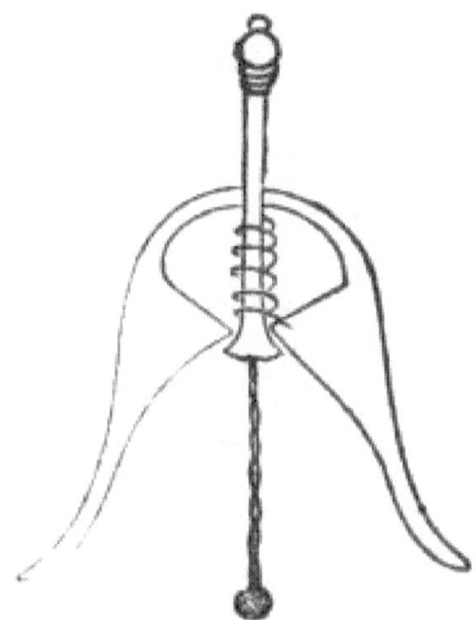

Vous disposez d'une mesure en carton, qui a exactement la même capacité que la cavité de la cloche, et juste assez large pour contenir un centime. Vous y mettez en privé un centime, puis vous remplissez la mesure de grenaille, en l'entassant un peu, pour compenser le centime. Vous inventez l'histoire d'un homme sortant pour tirer et sonnant à la boutique d'un armurier. (Vous sonnez alors votre cloche en bois.) Comment l'homme a acheté une mesure pleine de grenaille pour un centime (vous versez la grenaille dans la cloche et vice-versa deux ou trois fois), mais il a été si longtemps à marchander pour trois grenailles, que le L'armurier a emporté le coup (ici, vous versez à nouveau le coup dans la cloche, et en appuyant sur la poignée, vous laissez tous courir dans le creux), et a gardé le sou pour sa peine. L'homme sortit du magasin, mais revint bientôt et sonna furieusement. (Ici, vous sonnez à nouveau la cloche qui est maintenant apparemment vide et inversez la mesure sur la table. Le centime n'étant pas tenu par le doigt et le pouce, tombera maintenant sur la nappe.) Terminez ensuite l'histoire en racontant la manière dont dans lequel l'homme a récupéré son centime. Lorsque vous avez terminé, retournez la cloche sur la mesure vide, et en appuyant sur la poignée, les coups la rempliront. N'y touchez pas avant d'avoir fait encore un tour ou deux, puis, lorsque vous aurez mis la cloche de côté, sonnez-la de nouveau et remarquez que l'acheteur était souvent un idiot, car voici ses coups à sa mesure.

52. LE MOUCHOIR BRÛLÉ RESTAURÉ.

Demandez à un ferblantier de fabriquer une double boîte, comme celle montrée dans la coupe, avec une ouverture à chaque extrémité. Celui-ci doit glisser de telle sorte à l'intérieur d'un tube d'étain, que l'une ou l'autre extrémité puisse y être cachée alternativement, comme le montre la gravure, où l'extrémité A est montrée et B est cachée. Dans cette position, il ressemble à un bidon ordinaire. L'intérieur est divisé en deux parties. Dans B , mettez un morceau de batiste fait pour ressembler à un mouchoir.

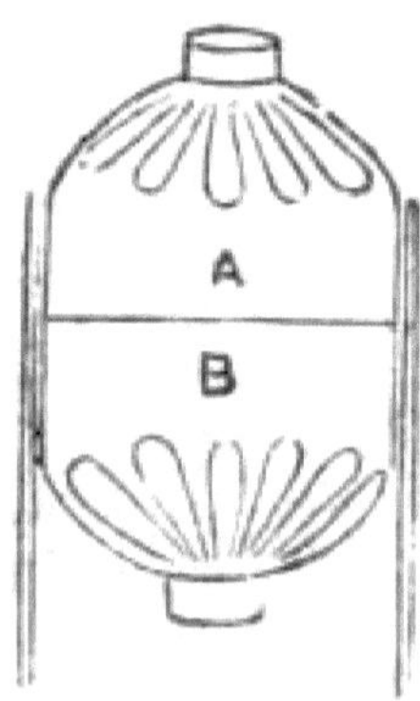

Empruntez un mouchoir en batiste et dites : "Maintenant, mesdames et messieurs, je vais réduire ce mouchoir en cendres, placez-le dans cette boîte", (en disant cela, vous le mettez dans A ,) "et quand j'aurai prononcé un sort, il le fera. sera restauré parfaitement entier. Le propriétaire dira-t-il quelle marque il porte ? Pendant que le public regarde vers le propriétaire, vous retournez la cartouche et la poussez vers le haut jusqu'à ce que l'épaule de B soit au niveau du haut du tube. Lorsque la marque a été déclarée, vous ouvrez B , retirez la batiste et faites semblant de vérifier la marque. Vous le mettez ensuite dans la flamme d'une bougie, et lorsqu'il a entièrement brûlé en cendres, mettez les cendres dans B , fermez-le et inversez-le rapidement lorsque vous vous retournez vers votre auditoire, de sorte que A soit à nouveau au premier plan. Ensuite, dites toutes les bêtises que vous voulez, ouvrez A et sortez le mouchoir sans vous blesser. Cela ajoute plutôt à l'astuce si vous versez un peu d'eau de Cologne dans A avant de commencer.

53. LE CANGEUR DE FEU.

Si le jeune prestidigitateur désire apparaître sous la forme d'un cracheur de feu, il y parvient très facilement. Il doit préparer un morceau de ficelle épaisse, en le trempant dans une solution de nitrate, puis en le séchant. Il coupe un morceau d'environ un pouce de longueur, en allume une extrémité et l'enveloppe dans un morceau d'étoupe qu'il tient dans sa main gauche. La fumée insignifiante sera dissimulée par un énorme paquet d'étoupe en vrac également porté dans la main gauche.

Il prend une poignée d'étoupe dans sa main droite, la met dans sa bouche, la mâche et semble l'avaler. Il en prend ensuite une autre poignée, et avec elle le morceau dans lequel se trouve la ficelle. En le mettant dans sa bouche, il en retire le morceau qu'il a déjà mâché. En inspirant par les narines et en expirant par la bouche, de la fumée commence à s'échapper, et tout l'intérieur de la bouche s'éclaire bientôt d'une lueur. Lorsque la bouche est fermée et que l'étoupe est serrée, le feu s'éteint, à l'exception du morceau de ficelle préparé. Une plus grande quantité d'étoupe est ensuite introduite dans la bouche et traitée de la même manière.

64. LA BOÎTE À ŒUFS.

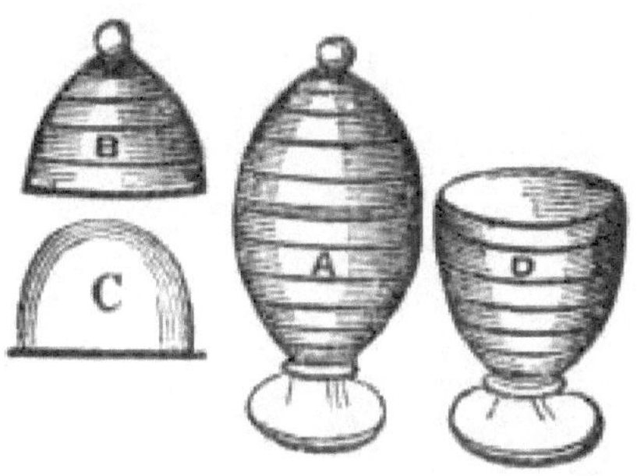

A , la boîte à œufs ; B , la coque supérieure ; C , la coquille intérieure, recouverte de la coquille d'un œuf ; D , la partie inférieure de la boîte. Pour faire le tour, demandez un œuf, puis demandez à tous les passants de le regarder et de constater que c'est un vrai œuf, posez la boîte sur la table, enlevez la partie supérieure, avec l'index et le pouce, puis, en plaçant l'œuf dans la boîte, dites : « Vous le voyez bien dedans », et en le découvrant de nouveau, dites de même : « Vous me verrez le sortir et le mettre dans ma poche, sous vos yeux ; » ouvrez de nouveau votre boîte et dites : « Il n'y a rien », fermez votre main vers le milieu de votre boîte, et en prenant B par le fond, dites : « Voilà encore l'œuf », ce qu'il apparaît aux spectateurs comme étant, ainsi En tapant à nouveau dessus et en prenant le couvercle de C entre votre doigt et votre pouce, dites : « Le voilà encore parti. »

55. LE GLOBE-BOX.

Cette astuce n'est pas inférieure à la meilleure présentée avec des boîtes. Cela se fait avec une boîte faite de quatre pièces et une balle aussi grosse qu'on peut y contenir commodément ; la balle sert, comme l'œuf dans la boîte à œufs, à tromper la main et les yeux des spectateurs. Cette boule, en bois ou en ivoire, est lancée hors de la boîte sur la table, pour que chacun voie qu'elle est substantielle ; puis mettez la balle dans la boîte, qui se referme avec toutes les pièces les unes dans les autres ; retirez la coque supérieure avec votre avant-index et votre pouce, et une autre apparaîtra d'une couleur différente, rouge, bleue, jaune ou de toute autre couleur qui vous plaira ; cela semblera être une autre boule, bien qu'en réalité ce ne soit qu'une coquille de bois, ingénieusement tournée et ajustée à la boîte, comme vous pouvez le constater aux coupes. L est l'enveloppe extérieure du globe, enlevée du chiffre M , dont le sommet représente la boule ; N est une coque interne ; O , la couverture du même ; P une autre coque intérieure ; Q , la couverture de celui-ci ; R , une troisième coque ; S , ce qui le recouvre. Ces globes peuvent être réalisés avec plus ou moins de variétés, selon le désir du praticien.

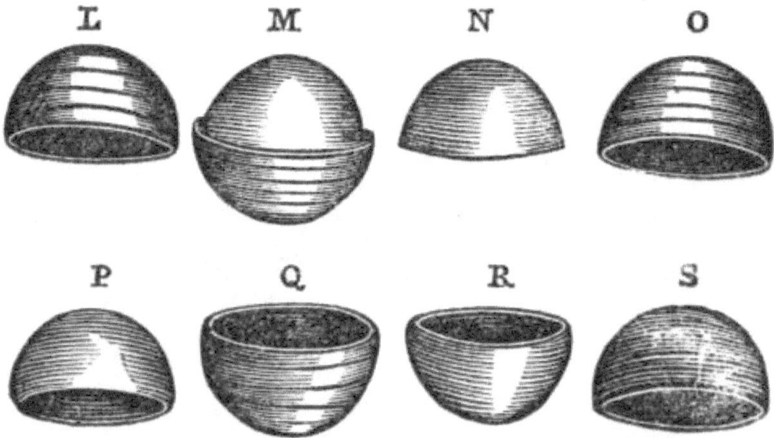

56. LES ASTUCES DU CAFÉ ET DU MOUCHOIR.

L'un des plus grands moyens de réaliser des miracles est celui des *artifices ingénieux* . Nous illustrerons cela par deux exploits populaires. Un certain nombre de mouchoirs pris au public par plus d'un artiste populaire ont été placés dans une petite cuve de lavage, dans laquelle de l'eau a été versée, et ils ont été lavés pendant quelques minutes. On les plaça ensuite dans un récipient comme celui de la figure (*) de la page suivante, et immédiatement après, l'interprète dit aux personnes devant : « Je vous les donnerai » ; et en enlevant le haut, quand on attendait qu'il jetât les mouchoirs mouillés, tout ce qui tombait était un certain nombre de fleurs. Il sortit alors une boîte, qu'il ouvrit et montra qu'elle était vide ; puis, la fermant et prononçant quelques paroles cabalistiques, il la rouvrit, et voici les mouchoirs tout secs, pliés et parfumés, qu'il distribua à leurs prétendants respectifs.

Une autre expérience d'un artiste populaire s'appelait « le café pour un million ». Prenant un récipient comme le schéma A , le performerremplissant de café non moulu, et le plaçant sous un couvercle B , il dit : « Là, quand tu auras fait cela, laisse-le mijoter pendant trois quarts d'heure ; mais, peut-être, tu je n'aimerai pas attendre si longtemps ; le voici ; » et en retirant le couvercle, le récipient parut plein de café liquide chaud. Dans un autre récipient du même genre , il obtint du sucre en morceaux de graines de colza ; et dans une troisième, du lait tiède de féverole ; et versant le café dans des tasses, il les envoya régaler son auditoire, au milieu de leurs cris forts et approbateurs devant une si grande transformation.

Ces prouesses sont le fruit d'une ingéniosité considérable. Il est probable que les procédés employés ne viendraient pas facilement à l'esprit des spectateurs en général, tandis qu'ils échapperaient complètement à ceux dont le but est simplement de s'amuser et qui, s'ils y réfléchissaient, seraient susceptibles de décrire le résultat comme surnaturel. Nous procédons alors à la résolution du mystère. Remarquons, à propos de la première expérience, qu'un certain nombre de mouchoirs sont collectés au début de la soirée pour diverses illusions, et que beaucoup d'entre eux apparaissent pendant un certain temps sur la table de l'interprète. Muni d'une collection de ces articles, depuis le beau mouchoir de soie jusqu'à celui garni de dentelle, dont se servent les dames du monde, il pourrait facilement substituer les siens du même genre à ceux de son auditoire, à mesure que le rideau tombe, selon les arrangements. de la soirée, entre la collecte des mouchoirs et les processus ultérieurs. Ses propres mouchoirs sont donc lavés et placés dans le vase déjà décrit ; et la soi-disant transformation en fleurs n'est rien d'autre que le maintien des mouchoirs dans la partie inférieure de l'appareil, comme l'illustre la figure, tandis que la partie supérieure retient les fleurs jusqu'à ce qu'elles soient dispersées parmi les spectateurs. Pendant ce temps, tout ce qu'il faut, c'est faire à leurs mouchoirs. Il n'est pas absolument nécessaire qu'ils soient lavés ; pour le pliage, le pressage et un peu d'eau de Cologne, viendraient compléter la préparation ; mais en admettant qu'ils soient lavés, il n'y a toujours aucune difficulté, bien que cela mystifie les spectateurs, qui ont l'idée que le séchage est une longue affaire ; car cela peut être effectué en une minute ou deux par une machine facile à obtenir. La boîte qu'on sort les contient, mais comme elle est double, on montre d'abord un intérieur qui, bien entendu, ne contient rien, car le tiroir intérieur contenant les mouchoirs reste dans la boîte ; mais quand quelques sons sont émis, et que le professeur touche un ressort secret derrière, qui dégage la boîte intérieure, il la retire avec la boîte extérieure, et présente les mouchoirs au public. Dans le diagramme A , la case est représentée comme vide. En B , nous avons une représentation de la boîte contenant les mouchoirs. Il faut seulement ajouter que la boîte est de très belle facture ; la partie à l'intérieur de l'autre, tirée jusqu'au bout, défie toute détection. *Voir l'astuce n° 65.*

La préparation du café, du lait et du sucre peut être facilement expliquée ; car si les récipients contenant respectivement le café non moulu, le colza et les féveroles, toujours placés sous un couvercle, étaient placés sur une partie de la table ayant une trappe circulaire, et pour cela il y a pleine disposition dans le couvert de la table s'étendant jusqu'au sol - un complice peut facilement substituer l'un à l'autre.

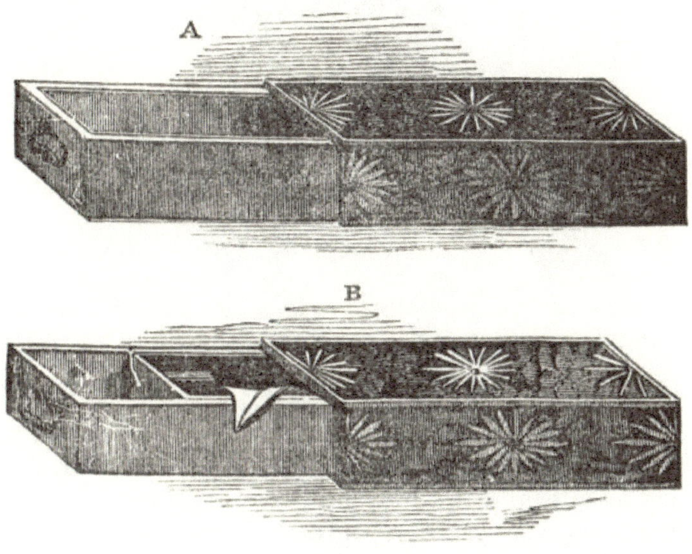

57. L'ENTONNOIR MAGIQUE.

Ce tour favori et simple s'effectue à l'aide d'un double entonnoir, c'est-à-dire un entonnoir soudé dans l'autre de manière à laisser entre eux un espace pour l'eau, et communiquant avec le creux de l'entonnoir par un trou dans un tube. Notre dessin aidera à l'explication.

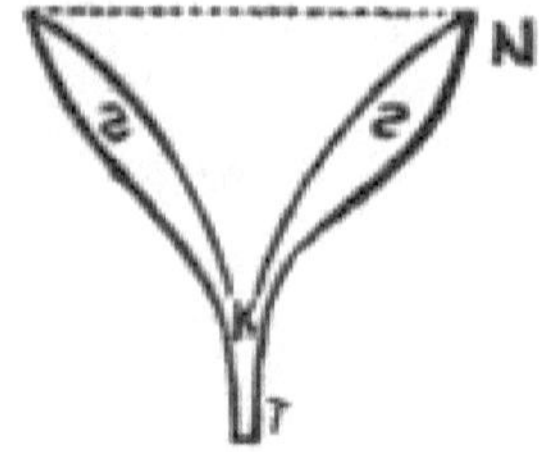

S S , espace pour l'eau entre les entonnoirs, qui se remplit en bouchant l'extrémité du tube T avec le doigt : l'eau entre et sort en K .

N , un trou d'épingle au sommet, qui est recouvert du doigt. Lorsque l'entonnoir est prêt à être utilisé, chaque fois que le doigt est retiré, de l'eau s'écoule du tube T .

L'entonnoir est toujours préparé devant le public en versant de l'eau, en bouchant de temps en temps l'extrémité du tuyau T avec le doigt, afin que l'espace intérieur puisse être rempli ; pendant ce temps, le prestidigitateur doit occuper son temps avec une discussion philosophique sur les entonnoirs, mais tout cela aboutit au fait que s'il y a un trou dans un récipient, l'eau s'écoulera. L'un des spectateurs est maintenant prié de s'approcher de la table, et vous procédez à tirer de l'eau de ses cheveux, de ses oreilles, de ses yeux, etc., car chaque fois que le doigt est retiré du trou N, la pression de l'air est admise . et l'eau s'écoule.

58. LA BOUTEILLE MAGIQUE.

Ce tour, s'il est bien réalisé, est un des plus merveilleux qu'on puisse exécuter dans un salon sans appareil ; mais cela demande de la dextérité dans la conclusion.

La personne qui exécute le tour propose de verser successivement et dans n'importe quel ordre à partir d'une bouteille de vin commune, du porto, du xérès, du lait et du champagne.

Pour réaliser l'astuce, vous devez préparer des solutions des produits chimiques suivants et étiqueter les bouteilles avec des numéros, ainsi :

1. Une solution saturée de sulfocyanate de potasse.

2. Une solution diluée de ce qui précède : une partie de la solution pour quatre d'eau.

3. Une solution saturée de nitrate de plomb.

4. Une solution saturée de perchlorure de fer.

5. Une solution saturée de bicarbonate de potasse.

6. Acide sulfurique .

7. Une solution claire de gomme arabique .

Procurez-vous une bouteille de champagne, lavez-la bien, puis versez-y trois cuillères à café de n°4. Comme la quantité est très faible, elle ne sera pas observée, surtout si vous êtes rapide dans vos mouvements. Versez de l'eau distillée ou de pluie dans une bouteille d'eau ou une cruche commune, et ajoutez-y une cuillère à soupe de n° 7 ; puis mettez-le de côté, prêt à l'emploi.

Munissez-vous de verres à vin de quatre motifs différents, et dans un motif, versez la solution marquée n° 1, dans un autre qui porte la mention n° 2, et ainsi de suite pour les n° 3 et 5. Remettez les solutions dans leurs bouteilles respectives et disposez les verres sur un petit plateau, en mémorisant les solutions qui ont été versées dans chaque motif.

Tout étant prêt, prenez la bouteille de champagne que vous avez préparée, parmi deux ou trois autres, et en la brandissant pour montrer à la société qu'elle est claire et vide, vous devez demander à quelqu'un de vous remettre la bouteille d'eau ou la cruche, et alors remplissez la bouteille avec de l'eau.

Versez une partie du contenu de la bouteille dans un verre non préparé, afin de montrer que c'est de l'eau ; puis dites : « changez pour le champagne », et versez le liquide de la bouteille dans un des verres rincés au n° 5 ; puis versez dans un verre rincé au n°1, et cela se changera en porto ; mais s'il est versé dans le n° 3, il se transformera en lait, et s'il est versé dans le n° 2, il produira du xérès. Soyez prudent lorsque vous versez le liquide de la bouteille, ne le tenez pas au-dessus des verres, mais gardez l'embouchure près des bords des verres, sinon les personnes remarqueront qu'il change de couleur après avoir été versé dans le des verres à vin, et c'est pour cette raison que les verres doivent être tenus assez haut.

∵ Les solutions utilisées dans l'astuce ci-dessus étant délétères, elles ne doivent pas être laissées à la portée des enfants, et bien sûr le liquide contenu dans les verres à vin ne doit même pas être goûté ; mais si quelqu'un dans la compagnie désire boire les vins que vous avez préparés, il faudra alors adroitement échanger le plateau contre un autre sur lequel seront placés les vins appropriés.

C'est une excellente astuce de salon si elle est bien gérée et n'est pas difficile à comprendre.

59. LE TRUC DE LA BOUTEILLE.

La méthode chimique pour réaliser cette illusion a déjà été expliquée, la méthode mécanique sera facilement comprise grâce au "Magic Funnel Trick". Elle est généralement réalisée avec une bouteille dont le corps est en étain, le goulot en verre ; le corps est divisé en compartiments divers, dont trois suffisent, dont un central, pour un usage ordinaire : en coupant la bouteille en deux, on comprendra la disposition comme indiqué ci-dessous.

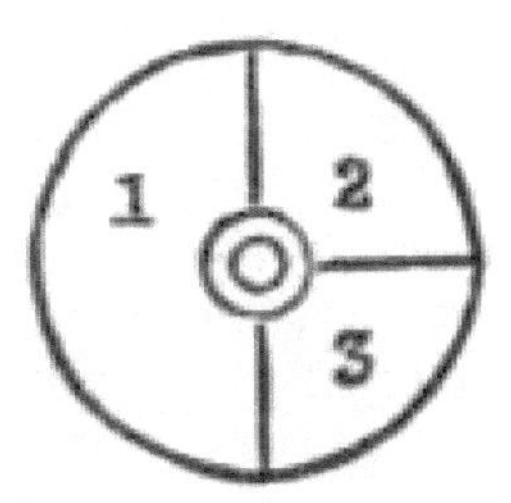

O, centre du biberon, à partir duquel le lait peut être versé. 1, 2, 3 compartiments contenant du porto, du sherry et de l'alcool.

Il faut comprendre que de petits tubes de chaque compartiment se terminent dans le col, et qu'ils sont remplis de leurs liquides respectifs par le récipient en forme de poire déjà expliqué. Chaque compartiment est percé d'un petit trou en haut, de sorte que lorsque les doigts sont placés dessus (comme sur les trous d'une flûte), le liquide ne puisse pas s'écouler en retournant la bouteille.

En montrant le tour, l'interprète fait allusion à sa merveilleuse bouteille pleine du lait de la bonté humaine, qu'il verse soigneusement du compartiment central, en gardant les trois trous bien serrés avec ses doigts, le centre étant rempli et vidé de la manière ordinaire ; après avoir versé et distribué quelques verres de lait, il peut verser le reste dans un pot au fond duquel un peu de lait a déjà été mis, afin que l'on puisse croire que la bouteille en était primitivement remplie ; il peut maintenant laver la bouteille (c'est-à-dire le compartiment central), tout en gardant ses doigts sur les trous, et, par souci de mystification, mettre la bouteille debout sous un chapeau, en ordonnant à la bouteille de changer ses habitudes de tempérance. . Il peut maintenant demander à la compagnie de faire escale pour du porto, du sherry, du gin, du brandy, du noyeau , etc.

Le xérès et le porto sont versés de leurs compartiments, l'alcool approvisionne les autres, car de nombreux verres à vin peuvent être préparés avec des gouttes de sucre brûlé pour le brandy, du sirop et du genièvre pour le gin. Une petite goutte d'huile d'amande ou d'autres substances aromatisantes peut être utilisée pour les différentes liqueurs. Il faut se servir d'un verre à vin épais, contenant une très petite quantité de liquide.

Une cafetière magique peut être disposée de la même manière, avec trois compartiments pour contenir du thé chaud, du café et du punch ; le compartiment du milieu peut contenir les baies de thé et de café, dans lesquelles l'assistant peut verser par erreur le contenu de la bouteille étiquetée « *Encre* ». L'artiste, après s'être gratté la tête, comme s'il réfléchissait profondément, prendra un morceau de merlan et de poudre et le placera dans le compartiment central, qui peut être fermé avec un bouchon en liège ou un couvercle approprié. Ensuite, si les trous des compartiments se terminent dans la poignée et les tuyaux dans le bec, lorsque les doigts sont retirés, les trois liquides s'écoulent séparément, comme dans le Bottle Trick. Cette façon de montrer le tour est bonne, car, quel que soit le nombre de votre auditoire, vous pouvez offrir à chacun quelque chose à boire, et cela est montré avec beaucoup d'effet par Signor Blitz et Wyman.

60. LE QUARTIER MAGIQUE.

Procurez-vous une petite boîte ronde, d'environ un pouce de profondeur, dans laquelle s'adaptent avec précision un quart ou un cent : tapissez la boîte avec n'importe quel papier foncé (cramoisi, par exemple) et collez-en une partie sur un côté de la pièce, de sorte que lorsqu'elle se trouve dans la partie inférieure de la boîte, elle doit ressembler à la vraie boîte. Ce quart ou ce cent est caché dans la main, et avant d'exécuter le tour, il en augmentera l'effet si un certain nombre de quarts ou de cents sont cachés dans la pièce, dans des endroits connus de vous. Après avoir emprunté une pièce de monnaie, vous la placez adroitement d'un côté et vous la remplacez par celle préparée ; et, en le mettant gravement dans la boîte, demandez à tous d'être sûrs de l'avoir vu entrer : quand le couvercle est fermé, secouez de haut en bas : le bruit trahit le métal ; ordonnez-lui maintenant de disparaître et de le secouer latéralement d'un côté à l'autre ; comme le quart est conçu pour s'adapter avec précision, aucun bruit n'est apparent : la pièce semble avoir disparu ; en preuve, vous ouvrez la boîte et exposez l'intérieur ; le papier sur la pièce le cache, tandis que vous demandez au public de chercher dans un livre ou une paire de pantoufles la pièce de monnaie manquante ; la pièce préparée peut être retirée et la boîte remise à l'examen, dans laquelle, bien entendu, on ne trouvera rien. Ce tour peut être répété deux ou trois fois avec le plus grand succès, et il est si simple que personne ne devine la manière de l'exécuter.

61. POUR CHANGER UN DIME EN UN QUART.

C'est un tour de salon assez simple, mais lorsqu'il est exécuté avec dextérité, il est de nature à produire beaucoup d'étonnement lors d'une soirée. En fait, il surprend par sa simplicité même. Procurez-vous deux morceaux de papier marbré d'environ sept pouces carrés, et après avoir assemblé les dos marbrés du papier, coupez-les selon la forme du diagramme Fig. 1. Faites très attention à ce qu'ils aient exactement la même taille, car le succès de l'astuce en dépend. dans une large mesure sur la régularité du papier. Après avoir découpé le papier de la manière décrite, placez une pièce de dix cents au centre d'une des pièces à l'endroit marqué A , puis repliez-la soigneusement au niveau du pli du côté marqué B , et également de nouveau du côté marqué C . Lorsque vous avez fait cela, rabattez l'extrémité marquée D sur le centre A , et repliez-la à nouveau sur E . Lorsque cela est accompli, vous découvrirez que vous avez formé une petite parcelle de la même forme que la figure 2, avec une pièce de dix cents au centre. Vous devez ensuite placer un quart de dollar au centre de l'autre morceau de papier et le plier exactement de la même taille et de la même forme que le premier morceau. Lorsque vous avez fait cela, collez les deux paquets ensemble à l'arrière des extrémités marquées

F , sur la figure 2, et les côtés seront si égaux que les deux paquets apparaîtront comme un seul. Vous pouvez ensuite ouvrir le côté du papier contenant la pièce de dix cents et le montrer à votre public, en l'informant en même temps que vous allez ouvrir un atelier sur un petit plan et frapper un quart d'une pièce de dix cents. Cela fait, marmonnez quelques mots cabalistiques et retournez adroitement le côté contenant la pièce de monnaie, et en ouvrant le papier, au grand étonnement de l'assistance, au lieu d'un sou, ils verront une véritable pièce de monnaie. J'ai vu beaucoup de gaieté créée par cet excellent exploit.

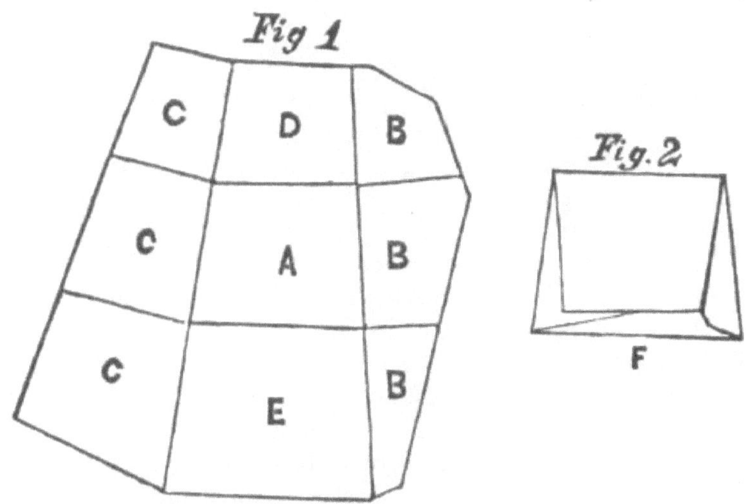

62. DESCRIPTION DE LA TABLE DU MAGICIEN.

Lorsqu'un complice secret est requis, ayez une table de quatre pieds et demi de longueur, deux pieds huit pouces de hauteur, deux pieds neuf pouces de largeur, avec un rideau autour d'elle, de vingt-deux pouces de profondeur. Au sommet de cette table se trouvent plusieurs trous carrés secrets, de différentes tailles, de trois à cinq pouces de diamètre ; ceux-ci avaient des couvercles parfaitement ajustés et suspendus à des charnières cachées, afin qu'ils puissent être abaissés ; mais lorsqu'il est posé à plat, le dessus de la table semble présenter une surface parfaite. Sous cette surface se trouvent des boutons qui empêchent ces couvercles de tomber lorsqu'ils ne sont pas utilisés. Sous le dessus de la table est fixée une boîte ou tiroir ouvert en haut et du côté le plus éloigné des spectateurs. Cette boîte a environ vingt pouces de profondeur et est cachée par le rideau ; et dans cette case est placé l'agent secret qui assiste l'interprète.

63. LE TRUC DES ARMES DE WYMAN.

Après vous être muni d'une pièce de chasse, permettez à n'importe qui de la charger, en vous gardant le privilège de mettre la balle, à la satisfaction évidente de la compagnie, mais au lieu de quoi vous devrez vous en munir d'une pièce artificielle en noir. le plomb, qui peut être facilement caché entre vos doigts, et retenir la vraie balle en votre possession, la produisant après que le fusil ait été déchargé ; et une marque ayant été préalablement apposée dessus, elle sera instantanément reconnue. Cette astuce est assez simple, car la boule artificielle se réduit facilement en poudre lors de l'application de la baguette ; d'ailleurs la petitesse des boules exclut toute découverte de la tromperie.

64. L'oiseau éclos.

Séparez un œuf au milieu le plus près possible, videz-le, puis, avec un morceau de papier fin et un peu de colle, joignez les deux moitiés ensemble, après y avoir mis au préalable un canari vivant, qui y restera indemne. pendant un certain temps, à condition de faire un petit trou dans la coquille pour fournir de l'air à l'oiseau ; ayez aussi un œuf entier prêt. Présentez les deux œufs pour que celui-ci soit choisi ; placez l'œuf qui contient l'oiseau à côté de la personne qui doit choisir, et veillez à cet effet à choisir une dame ; elle choisit naturellement le plus proche d'elle, car, n'ayant aucune idée du tour à faire, il n'y a là aucune raison apparente de prendre le plus loin ; en tout cas, si l'on prend le mauvais œuf, on ne rate pas le tour, car on casse l'œuf et on dit : « Vous voyez que cet œuf est beau et frais, madame ; ainsi vous auriez trouvé l'autre, si vous aviez l'avais choisi. Maintenant, choisis-tu d'y trouver une souris ou un canari ? Elle se déclare naturellement pour l'oiseau ; néanmoins, si elle demande la souris, il y a moyen de s'échapper ; vous posez la même question à plusieurs dames, et vous réunissez la majorité des voix qui, selon toute probabilité, seront en faveur de l'oiseau que vous produisez alors.

65. LE TRUC POMME ET ORANGE.

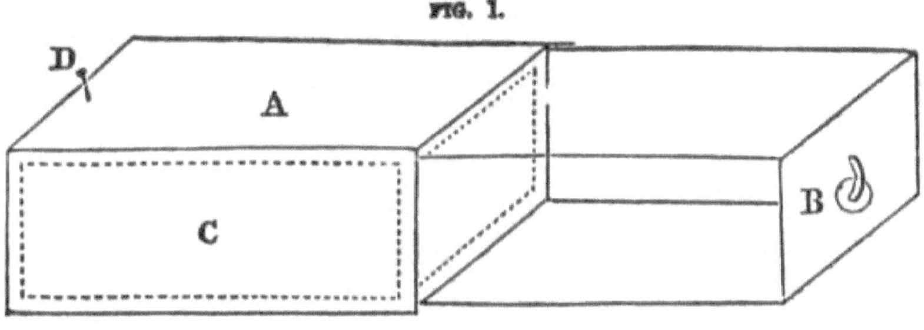

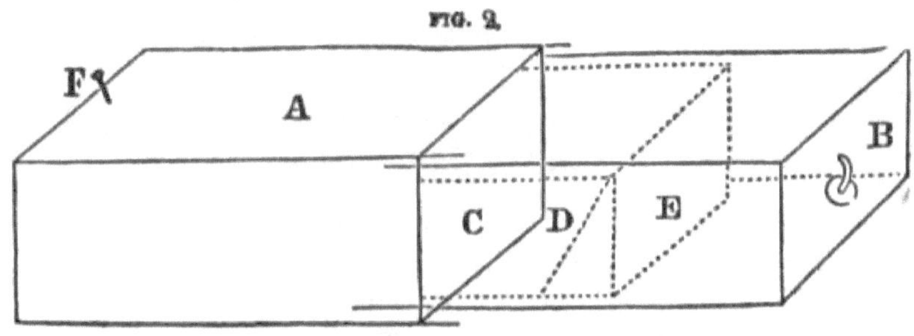

Faire fabriquer une boîte sur laquelle est fixé un tiroir comme sur la figure n°
2, repéré A. La partie arrière du tiroir B, qui coulisse dans la boîte A, n'a pas
d'embout ; faites ensuite fabriquer un autre tiroir, marqué C, ouvert en haut,
qui s'adaptera assez facilement au tiroir B, en y mettant les côtés et les
extrémités du tiroir C, en bois assez mince, avec leur extrémité et leurs côtés
inclinés vers le côtés du tiroir B, de sorte que lorsqu'il est dans le tiroir B, il
ne peut être découvert sans un examen minutieux ; puis poussez-les tous les
deux dans la boîte A, et faites percer un petit trou dans le haut de la boîte A,
dans lequel vous mettrez une petite épingle à dessus plat, comme marqué D
sur la plaque ; cette goupille est si longue qu'elle viendra juste attraper le tiroir
C, à l'intérieur de la boîte A, pour l'empêcher de sortir avec le tiroir B, lorsqu'il
n'est pas nécessaire d'être exposé. Il est maintenant prêt à réaliser des
expériences. Vous savez, comme cela a déjà été décrit, que le tiroir B est
ouvert à l'extrémité intérieure, par conséquent, lorsque celui avec le tiroir
libre C est poussé dans la boîte A, et que vous mettez la goupille D à sa place,
le tiroir B peut être retiré ou repoussé sans interruption ; mais si vous retirez
l'épingle de la boîte, C sortira à l'intérieur du tiroir B sans que l'astuce soit
découverte ; étant entendu que le faux tiroir C est invariablement caché au
spectateur. Lorsque le tiroir C est dans la boîte A, et que le tiroir B a été retiré,
l'extrémité du tiroir C apparaîtra alors comme si c'était l'extrémité du tiroir B
comme représenté sur la planche. Vous pouvez ensuite le montrer à
l'entreprise, et vous pouvez également mesurer l'intérieur du tiroir B et

l'extérieur de la boîte A, et les convaincre que, apparemment, rien n'est caché. En retirant le tiroir C seul, il faut veiller à ce que le tiroir C ne glisse pas du fond du tiroir B, ce qui autrement l'empêcherait d'être repoussé. Un petit loquet peut être apposé au fond du tiroir C, afin d'empêcher celui-ci de glisser de sa place.

Pour réaliser l' expérience. — Remplissez, en privé, le tiroir C de fruits, fermez le tiroir B et exposez-le ; puis sortez le tiroir B, seul, comme représenté sur la planche figure 2, ce qui convaincra les spectateurs qu'il est vide. Lorsque vous les avez satisfaits sur ce point, faites coulisser le tiroir B, puis placez la main gauche sur la goupille secrète D, et retirez-la ; puis, de la main droite, tirez le tiroir B, avec le tiroir secret C, qui est plein de fruits, au grand étonnement de la société ; sortez le fruit et présentez-le aux spectateurs. Ceci conclut la représentation.

66. PIÈCE ENCHANTÉE, INTERPRÉTÉE PAR LE PROFESSEUR WYMAN.

Mettez quinze pièces d'argent dans un chapeau, sortez-en cinq et remettez-les mystérieusement dans le chapeau et recouvrez-le. Pour faire ce tour, vous devez avoir dans votre main gauche une assiette, et sous l'assiette et dans votre main gauche avoir préalablement placé cinq pièces de monnaie telles que celles que vous aurez placées dans le chapeau ; après avoir compté les quinze pièces dans le chapeau, vous demandez alors à la personne que vous avez choisie parmi le public de vous aider à exécuter les tours, de compter l'argent du chapeau dans l'assiette, pour voir qu'il n'y a pas d'erreur , après quoi vous mettez l'argent de l'assiette dans le chapeau, et en même temps vous laissez tomber les cinq pièces que vous avez cachées dans votre main sous l'assiette ; vous lui demandez alors de tirer cinq pièces, il en restera encore quinze, vous prenez les cinq qui sont tirées et vous les placez dans un tiroir (voir l'astuce orange et pomme), puis vous parcourez les mots magiques, *Presto* , *Pacillo* , *Passe* ; vous ouvrez ensuite le tiroir (après avoir placé votre doigt sur le ressort pour maintenir le tiroir intérieur dans lequel les cinq pièces étaient placées) et montrez au public que les cinq pièces ont disparu ; vous lui dites alors de prendre le chapeau et de voir combien de pièces il contient ; il récupère le chapeau et, à la surprise de tous, il compte le numéro initial, quinze.

67. PIÈCE MYSTÉRIEUSE, OU COMMENT FAIRE PASSER DES DOLLARS À TRAVERS UN VERRE À VIN, UNE ASSIETTE EN CHINE, UNE TABLE, ET TOMBER DANS LA MAIN.

Après avoir exécuté le tour 40 (p. 27), vous pouvez vous adresser à nouveau à la société et dire : « Je vais vous montrer la nature de ce tour, si seulement vous voulez bien regarder assez attentivement pour voir comment cela est fait. Par conséquent, surveillez attentivement , et si vous avez des yeux *très* pénétrants, vous pourrez voir l'argent passer à travers ce verre et tomber sur l'assiette, et de là à travers la table dans ma main. Je le ferai délibérément, afin que vous ayez toute occasion de détecter l'argent. tromperie, qui te rendra aussi sage que moi.

Maintenant, prenez une assiette et posez-la sur la table, placez dessus un verre à vin à l'envers, prenez l'étui en cuir vide et tenez-le devant le public, pour le convaincre qu'il n'y a rien à l'intérieur. Placez-le, d'une manière négligente, sur l'argent riveté, que vous aviez auparavant mis un peu à l'écart de la vue des spectateurs. Placez une petite boule au fond du verre, puis prenez l'étui contenant les pièces de monnaie cachées et placez-les sur la boule qui y sera sécrétée. Dites maintenant à l'entreprise de garder un œil attentif, et elle découvrira peut-être l'ensemble du processus. Prenez les pièces en vrac et jetez-les sur la table ; ramenez-les sous la table, échangez-les contre une balle préalablement déposée sur l'étagère, et posez-la sur la table. Retirez le boîtier seul, ce qui, bien sûr, laissera l'argent exposé sur le dessus du verre. "Maintenant", dit l'interprète, "je présume que vous avez découvert tout le mystère ; mais sinon, je vous donnerai une autre opportunité et je vous rendrai l'argent d'où il vient." Couvrez l'argent avec l'étui, et amenez sous la table la balle que vous avez préalablement exposée au spectateur, et échangez-la contre l'argent sur l'étagère, que vous lancez de nouveau sur la table. Retirez le boîtier contenant les pièces de monnaie cachées et la boule apparaîtra sur le dessus du verre, comme au début. Notre interprète prononce le discours final suivant : « Maintenant que vous avez, je suppose, découvert tout le mystère, j'espère, mesdames, que vous n'établirez pas *une* ligne d'opposition contre moi ; car, si vous le faites, vous risquez très sérieusement blesser mes poches et, bien sûr, *attirer* toute la compagnie et me laisser dans une maison vide avec les poches vides. »

68. LE GRAND TRUC DU PROFESSEUR WYMAN DES FLUIDES ÉGYPTIENS, OU IMPOSSIBILITÉS ACCOMPLIES.

Mélangez le vin et l'eau, puis séparez-les au moyen d'un ruban rouge et blanc. Pour réaliser cette astuce, vous devez faire fabriquer trois couvercles (en étain), de forme obéliatique , se terminant à environ un pouce et demi sur le dessus, sur le dessus de deux de ces couvercles est soudé un morceau de laiton épais, de cuivre ou de plomb. , disons environ un quart de pouce d'épaisseur, au centre faites un trou à peu près du même diamètre, à environ deux pouces du haut, et à l'intérieur il y aura une cloison ou un plancher, à travers le centre duquel faites un petit a trou, (cette cloison doit être étanche.) Avant d'effectuer le tour, remplissez les deux couvercles (le dessus) l'un avec de l'eau, l'autre avec du vin, puis bien les boucher ce qui exclut l'air, empêche par conséquent le liquide de venir. par le petit trou fait au centre de la cloison, puis prends deux gobelets sains et mets dans un à peu près autant d'eau qu'il y a d'eau dans un des couvercles, place le couvercle dessus, le gobelet qui a l'eau, puis mettez à peu près la même quantité de vin dans l'autre verre qu'il y en a dans l'autre couvercle, et placez ce couvercle dessus ; maintenant, ayez un gobelet avec un trou au centre du fond (fait avec une perceuse), fermez ce trou avec une longue cheville par le dessous , puis à travers votre table de trucs, faites un petit trou de tarière pour admettre la cheville, ceci le gobelet doit également être recouvert d'un couvercle similaire en apparence extérieure ; vous enlevez ensuite les couvercles des gobelets contenant de l'eau et du vin, et en présence du public, mélangez les deux liquides, puis versez les deux dans le gobelet qui a un trou au fond, remettez les gobelets et couvrez-les, puis soulevez le gobelet contenant le mélange afin que le public puisse le voir, (en gardant la main devant le piquet), le remettre avec le piquet à travers le trou, le recouvrir, puis prendre un cordon de ruban rouge et blanc préalablement attaché un petit bâton, et placez-le dans le haut du couvercle qui est au-dessus du faux gobelet, puis prenez le bout du ruban rouge, qui a un petit fil, et après avoir retiré le bouchon du couvercle sur le vin, déposez-le le bout du fil dans le tout ; l'air est ensuite introduit dans le vin, ce qui le laisse couler dans les gobelets en dessous, faites de même avec le ruban blanc, puis passez votre main sous la table et retirez la pique du gobelet et laissez le mélange couler dans un gobelet. ou une coupe sécrétée là à cet effet ; maintenant, retirez les couvercles et montrez au public que le gobelet dans lequel vous avez versé le mélange est vide, et que celui dans lequel vous l'avez versé le contient à nouveau, ce qui les étonnera grandement. Ce magicien accompli, le professeur Wyman, a étonné, applaudi et ravi des milliers de personnes dans chaque ville des États-Unis et du Canada, par la réalisation de cette merveilleuse expérience.

69. LA BOULE DE NEIGE DU MAGICIEN. L'UN DES FAUX DES FAITS D'AVA.

Prenez une tasse et remplissez-la de riz, puis changez-la en mouchoir. Pour faire cette astuce, vous avez deux tasses (en étain) faites pour s'emboîter l'une dans l'autre, mais laissez la tasse extérieure être environ deux pouces plus profonde que celle intérieure, laissez les bords être tournés d'équerre tout autour, mais laissez celui de l'intérieur. La tasse doit être un peu plus grande que celle extérieure, de sorte que lorsque le couvercle en étain (que vous devez également avoir) est placé dessus, il sera suffisamment serré pour soulever la tasse intérieure lorsqu'elle est retirée. Avant d'exécuter ce tour, vous devez placer au fond de la tasse profonde un mouchoir de poche blanc, puis y placer l'autre tasse, après quoi la sortir en présence du public, puis remplir la tasse intérieure (qui apparaît au public). pour être la seule tasse) avec du riz, placez le couvercle dessus, après quoi répétez les mots mystiques *Presto* , *Pacillo* , *Pass* , puis retirez le couvercle et la tasse intérieure y sera collée et sera cachée à la vue, maintenant retirez le mouchoir, et il étonnera grandement ceux qui le verront.

70. LA CANNE MAGNÉTISÉE.

C'est une petite fantaisie très surprenante, et conçue pour créer beaucoup d'étonnement dans le salon ou le salon. Pour réaliser ce tour, prenez un morceau de fil de soie noire ou de crin de cheval, long d'environ deux pieds, et attachez-le à chaque extrémité des mêmes crochets courbés d'une couleur similaire. Lorsque vous n'êtes pas remarqué, attachez les crochets à l'arrière des jambes de votre pantalon, à environ deux pouces sous le pli des genoux. Placez ensuite la canne (elle doit être foncée et pas trop lourde), à l'intérieur de la partie intérieure du fil, comme représenté sur la gravure, et d'un simple mouvement des jambes, vous pourrez faire danser la canne et exécuter une grande variété de mouvements fantastiques. La nuit, votre public ne peut pas percevoir le fil et, apparemment, la canne n'aura aucun support. L'artiste doit informer la compagnie, avant de commencer ce tour, qu'il a l'intention de magnétiser la canne, et qu'en bougeant ses mains comme le font les professeurs de magnétisme, le mouvement des jambes ne sera pas remarqué.

71. MODE DU PROFESSEUR WYMAN POUR RÉALISER LE TRUC DU SAC À OEUFS.

Prenez un sac et exposez-le au public, retournez le sac, puis retournez-le, puis retirez-en plusieurs œufs. Pour réaliser cette astuce, munissez-vous d'un sac d'environ un demi-mètre de large et environ cinq huitièmes de profondeur, en batiste noire, puis prenez des bandes du même tissu d'environ trois pouces de large et cousez-les de chaque côté de la bande dans le sens de la longueur du sac . , on les appelle cellules, c'est dans celles-ci que sont placés les œufs ; que l'extrémité des alvéoles soit fermée à l'embouchure du grand sac, de manière que l'embouchure des alvéoles soit l'inverse de celle du grand sac, celles-ci sont remplies d'oeufs en bois, à l'exception d'un ou deux des œufs naturels, que vous retirez d'abord et que vous cassez pour convaincre le public qu'ils sont authentiques. Lorsque vous retournez le sac, vous gardez ces cellules à côté de vous, et lorsque le grand sac est retourné, les œufs se trouvent au fond des cellules, à l'embouchure du grand sac. L'artiste attrapera ensuite le sac juste au-dessus des œufs et lui fera quelques tours avec l'autre main pour convaincre le public qu'il n'y a rien dedans, après quoi il retournera à nouveau le sac et en sortira plusieurs œufs, qui le public est un grand mystère.

Dans ce récit de prestidigitation, j'ai volontairement évité les astuces qui nécessitent des appareils coûteux. Ou bien un tel appareil est totalement hors de portée d'un garçon, ou en tout cas il ne faut pas l'encourager à dépenser beaucoup d'argent pour des objets sans réelle utilité. Un garçon un peu ingénieux fabriquera lui-même la plus grande partie de l'appareil, ou du moins il pourra peindre et polir ses machines. Je n'ai mentionné aucune machine qui coûterait plus d'un dollar à l'extérieur, et pas autant, si un garçon est familiarisé avec l'utilisation des outils. J'ai également eu un soin particulier à introduire uniquement les expériences adaptées à une exécution à la table du salon ou au coin du feu, et en communiquant des faits intéressants, à stimuler le jeune expérimentateur à rechercher les lois qui les régissent ; en l'aidant à acquérir une dextérité de pratique, à aplanir la voie au développement des principes ; et, surtout, pour lui permettre d'échapper à une imputation que tout garçon spirituel considérerait comme la profondeur de la honte : celle d'être

« Pas de Conjurateur ! »

DES ASTUCES AVEC DES CARTES.

Bien que la maîtrise des jeux de cartes soit, à notre avis, un accomplissement des plus pernicieux pour la jeunesse, et qui ne saurait être trop sévèrement réprouvé, nous ne considérons pas du tout les tours de passe-passe avec un jeu de cartes comme répréhensibles, mais plutôt une source d'amusement bien inoffensif ; et, sous cette impression, nous n'hésitons pas à insérer la série suivante d'excellentes tromperies et tours de passe-passe.

On pense que les cartes à jouer ont été inventées en Espagne dès le XIVe siècle ; car, en 1378, Jean Ier, roi de Castille, défendit de jouer aux cartes dans ses domaines, par un édit antérieur à toute mesure législative similaire dans d'autres parties de l'Europe. Les chiffres sur les cartes elles-mêmes ajoutent à la force de la supposition ; car les couleurs qui répondent à celles des piques et des trèfles n'ont pas la même forme de cœur inversé et de trèfle que les nôtres d' aujourd'hui , mais *des espadas* , ou épées, et *des bastos* , ou des gourdins, ou des massues ; de sorte qu'en fait nous conservons leurs noms, bien que nous ayons modifié les chiffres. De nos jours aussi, les cartes sont un divertissement favori des Espagnols, et le monopole de leur vente est entre les mains du souverain.

Sous le règne d' Henri VII, le jeu de cartes était un divertissement de cour très à la mode en Angleterre. Les cartes alors utilisées différaient sensiblement par leurs figures de celles actuellement en vogue, car au lieu de trèfles, de piques, de carreaux et de cœurs, elles portaient sur elles des lapins, des roses, des roses et des fleurs appelées ancolies ; ainsi que les cloches, les cœurs, les feuilles, les glands, les cerfs, etc. Passons maintenant aux tours que l'on peut jouer avec les cartes.

Conformément à ma règle, je mettrai l'accent principal sur les tours de cartes qui ne nécessitent aucun appareil et qui peuvent être exécutés avec des cartes ordinaires.

1. POUR FAIRE LA PASS.

C'est un début nécessaire pour les tours de cartes. "Faire la passe" est le terme technique utilisé pour déplacer la carte du haut ou celle du bas vers n'importe quel endroit du pack que vous souhaitez. Il est presque impossible de le décrire, et je peux seulement dire qu'il s'apprendra mieux en cinq minutes auprès d'un ami qu'en autant d'heures dans un livre. Mais comme on ne trouve pas toujours un ami capable de faire la passe, je vais essayer de la décrire.

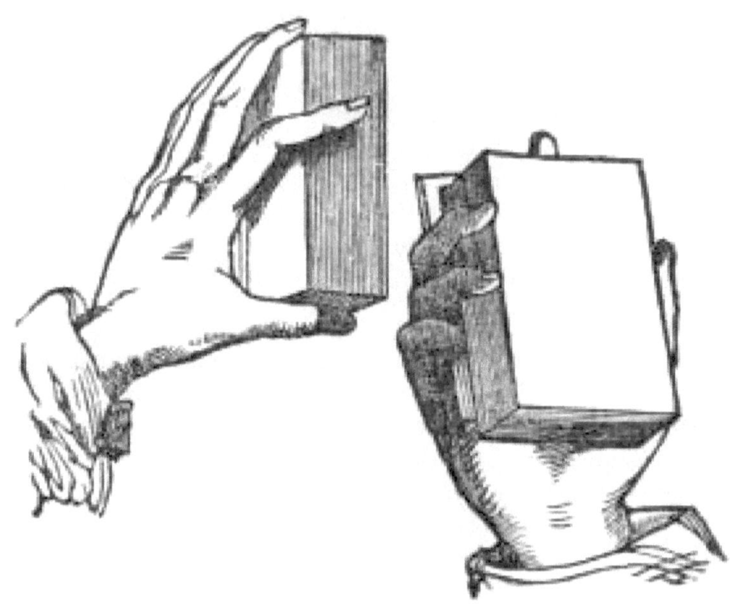

Les cartes sont tenues à deux mains, la main droite en dessous et la gauche en haut, comme dans la gravure, où, comme la carte *du bas* doit être levée vers le haut, on voit le petit doigt entre cette carte et celles du dessus. Par un mouvement rapide de la main droite, la carte du bas est glissée vers la gauche, et se pose sur la carte du haut, à l'ombre de la main gauche, qui se lève momentanément pour permettre son passage.

Ce mouvement doit être assidûment pratiqué avant d'être exposé en public, car rien ne semble plus gênant que de le voir mal exécuté, auquel cas deux ou trois cartes tombent généralement par terre.

2. DIRE UNE CARTE PAR SON DOS.

Tout en mélangeant le paquet, jetez un coup d'œil à la carte du bas, faites la passe et amenez-la vers le haut. Continuez à mélanger et posez progressivement autant de cartes que vous le souhaitez, disons six. Ensuite, posez le paquet sur la table, face vers le bas, et divisez-le en sept tas, en commençant par le bas, et laissez le septième tas plus grand que tous les autres.

Lorsque vous avez fait cela, prenez une carte du haut du septième tas, apparaissez pour calculer et posez-la, face visible, sur l'un des autres tas. Faites-le avec cinq cartes supplémentaires, laissant ainsi votre carte glissée en haut du septième tas. Vous annoncez alors qu'à l'aide des six cartes vous nommerez la septième. Vous le nommez ainsi, après avoir soigneusement étudié les autres cartes, et en demandant à un spectateur de le prendre, on verra que vous avez raison.

Si vous placez cinq cartes au-dessus de la carte glissée, vous disposerez six tas, et s'il y a huit cartes, il y aura bien sûr neuf tas.

3. LA CARTE NOMMÉE SANS ÊTRE VUE.

Comme dans le dernier tour, jetez un coup d'œil à la carte du bas, dites l'as de pique. Disposez le paquet en autant de tas que vous le souhaitez, en notant où est posé celui qui contient cette carte du bas. Demandez à n'importe qui de prendre la carte du dessus de n'importe quel tas, de la regarder et de la remplacer. Vous rassemblez ensuite les tas apparemment par hasard, mais vous prenez soin de poser le tas contenant la carte du bas sur la carte qui a été choisie. Vous donnez ensuite à chacun les cartes à couper, et en les comptant, la carte qui suit immédiatement l'as de pique est la carte choisie.

Si, par accident, les deux cartes devaient être séparées lors de la coupe, la carte supérieure du paquet est celle choisie et peut être choisie avec un soin apparent.

4. LA CARTE RACONTÉE PAR LE VERRE D'OPÉRA.

Faites un tableau, comme celui de la figure 1, et placez-le dans une lorgnette, de manière que les chiffres soient visibles lorsque vous regardez à travers. Pour plus de commodité, j'ai réalisé le mien comme le montre la figure 2, les chiffres 1, 2, 3 dans chaque série étant compris. Le mieux est d'écrire les chiffres, ou de les découper dans un livre, et de les coller sur un morceau de carton circulaire, qu'il faut ensuite imbiber d'huile, de manière à le rendre semi-transparent. La lumière le traversera alors facilement et les personnages seront mieux visibles que s'ils étaient opaques.

On voit que la figure 2 contient autant de matière que la figure 1, et qu'elle sauve les deux tiers des figures.

1. 131	10. 132	19. 133
2. 231	11. 232	20. 233
3. 331	12. 332	21. 333
4. 121	13. 122	22. 123
5. 221	14. 222	23. 223
6. 321	15. 322	24. 323
7. 111	16. 112	25. 113
8. 211	17. 212	26. 213
9. 311	18. 312	27. 313

Fig. 1.

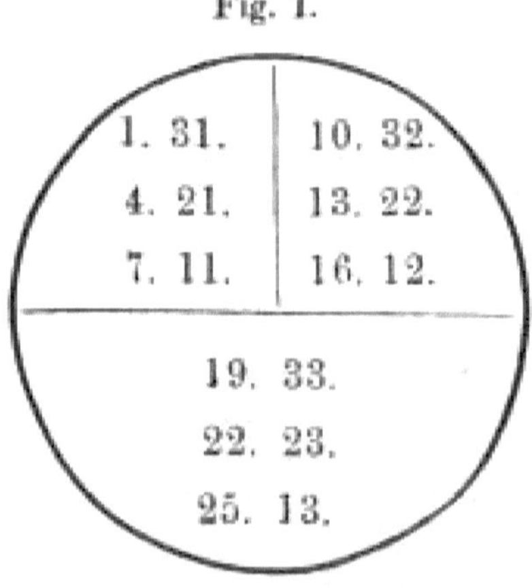

Fig. 2.

Ces préliminaires étant arrangés, dites à chacun de prendre vingt-sept cartes quelconques d'un jeu et de penser à l'une d'entre elles. Distribuez-les en trois tas et demandez-lui dans quel tas il se trouve et quel numéro du haut il aimerait qu'il vienne après la troisième distribution. Supposons qu'il choisisse que ce soit la vingt-sixième carte, vous prenez votre jumelle et cherchez le numéro 26. Vous le trouverez avant-dernier, disposé ainsi : 26 213 Le sens est que si la carte choisie est à soit le vingt-sixième, le tas dans lequel il a été trouvé doit être placé la première fois deuxième, la deuxième fois premier et la dernière fois troisième. Vous récupérez donc les cartes en prenant soin de conserver ce tas numéro deux. Vous les distribuez à nouveau en trois tas, et cette fois vous placez en haut le tas dans lequel se trouve la carte choisie, étant le numéro un. Distribuez-les une troisième fois, et en rassemblant les tas, placez-le au fond.

Puis, en comptant à partir du haut, la carte choisie sera la vingt-sixième.

5. LES QUATRE ROIS.

Sortez d'un jeu de cartes les quatre rois, ainsi que deux autres cartes de cour, qui ne doivent pas être montrées. Étalez les rois devant les spectateurs, mais cachez les deux cartes de cour entre le troisième et le quatrième roi. Posez les cartes face cachée sur la table. Retirez la carte du bas, qui est bien sûr l'un des rois ; montrez-le comme par accident et placez-le sur le dessus. Prenez la carte suivante (qui est l'une des cartes du terrain) et placez-la au milieu du paquet. Prenez la troisième carte (c'est- à-dire la deuxième carte de terrain) et placez-la également près du milieu du paquet. Il y aura alors un roi en haut et trois en bas. Demandez à n'importe qui de couper les cartes et de les examiner, lorsqu'il trouvera les quatre rois ensemble au milieu du paquet.

Il est préférable d'utiliser des cartes de cour pour les placer entre le troisième et le quatrième roi, car si les cartes s'écartaient, elles ne seraient pas aussi faciles à distinguer que les cartes ordinaires.

6. LES QUATRE COMPLICES.

Laissez une personne tirer quatre cartes du paquet et dites-lui de penser à l'une d'entre elles. Lorsqu'il vous rend les quatre cartes, placez-en adroitement deux sous le paquet et deux sur le dessus. Sous celles du bas, vous placez quatre cartes de toute sorte, puis, en prenant huit ou dix des cartes du bas, vous les étalez sur la table et demandez à la personne si la carte qu'elle a fixée est parmi elles. S'il dit non, vous êtes sûr que c'est l'une des deux cartes du dessus. Vous passez ensuite deux cartes vers le bas, et en tirant la plus basse d'entre elles, vous demandez si ce n'est pas sa carte. S'il dit à nouveau non, vous prenez cette carte et lui demandez de piocher sa carte du bas du paquet. Si la personne dit que sa carte est parmi celles que vous avez d'abord tirées du bas, vous devez adroitement prendre les quatre cartes que vous avez mises sous elles, et en plaçant celles du haut, que les deux autres soient les cartes du bas du paquet, ce qui dessiner de la manière décrite précédemment.

7. DIRE LA CARTE PENSÉE DANS UN CERCLE DE DIX.

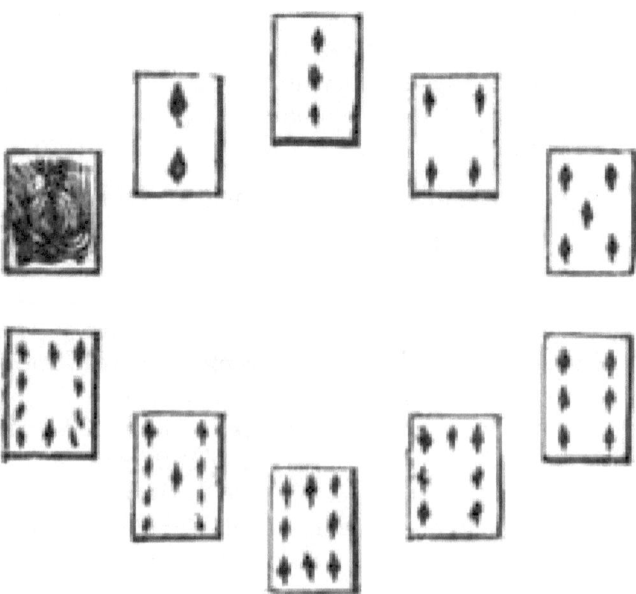

Placez les dix premières cartes de n'importe quelle couleur sous forme circulaire, comme dans la figure annexée ; l'as étant compté pour un. Demander à une personne de penser à un numéro ou une carte, et de toucher également tout autre numéro ou carte ; lui demander d'ajouter au numéro de la carte qu'il a touchée le nombre des cartes disposées, c'est-à-dire dix ; puis dites-lui de compter cette somme à rebours, en commençant par la carte qu'il a touchée, et en comptant cette carte par le nombre auquel il a pensé ; quand il le terminera ainsi par la carte ou le numéro auquel il a pensé en premier, et vous permettra ainsi de déterminer ce que c'était. Par exemple, supposons qu'il pense au chiffre trois et touche la sixième carte, si dix est ajouté à six, cela fera bien sûr seize ; et s'il compte ce nombre à partir de la sixième carte, celui touché, dans un ordre rétrograde, en comptant trois sur la sixième, quatre sur la cinquième, cinq sur la quatrième, six sur la troisième carte, et ainsi de suite ; il se trouvera terminé sur la troisième carte, qui vous indiquera donc le numéro auquel la personne a pensé. Lorsque la personne compte les nombres, elle ne doit bien sûr pas les crier à haute voix.

8. DEVINER LA CARTE PENSÉE.

Pour réaliser cette astuce, le nombre de cartes doit être divisible par 3, et il est plus pratique que le nombre soit impair. Désirez qu'une personne pense à une carte ; placez les cartes sur la table, face en bas, et, les prenant dans l'ordre, disposez-les en trois tas, face en haut, et de telle manière que la première carte du paquet soit la première dans le premier tas, le deuxième le premier dans le deuxième tas, et le troisième le premier du troisième ; le quatrième, le deuxième du premier, et ainsi de suite. Lorsque les tas sont terminés, demandez à la personne dans quel tas se trouve la carte à laquelle elle a pensé, et quand elle vous le dit, placez ce tas au milieu ; puis, en retournant le paquet, formez trois tas, comme auparavant, et demandez à nouveau dans quel tas se trouve la carte à laquelle vous pensez ; formez à nouveau les trois tas, placez au centre le tas contenant la carte à laquelle vous avez pensé à nouveau et demandez lequel d'entre eux contient la carte. Quand cela est connu, placez-le comme auparavant, entre les deux autres, et formez de nouveau trois tas en posant la même question. Puis reprenez les tas une dernière fois, mettez celui qui contient la carte pensée au milieu, et placez le paquet sur la table avec les faces en bas, retournez les cartes jusqu'à compter la moitié du nombre de celles contenues dans le paquet ; douze, par exemple, s'il y en a vingt-quatre, auquel cas la douzième carte sera celle à laquelle la personne a pensé. Si le nombre des cartes est à la fois impair et divisible par trois, comme quinze, vingt et un, vingt-sept, etc., le tour sera beaucoup plus facile, car la carte envisagée sera toujours celle en le milieu du tas dans lequel on le retrouve pour la troisième fois, afin qu'on puisse le distinguer facilement sans compter les cartes ; en réalité, il suffit de se souvenir, pendant que vous disposez le tas pour la troisième fois, de la carte qui est celle du milieu de chacun. Supposons, par exemple, que la carte du milieu du premier tas soit l'as de pique ; que le second soit le roi des cœurs ; et que le troisième soit le valet de cœur : si on vous dit que le tas contenant la carte recherchée est le troisième, cette carte doit être le valet de cœur. Vous pouvez donc faire mélanger les cartes, sans plus les déranger ; puis, en les examinant pour la forme, il pourra nommer le valet de cœur lorsque cela se produira.

9. INDIQUER LE NOMBRE DE CARTES PAR POIDS.

Prenez un jeu de cartes, disons quarante, et insérez-y en privé deux cartes un peu plus grandes que les autres ; que le premier soit le quinzième, et l'autre le vingt-sixième, à partir du haut. Semblez mélanger les cartes et les couper à la première carte longue ; mettez en équilibre celles que vous avez prises dans votre main et dites : « Il doit y avoir quinze cartes ici ; » puis coupez-les à la deuxième longue carte et dites : « Il n'y en a que onze ici ; » » et en plaçant le reste en équilibre, il s'exclame : « Et voici quatorze cartes. En les comptant, les spectateurs trouveront vos calculs corrects.

AUDACITÉ.

Plusieurs trickspeuvent être joués avec succès par pure audace. Un jour, j'ai étonné toute une fête en tenant un jeu de cartes au-dessus de ma tête et en nommant chacune d'entre elles. Le fait est que je me trouvais exactement en face d'un grand miroir dans lequel se reflétaient les cartes, tandis que les spectateurs, dos au miroir, ne se doutaient de rien.

Je vais donner une ou deux astuces qui dépendent de l'audace pour réussir.

10. LA CARTE TROUVÉE À LA DEUXIÈME DEVINATION.

Offrez les cartes à n'importe qui et laissez-le en tirer une. Vous tenez ensuite les cartes derrière votre dos et lui dites de placer sa carte sur le dessus. Faites semblant de faire un grand mélange, mais tournez seulement cette carte dos aux autres, en la gardant toujours en haut. Présentez ensuite les cartes face vers le spectateur et demandez-lui si la carte du bas est la sienne. Ce faisant, vous inspectez sa carte à votre guise. Il le nie bien sûr, et vous recommencez à remuer furieusement. « Laissez-moi faire ça », dira-t-il probablement ; ainsi, comme vous connaissez parfaitement sa carte, vous le laissez mélanger autant qu'il veut, puis, lorsque vous récupérez les cartes, mélangez jusqu'à ce que sa carte soit en bas. Passez-les ensuite derrière votre dos, faites un bruit de froissement avec eux et montrez-lui sa propre carte en bas.

11. LA CARTE TROUVÉE SOUS LE CHAPEAU.

Ayez une aiguille coincée juste à l'intérieur de votre manche. Remettez les cartes, etc., comme dans le tour précédent, et dites au preneur de mettre la carte sur le dessus. Retirez l'aiguille et percez un trou presque dans le coin supérieur *gauche* . Remplacez l'aiguille, mélangez les cartes ou laissez n'importe qui mélangez- les. Placez le paquet sur la table, couvrez-le d'un chapeau et la carte marquée sera connue par un petit bouton surélevé dans le coin supérieur *droit* . Tirez carte par carte, en disant si c'est cette carte ou non, jusqu'à ce que vous arriviez à celle marquée, que vous jetez négligemment sur la table, et quand vous êtes sur le point de retirer une autre carte, arrêtez-vous brusquement et faites semblant de trouver, en un processus magique, que c'est la carte choisie.

12. POUR RAPPEL DES CARTES DU PACK.

Dites aux spectateurs que vous sortirez six cartes du paquet. Fixez une carte, disons l'as de pique, dans la paume de votre main. Jetez le paquet sur la table, face contre terre, étalez les cartes, donnez à l'un des spectateurs votre baguette de prestidigitation et dites-lui, lorsque vous nommerez une carte, d'en toucher une, que vous prendrez.

Prénom nom l'as de pique. Il touche une carte que vous prenez sans en montrer la face. Cette carte peut être, disons, le huit de carreau. Mettez-le dans votre main gauche et placez-le sur l'as de pique, qui est déjà là, de sorte que les deux ressemblent à une seule carte. Appelez ensuite le huit de carreau. Une autre carte est touchée, dit la reine de trèfle. Vous mettez cela avec les autres, et, après avoir fait semblant de calculer, vous appelez la dame de trèfle.

Procédez de cette manière jusqu'à ce que six cartes aient été tirées. Remplacez ensuite la dernière carte tirée (qui est bien sûr une mauvaise) par l'as de pique, et cachez-la dans le creux de votre main. Puis éparpillez les autres sur la table, et pendant que les yeux des spectateurs sont fixés sur eux, débarrassez-vous de la carte que vous avez dans la main gauche.

C'est un bon plan de demander à quelqu'un d'écrire les noms des cartes au fur et à mesure qu'elles sont appelées, puis de faire rappeler la liste, afin que chacun puisse voir qu'il n'y a pas eu d'erreur.

13. TÊTES ET QUEUES.

Pendant que vous mélangez les cartes, efforcez-vous de disposer tranquillement toutes leurs têtes dans un sens, ou autant que possible, en rejetant tous les carreaux sauf le roi, la reine, le valet et les sept, et en les passant au fond. Posez le paquet sur la table, enlevez un certain nombre de cartes du haut et offrez-les à quelqu'un parmi lequel choisir une carte. Pendant qu'il la regarde, retournez les cartes et offrez-les-lui, afin qu'il la replace. Mélangez les cartes, et en les regardant, la carte choisie sera debout avec la tête dans un sens, tandis que les autres seront inversées.

14. LA SURPRISE.

Lorsque vous avez découvert une carte, le plan suivant mettra fin au tour de manière *frappante* . Placez la carte au bas du paquet et dites à l'un des spectateurs de tenir les cartes par un coin aussi fermement que possible. Donnez-leur un coup sec avec votre doigt, pas avec votre main, et toutes les cartes seront arrachées de sa prise et tomberont sur le sol, à l'exception de la carte du bas, qui restera entre son doigt et son pouce. Cela a un effet bien plus fringant, si vous placez la carte choisie en haut et que vous la frappez vers le haut, lorsque la meute entière volera dans la pièce, comme une volée de papillons, ne laissant que la carte du dessus à la portée de la personne.

15. LA RÉVOLUTION.

Une autre façon intéressante de terminer un tour est la suivante. Placez la carte en haut du paquet ; et en prenant soin que toutes les cartes soient égales, déposez le paquet sur le sol, en prenant soin, au moment où vous le lâchez, de glisser un peu la carte du dessus du reste du paquet. En tombant, la résistance de l'air retournera la carte, et elle reposera face vers le haut sur le dessus du paquet.

16. LA CARTE GLISSÉE.

Vérifiez la carte du bas du paquet ; Tenez les cartes dans votre main gauche, face vers le bas. Placez votre main droite dessus et, avec votre index droit , faites-les glisser lentement l'une sur l'autre, en demandant à quelqu'un d'arrêter n'importe quelle carte de son choix, en posant son doigt dessus.

Lorsqu'il l'a fait, ouvrez le paquet au niveau de cette carte, mais en l'ouvrant, faites la passe et amenez la carte du bas sous celle touchée. Montrez les cartes et demandez au choisisseur d'être sûr de sa carte ; donnez-lui toutes les cartes et laissez-le mélanger autant qu'il le souhaite. Découvrez ensuite la carte de la manière que vous préférez. Ce qui suit est un bon plan.

17. LA CARTE CLOUÉE.

Prenez un clou à tête plate et limez-le jusqu'à ce que sa pointe soit aussi pointue qu'une aiguille et que sa tête soit bien plate. L'ongle doit mesurer environ un demi-pouce de long, voire même plus court. Passez le clou au centre de n'importe quelle carte, dites l'as de pique et cachez-le dans votre main gauche.

Prenez un autre jeu de cartes, placez l'as de pique en bas et effectuez le tour précédent. Lorsque les cartes sont rendues, mélangez-les et échangez la carte percée contre l'autre. Mettez la carte percée au fond du paquet, et jetez violemment les cartes contre une porte, lorsque le clou sera enfoncé par la pression des autres cartes contre sa tête, et la carte choisie se verra clouée à la porte. Le clou doit être enfoncé à travers la face de la carte, de sorte que lorsque les autres tombent au sol, elle reste face aux spectateurs.

18. POUR VÉRIFIER LE NOMBRE DE POINTS SUR TROIS CARTES INVISIBLES.

Dans cet amusement, l'as compte onze, la cour en joue dix chacun, et les autres selon le nombre de leurs places.

Demandez à n'importe qui de choisir trois cartes et de les poser sur la table, face vers le bas. Sur chacun d'eux il doit en placer autant que le numéro de la carte fera quinze. Il vous donne les cartes restantes, et quand vous les avez en main, vous les comptez sous prétexte de les mélanger, et en déduisant quatre, vous aurez le nombre de points sur les trois cartes.

Par exemple, le spectateur choisit un quatre, un huit et un roi. Sur le quatre il place onze cartes, sur le huit sept et sur le roi cinq. Il restera alors vingt-six cartes. Déduisez-en vingt-six quatre, et le résultat sera vingt-deux, qui est le nombre de points sur les trois cartes, le roi comptant dix, ajouté au huit et au quatre.

19. DIRE LES CHIFFRES SUR DEUX CARTES INVISIBLES.

Comme dans le tour précédent, l'as compte onze et la cour dix cartes chacun. Que celui qui choisit les deux cartes les pose sur la table, face vers le bas, et qu'il en place sur chacune autant que cela fera son nombre vingt-cinq.

Prenez les cartes restantes et comptez-les, quand il s'avère qu'elles sont égales au nombre de points des deux cartes. Par exemple, prenez un as et une reine, *je . e.* onze et dix, et je les déposai sur la table. Sur l'as vous devez mettre quatorze cartes, et sur la reine quinze. Il y aura alors quinze cartes dans un tas, et seize dans l'autre : celles-ci additionnées font trente et une cartes : celles-ci soustraites du nombre de cartes dans le paquet, c'est-à- *dire . e.* cinquante-deux, laissez vingt et un, le numéro commun de l'as et de la reine.

20. LES VALES ET LE CONSTABLE.

Sélectionnez les quatre valets dans un jeu de cartes et l'un des rois pour remplir la fonction de connétable. Placez secrètement un des fripons au fond du paquet, et déposez les trois autres, avec le connétable, sur la table. Continuez avec une histoire selon laquelle trois fripons devaient un jour cambrioler une maison ; on entrait par la fenêtre du salon (en mettant un fripon au fond du paquet, en ayant soin de ne pas soulever le paquet trop haut pour que l'on puisse voir celui qui est déjà au fond) ; l'un d'eux entra par la fenêtre du premier étage (plaçant un autre coquin au milieu de la meute) ; et l'autre, en montant sur le parapet d'une maison voisine, parvint à se faufiler par la fenêtre du grenier (plaçant le troisième fripon en tête de la meute) ; le connétable jura de les capturer, et suivit de près le dernier valet (plaçant également le roi en tête de la meute). Demandez ensuite au plus grand nombre de personnes de la société de couper les cartes s'il vous plaît ; et dites-leur que vous n'avez aucun doute que le connétable ait réussi son objectif, ce qui sera tout à fait évident lorsque vous étalerez le paquet entre vos mains ; car le roi et trois valets, si le tour est parfaitement exécuté, se retrouveront ensemble. Un peu de pratique suffit pour vous permettre de transporter secrètement un valet ou toute autre carte au bas du paquet.

21. LES PAIRES RÉPARÉES.

Dites vingt cartes par paires, demandez à dix personnes d'en prendre une paire chacune et de s'en souvenir. Reprenez les paires dans leur ordre, et disposez-les sur la table dans l'ordre, selon le tableau qui l'accompagne, qui forme une mémoire. technica , et peut être interprété comme " Mutus a donné un nom aux Coci " (un peuple qui n'a pas encore été découvert).

M U T U S [2]

1 2 3 2 4

D E D je T

5 6 5 7 3

N Ô M E N

$$8 \quad 9 \quad 1 \quad 6 \quad 8$$

$$\text{C} \quad \hat{\text{O}} \quad \text{C} \quad \text{je} \quad \text{S}$$

$$\text{dix} \quad 9 \quad \text{dix} \quad 7 \quad 4$$

En disposant mentalement ces mots sur la table, prenez la première carte de la première paire, posez-la sur M en Mutus , et la seconde sur le M en Nomen. La paire suivante va entièrement dans Mutus , étant deux U. La première carte de la deuxième paire va sur T dans Mutus , et la seconde sur T dans Dedit ; et ainsi de suite jusqu'à ce que toutes les cartes soient mises à leur place.

Demandez successivement à chaque personne dans quelles rangées se trouvent ses cartes et vous pourrez immédiatement les indiquer. Par exemple, s'il dit la deuxième et la troisième rangée, vous lui montrez les deuxième et quatrième cartes de ces rangées, car elles représentent toutes deux la lettre E . Si un autre dit la première et la dernière rangée, vous montrez les dernières cartes de chacune, car les cartes représentent S dans Mutus et S dans Cocis . On voit que le tableau entier est composé de dix lettres, chacune répétée, qui indiqueront toujours la position des paires si elles sont mises à la place de ces lettres. N'importe quel nombre de spectateurs peut choisir des paires, et pour rendre le tour plus mystérieux, les paires peuvent être placées sur la table vers le haut.

23. LES REINES À LA RECHERCHE DE DIAMANTS.

Sélectionnez dans un pack les as, les rois, les reines et les valets, ainsi que quatre cartes communes de chaque couleur. Couchez les quatre reines d'affilée et dites : « Voici quatre reines qui vont creuser des diamants. (*Placez un diamant commun sur chaque reine.*) Elles ont chacune pris un chat avec elles (*placez un chat commun sur chaque diamant*) et Ils creusèrent jusqu'à ce qu'ils soient presque fatigués. Leurs quatre rois, pensant qu'ils pourraient être attaqués par des voleurs, envoyèrent quatre soldats pour monter la garde. (*Mettez un as sur chaque pique.*) Le soir arriva, et les reines n'étaient pas revenues, alors les rois, craignant d'avoir été blessés, ils se sont inquiétés et se sont enfuis. (*Placez un roi sur chaque as.*) Ils étaient juste à temps, car alors qu'ils arrivaient, ils rencontrèrent leurs reines enlevées par quatre méchants (*lay un valet sur chaque roi*), qui, bien qu'armés seulement de gourdins (*mettre un gourdin commun à chaque valet*), avaient maîtrisé les gardes et les avait chassés. Mais les quatre rois, possédant un cœur hardi (*posent un cœur commun sur chacun roi*), a bientôt vaincu les méchants et les a liés. Rassemblez les cartes, placez les tas les uns sur les autres et demandez à quelqu'un de les couper. Faites-les couper quatre ou cinq fois et continuez ainsi jusqu'à ce qu'un cœur commun apparaisse en bas. Continuez ensuite le conte et dites : "Le groupe est ensuite rentré chez lui dans l'ordre suivant. D'abord la reine, (*posez la carte du dessus*) avec les diamants qu'elle avait trouvés (*posez la deuxième carte, qui sera un diamant*) . dans une main, et son pique (*la troisième carte sera un pique*) dans l'autre, etc., etc." Vous continuez à distribuer les cartes de cette manière, et vous constaterez qu'elles seront exactement dans le même ordre que lorsqu'elles ont été prises.

24. LE TRIPLE AFFAIRE.

Prenez vingt et une cartes et demandez à quelqu'un d'en choisir une. Disposez-les en trois tas et demandez à la personne qui a pris la carte dans quel tas elle se trouve. Vous pouvez lui tourner le dos pendant qu'il cherche. Rassemblez-les et placez ce tas entre les deux autres. Répétez cette opération deux fois de plus et la carte choisie sera toujours la onzième en partant du haut.

25. L'AFFAIRE QUADRUPLE.

Il s'agit d'une variante du précédent. Prenez vingt-quatre cartes et disposez-les en quatre tas. Faites comme au n° 24, en plaçant en second le tas dans lequel se trouve la carte choisie. La dixième carte sera celle à laquelle on pensera.

26. LA CARTE DÉCOUVERTE PAR LE TOUCHER OU L'ODEUR.

Offrez la carte longue, ou toute autre que vous connaissez bien ; et, comme celui qui l'a tirée le tient dans sa main, faites semblant de sentir avec votre index les points ou les chiffres du dessous , ou de le sentir, puis déclarez sagacement de quelle carte il s'agit.

S'il s'agit d'une carte longue, vous pouvez donner le paquet à la personne qui l'a tirée et lui permettre de la remplacer ou non. Alors prenez le paquet et sentez s'il est là ou non ; mélangez les cartes avec négligence et, sans les regarder, décidez en conséquence.

27. L'INGÉNIEUSE CONFÉDÉRATION.

Disposez seize cartes sur la table, en quatre divisions, quatre cartes chacune, face vers le haut. Vous déclarez alors que vous quitterez la pièce et, à votre retour, vous nommerez toute carte qui aura pu être touchée en votre absence, sur l'un des membres de la compagnie (votre complice) en lui indiquant un passage de n'importe quel auteur à lire à vous, à votre retour, par toute personne présente. Pour réaliser ce tour, il faudra placer les cartes dans l'ordre dans lequel elles apparaissent dans le découpage inséré sur la page suivante, en faisant préalablement connaître à votre complice votre façon de procéder, qui est ainsi : Les cartes sont censées être divisées en quatre classes, comme A, B, C, D ; vous acceptez également de classer toute chose dans le monde sous les quatre dénominations de bipède, quadrupède, végétal et minéral : la classe A représente les bipèdes, B les quadrupèdes, C les végétaux et D les minéraux. Chaque classe doit maintenant être subdivisée de la même manière : dans la classe A, le n° 1 est le bipède, 2 le quadrupède, 3 le végétal et 4 le minéral ; et ainsi avec les autres classes. Lors de l'exécution du tour, votre complice doit prendre soin de sélectionner un passage approprié. Par exemple, supposons que la carte n°4 ait été touchée, et qu'un volume de Moore ayant été présenté à votre complice pour choisir, il donne à lire les lignes suivantes :

« Là, respire si humblement l' *esclave* ,

Condamné à *des chaînes* impies,

Qui, pourrait-il d'abord rompre ses liens,

Est-ce que cela se dégraderait lentement sous eux ? » etc.

Le premier mot qui peut être classé comme ci-dessus est *esclave* , vous pouvez ainsi être certain que la carte touchée est de classe A, un esclave étant un bipède. Le mot suivant que vous pouvez fixer est *chaînes* , qui étant généralement faites d'un certain métal, vous vous classez dans la classe des minéraux, et savez que la carte n° 4 a été touchée, c'est le minéral de la classe des bipèdes.

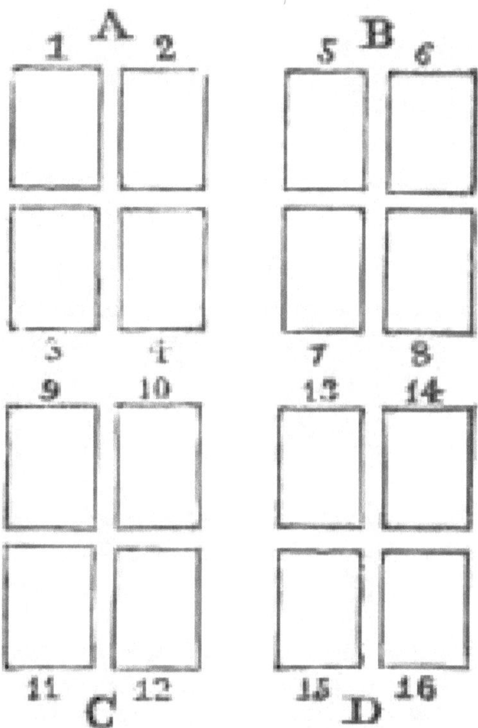

Supposons que le tour soit répété, comme c'est très probable, et qu'un volume de Byron soit donné à votre complice, qui choisit le passage commençant :

"Connaissez le pays où le cyprès et le myrte

Sont-ils des emblèmes d'actes accomplis sous leur climat ? » etc.

vous savez, "cyprès" étant le premier mot qu'on peut classer, la carte touchée doit être de la classe C (légume), et le mot suivant "myrte" étant aussi un légume, la carte touchée doit être la n°11, qui est le légume de la classe des légumes. De nombreux passages appropriés peuvent être facilement sélectionnés, et votre complice devrait choisir un long passage à lire, car il donne une plus grande portée et contribue à induire en erreur le reste de la compagnie ; car s'ils imaginent que la carte est découverte par le nombre de lignes lues, et qu'ils touchent à nouveau la même carte, il peut sélectionner un autre passage, leur demandant de lire seulement autant de lignes qu'ils choisissent.

29. "TENEZ-LE VITE."

Vous commencez par demander à la personne la plus sportive de la compagnie si elle est nerveuse ; il répondra très probablement par la négative ; vous lui demandez ensuite s'il pense pouvoir tenir fermement une carte. S'il répond : Non , posez la question à quelqu'un d'autre, jusqu'à ce que vous obteniez une réponse affirmative. Vous désirez alors que le groupe se tienne au milieu de la pièce, et en brandissant le jeu de cartes, vous lui montrez la carte du bas et lui demandez de proclamer de quelle carte il s'agit ; il dira que c'est le valet de cœur ; vous lui dites alors de tenir fermement la carte par le bas et de regarder vers le plafond. Pendant qu'il lève les yeux, vous lui demandez s'il se souvient de sa carte ; s'il dit : Oui , demandez-lui de l'enlever et demandez-lui ce que c'est ; il répondra bien sûr, le valet de cœur ; dites-lui qu'il s'est trompé, car s'il regarde sa carte, il constatera que c'est le valet de pique, ce qui sera le cas. Vous lui remettez ensuite le reste de la meute en lui disant que s'il y jette un œil, il trouvera le valet de cœur dans une tout autre situation.

Cet exploit, bien qu'il suscite beaucoup d'admiration, est très simple. Vous vous procurez un valet de cœur supplémentaire, et vous le coupez en deux, en gardant la partie supérieure et en jetant la partie inférieure. En commençant votre exploit , placez le valet de pique au fond du paquet, et posez par-dessus la partie supérieure, inaperçu, votre demi valet de cœur ; et, sous prétexte de tenir le paquet très serré, jetez votre pouce au milieu du coquin, afin que la jointure ne soit pas aperçue, car les jambes de ces deux coquins sont tellement semblables qu'il n'y a aucun danger d'être découvert. Bien sûr, vous lui donnez les jambes du valet de pique, et quand il a retiré la carte, tenez votre main de manière à ce que les faces des cartes soient tournées vers le sol, et profitez-en pour retirer la carte. demi-valeur : vous pouvez varier le tour de force en ayant un demi-valeur de pique.

30. LES DOUZE CHARMÉS.

Laissez n'importe qui prenez un jeu de cartes, mélangez, enlevez la carte du dessus et, après l'avoir remarqué, posez-la sur la table, face vers le bas, et placez-y autant de cartes que cela fera douze avec le nombre de points sur le dessus. carte notée. Par exemple : si la carte que la personne a tirée était un roi, une reine valet ou un dix, demandez-lui de poser cette carte, face vers le bas, en l'appelant dix ; sur cette carte, qu'il en pose une autre, la nommant onze, et sur cette carte, une autre, la nommant douze ; puis dites-lui de retirer la carte immédiatement supérieure : supposez qu'elle soit neuf, qu'il la pose sur une autre partie de la table, en l'appelant neuf, qu'il en pose une autre, en l'appelant dix, sur cette dernière une autre, en l' appelant onze, et là-dessus un autre, l'appelant douze ; puis laissez-le passer à la carte immédiatement supérieure et procédez ainsi à la disposition en tas, comme auparavant, jusqu'à ce qu'il ait parcouru tout le paquet.

S'il y a enfin des cartes, c'est-à-dire s'il n'y en a pas assez pour constituer la dernière carte notée, le numéro douze, dites-lui de vous les donner ; puis, pour connaître tout le nombre de points contenus dans toutes les cartes du bas des tas, faites ainsi : du nombre de tas soustrayez quatre, multipliez le reste par treize, et, au produit, ajoutez le nombre de cartes restantes. , qu'il vous a donné; mais s'il n'y avait que quatre tas, alors les cartes restantes seules indiqueraient le nombre de points sur les quatre cartes du bas. Vous n'avez pas besoin de voir les cartes disposées, ni de connaître le nombre de cartes dans chaque tas, il suffit de connaître le nombre de tas et le nombre de cartes restantes, s'il y en a, et vous pouvez donc également réaliser cet exploit. debout dans une autre pièce, comme si vous étiez présent.

31. LE TRUC DE TRENTE ET UN.

Une astuce souvent introduite par *les « sportifs »*, dans le but de tromper et de gagner de l'argent grâce à elle. On l'appelle « trente et un ». Je conseille à tous de ne pas jouer ou parier avec un homme qui l'introduit : car, très probablement, s'il ne propose pas de parier là-dessus au début, il le fera après vous avoir intéressé et prétendra vous en apprendre tous les secrets. pour que tu puisses y jouer avec lui ; et peut-être qu'il vous laissera le battre si vous jouez en vous amusant ; mais si vous pariez, il vous battra sûrement. On y joue avec les six premiers de chaque couleur : les *as* dans une rangée, les *deux* dans une autre, les *trois* dans une autre ; puis les *quatre* , *cinq* et *six* , tous disposés en rangées. Le but sera maintenant de retourner les cartes alternativement et de s'efforcer de marquer trente et un points en tournant ainsi, ou aussi près que possible, sans le dépasser ; et celui qui refuse une carte dont les points lui font trente et un, ou si près que l'autre ne peut en refuser une sans la dépasser, gagne. Cette astuce est très trompeuse, comme toutes les autres astuces, et nécessite beaucoup de pratique pour être bien comprise. J'ai connu les personnes qui l'utilisaient, qui y attachaient une grande importance et disaient que M. Fox, d'Angleterre, fut le premier à l'introduire ; et que c'était un de ses divertissements favoris. Le point principal de cette astuce célèbre est de compter de manière à terminer par les nombres suivants, à savoir 3, 10, 17 ou 24. Par exemple, nous supposerons que vous avez le privilège de commencer le décompte : vous commenceriez par 3, et votre adversaire ajouterait 6, ce qui ferait 9 ; ce serait alors votre politique d'ajouter 1 et d'en faire 10 ; alors, quel que soit le nombre qu'il ajoute, il ne peut vous empêcher de compter 17, ce nombre vous donnant la maîtrise du tour. Nous supposerons qu'il ajoute 6 et fait 16 ; ensuite, vous ajoutez 1 et faites 17, puis lui ajoute 6 et fait 23, vous ajoutez 1 et faites 24, alors il ne peut pas ajouter de nombre pour compter 31 : car le nombre le plus élevé qu'il puisse ajouter est 6, ce qui ne compterait que 30, de sorte que vous puissiez facilement ajouter le 1 restant, ou l'as, et en faire 31. Il existe cependant de nombreuses variantes de l'astuce.

32. DIRE LES NOMS DE LA CARTE PAR LE POIDS.

Vous désirez que chacun coupe un jeu de cartes aussi souvent qu'il veut, et entreprenez, en pesant chaque carte pendant un moment sur votre doigt, non-seulement d'en dire la couleur, mais la couleur et le nombre de taches, et, si un tribunal -carte, que ce soit le roi, la reine ou le valet.

Vous devez avoir deux jeux de cartes exactement identiques : un jeu qui sera constamment utilisé pendant la soirée pour exécuter vos autres tours ; le second, ou paquet préparé, dans votre poche, qui profite de l'occasion pour l'échanger, afin qu'on puisse croire que le paquet de cartes dont vous dites les noms est le même que celui que vous avez utilisé pour vos autres tours, et dont ils doivent savoir qu'ils ont été bien mélangés.

La manière de préparer votre pack (ce qui doit être fait au préalable) est par la ligne suivante, que vous mémorisez, les mots en italique formant la clé :

Huit rois menacèrent de sauver neuf belles dames pour un valet malade.

Huit Roi trois dix deux sept neuf cinq Reine quatre as six Valet ,

Vous percevrez qu'il s'agit d'une sorte de mémoire artificielle, formée par les circonstances dans lesquelles la lettre initiale des mots de la ligne et les noms des cartes sont identiques, ainsi que par la quasi-ressemblance de certains mots. Le mot « menacé » est divisé en deux mots, afin qu'il puisse répondre aux trois et dix ; vous devriez y prêter attention, sinon vous risquez très probablement d'oublier complètement les dix, ce qui vous donnerait complètement tort ; vous devez également mémoriser l'ordre dans lequel les couleurs viennent, à savoir : *cœurs – piques – carraux – trèfles* .

Vous devez maintenant séparer les différentes couleurs et les poser sur la table, face vers le haut, en plaçant le cœur en premier, le pique ensuite, les carreaux ensuite et les trèfles en dernier. Cela fait, commencez à trier (pour vous-même), selon votre clé : prenez le huit de cœur en le plaçant dans la main gauche, dos à la paume ; puis le roi de pique, que vous posez dessus, puis le trois de carreau, puis le dix de trèfle, puis le deux de cœur, et ainsi de suite, jusqu'à ce que vous terminiez votre ligne, qui se terminera par le valet de cœur. Vous prenez alors le huit de pique, et continuez de la même manière jusqu'à ce que vous arriviez au valet de pique, puis vous recommencez avec le huit de carreau, et continuez jusqu'à arriver au valet de carreau, et recommencez. avec le huit de trèfle, vous continuez jusqu'à arriver au valet de trèfle, qui termine le peloton, et qui est maintenant prêt à l'emploi ; lorsque vous avez effectué votre échange et apporté votre paquet préparé, remettez-le pour qu'il soit coupé.

Vous voulez maintenant connaître la première carte, comme indice pour le reste ; et donc enlevez la carte du dessus, et en la tenant entre vous et la lumière, vous voyez ce qu'est la carte, en disant en même temps que l'ancienne façon d'exécuter le tour était de le faire, mais que c'était très facile. détecté.

Ayant ainsi pris connaissance de la première carte, que nous supposerons être le dix de carreau, vous prenez alors la carte suivante à votre doigt, et tout en faisant semblant de la peser, vous avez le temps de vous rappeler quel est le prochain mot de votre clé, à *ten'd* , qui est *à* — vous savez par conséquent que cette carte est un *deux* ; vous devez alors vous rappeler quelle couleur vient après les carreaux, c'est-à-dire *les trèfles* ; vous déclarez donc que la carte que vous pesez maintenant sur votre doigt est le *deux de trèfle* ; le suivant sera bien sûr le sept de cœur, le suivant le neuf de pique, et ainsi de suite aussi longtemps que vous le souhaitez.

DES ASTUCES AVEC DES CARTES, QUI NÉCESSITENT UN APPAREIL.

Je ne donnerai qu'une ou deux de ces astuces, car, en général, l'appareillage nécessaire aux cartes est extrêmement coûteux. Ceux que je donnerai ne nécessitent que peu d'appareils, et n'importe quel garçon, avec l'usage de ses mains, peut les fabriquer.

33. LES CARTES DANS LE VASE.

Faites un vase avec cinq divisions, dont deux contiennent un jeu entier de cartes, et les trois autres sont juste assez grandes pour accueillir chacune une carte, comme sur la figure. Un fil de soie solide est attaché en A , passe sur les trois petits compartiments, traverse le fond du vase, et passant sur deux poulies, se termine par le poids en B.

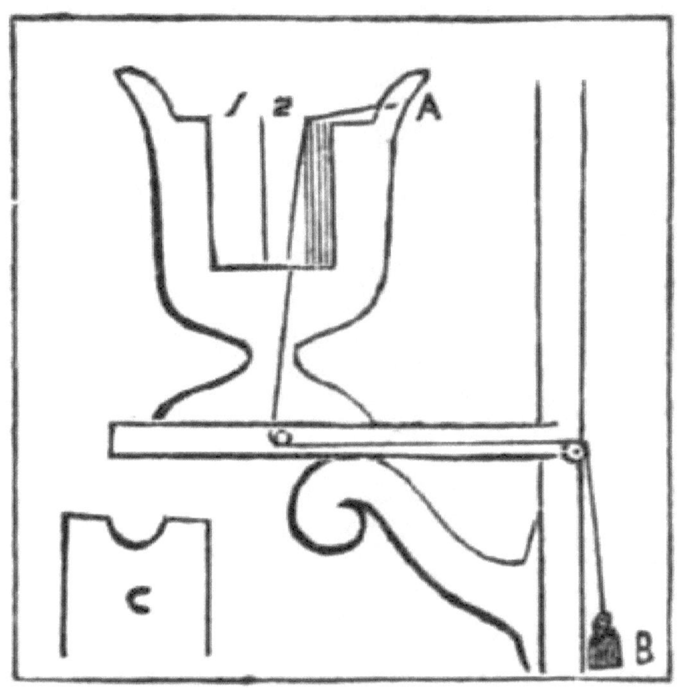

Prenez trois cartes, disons l'as de pique, le dix de carreau et le roi de cœur, dans un jeu de cartes, et placez-en une dans chacune des petites divisions en appuyant sur le fil jusqu'au bas de chaque division. Si les cartes sont laissées, le poids descendra, et la ficelle étant tendue, poussera les cartes vers le haut. On réalise ainsi une sorte d'étagère de déclenchement sur laquelle repose le poids. Le reste du pack que vous mettez dans la division 2.

Quand vous montrez le tour, vous prenez un autre jeu de cartes exactement pareil à celui qui est déjà dans le vase, et le tendant successivement à trois personnes, vous les obligez à choisir l'as de pique, le dix de carreau et le roi de cœur. [3] Que quelqu'un mélange les cartes, et quand ceci est fait, mettez le paquet dans la division 1. Dites aux spectateurs que lorsque vous aurez frappé trois fois sur la table, les cartes sortiront du vase. Au troisième coup, desserrez le crochet sur lequel repose le poids, au moyen de la ficelle qui communique avec votre table, et les trois cartes remonteront lentement. Afin de montrer que les cartes ont réellement disparu du pack, sortez le pack de la division 2 et laissez n'importe qui examinez- le.

attachée l'autre extrémité de la corde, au lieu d'être attachée au poids B. Si vous préférez le poids, vous devez disposer d'une petite étagère sur laquelle reposer le poids, lorsqu'il est descendu suffisamment bas, sinon les cartes seront entièrement expulsées par le fil. C est une représentation d'une des divisions, montrant la coupe semi-circulaire qui y est pratiquée pour conveniencesortir les cartes.

34. LA MÉTAMORPHOSE.

Dans ce tour des plus excellents , vous choisissez dans le pack les quatre huit et les deux de carreau ; vous mettez les quatre huit dans votre main gauche et les deux sur la table ; vous prenez les deux, placez un huit sur la table, et ils sont tous deux. Vous échangez les deux contre les huit, et ils deviennent tous des cartes noires ; vous échangez à nouveau les huit contre les deux, et ils deviennent tous rouges ; et après avoir échangé à nouveau, vous avez, comme auparavant, les quatre huit et les deux de carreau.

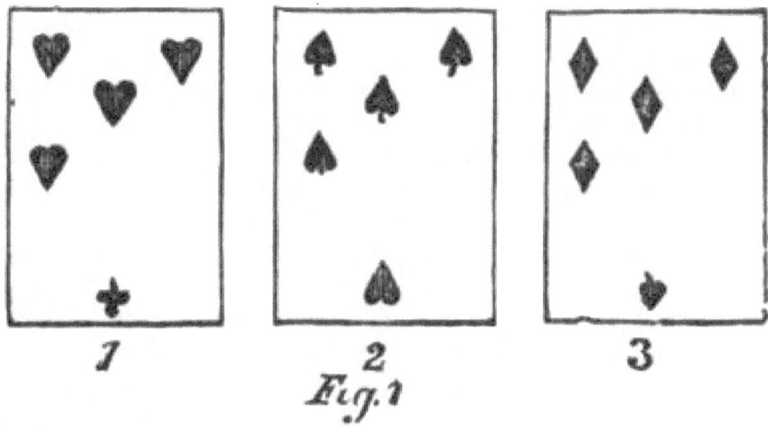

La méthode pour réaliser cette astuce est la suivante : prenez trois cartes blanches unies, exactement comme des cartes à jouer, et peignez-les comme sur la gravure. Mélangez-les avec un paquet ordinaire, et lorsque vous cherchez les quatre huit avec lesquels vous dites que vous allez faire un tour, prenez-les du paquet, et avec eux un huit ordinaire de trèfle et un deux de carreau.

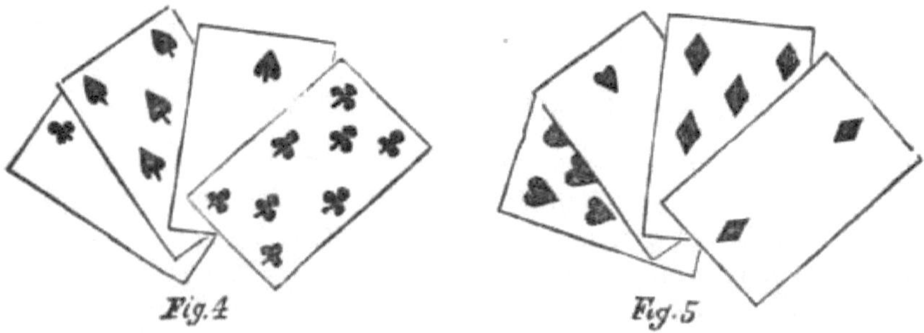

Fig. 4　　　　　　　　Fig. 5

Montrez les cartes comme sur la fig. 2, faisant constater aux spectateurs qu'il y a les quatre huit. Placez le deux de carreau derrière le huit de trèfle et posez le huit sur la table. Les deux doivent être insérés avant que le huit ne soit supprimé, sinon le mystère du marquage deviendra apparent. Fermez les cartes, retournez-les et étalez-les lorsqu'elles apparaîtront comme sur la figure 3. Prenez les huit et posez les deux sur la table ; fermez les cartes, et tout en les mélangeant, retournez la carte n°2 dans l'autre sens vers le haut. Les cartes apparaîtront alors toutes noires, comme sur la figure 4. Prenez les deux et retirez les huit, retournez-les et étalez-les, lorsqu'elles apparaîtront toutes rouges, comme sur la figure 5. Enfin, prenez les huit. , en remplaçant les deux sur la table, inversez le n° 2, et vous aurez les quatre huit et les deux de carreau, tels qu'ils étaient au début. Vous devez inventer beaucoup de paroles lors de vos changements. Si les spectateurs disent que les cartes sont doubles, étalez-les et présentez-les à la lumière (car la lumière ne peut pas pénétrer par les endroits où les cartes sont placées les unes sur les autres) et s'ils sont encore sceptiques, donnez-les-leur. ils doivent regarder le deux de carreau, et dans un instant ou deux, ils leur remettent le huit de trèfle, en leur demandant s'ils aimeraient examiner également une carte noire. Cela désarmera efficacement suspicion.

35. Tenir quatre rois ou quatre valets dans sa main, et les changer brusquement en cartes vierges, puis en quatre as.

Il est nécessaire d'avoir des cartes faites exprès pour ce tour ; des moitiés de cartes, comme on peut les appeler proprement, c'est-à-dire une moitié de rois ou de valets, et l'autre moitié d'as. Lorsque vous placez les as les uns sur les autres, bien sûr, vous ne pouvez voir que les rois ou les valets ; et en tournant les rois ou les valets vers le bas, les quatre as feront leur apparition. Vous devez avoir deux cartes parfaites, l'une étant un roi ou un valet, pour mettre sur l'un des as, sinon cela sera vu ; et l'autre un as, pour jouer sur les rois ou les valets. Lorsque vous voulez qu'elles paraissent toutes vierges, posez les cartes un peu plus bas, et en cachant les as, elles apparaîtront blanches des deux côtés ; vous pouvez alors leur demander ce qu'ils souhaitent avoir, et montrer des rois, des as ou des valets, selon qu'ils sont demandés.

36. POUR CHANGER UNE CARTE DANS LA MAIN D'UNE PERSONNE.

Coupez très soigneusement les taches d'un trois de pique. Posez la carte percée sur un as de carreau, et frottez de la pomatum sur l'as de carreau à travers les places qu'occupaient les piques. Retirez la carte percée, et saupoudrez l'as de carreau de poudre de jet, qui adhérant à la pommade, transformera la carte en trois de pique.

Placez la carte transformée au bas du paquet et montrez à une personne de quelle carte il s'agit. Faites-lui le déclarer pour que tout le monde puisse l'entendre, puis placez-le sur la table, face contre terre, et poussez-le sur le tissu vers le spectateur, ce qui effacera toute la poudre du jet. Dites-lui de poser sa main sur la carte. Laissez un trois de pique en haut du paquet et un as de carreau en deuxième position à partir du bas. Montrez l'as de carreau à une autre personne et demandez-lui de dire ouvertement le nom de la carte. Posez le pack, face vers le bas, et ce faisant, faites la passe, et amenez le trois de pique vers le bas.

Tapez la main de la personne qui garde la carte, puis dites-lui de prendre la carte et de la montrer aux spectateurs, lorsqu'ils verront qu'il s'agit de l'as de carreau. Simultanément, vous prenez le paquet et montrez le trois de pique en bas.

37. LA CARTE DANS L'OEUF.

Pour réaliser cet exploit, munissez-vous d'un bâton rond creux, d'environ dix pouces de long et trois quarts de pouce de diamètre, le creux mesurant trois huitièmes de pouce de diamètre. Prévoyez également un autre bâton rond pour s'adapter à ce creux, et glissez-le facilement, avec un bouton pour éviter qu'il ne passe. Nos jeunes lecteurs comprendront clairement ce que nous voulons dire lorsque nous disons qu'il doit ressembler à tous égards à un pistolet à pop, à la seule exception que le bâton qui s'adapte au tube doit avoir toute la longueur du tube exclusivement du bouton. .

Trempez ensuite une carte dans l'eau pendant un quart d'heure, décollez-la et doublez-la deux fois, jusqu'à ce qu'elle atteigne un quart de la longueur d'une carte, puis enroulez-la fermement et poussez-la dans le tube. jusqu'à ce qu'il devienne égal au fond. Vous enfoncez ensuite le bâton à l'autre extrémité du tube jusqu'à ce qu'il touche la carte.

Ayant ainsi muni votre baguette magique, laissez-la reposer sur la table jusqu'à ce que vous ayez l'occasion de vous en servir, mais veillez à ce que personne ne la manipule.

Maintenant, prenez un jeu de cartes et laissez n'importe qui en tirer un ; mais assurez-vous que ce soit une carte similaire à celle que vous avez dans le bâton creux. Cela doit être fait en forçant. La personne qui l'a choisi le remettra dans le paquet et, pendant que vous mélangez, vous le laisserez tomber sur vos genoux. Ensuite, en demandant quelques œufs, demandez à la personne qui a tiré la carte, ou à toute autre personne de l'entreprise, de choisir l'un des œufs. Lorsqu'il l'a fait, demandez-lui s'il y a quelque chose dedans ? Il répondra que non. Placez l'œuf dans une soucoupe; cassez-la avec la baguette, et en appuyant sur le bouton avec la paume de votre main droite, la carte sera enfoncée dans l'œuf. Montrez-le ensuite aux spectateurs.

Un grand progrès peut être fait dans cet exploit, en présentant à la personne qui tire la carte une soucoupe et une paire de pinces, et au lieu de remettre la carte dans le paquet, en lui demandant de la prendre par le coin avec la pince et le brûler, mais en prendre soin et en conserver les cendres ; à cet effet vous lui présentez un morceau de papier (préparé comme décrit ci-après), qu'il allume à la bougie ; mais quelques secondes après, et avant qu'il puisse mettre le feu à la carte, celle-ci se divisera brusquement en son milieu et rebondira, lui brûlant les doigts s'il ne la laisse pas tomber rapidement. Préparez un autre papier et demandez-lui d'essayer cela ; alors qu'il demandera très probablement à s'excuser, et préférera l'allumer avec la bougie.

Lorsque la carte est consommée, dites que vous ne souhaitez pas choisir une personne en particulier dans la société pour choisir un œuf, de peur qu'on ne soupçonne qu'il était un complice ; demandez donc à deux dames en compagnie de choisir chacune un œuf, et après cela, de décider entre elles laquelle contiendra la carte ; lorsque cela est fait, prenez une seconde soucoupe, et recevez-y l'œuf rejeté, cassez-le avec votre baguette et montrez l'œuf à la compagnie ; attirant en même temps leur attention sur le fait que ces deux œufs ont été choisis parmi une foule d'autres, et qu'il ne vous était pas possible de dire lequel d'entre eux serait choisi.

Vous recevez maintenant l'œuf choisi dans la soucoupe contenant les cendres, et après l'avoir roulé jusqu'à ce que vous l'ayez un peu noirci, soufflez les cendres qui l'entourent dans la grille ; vous cassez ensuite l'œuf avec la même baguette, quand, en touchant le ressort, la carte se retrouvera dans l'œuf.

La méthode de préparation du papier mentionné dans l'exploit ci-dessus est la suivante : prenez un morceau de papier à lettres d'environ six pouces de longueur et trois quarts de pouce de largeur, pliez-le longitudinalement et, avec un couteau, coupez-le dans le pli d'environ cinq pouces vers le bas ; puis prenez l'un des côtés qui sont encore reliés par le bas, et avec le dos du couteau en dessous et le pouce de la main droite dessus, enroulez-le vers l'extérieur comme un garçon ferait les pompons de son cerf-volant ; répétez le même processus avec l'autre côté et disposez-les pour les utiliser. Au moment de les utiliser (mais pas avant, car les papiers perdront bientôt leur courbure s'ils sont étirés), tirez-les de manière à leur rendre leur longueur originale et retournez un peu les extrémités pour qu'elles le restent. ; une fois incendiées, elles brûleront pendant une minute ou deux, jusqu'à ce que le retournement soit brûlé, alors les extrémités allumées se retourneront rapidement, brûlant les doigts du détenteur : cette partie du tour ne manque jamais d'exciter les plus grands. gaieté.

38. LES QUINZE MILLE LIVRES.

Pour cette astuce, préparez deux cartes comme la gravure qui l'accompagne ; et avoir un as commun et cinq de carreau. Maintenez enfoncés le cinq de carreau et les deux cartes préparées, comme le montre la gravure suivante ; et dire : « Un certain Français a laissé quinze mille livres, qui sont représentées par ces trois cartes, à ses trois fils ; les deux plus jeunes ont convenu de laisser leurs cinq mille, chacun d'eux, entre les mains de l'aîné, afin qu'il puisse améliorer il." Pendant que vous racontez cette histoire, posez le cinq sur la table et mettez l'as à la place ; en même temps, changez astucieusement la position des deux autres cartes, de sorte que les trois cartes apparaissent comme dans cette gravure. Puis, reprenant le récit, racontez que « Le frère aîné, au lieu d'améliorer l'argent, a tout perdu au jeu, sauf trois mille livres, comme vous le voyez ici (posant l'as sur la table et prenant les cinq). Désolé car ayant perdu l'argent, il partit aux Indes orientales avec ces trois mille et en rapporta quinze mille. Montrez ensuite les cartes dans la même position qu'au début. Pour rendre cette tromperie agréable, il faut qu'elle soit exécutée avec dextérité, et qu'on ne la répète pas, mais qu'on mette immédiatement les cartes dans le paquet ; et vous devriez avoir cinq cartes communes prêtes à être montrées, si quelqu'un désire les voir.

CONSEILS AUX AMATEURS.

Les conseils suivants sont d'une importance considérable pour l'exposant amateur.

1. Ne communiquez jamais à l'avance à l'entreprise les détails de l'exploit que vous vous apprêtez à réaliser, car cela lui laissera le temps de découvrir votre mode de fonctionnement.

2. Efforcez-vous, autant que possible, d'acquérir diverses méthodes pour accomplir le même exploit, afin que si vous risquez d'échouer dans l'une, ou si vous avez des raisons de croire que vos opérations sont suspectes, vous puissiez être préparé avec une autre.

3. Ne cédez jamais à la demande de quiconque de répéter le même exploit, car vous risquez ainsi de découvrir votre mode de fonctionnement ; mais ne refusez pas absolument, car cela paraîtrait disgracieux. Promettez-vous de l'exécuter d'une manière différente, puis exposez-en une autre qui lui ressemble un peu. Cette manœuvre manque rarement de répondre à son objectif.

4. Ne vous aventurez jamais dans un exploit exigeant une dextérité manuelle, avant de l'avoir pratiqué suffisamment souvent pour acquérir l'expertise nécessaire.

5. Comme détourner l'attention de la compagnie d'un examen de trop près de vos manœuvres est un objet des plus importants, vous devriez parvenir à lui parler pendant tout le déroulement de vos démarches. C'est le plan des opérateurs vulgaires de bavarder dans un jargon inintelligible et d'attribuer leurs exploits à quelque influence extraordinaire et mystérieuse. Il y a peu de personnes aujourd'hui assez crédules pour croire de telles conneries, même parmi les rustiques et les plus ignorants ; mais, comme un jeune homme plus mûr pourrait être tenté par inadvertance de suivre cette méthode, tout en démontrant son habileté devant ses jeunes compagnons, il ne peut pas être jugé superflu de le mettre en garde contre une telle méthode. Il peut affirmer, avec raison, que tout ce qu'il expose peut être expliqué sur la base de principes rationnels et n'est que dans l'obéissance aux lois infaillibles de la Nature ; et bien que nous venons de le mettre en garde contre le fait de permettre à la compagnie elle-même de détecter ses opérations, il ne peut y avoir aucune objection (surtout quand le parti comprend beaucoup de jeunes

que lui) à montrer occasionnellement par quels moyens simples les exploits apparemment les plus merveilleux sont accomplis .

Remède pour les spectateurs gênants.

Il arrive parfois, au début de la représentation, que le succès final de l'ensemble soit susceptible d'être mis en danger par une personne gênante (généralement un vilain garçon) qui persistera à crier : « Je sais comment cela se fait. " - en s'avançant continuellement vers la table, d'où il appartient, bien entendu, au prestidigitateur de garder ses jeunes admirateurs. Si tel est le cas, les sifflets magiques peuvent être émis et la remarque faite, que maintenant le garçon gênant doit montrer un tour à la compagnie. Après avoir pris un des sifflets préalablement remplis de farine ou de magnésie, de poussière ou de suie, donnez-lui quelques indications, en lui faisant particulièrement remarquer la nécessité de souffler fort, car le sifflet que vous lui placez dans la main est perforé de un certain nombre de trous. Le futur magicien est donc excessivement mortifié, en appliquant sa bouche et en soufflant fort, de recevoir la poudre dans son visage. N'importe quel tourneur fabriquera un tel sifflet, qui n'est rien de plus qu'un jouet de forme habituelle, perforé au sommet d'un certain nombre de trous.

LE SECRET DE LA VENTRILOQUISME.

Le principal secret de cet art surprenant consiste simplement à faire d'abord une inspiration forte et profonde, par laquelle une quantité considérable d'air est introduite dans les poumons, pour être ensuite actionnée par les forces flexibles du larynx, ou cavité située derrière la langue. , et la trachée, ou trachée ; ainsi préparée, l'expiration doit être lente et progressive. N'importe qui, par la pratique, peut donc acquérir plus ou moins d'expertise dans cet exercice ; dans lequel, bien que cela ne soit pas apparent, la voix est encore modifiée par la bouche et la langue ; et c'est dans la dissimulation de cette aide que réside une grande partie de la perfection de la ventriloquie.

Mais le caractère distinctif de la ventriloquie consiste en ce que ses imitations sont exécutées par la voix *semblant* venir de l'estomac : d'où son nom, de *venter* , l'estomac, et *loquor*, parler. Bien que la voix ne provienne pas réellement de cette région, pour permettre au ventriloque d'émettre des sons provenant du larynx sans bouger les muscles de sa face, il les renforce par une action puissante des muscles abdominaux. C'est pourquoi il parle au moyen de son estomac ; bien que la gorge soit la véritable source d'où proviennent les sons. Il faut cependant ajouter que parler distinctement, sans aucun mouvement des lèvres, est la plus haute perfection de la ventriloquie, et qu'elle n'a que rarement été obtenue. Ainsi, MM. Saint-Gille et Louis Brabant, deux célèbres ventriloques français, paraissaient absolument muets pendant qu'ils exerçaient leur art, et aucun changement dans leur physionomie ne pouvait être découvert.

On a montré dernièrement que quelques ventriloques ont acquis par la pratique le pouvoir d'exercer le voile du palais de telle manière, qu'en le soulevant ou en l'abaissant, ils dilatent ou contractent les narines intérieures. S'ils sont étroitement contractés, le son produit est faible, sourd et semble plus ou moins lointain ; si, au contraire, ces cavités sont largement dilatées, le son sera renforcé, la voix deviendra forte et apparemment proche de nous.

Un autre des secrets de la ventriloquie est l'incertitude quant à la direction des sons. Ainsi, si l'on place un homme et un enfant dans le même angle d'incertitude, et que l'homme parle avec un accent d'enfant, sans aucun mouvement correspondant de la bouche ou du visage, on croira nécessairement que la voix vient de l'enfant . Dans ce cas, la croyance est renforcée par l'imagination ; car si nous étions dirigés vers une statue, comme source d'où nous devions nous attendre à ce que les sons sortent, nous serions encore trompés et rapporterions les sons à la pierre ou au marbre sans vie. Cette illusion sera grandement facilitée par le fait que la voix est totalement différente, dans son ton et dans son caractère, de celle de l'homme dont elle vient réellement. Ainsi, nous voyons combien la tromperie est facile lorsque les sons doivent provenir de n'importe quel objet donné et sont tels qu'ils produisent réellement.

Les ventriloques de notre temps ont poussé leur art encore plus loin. Ils ont non seulement parlé par les muscles de la gorge et de l'abdomen, sans bouger ceux de la face, mais ils ont jusqu'à présent surmonté l'incertitude du son, jusqu'à se familiariser avec les modifications de distance, les obstructions et autres causes, de manière à imite-les avec la plus grande exactitude. Ainsi, chacun de ces artistes a réussi à entretenir un dialogue ; et chacun, dans sa seule personne et avec sa propre voix, a représenté une scène avec apparemment plusieurs acteurs. Ces ventriloques possédaient également un tel pouvoir sur leurs visages et leurs figures que, grâce à des changements rapides de tenue vestimentaire, leur identité personnelle était à peine reconnue parmi l'éventail des personnages.

Les imitations vocales sont bien moins frappantes et moins ingénieuses que les prouesses de la ventriloquie. Des variétés extraordinaires de voix peuvent être produites, en parlant avec un ton plus aigu ou plus grave que d'habitude, et par des contractions différentes de la bouche. Ainsi peuvent être imités le broyage des couverts sur une meule, le sciage du bois, la friture d'une crêpe, le débouchage d'une bouteille et le gargouillis en vidant son contenu.

LA MAGIE DE LA CHIMIE.

LA CHIMIE est l'une des sciences les plus attractives. Du début à la fin, l'étudiant est surpris et ravi des développements de la discrimination exacte, ainsi que de la puissance et de la capacité, qui se manifestent dans diverses formes d'action chimique. Dissoudre deux substances dans le même fluide, puis, par évaporation ou autrement, leur faire reprendre une forme solide, et chaque particule s'unira aux siennes, à l'exclusion complète de toutes les autres. Ainsi, si le sulfate de cuivre et le carbonate de soude sont dissous dans l'eau bouillante, et qu'ensuite l'eau est évaporée, chaque sel se reformera comme auparavant. Ce phénomène est le résultat d'un des premiers principes de la science, et comme tel est passé sous silence sans y penser ; mais c'est un phénomène merveilleux, qui n'a aucune importance du seul fait qu'il est si commun et si familier.

C'est par l'action de ce même principe « d'affinité chimique » que nous produisons les curieuses expériences avec les ENCRES SYMPATHIQUES . Grâce à eux, nous pouvons entretenir une correspondance qui échappe à la découverte de tous ceux qui ne sont pas secrets. Avec une classe de ces encres, l'écriture ne devient visible que lorsqu'elle est humidifiée avec une solution particulière. Ainsi, si l'on vous écrit avec une solution de sulfate de fer, les lettres sont invisibles. A la réception de notre lettre, vous frottez sur la feuille une plume ou une éponge mouillée d'une solution de galles de noix, et les lettres éclatent immédiatement en un être sensible et sont permanentes.

2. Si l'on écrit avec une solution de sucre de plomb, et qu'on l'humidifie avec une éponge ou un crayon trempé dans de l'eau imprégnée d'hydrogène sulfuré, les lettres apparaîtront avec un éclat métallique.

3. Si l'on écrit avec une solution faible de sulfate de cuivre, et que l'on applique de l'ammoniaque, les lettres prennent un beau bleu. Lorsque l'ammoniac s'évapore, comme c'est le cas lors de l'exposition au soleil ou au feu, l'écriture disparaît, mais peut être réanimée comme auparavant.

4. Si vous écrivez avec de l'huile de vitriol très diluée, afin d'éviter qu'elle ne détruise le papier, le manuscrit ne sera invisible que lorsqu'on le portera au feu, où les lettres paraîtront noires.

5. Écrivez avec du cobalt dissous dans de l'acide muriatique dilué ; les lettres seront invisibles à froid, mais lorsqu'elles seront chauffées, elles apparaîtront d'un vert bleuâtre.

Nous sommes presque sûrs que nos secrets ainsi écrits ne seront pas portés à la connaissance d'un étranger, car il ne connaît pas la solution qui a été utilisée pour écrire, et ne sait donc pas quoi appliquer pour faire ressortir les lettres.

D'autres formes d'affinité élective produisent des résultats tout aussi nouveaux. Ainsi, deux gaz invisibles, lorsqu'ils sont combinés, forment parfois un *solide visible* . L'acide muriatique et l'ammoniac en sont des exemples, ainsi que l'ammoniac et l'acide carbonique.

Au contraire, si l'on mélange une dissolution de sulfate de soude avec une dissolution de muriate de chaux, le tout devient solide.

Certains gaz, une fois réunis, forment des liquides, comme l'oxygène et l'hydrogène, qui s'unissent et forment de l'eau. Certains solides, lorsqu'ils sont combinés, forment des liquides.

L'affinité chimique est quelquefois appelée *élective* , ou effet de *choix* , comme si une substance exerçait une sorte de *préférence* pour une autre, et choisissait de s'unir à elle plutôt qu'à celle avec laquelle elle était auparavant combinée ; ainsi, si vous versez du vinaigre, qui est un acide acétique faible, sur de la perle (une combinaison de potasse et d'acide carbonique) ou du carbonate de soude (une combinaison du même acide avec de la soude), une violente effervescence se produira. se produisent, occasionnés par la fuite de l'acide carbonique, déplacé par suite de la préférence de la potasse ou de la soude à l'acide acétique, et formant un composé appelé acétate. Alors, si l' on verse un peu d'acide sulfurique sur ce nouveau composé, l'acide acétique sera à son tour déplacé par l'attachement plus grand de l'une ou l'autre des bases, comme on les appelle, pour l' acide sulfurique . De plus, si dans une solution de vitriol bleu (une combinaison d' acide sulfurique et d' oxyde de cuivre) on introduit la lame brillante d'un couteau, le couteau sera rapidement recouvert d'une couche de cuivre, déposée en raison de la préférence de l'acide . le fer dont est fait le couteau, une quantité en étant dissoute en proportion exacte de la quantité de cuivre déposée.

C'est sur le même principe qu'on peut former une très belle préparation, appelée arbre d'argent ou arbre à plomb, ainsi : Remplissez une bouteille large, capable de contenir d'une demi-pinte à une pinte, d'un assez fort solution de nitrate d'argent (caustique lunaire) ou d'acétate de plomb dans de l'eau distillée pure ; puis attachez un petit morceau de zinc par une ficelle au bouchon ou au bouchon de la bouteille, de sorte que le zinc pende vers le milieu de la bouteille, et placez-le là où il ne peut être absolument pas dérangé ; en peu de temps, on verra des plaques brillantes d'argent ou de plomb, selon le cas, s'accumuler autour du morceau de zinc, prenant plus ou moins la forme cristalline. Il s'agit d'un cas d'affinité élective ; l'acide avec lequel l'argent ou le plomb a été uni *préfère* le zinc à l'un ou l'autre de ces métaux, et en conséquence les écarte pour attacher le zinc à lui-même ; et ce processus se poursuivra jusqu'à ce que la totalité du zinc soit absorbée, ou la totalité de l'argent ou du plomb déposé.

De plus, beaucoup de substances animales et végétales sont constituées pour la plupart de carbone ou de charbon de bois, unis à l'oxygène et à l'hydrogène dans la proportion qui forme l'eau. Or l'huile de vitriol (acide sulfurique fort) a une si puissante affinité, ou une si grande *soif* pour l'eau, qu'elle l'abstrait de presque tous les corps dans lesquels elle existe ; si vous versez ensuite un peu de cet acide sur un morceau de sucre, ou si vous y placez un morceau de bois, le sucre ou le bois deviendront rapidement tout noirs, ou carbonisés, comme on dit, à cause de l'oxygène et de l' *hydrogène* . éliminé par l' acide sulfurique , et seul le carbone, ou charbon de bois, reste.

Lorsque Cléopâtre dissolvait des perles d'une valeur merveilleuse dans du vinaigre, elle manifestait involontairement un exemple d'affinité chimique élective ; la perle étant simplement du carbonate de chaux, qui était décomposé par la plus grande affinité ou penchant de la chaux pour sa nouvelle connaissance (l'acide acétique du vinaigre) que pour l'acide carbonique, avec lequel elle avait été unie toute sa vie ; un exemple d'inconstance qui contraste fortement avec la conduite de sa propriétaire, qui préféra mourir plutôt que de devenir la maîtresse du conquérant de son amant.

EXPÉRIENCES SUR LA COMBUSTION.

Dans une bouteille de vin ordinaire, mettez quelques morceaux de zinc granulé et versez dessus un mélange d' acide sulfurique et d'eau, dans la proportion d'environ une partie d'acide pour quatre d'eau, puis fermez la bouteille avec un bouchon percé d'un trou. le milieu, dans lequel est inséré un morceau de tube de verre ; attendez quelques minutes que l'air atmosphérique contenu dans la bouteille puisse être expulsé par le gaz hydrogène libéré par la décomposition de l'eau, puis appliquez un cône allumé à l'extrémité du tube, lorsque le gaz s'enflammera, donnant si peu de lumière que à peine visible à la lumière du jour, mais produisant une chaleur si intense qu'un morceau de fil de platine devient instantanément chauffé à blanc lorsqu'il est tenu dans la flamme. Si l'on tient un verre en verre renversé au-dessus de la flamme, il se couvre de minuscules gouttes d'eau, résultat de l'union de l'hydrogène avec l'oxygène de l'air, et dans ce cas l'eau est le seul produit.

Si un morceau de charbon de bois, qui est du carbone pur ou presque, est allumé et introduit dans un pot contenant de l'oxygène ou de l'air atmosphérique commun, le produit sera uniquement du gaz acide carbonique. Comme la plupart des corps combustibles contiennent à la fois du carbone et de l'hydrogène, le résultat de leur combinaison est de l'acide carbonique et de l'eau. C'est le cas du gaz utilisé pour l'éclairage ; et afin d'empêcher l'eau ainsi produite de gâter les marchandises dans les magasins, divers plans ont été imaginés pour emporter l'eau à l'état de vapeur. Cela se fait généralement en suspendant au-dessus des brûleurs des cloches de verre, en communiquant avec des tubes débouchant dans la cheminée ou en passant à l'extérieur de la maison.

Pour montrer que l'oxygène, ou quelque équivalent, est nécessaire pour entretenir la combustion, fixez deux ou trois morceaux de cierge sur des morceaux plats de liège, et placez-les flottant sur l'eau dans une assiette creuse, allumez-les et retournez-les dessus. un bocal en verre ; à mesure qu'ils brûlent, la chaleur produite peut peut-être d'abord dilater l'air de manière à en expulser une petite quantité hors du pot, mais l'eau montera bientôt dans le pot, et continuera à le faire jusqu'à ce que les cierges expirent, lorsque vous trouverez qu'une partie considérable de l'air a disparu, et ce qui reste ne supportera plus la flamme ; c'est-à-dire que l'oxygène a été converti en partie en eau et en partie en gaz acide carbonique, en s'unissant au carbone et à l'hydrogène dont est constitué le cône, et l'air restant est principalement de l'azote, avec un peu d'acide carbonique : la présence de ce dernier peut être prouvé en décantant une partie de l'air restant dans une bouteille, puis en y secouant un peu d'eau de chaux, qui absorbera l'acide carbonique et formera de la craie.

Dans un verre à bière rempli aux deux tiers d'eau à 140° environ, déposez un ou deux morceaux de phosphore de la grosseur d'un petit pois, et ils resteront inchangés. Prenez ensuite une vessie contenant de l'oxygène gazeux, à laquelle sont attachés un robinet et un long tube fin ; passez le bout du tube au fond de l'eau, tournez le robinet et appuyez doucement sur la vessie ; Lorsque le gaz atteint le phosphore, il prend feu et brûle sous l'eau avec une flamme brillante, remplissant le verre d'éclairs brillants de lumière se précipitant à travers l'eau.

Dans un autre verre, mettez de l'eau froide ; introduisez avec précaution du sel appelé chlorate de potasse , et déposez dessus un morceau de phosphore ; laissez ensuite couler lentement sur les parois du verre un peu d'acide sulfurique fort (huile de vitriol), ou introduisez-le au moyen d'un flacon compte-gouttes. Dès qu'il touche le sel, il le décompose et libère un gaz qui enflamme le phosphore, produisant à peu près le même aspect que dans la dernière expérience.

Dans la moitié d'une fiole brisée, mettez du chlorate de potasse et versez de l'huile de vitriol. La fiole sera bientôt remplie d'un gaz lourd d'une couleur jaune foncé. Attachez un petit tube à essai à angle droit au bout d'un bâton d'au moins un mètre de long, mettez un peu d'éther dans le tube, et versez-le doucement dans la fiole de gaz, lorsqu'une explosion instantanée aura lieu, et l'éther sera incendié. Cette expérience doit être faite dans un endroit où il n'y a aucun meuble susceptible d'être endommagé, car les ingrédients sont souvent dispersés par l'explosion, et l'huile de vitriol détruit toutes les substances animales et végétales.

Dans un pot contenant de l'oxygène gazeux, introduisez une bobine de fil de fer doux, suspendue à un bouchon qui s'adapte au col du pot, et après avoir attaché un petit morceau de charbon de bois à la partie inférieure du fil, allumez le charbon. Le fer prendra feu et brûlera avec une lumière brillante, projetant des scintillations brillantes, qui sont de l'oxyde de fer, formé par l'union du gaz avec le fer ; et ils sont si intensément chauds que certains d'entre eux fondront probablement *dans* les parois du pot, voire à travers eux.

Mais la chaleur de loin la plus intense et la lumière la plus brillante peuvent être produites en introduisant un morceau de phosphore dans un pot d'oxygène. Le phosphore peut être placé dans une petite tasse en cuivre, avec un long manche en fil épais passant à travers un trou dans un bouchon qui s'adapte au pot. Le phosphore doit d'abord être enflammé ; et dès qu'on l'introduit dans l'oxygène, il émet une lumière si brillante qu'aucun œil ne peut la supporter, et toute la jarre paraît remplie d'une atmosphère intensément lumineuse. Il est bon de diluer l'oxygène avec environ un quart d'air commun, pour modérer la chaleur intense, qui est presque certaine de briser le vase, si l'on utilise de l'oxygène pur.

L'expérience suivante montre la production de chaleur par action chimique uniquement. Broyez quelques cristaux de nitrate de cuivre fraîchement préparés, étalez-les sur un morceau de papier d'aluminium, aspergez-les d'un peu d'eau ; puis pliez le papier d'aluminium fermement, aussi rapidement que possible, et dans une minute ou deux, il deviendra rouge, la boîte semblant brûler. Cette chaleur est produite par l'action énergique de l'étain sur le nitrate de cuivre, lui enlevant son oxygène pour s'unir à l'acide nitrique, pour lequel, ainsi que pour l'oxygène, l'étain a une affinité bien plus grande que le cuivre. a.

La combustion sans flamme peut être montrée d'une manière très élégante et agréable, en faisant une bobine de fil de platine en l'enroulant autour du tuyau d'une pipe à tabac, ou de tout corps cylindrique, une douzaine de fois environ, en laissant environ un pouce droit, qui doit être inséré dans la mèche d'une lampe à alcool ; allumez la lampe, et après qu'elle ait brûlé pendant une minute ou deux, éteignez rapidement la flamme ; le fil deviendra bientôt rouge et, s'il est tenu à l'écart des courants d'air, il continuera à brûler jusqu'à ce que tout l'esprit soit consommé. Le platine spongieux, comme on l'appelle, répond plutôt mieux que le fil de fer, et a été employé dans la fabrication de fumigateurs pour les salons, dans lesquels, au lieu de l'alcool pur, on utilise du parfum, comme de l'eau de lavande ; par sa combustion une odeur agréable se diffuse dans l'appartement. Ces petites lampes étaient très en vogue il y a quelques années, mais elles sont aujourd'hui quasiment démodées.

Les expériences sur la combustion pourraient être multipliées presque à n'importe quel degré, mais ce qui précède suffira à notre propos.

POTASSIUM.

Le potassium a été découvert par Sir H. Davy, au début de ce siècle, en agissant sur la potasse avec l'énorme batterie galvanique de la Royal

Institution, composée de deux mille paires de plaques de quatre pouces . C'est un métal blanc brillant, si mou qu'il se coupe facilement avec un canif, et si léger qu'il nage sur l'eau, sur laquelle il agit avec une grande énergie, s'unissant à l'oxygène et libérant l'hydrogène, qui prend feu sous son mouvement. s'échappe.

EXPÉRIENCE.

Tracez quelques lignes continues sur du papier avec un pinceau en poil de chameau trempé dans l'eau, et placez sur l'une des lignes un morceau de potassium de la grosseur d'un pois, et il suivra la course du crayon en prenant feu. court et brûle d'une lumière violacée. Le papier se retrouve recouvert d'une solution de potasse ordinaire. Si du papier de curcuma est utilisé, le parcours du potassium sera marqué d'une couleur brun foncé. Corollaire : donc, si vous touchez du potassium avec les doigts *mouillés* , vous les brûlerez !

Si un petit morceau de métal est placé sur un morceau de glace, il prendra instantanément feu et formera un trou profond dans lequel on trouvera une solution de potasse.

En raison de sa grande affinité pour l'oxygène, le potassium doit être conservé dans un fluide qui en est dépourvu, comme le naphta.

Le salpêtre, ou nitre, est un composé de ce métal (ou plutôt de son oxyde) avec l'acide nitrique. C'est un des ingrédients de la poudre à canon et il a la propriété d'accélérer la combustion de tous les corps combustibles.

EXPÉRIENCE.

Frottez ensemble dans un mortier *chaud* trois parties de nitre en poudre, deux de carbonate de potasse sec et une de farine de soufre ; placez une petite quantité du mélange dans une louche de fer, et faites-le chauffer sur le feu, lorsqu'il fondra rapidement, puis explosera avec un bruit très fort ; et s'il est conservé sous une cheminée sale, cela permettra d'économiser les frais d'un ramoneur : mais évitera le temps de cuisson.

Un autre sel de potasse remarquable par la même propriété, à un degré encore plus grand, est le *chlorate* de potasse.

EXPÉRIENCES.

1. Triturez ensemble dans un mortier *sec* quelques grains de fleurs de soufre avec une petite quantité de chlorate de potasse, et il se produira une succession d'explosions vives, comme le claquement d'un fouet.

soufre par un demi-grain de phosphore , et l'action sera beaucoup plus violente. La main doit être défendue par un gant épais et les yeux soigneusement gardés lors de cette expérience.

3. Mélangez très soigneusement un peu de ce sel réduit en poudre avec un peu de sucre en morceaux, également en poudre, et déposez sur le mélange un peu d' acide sulfurique fort , et il s'enflammera instantanément. Cette expérience nécessite également de la prudence.

Le manque de place nous empêche d'examiner en détail les métaux individuels et leurs composés ; il suffit de décrire quelques expériences montrant quelques-unes de leurs propriétés.

Les différentes affinités des métaux pour l'oxygène peuvent se manifester de diverses manières. L'arbre à argent ou à zinc a déjà été décrit.

EXPÉRIENCES.

1. Dans une solution de nitrate d'argent, dans de l'eau distillée, plongez une plaque ou une barbotine de cuivre propre. La solution, qui était incolore, commencera bientôt à prendre une teinte verdâtre, et le morceau de cuivre sera recouvert d'une couche de couleur gris clair, qui est l'argent autrefois uni à l'acide nitrique, qui a été déplacé par l'acide nitrique. plus grande affinité ou *appréciation* de l'oxygène et de l'acide pour le cuivre.

2. Lorsque le cuivre n'est plus recouvert, mais reste propre et brillant lorsqu'il est immergé dans le fluide, tout l'argent s'est déposé et le verre contient maintenant une solution de *cuivre* .

Placez un morceau de fer propre dans la solution, et il sera presque instantanément recouvert d'une pellicule de *cuivre* , et cela continuera jusqu'à ce que la totalité de ce métal soit enlevée et que sa place soit remplie par une quantité équivalente de *fer* , de sorte que le nitrate du *fer* se trouve dans le liquide. L'oxygène et l'acide nitrique restent inchangés en quantité ou en qualité lors de ces changements, étant simplement transférés d'un métal à un autre.

Un morceau de zinc déplacera le fer de la même manière, laissant une solution de nitrate de zinc.

Presque toutes les couleurs utilisées dans les arts sont produites par les métaux et leurs combinaisons ; en effet, l'un est nommé *chrome* , d'un mot grec signifiant couleur, à cause des belles teintes obtenues par ses diverses combinaisons avec l'oxygène et les autres métaux. Toutes les diverses teintes de vert, d'orange, de jaune et de rouge sont obtenues à partir de ce métal.

Les solutions de la plupart des sels métalliques donnent des précipités avec les solutions d' alcalis et de leurs sels, ainsi qu'avec beaucoup d'autres substances, telles que ce qu'on appelle ordinairement prussiate de potasse, hydro-sulfure d'ammoniaque, etc. ; et les couleurs diffèrent selon le métal employé ; et il en faut une si petite quantité pour produire la couleur, que les solutions, avant le mélange, peuvent être presque incolores.

EXPÉRIENCES.

1. A une solution de sulfate de fer, ajoutez une goutte ou deux d'une solution de prussiate de potasse, et une couleur bleue se produira.

2. Remplacez le fer par du sulfate de cuivre et la couleur sera d'un brun riche.

3. Un autre bleu, d'une teinte tout différente, peut être produit en laissant tomber quelques gouttes d'une solution d'ammoniaque dans une solution de sulfate de cuivre, lorsqu'il tombe un précipité d'un bleu clair, qui est dissous par une quantité supplémentaire de l'ammoniaque, et forme une solution transparente de la plus belle couleur bleue riche.

4. Dans une solution de sulfate de fer, déposez quelques gouttes d'une forte infusion de galles, et la couleur deviendra d'un noir bleuâtre, en fait de l' *encre* . Un peu *de thé* répondra ainsi que l'infusion de galles. C'est la raison pour laquelle certaines étoffes autrefois généralement utilisées pour les robes de chambre des messieurs étaient si répréhensibles ; car comme ils devaient leur couleur à un sel de fer, le chamois, comme on l'appelait, une goutte de thé renversée accidentellement produisait tout l'effet d'une goutte d'encre.

5. Mettez dans un assez grand tube à essai deux ou trois petits morceaux de zinc granulé, remplissez-le au tiers environ d'eau, mettez-y quelques grains d'iode et faites bouillir l'eau, qui prendra d'abord une couleur pourpre foncé. s'estompant progressivement à mesure que l'iode se combine avec le zinc. Ajoutez un peu plus d'iode de temps en temps, jusqu'à ce que le zinc soit presque entièrement dissous. Si l'on ajoute quelques gouttes de cette solution à une solution également incolore de sublimé corrosif (sel de mercure), il se formera un précipité d'une splendide couleur écarlate, plus brillante, si possible, que le vermillon, qui est aussi une préparation de mercure. .

CRISTALLISATION DES MÉTAUX.

Certains métaux prennent certaines formes définies en passant de l'état fluide à l'état solide. Le bismuth présente cette propriété plus facilement que la plupart des autres.

EXPÉRIENCE.

Faites fondre une livre ou deux de bismuth dans une louche en fer sur le feu ; retirez-le dès que l'ensemble est fluide ; et quand la surface est devenue solide, faites-y un trou, et versez de l'intérieur le métal encore fluide ; ce qui reste présentera des cristaux magnifiquement formés de forme cubique.

Le soufre peut être cristallisé de la même manière, mais ses vapeurs, lorsqu'elles sont chauffées, sont si désagréables que peu de gens souhaiteraient les rencontrer.

Un des faits les plus remarquables de la chimie, science riche en merveilles, c'est que le simple contact de l'hydrogène, corps le plus *léger* connu, avec le métal platine, le plus lourd, lorsqu'il est dans un état de division infime, appelé platine spongieux, produit une chaleur intense, suffisante pour enflammer l'hydrogène : bien entendu cette expérience doit être faite en présence d'air atmosphérique ou d'oxygène. Si un petit morceau du métal dans l'état mentionné ci-dessus est introduit dans un mélange d'oxygène et d'hydrogène, cela les fera exploser. Il faut employer une très petite quantité de gaz et la placer dans un bocal légèrement recouvert d'une carte, sinon l'explosion serait dangereuse.

BEAUTÉS DE CRISTALLISATION.

Dissoudre l'alun dans l'eau chaude jusqu'à ce qu'il ne puisse plus y être dissous ; placez-y une tige de verre lisse et un bâton de même taille ; le lendemain, on trouvera le bâton couvert de cristaux, mais la tige de verre en sera dégagée : dans ce cas, les cristaux s'accrochent à la surface rugueuse du bâton, mais n'ont aucune prise sur la surface lisse de la tige de verre. Mais si la tige est rendue rugueuse avec une lime à certains intervalles, puis placée dans l'alun et l'eau, les cristaux adhéreront aux surfaces rugueuses et laisseront une surface themlisse, brillante et claire.

Attachez irrégulièrement quelques fils de coton lampe autour d'un fil de cuivre ou d'une tige de verre ; placez-le dans une solution chaude de vitriol bleu, fort comme ci-dessus, et les fils seront recouverts de beaux cristaux bleus, tandis que la tige de verre sera nue.

Percez un trou dans un morceau de coke et suspendez-le par une ficelle à un bâton placé sur une solution chaude d'alun ; il flottera ; mais, à mesure qu'il se charge de cristaux, il s'enfoncera dans la solution selon la longueur du fil. Le coke de gaz a pour la plupart une surface lisse, brillante et presque métallique, que les cristaux éviteront, tandis qu'ils ne s'accrocheront qu'aux parties les plus irrégulières et les plus poreuses.

Si du curcuma en poudre est ajouté à la solution chaude d'alun, les cristaux seront d'un jaune vif ; le tournesol les rendra d'un rouge vif ; le bois de camp donnera du violet; et encre d'écriture courante, noire ; et plus la solution est trouble , plus les cristaux seront fins.

Pour éviter que les cristaux d'alun colorés ne se brisent ou ne perdent leur couleur, placez-les sous un abat-jour en verre avec une soucoupe d'eau ; cela préservera l'atmosphère humide et empêchera les cristaux de devenir trop secs.

Si des cristaux se forment sur un fil, ils seront susceptibles de se briser à cause de l'expansion et de la contraction du fil dues aux changements de température.

POUR CRISTALLISER LE CAMPHRE.

Dissoudre le camphre dans l'alcool de vin modérément chauffé, jusqu'à ce que l'alcool ne se dissolve plus ; versez un peu de la solution dans un verre froid, et le camphre se cristallisera instantanément sous de belles formes arborescentes, telles que celles que nous voyons dans les verres de camphre des vitrines des pharmaciens.

ÉTAIN CRISTALLISÉ.

Mélangez une demi-once d'acide nitrique, six drachmes d'acide muriatique et deux onces d'eau ; versez le mélange sur un morceau de fer-blanc préalablement chauffé, et après l'avoir lavé dans le mélange, il présentera une belle surface cristalline, sous forme de plumes. C'est la célèbre *moirée métallique* , et, une fois vernie, on en fait des boîtes ornementales, etc. Les chiffres varieront en fonction du degré de chaleur préalablement donné au métal.

CRISTAUX DANS L'EAU DURE.

Tenez dans un verre à vin d'eau dure un cristal d'acide oxalique et des fils blancs, *c'est-à-dire . e.* l'oxalate de chaux, descendra instantanément à travers le liquide en suspension du cristal.

VARIÉTÉS DE CRISTAUX.

Préparez des solutions distinctes de sel commun, de nitre et d'alun ; placez-les dans trois soucoupes dans n'importe quel endroit chaud et laissez une partie de l'eau sécher ou s'évaporer ; puis retirez-les dans une pièce chaude. Les particules de sel dans chacun saucercommenceront à s'attirer les unes les autres et à former des cristaux, mais pas tous de la même figure : le sel commun donnera des cristaux à six faces ou côtés carrés et égaux ; les cristaux de nitre à six faces ; et l'alun, cristaux à huit faces ; et si ces cristaux sont dissous encore et encore, ils apparaîtront toujours sous les mêmes formes.

UN LIQUIDE TRANSFORMÉ EN SOLIDE ET CHALEUR PROVENANT DE LA CRISTALLISATION.

Une solution saline forte exclue de l' *air* cristallisera fréquemment dès l'instant où l'air est admis. A cet effet, préparez une solution de sel de Glauber (sulfate de soude) dans de l'eau bouillante (3 livres de sel pour 2 livres d'eau) ;

bouteille et bouchon rapidement; attachez également autour du cou un morceau de vessie mouillée. Lorsqu'il est parfaitement froid, ou même quelques jours après, ôtez le bouchon, et le sel cristallisera aussitôt, projetant les plus beaux cristaux, devenant enfin presque solide : en même temps l'ensemble se réchauffe, par suite de la chaleur latente. généré par le passage du liquide à l'état solide. Si le liquide ne cristallise pas rapidement en retirant le bouchon, attachez un cristal de sel de Glauber à un morceau de fil de fer, touchez la surface du liquide, et la cristallisation se produira alors généralement.

UNE AUTRE EXPÉRIENCE.

Faites chauffer du vitriol bleu (sulfate de cuivre) dans une louche de fer jusqu'à ce que toute l'eau contenue dans les cristaux soit chassée et que la couleur vire au gris. Retirez les grumeaux sans les casser, et disposez le vitriol bleu séché sur une assiette ; si on l'humidifie avec de l'eau, de la vapeur se produit ; et si une tranche de phosphore est ensuite déposée sur le sulfate de cuivre, elle s'enflamme, démontrant encore que la condensation d'un liquide produit de la chaleur. L'ajout de l'eau redonne la couleur bleue, prouvant ainsi que l'eau était nécessaire à la composition du vitriol bleu.

UN SOLIDE TRANSFORMÉ EN LIQUIDE, ET FROID INTENSE DE LA LIQUÉFACTION.

Mélangez cinq parties en poids de muriate d'ammoniaque en poudre, communément appelé sel ammoniac, cinq parties de nitre en poudre et seize parties d'eau. Une température de vingt-deux degrés en dessous du point de congélation de l'eau est produite ; et si une fiole d'eau, ou tout cylindre métallique approprié contenant de l'eau, est entouré d'une quantité suffisante du mélange réfrigérant, on obtient de la glace. La glace adhère à l'intérieur du tube, mais peut facilement être retirée en la plongeant dans de l'eau tiède.

Cette expérience est l'inverse de la précédente, et prouve qu'une brusque réduction d'un solide à l'état liquide donne toujours du froid.

Une combinaison amusante de deux expériences peut être réalisée en mettant de la chaux fraîchement brûlée dans une théière et ce mélange glacé dans une autre. Lorsqu'on verse de l'eau sur celle qui contient de la chaux, elle laisse échapper de la vapeur par le bec ; tandis que l'ajout d'eau à l'autre produit tellement de froid, qu'il peut à peine être tenu dans la main. Ainsi, la chaleur et le froid sont fournis par le même milieu, l'eau.

MAGIE DE LA CHALEUR.

Faites fondre une petite quantité de sulfate de potasse et de cuivre dans une cuillère au-dessus d'une lampe à alcool ; il fondra à une température juste au-dessous de la rougeur et produira un liquide de couleur vert foncé. Retirez la cuillère de la flamme, lorsque le liquide deviendra un solide d'une brillante couleur vert émeraude, et restez ainsi jusqu'à ce que sa chaleur descende presque à celle de l'eau bouillante ; alors tout à coup une commotion aura lieu dans toute la masse, à partir de la surface, et chaque atome, comme animé, se mettra en mouvement et se séparera du reste, jusqu'à ce que, en quelques instants, le tout devienne un tas de poudre.

SUBLIMATION PAR CHALEUR.

Prévoir deux petits morceaux de verre ; saupoudrez une infime portion de soufre sur un morceau, posez de fines planches de bois autour et placez dessus l'autre morceau de verre. Déplacez-les lentement sur la flamme d'une lampe ou d'une bougie, et le soufre se sublimera et formera des taches nébuleuses grises, qui sont des objets microscopiques très curieux. Chaque amas est constitué de milliers de globules transparents, imitant en miniature les nébuleuses que l'on voit figurer dans les traités d'astronomie. En observant les plus grosses particules, nous les constaterons aplaties d'un côté. Étant très transparents, chacun d'eux agit comme une petite lentille et forme dans son foyer l'image d'une lumière lointaine, qui peut être perçue même dans les plus petits globules, jusqu'à ce qu'elle disparaisse de la petitesse. Si on les examine de nouveau après un certain nombre d'heures, on constatera généralement que les plus petits globules ont conservé leur transparence, tandis que les plus gros seront devenus opaques, par suite que le soufre a subi quelque changement spontané interne . Mais la circonstance la plus remarquable qui accompagne cette expérience, c'est que les globules se trouvent adhérer seulement au verre supérieur ; la raison en est que le verre supérieur est un peu plus froid que le verre inférieur : par ce moyen nous voyons que la vapeur de soufre est très puissamment repoussée par le verre chauffé. La forme aplatie des particules est due à la force avec laquelle elles s'efforcent de s'éloigner du verre inférieur et à la pression qui en résulte contre la surface du verre supérieur. Cette expérience est considérée par son auteur, MHF Talbot, FRS, Angleterre, comme un argument satisfaisant en faveur du pouvoir répulsif de la chaleur.

CHALEUR PASSANT À TRAVERS LE VERRE.

L'expérience suivante est aussi de M. Talbot : Chauffez un tisonnier au rouge vif, et après avoir ouvert une fenêtre, appliquez rapidement le tisonnier très près de l'extérieur d'une vitre, et la main vers l'intérieur ; une forte chaleur se fera sentir à l'instant, qui cessera dès que le tisonnier sera retiré, et pourra être de nouveau renouvelée et faire cesser aussi rapidement qu'auparavant. Or, il est bien connu que si un morceau de verre est chauffé au point de transmettre une impression de chaleur à la main, il retiendra une partie de cette chaleur pendant une minute ou davantage ; mais dans cette expérience, la chaleur disparaîtra en un instant. Ce ne sera donc pas la vitre chauffée que nous ressentirons, mais la chaleur qui a traversé la vitre, à l'état libre ou radiant.

MÉTAUX INÉGALEMENT INFLUENCES PAR LA CHALEUR.

Tous les métaux ne conduisent pas la chaleur à la même vitesse, comme on peut le prouver en tenant en même temps dans la flamme d'une bougie un morceau de fil d'argent et un morceau de fil de platine, lorsque le fil d'argent devient trop chaud pour être tenu. , bien plus tôt que le platine. Ou bien, coupez un cône de chaque fil, recouvrez-le de cire et placez-le sur une plaque chauffée (comme une pelle à feu) lorsque la cire fondra à différentes époques.

COMBUSTION SPONTANÉE.

Mélangez une petite quantité de chlorate de potasse avec de l'alcool de vin dans une soucoupe forte ; ajoutez un peu d'acide sulfurique , et une vapeur orange apparaîtra et s'enflammera avec un fort crépitement.

INÉGALITÉ DE CHALEUR DANS LES FERS À FEU.

Placez devant un feu vif un ensemble de fers à feu polis, et à côté d'eux un tisonnier grossier et non poli, comme on en utilise dans une cuisine, au lieu d'un tisonnier brillant. Les fers polis resteront longtemps sans devenir plus chauds que la température de la pièce, car la chaleur rayonnée par le feu est entièrement réfléchie ou rejetée par la surface polie des fers, et aucune d'entre elles n'est absorbée. Le tisonnier brut deviendra cependant rapidement chaud, de sorte qu'il ne pourra pas être utilisé sans inconvénient. Par conséquent, le polissage des fers à feu n'est pas seulement ornemental, mais utile.

Expansion du métal par la chaleur.

Prévoyez une tige de fer, et insérez-la exactement dans un anneau métallique : chauffez la tige au rouge, et elle n'entrera plus dans l'anneau.

Observez une porte de fer par une journée chaude, quand elle se ferme difficilement ; alors qu'il se fermera librement et facilement par temps froid.

ÉVAPORATION D'UN MÉTAL.

Frottez un globule de mercure sur une cuillère d'argent, et les deux métaux se combineront en un aspect blanc ; chauffez soigneusement la cuillère à la flamme d'une lampe à alcool, lorsque le mercure se volatilisera et disparaîtra, et la cuillère pourra alors être polie jusqu'à ce qu'elle reprenne son éclat habituel : si toutefois le mercure reste quelque temps sur la cuillère, le La texture solide de l'argent sera entièrement détruite, et l'argent ne pourra alors être récupéré qu'en le chauffant dans une louche. Il faut veiller à éviter les vapeurs de mercure, qui sont très toxiques.

UN MÉTAL FLOTTANT EN FEU.

Jetez un petit morceau de cette substance merveilleuse qu'est le potassium dans une bassine d'eau, et il nagera à la surface et brûlera d'une belle lumière, d'une couleur rouge mêlée de violet. Lorsqu'il est modérément chauffé dans l'air, le potassium prend feu et brûle avec une lumière rouge.

GLACE FONTE PAR L'AIR.

Si l'on place deux morceaux de glace dans une pièce chaude, on peut faire fondre l'un d'eux beaucoup plus tôt que l'autre, en soufflant dessus avec une paire de soufflets.

SPLENDIDE SUBLIMATION.

Mettez dans un flacon une petite portion d'iode ; tenez le flacon au-dessus de la flamme d'une lampe à alcool, et de l'état de cristaux noir bleuâtre, l'iode, en étant chauffé, deviendra un gaz transparent violet ; mais, en refroidissant, il reprendra sa forme cristalline.

ENCRES MAGIQUES.

Dissolvez l'oxyde de cobalt dans l'acide acétique, auquel ajoutez un peu de nitre : écrivez avec cette solution ; tenez l'écriture au feu, elle sera d'une couleur rose pâle, qui disparaîtra en refroidissant.

Dissoudre des parties égales de sulfate de cuivre et de muriate d'ammoniaque dans l'eau ; écrivez avec la solution, et elle donnera une couleur jaune lorsqu'elle est chauffée, qui disparaîtra à froid.

Dissoudre le nitrate de bismuth dans l'eau ; écrivez avec la solution, et les caractères seront invisibles une fois secs, mais deviendront lisibles lors de l'immersion dans l'eau.

couleur vert bleuâtre , et la dissolution sera rose ; écrivez avec, et les caractères seront à peine visibles : mais, s'ils sont chauffés doucement, ils apparaîtront d'un vert brillant, qui disparaîtra à mesure que le papier refroidira.

Dissoudre dans l'eau quelques grains de prussite de potasse ; écrivez avec ce liquide invisible une fois sec ; laver avec une solution diluée de fer, obtenue en dissolvant un clou dans un peu d'eau forte ; une écriture bleue et lisible apparaît immédiatement. [4]

LIQUIDES CAMÉLÉON.

Mettez une petite partie du composé appelé caméléon minéral dans plusieurs verres, versez sur chaque verre de l'eau à des températures différentes, et le contenu de chaque verre présentera une nuance de couleur différente. Une solution très chaude sera d'une belle couleur verte ; un froid, un violet profond.

Faites une solution incolore de sulfate de cuivre ; ajoutez-y un peu d'ammoniaque, également incolore, et le mélange sera d'une couleur bleue intense ; ajoutez-y un peu d'acide sulfurique , et la couleur bleue disparaîtra ; versez un peu de solution d'ammoniaque caustique et la couleur bleue sera restaurée. Ainsi, la liqueur peut être changée à volonté.

LES TEINTURE MAGIQUES.

Dissoudre l'indigo dans l'acide sulfurique dilué , et y ajouter une quantité égale de solution de carbonate de potasse . Si un morceau de tissu blanc est trempé dans le mélange, il deviendra bleu ; le tissu jaune, dans le même mélange, peut être changé en vert ; rouge à violet ; et du papier tournesol bleu au rouge.

Remplissez presque un verre à vin avec le jus de betterave, qui est d'une couleur rouge foncé ; ajoutez un peu d'eau de chaux, et le mélange sera incolore ; trempez-y un morceau de tissu blanc, séchez-le rapidement, et au bout de quelques heures le tissu deviendra rouge.

LE VIN TRANSFORMÉ EN EAU.

Mélangez un peu de solution de sous-acétate de plomb avec du porto ; filtrez le mélange sur du papier buvard, et un liquide incolore y passera ; ajoutez-y une petite quantité de sel sec de tartre ; distillez dans une cornue, quand surgit un esprit qui peut être enflammé.

DEUX LIQUIDES TRANSPARENTS INCOLORES DEVIENNENT NOIR ET OPAQUE.

l'hydrosulfate d'ammoniaque dilué , et dans un autre une dissolution d'acétate de plomb ; ils sont à la fois incolores et transparents ; mélangez-les et ils deviendront noirs et opaques.

DEUX FLUIDES INCOLORES FONT UN FLUIDES COLORÉ.

Mettez dans un verre de vin d'eau quelques gouttes de prussiate de potasse, et dans un second verre d'eau un peu de solution faible de sulfate de fer dans l'eau ; versez les mélanges incolores ensemble dans un verre et ils deviendront immédiatement d'un bleu profond et brillant.

Ou encore, mélangez la solution de prussiate de potasse avec celle de nitrate de bismuth, et vous obtiendrez un produit jaune.

Ou bien mélangez la solution de prussiate de potasse avec celle de sulfate de cuivre, et le mélange sera d'une couleur brun-rougeâtre.

CHANGEMENT DE COULEUR PAR FLUIDES INCOLORES.

Trois couleurs différentes peuvent être produites à partir de la même infusion, simplement par l'ajout de trois fluides incolores. Tranchez un peu de chou rouge, versez dessus de l'eau bouillante, et, une fois froide, décantez l'infusion claire, que vous diviserez dans trois verres à vin : dans l'un, ajoutez une petite quantité de solution d'alun dans l'eau ; au second, un peu de solution de potasse dans l'eau ; et au troisième, quelques gouttes d'acide muriatique. La liqueur dans le premier verre prendra une couleur violette, le second un vert vif et le troisième un pourpre riche.

POUR CHANGER UN LIQUIDE BLEU EN BLANC.

Dissolvez un petit morceau d'indigo dans l'acide sulfurique à l'aide d'un feu modéré, et vous obtiendrez une couleur bleue intense ; ajoutez-en une goutte à une demi-pinte d'eau, de manière à diluer le bleu ; puis versez-en un peu dans du chlorure de chaux fort, et le bleu sera blanchi avec une vitesse presque magique.

VÉRITABLE THÉ "NOIR".

Préparez une tasse de thé vert fort ; dissoudre un peu de cuivre vert dans l'eau, que l'on ajoute au thé, et sa couleur sera noire.

RESTAURATION DE LA COULEUR PAR L'EAU.

L'eau étant un fluide incolore, on pourrait imaginer qu'une fois mélangée à d'autres substances sans couleur déterminée, elle devrait produire un composé incolore. Néanmoins, c'est à l'eau seule que le vitriol bleu, ou sulfate de cuivre, doit son bleu vif, comme le démontrera clairement la simple expérience suivante. Chauffez quelques cristaux de vitriol dans une pelle à feu, pulvérisez-les, et la poudre sera d'un blanc terne et sale appearance. Versez un peu d'eau dessus, lorsqu'un léger sifflement se fera entendre, et au même instant la couleur bleue réapparaîtra instantanément.

Au microscope, la beauté de cette expérience sera accrue, car à l'instant où une goutte d'eau est mise en contact avec le vitriol, on voit la poudre jaillir en prismes bleus. Si un cristal de prussiate de potasse est chauffé de la même manière, sa couleur jaune disparaîtra, mais réapparaîtra lorsqu'on le laissera tomber dans l'eau.

[5] DEUX LIQUIDES FONT UN SOLIDE.

Dissoudre le muriate de chaux dans l'eau jusqu'à ce qu'il ne se dissolve plus ; mesurez une quantité égale d'huile de vitriol ; les deux seront des fluides transparents ; mais si des quantités égales de chacun sont lentement mélangées et agitées ensemble, elles deviendront une masse solide, avec dégagement de fumée ou de vapeurs d'acide muriatique.

DEUX SOLIDES FONT UN LIQUIDE.

Frottez ensemble dans un mortier des quantités égales de cristaux de sels de Glauber et de nitrate d'ammoniaque, et les deux sels deviendront lentement un liquide.

UNE MASSE OPAQUE SOLIDE FAIT UN LIQUIDE TRANSPARENT.

Prenez le mélange solide des solutions de muriate de chaux et de carbonate de potasse, versez dessus un très peu d'acide nitrique, et la masse solide opaque se changera en un liquide transparent.

DEUX LIQUIDES FROID EN FONT UN CHAUD.

Mélangez tout d'un coup quatre verres d' acide sulfurique (huile de vitriol) avec un verre d'eau froide dans une tasse, et le mélange sera à nouveau presque deux fois moins chaud que l'eau bouillante.

QUINTUPLE TRANSMUTATION.

Prenez cinq verres à bière : placez dans le premier une solution d'iodure de potassium ; dans le second, une solution de sublimé corrosif, assez fort pour donner un précipité écarlate avec l'iodure du premier verre, sans se redisoudre, car l'effet de l'expérience dépend de l'ajustement préalable de celui-ci ; dans le troisième, une solution forte d'iodure de potassium avec de l'oxalate d'ammoniaque ; dans le quatrième, une dissolution de muriate de chaux ; dans le cinquième, une solution d' hydrosulfate d'ammoniaque. Les changements suivants se produisent.

Le n° 1 ajouté au n° 2 produit un jaune, se transformant rapidement en écarlate ; Le n° 2, versé dans le n° 3, redevient clair et transparent ; Le n° 3, en n° 4, change d'un blanc laiteux ; Le n°4 versé dans le n°5 donne un précipité noir.

Ainsi, un liquide clair et incolore se change en écarlate ; l'écarlate redevient incolore ; le liquide incolore, blanc laiteux ; et le blanc, le noir.

LE MÊME AGENT PEUT PRODUIRE ET DÉTRUIRE LA COULEUR.

Procurez-vous une bouteille de chlore et disposez deux grands verres cylindriques : remplissez l'un à moitié plein d'une solution diluée d'iodure de potassium et d'amidon, et l'autre d'une solution très diluée de sulfate d'indigo ; munir chaque récipient d'une valve en verre plat ou en carton, posée sur le dessus ; ouvrez avec précaution la bouteille de chlore, retournez-la lentement sur un récipient cylindrique, de manière à en verser la moitié du gaz, qui est très lourd ; ajoutez le reste à l'autre et secouez les deux récipients. Le chlore blanchira l'indigo et donnera un magnifique violet à l'iodure de potassium et d'amidon, car il libère l'iode, qui se combine avec l'amidon, produisant un composé violet.

UNION DE DEUX METAUX SANS CHALEUR.

Coupez un morceau circulaire de feuille d'or, appelé « or des dentistes », d'environ un demi-pouce de diamètre ; déposez dessus un globule de mercure, de la grosseur d'un petit pois, et si on les laisse pendant un court moment, l'or perdra sa solidité et sa couleur jaune, et le mercure sa forme liquide, formant une masse molle de couleur. de mercure.

SOUFFLE MAGIQUE.

Remplissez à moitié un verre d'eau de chaux; respirez-le fréquemment, tout en le remuant avec un morceau de verre. Le fluide, qui auparavant était parfaitement transparent, deviendra bientôt tout blanc, et si on le laisse au repos, de la vraie craie se déposera.

DEUX AMER FONT UN DOUX.

On a découvert qu'un mélange de nitrate d'argent et d'hyposulfate de soude, tous deux remarquablement amers, produirait la substance la plus douce connue.

VISIBLES ET INVISIBLES.

Écrivez à la craie française sur un miroir ; essuyez-le avec un mouchoir et les lignes willdisparaissent ; respirez dessus, et ils réapparaîtront. Cette alternance aura lieu un grand nombre de fois et après un laps de temps considérable.

POUR FORMER UN LIQUIDE À PARTIR DE DEUX SOLIDES.

Frottez ensemble dans un mortier Wedgewood une petite quantité de sulfate de soude et d'acétate de plomb, et en se mélangeant ils deviendront liquides.

Le carbonate d'ammoniaque et le sulfate de cuivre, préalablement réduits séparément en poudre, deviendront également, une fois mélangés, liquides et acquerront une couleur bleue des plus splendides.

La plupart des sels ont tendance à prendre des formes régulières ou à se *cristalliser* en passant de l'état fluide à l'état solide ; et la dimension et la régularité des cristaux dépendent dans une grande mesure de l'échappement lent ou rapide du fluide dans lequel ils ont été dissous. Le sucre est un exemple capital de cette propriété ; le sucre en pain ordinaire est rapidement réduit à ébullition, comme on l'appelle : tandis que pour faire du sucre candi, qui n'est rien d'autre que du sucre sous forme cristallisée , on laisse la solution s'évaporer lentement, et en refroidissant, elle se transforme en ces beaux cristaux. appelé rock-candy. Les fils trouvés au centre de certains cristaux sont simplement placés dans le but d'accélérer la formation des cristaux.

E XPÉRIENCE N O . 1.— Faites une solution forte d'alun, ou de sulfate de cuivre, ou de vitriol bleu, et placez-y des morceaux de clinker rugueux et irréguliers provenant de poêles ou de paniers métalliques, et placez-les dans un endroit frais, où ils seront exempt de poussière, et dans quelques jours des cristaux de divers sels se déposeront sur les paniers, etc. Il faut ensuite les retirer des solutions et les faire sécher dans un four pas trop chaud, lorsqu'elles forment de très-jolis ornements pour une chambre.

E XPÉRIENCE N O . 2.— Remplissez jusqu'au col une fiole de Florence d'une solution forte de sulfate de soude ou de sel de Glauber, faites-la bouillir, et attachez la bouche avec un morceau de vessie humidifiée pendant l'ébullition, et placez-la dans un endroit où elle ne peut être dérangé. Après vingt-quatre heures, il restera probablement encore fluide. Percez le revêtement de la vessie avec un canif, et la percussion de l'air fera cristalliser instantanément toute la masse, et le ballon deviendra tout à fait chaud à cause du calorique latent, dont nous avons parlé plus haut, émis par le sel en passant de le fluide à l'état solide. Il vaut mieux préparer deux ou trois flacons en même temps, pour se prémunir contre les accidents, car le moindre tremblement fera souvent que la cristallisation ait lieu avant le temps convenable.

LA LAMPE SPECTRALE.

Mélangez du sel commun avec de l'alcool de vin dans une tasse de platine ou de métal ; placez la coupe sur un cadre en fil de fer au-dessus d'une lampe à alcool, qui doit être enfermée de chaque côté, ou dans une lanterne sombre : lorsque la coupe devient chauffée et que l'esprit s'enflamme, il brûlera avec une forte flamme jaune : si, cependant, il ne doit pas être parfaitement jaune, ajoutez plus de sel dans la tasse. La lampe étant ainsi préparée, toutes les autres lumières doivent être éteintes et la lampe jaune introduite, lorsqu'un changement épouvantable se manifestera ; tous les objets de la pièce, mais d'une seule couleur, et le teint des différentes personnes, qu'elles soient vieilles ou jeunes, blondes ou brunes, seront métamorphosées en un jaune horrible et mortel ; tandis que les vêtements les plus gais, comme le pourpre le plus brillant, le lilas le plus raffiné, le bleu ou le vert le plus vif, tout sera changé en un jaune monotone : chacun sera enclin à se moquer de son voisin, lui-même insensible à faire partie de la compagnie spectrale. .

Leur étonnement peut être accru en retirant la lumière jaune à une extrémité de la pièce et en rétablissant la lumière habituelle ou blanche à l'autre ; quand un côté de la robe de chacun reprendra sa couleur d'origine, tandis que l'autre restera jaune ; une joue peut porter la fleur de la santé et l'autre le jaune de la jaunisse. Ou si, pendant que la lumière jaune brûle seule, la lumière blanche est introduite à l'intérieur d'un tamis métallique, l'entreprise et les objets de l'appartement apparaîtront jaunes, tachetés de blanc.

La lumière rouge peut être produite en mélangeant avec l'alcool dans la coupe au-dessus de la lampe, du sel strontiumau lieu du sel commun ; et l'effet des lumières blanches ou jaunes, si elles sont introduites à travers un tamis sur la lumière rouge, sera encore plus frappant que le blanc sur la lumière jaune.

CURIEUX CHANGEMENT DE COULEURS.

Qu'il n'y ait d'autre lumière qu'un cierge dans la pièce ; puis mettez une paire de lunettes vert foncé, et après avoir fermé un œil, regardez le cierge avec l'autre. Retirez brusquement les lunettes, et le cône prendra une apparence rouge vif ; mais si les lunettes sont remplacées instantanément, l'œil sera incapable de distinguer quoi que ce soit pendant une seconde ou deux. L'ordre des couleurs sera donc le suivant : vert, rouge, vert, noir.

LA LUMIÈRE PROTÉENNE.

Trempez une mèche de coton dans une solution forte de sel et d'eau, séchez-la, placez-la dans une lampe à alcool et, une fois allumée, elle donnera une lumière jaune vif pendant longtemps. Si vous regardez la flamme à travers un morceau de verre bleu, elle aura losetoute sa lumière jaune et vous ne percevrez que de faibles rayons violets. Si, devant le verre bleu, vous placez un verre jaune pâle , la lampe sera absolument invisible, quoiqu'une bougie puisse être distinctement vue à travers les mêmes verres.

LES FLEURS DE CAMÉLÉON.

Coupez une lampe à alcool, ajoutez un peu de sel à la mèche et allumez-la. Placez à proximité un géranium écarlate et la fleur paraîtra jaune. Les couleurs violettes, sous la même lumière, apparaissent bleues.

POUR CHANGER LES COULEURS DES FLEURS.

Tenez au-dessus d'une allumette allumée une ancolie violette ou un pied d'alouette bleu, et elle deviendra d'abord rose, puis noire. Le jaune des autres fleurs, conservé comme ci-dessus, restera inchangé. Ainsi, la teinte violette disparaîtra instantanément du confort du cœur, mais le jaune restera ; et le jaune d'une giroflée restera le même, bien que la strie brune soit déchargée.

Si vous essayez un dahlia écarlate, cramoisi ou marron, la couleur deviendra jaune; un fait connu des jardiniers, qui, par ce mode, panachent leurs dahlias en croissance.

CHANGEMENTS DU COQUELICOT.

Certaines fleurs, rouges, deviennent bleues simplement en les meurtrissant. Ainsi, si les pétales du coquelicot commun sont frottés sur du papier blanc, ils le tacheront en pourpre, qui peut être rendu vert en le lavant avec une forte solution de potasse dans l'eau. Mettez des pétales de pavot dans de l'acide muriatique très dilué, et l'infusion sera d'une couleur rouge vif ; en ajoutant un peu de craie, elle deviendra de la couleur du porto ; et cette teinte, par l'addition de potasse, peut être changée en vert ou en jaune.

POUR CHANGER LA COULEUR D'UNE ROSE.

Tenez une rose rouge au-dessus de la flamme bleue d'une allumette commune, et la couleur se répandra partout où la fumée touchera les feuilles de la fleur, de manière à la rendre magnifiquement panachée ou entièrement blanche. S'il est ensuite plongé dans l'eau, la rougeur, après un certain temps, sera restaurée.

LUMIÈRE CHANGEANT DU BLANC EN NOIR.

Écrivez sur du lin avec de l'encre permanente (qui est une solution forte de nitrate d'argent), et les caractères seront à peine visibles ; retirez le linge dans une pièce sombre, et il ne changera pas ; mais exposez-les à une forte lumière, et ils seront d'un noir indélébile.

LE GLAND À CROISSANCE VISIBLE.

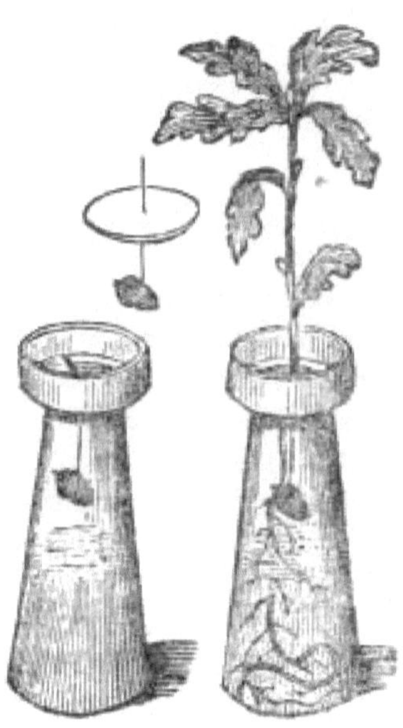

Coupez un morceau de carton circulaire pour qu'il s'adapte au dessus d'un verre en jacinthe, de manière à reposer sur le rebord et à exclure l'air. Percez un trou au centre de la carte, et passez-y un fil solide, ayant un petit morceau de bois attaché à une extrémité, qui, reposant transversalement sur la carte, empêche qu'elle ne passe à travers. À l'autre extrémité du fil, attachez un gland ; et après avoir rempli à moitié le verre d'eau, suspendez le gland à peu de distance de la surface.

Le verre doit être conservé dans une pièce chaude ; et, dans quelques jours, la vapeur qui s'est formée dans le verre pendra au gland en une grosse goutte. Peu de temps après, le gland éclatera, la racine sortira et s'enfoncera dans l'eau ; et au bout de quelques jours encore, une tige jaillira à l'autre extrémité, et, s'élevant vers le haut, viendra se presser contre la carte, dans laquelle il faudra faire un orifice pour la laisser passer. De cette tige, on observera bientôt que de petites feuilles germent ; et au bout de quelques semaines , vous aurez un beau chêne de plusieurs pouces de hauteur.

FLAMMES COLORÉES.

Une variété de rayons de lumière sont exposés par des flammes colorées, qui ne sont pas visibles à la lumière blanche. Ainsi, l'hydrogène gazeux pur brûlera avec une flamme bleue, dans laquelle manquent de nombreux rayons de lumière. La flamme d'une lampe à huile contient la plupart des rayons qui manquent à la lumière du soleil. L'alcool mêlé à l'eau, lorsqu'il est chauffé ou brûlé, donne une flamme qui n'a d'autres rayons que le jaune. Les sels suivants, s'ils sont finement réduits en poudre et introduits dans la flamme extérieure d'une bougie, ou dans la mèche d'une lampe à alcool, communiqueront à la flamme leurs couleurs particulières :

Muriate de soude (sel commun) Jaune.

Muriate de Potasse	Violet pâle.
Muriate de Chaux	Rouge brique.
Muriate de Strontie	Pourpre brillant.
Muriate de Lithia	Rouge.
Muriate de Baryte	Vert pomme pâle.
Muriate de Cuivre	Vert bleuâtre.
Borax	Vert.

Ou bien, l'un ou l'autre des sels ci-dessus peut être mélangé à de l'alcool de vin, comme indiqué pour Red Fire.

FLAMME DE COULEUR ORANGE.

Brûler l'alcool de vin sur du chlorure de calcium, substance obtenue en évaporant à sec le muriate de chaux.

FLAMME VERT ÉMERAUDE.

Brûlez l'alcool de vin sur un peu de nitrate de cuivre en poudre.

FLAMME INSTANTANÉE.

Chauffez ensemble le potassium et le soufre , et ils brûleront instantanément très vivement.

Faites chauffer un peu de nitrate sur une pelle à feu, saupoudrez-y de la farine de soufre , et il brûlera instantanément. Si de la limaille de fer est jetée sur du nitre chauffé au rouge, elle explosera et brûlera.

Piler séparément des parties égales de chlorate de potasse et de sucre en morceaux ; mélangez-les et mettez-en une petite quantité dans une assiette ; trempez une tige de verre dans de l'acide sulfurique , touchez la poudre avec et elle éclatera en une flamme brillante.

Ou encore, mettez quelques grains de chlorate de potasse dans une cuillère à soupe d'alcool de vin ; ajoutez une ou deux gouttes d' acide sulfurique , et le tout éclatera en une belle flamme.

POUR REFROIDIR LA FLAMME PAR LE MÉTAL.

Entourez la toute petite flamme d'une veilleuse flottante, avec un fil de fer froid, qui provoquera instantanément son extinction.

PREUVE QUE LA FLAMME EST CREUSE.

Versez de l'alcool de vin dans un verre de montre et enflammez-le ; placez une paille sur cette flamme, et elle ne s'enflammera et ne carbonisera que sur le bord extérieur ; le milieu de la paille ne sera pas blessé, car il n'y a aucune matière enflammée au centre de la flamme.

POUR TENIR UNE BOUILLOIRE À THÉ CHAUDE À LA MAIN.

Assurez-vous que le fond de la bouilloire est bien recouvert de suie ; quand l'eau bout, ôtez-la du feu et placez-la sur la paume de la main ; aucun inconvénient ne sera ressenti, car la suie empêchera la transmission de la chaleur de l'eau contenue à l'intérieur et du métal chauffé à la main.

LIN INCOMBUSTIBLE.

Préparez une solution forte de borax dans l'eau et faites-y tremper du linge, de la mousseline ou tout autre vêtement ; une fois secs, ils ne s'enflamment pas facilement. Une solution de phosphate d'ammoniaque avec du sel ammoniacal répond bien mieux.

LE CERCLE BRÛLANT.

Allumez un bâton et faites-le tourner d'un mouvement rapide, lorsque son extrémité brûlante produira un cercle complet de lumière, bien que cette extrémité ne puisse être que dans une partie du cercle au même instant. Ceci est dû à la durée de l'impression de lumière sur la rétine. Un autre exemple est que pendant le clignement des yeux, nous ne perdons jamais de vue l'objet que nous regardons.

EAU DE DIFFÉRENTES TEMPÉRATURES DANS LE MÊME BATEAU.

De la chaleur et du froid, comme de l'esprit et de la folie, on peut dire que « de minces cloisons divisent leurs limites ». Ainsi, peignez la moitié de la surface d'un pot en fer blanc avec un mélange de noir de fumée et de colle, et laissez l'autre moitié, ou côté, brillante ; remplissez le récipient d'eau bouillante, et en y plongeant un thermomètre, ou même le doigt, peu de temps après, on constatera qu'il refroidit beaucoup plus rapidement sur le côté noirci que sur le côté brillant du pot.

CHALEUR DE DIFFÉRENTES COULEURS.

Placez sur la surface de la neige, comme sur le rebord de la fenêtre, en plein jour ou au soleil, des morceaux de tissu de même taille et de même qualité, mais de couleurs différentes, noir, bleu, vert, jaune et blanc : le tissu noir ne tardera pas à disparaître. faire fondre la neige en dessous et couler vers le bas ; ensuite le bleu, puis le vert ; le jaune mais légèrement ; mais la neige sous le drap blanc sera aussi ferme qu'au début.

SUBSTITUT AU FEU.

Mettez dans une tasse un morceau de chaux vive fraîchement sortie du four, versez de l'eau dessus, et la chaleur sera très grande. Un seau de chaux vive, plongé dans l'eau et enfermé étroitement dans une boîte construite à cet effet, dégagera suffisamment de chaleur pour réchauffer une pièce, même par temps très froid. C'est la source de vapeur dans les représentations théâtrales.

GAZ HILARANT.

L'appellation fantaisiste ci-dessus a été donnée à l'oxyde nitreux, à cause des sensations très agréables provoquées par son inhalation. A l'état pur, il détruit la vie animale, mais perd cette qualité nocive lorsqu'il est inhalé, car il se mélange à l'air atmosphérique qu'il rencontre dans les poumons. Ce gaz est produit en mettant trois ou quatre drachmes de nitrate d'ammoniaque, en cristaux, dans une petite cornue en verre, qui, tenue au-dessus d'une lampe à alcool, les cristaux fondront et le gaz se dégagera.

Ayant ainsi produit le gaz, on le fait passer dans une grande vessie munie d'un robinet ; et lorsque vous désirez en manifester les effets, vous faites en sorte que la personne qui souhaite en faire l'expérience expire d'abord l'air atmosphérique des poumons, puis, plaçant rapidement le coq dans sa bouche, vous le tournez et lui dites d'inhaler le gaz. . Immédiatement surgissent un sentiment de gaieté extraordinaire , des envolées fantaisistes d'imagination, une propension incontrôlable au rire et la conscience d'être capable d'un grand effort musculaire. Cela n'agit pas exactement de la même manière sur toutes les personnes ; mais dans la plupart des cas, les sensations sont agréables, et ont cette différence importante avec celles produites par le vin ou les liqueurs spiritueuses, qu'elles ne sont suivies d'aucune dépression d'esprit.

FLAMME DE MÉTAUX FROID.

Fournissez une bouteille de chlore gazeux, que vous pouvez acheter auprès de n'importe quel chimiste professionnel, et avec elle, vous pourrez réaliser de brillantes expériences.

Par exemple, réduisez un petit morceau d'antimoine métallique en une poudre très fine dans un mortier ; placez-en un peu sur une carte pliée, puis desserrez le bouchon de la bouteille de chlore et jetez-y l'antimoine ; il prendra feu spontanément et brûlera avec beaucoup de splendeur, présentant ainsi un métal froid s'enflammant spontanément.

Toutefois, si l'on laisse tomber un morceau d'antimoine dans le chlore, il n'y aura ni combustion spontanée, ni changement immédiat ; mais, avec le temps, l'antimoine s'incrustera d'une poudre blanche, et on ne trouvera plus de chlore dans la bouteille.

Ou bien, fournissez du cuivre en fines feuilles, connu sous le nom de « métal hollandais » ; respirez légèrement sur une extrémité d'une tige de verre, longue d'environ dix pouces, et faites adhérer une ou deux feuilles de métal à l'extrémité humide ; puis ouvrez une bouteille de chlore, plongez-y rapidement les feuilles, lorsqu'elles prendront instantanément feu, et brûleront d'une fine lumière rouge, laissant dans la bouteille une substance solide jaune verdâtre.

Un petit *morceau* de cuivre, ou « métal hollandais », ne brûlera pas comme ci-dessus, mais sera lentement traité, comme l'antimoine.

Plongez la feuille d'or dans un pot de chlore gazeux et une combustion avec une belle flamme verte aura lieu.

PHOSPHORE DANS LE CHLORE.

Mettez dans une cuillère déflagrante environ quatre grains de phosphore, et laissez-le descendre dans une bouteille de chlore, lorsque le phosphore s'enflammera instantanément.

Ou bien, pliez un morceau de papier buvard en une allumette de cinq pouces de long ; plongez-le dans de l'huile de térébenthine, égouttez-le un instant, déposez-le dans une autre bouteille de chlore, lorsqu'il s'enflammera et déposera beaucoup de carbone.

VAPEUR MAGIQUE.

Fournissez un tube de verre d'environ trois pieds de long et un demi-pouce de diamètre ; remplissez-le presque d'eau, à la surface de laquelle versez un peu d'éther coloré ; puis fermez soigneusement l'extrémité ouverte du tube avec la paume de la main, retournez-le dans une bassine d'eau, et appuyez le tube contre la paroi : l'éther montera à travers l'eau jusqu'à l'extrémité supérieure du tube ; versez un peu d'eau chaude sur le tube, et cela fera bientôt bouillir l'éther à l'intérieur, et sa vapeur pourra ainsi chasser presque toute l'eau du tube dans le bassin ; cependant, si vous refroidissez ensuite le tube en versant de l'eau froide dessus, l'éther vaporisé redeviendra liquide et flottera sur l'eau comme auparavant.

GAZ DE L'UNION DU MÉTAL.

sulfurique dilué , et placez-y un fil d'argent et un autre de zinc, en ayant soin qu'ils ne se touchent pas ; quand le zinc sera changé par l'acide, mais l'argent restera inerte. Mais faites en sorte que les extrémités supérieures des fils se touchent et un courant de gaz en sortira.

CAMPHRE SUBLIMÉ PAR LA FLAMME.

Placez une plaque métallique sur la flamme d'une lampe à alcool ; déposez dessus une petite portion de camphre sous un entonnoir en verre ; et le camphre sera magnifiquement sublimé par la chaleur de la lampe, en croûte efflorescente sur les côtés de l'entonnoir.

FEU VERT.

Un beau feu vert peut ainsi être fait. Prenez treize parties de farine de soufre , soixante-dix-sept parties de nitrate de baryte, cinq parties d' oxymuriate de potasse , deux parties d'arsenic métallique et trois parties de charbon de bois. Que le nitrate de baryte soit bien séché et réduit en poudre ; puis ajoutez-y les autres ingrédients, tous finement pulvérisés, et extrêmement bien mélangés et frottés ensemble. Placez une partie de la composition dans un petit plat en fer blanc, ayant un réflecteur poli placé sur un côté, et allumez-le ; quand une splendide illumination verte en sera le résultat. En ajoutant un peu de calamine, elle brûlera plus lentement.

FEU ROUGE BRILLANT.

Pesez cinq onces de nitrate sec de strontium , une once et demie de soufre finement pulvérisé , cinq drachmes de chlorate de potasse et quatre drachmes de sulfure d'antimoine. Poudrez séparément dans un mortier le chlorate de potasse et le sulfure d'antimoine, et mélangez-les sur du papier ; puis ajoutez-les aux autres ingrédients préalablement réduits en poudre et mélangés. Aucun autre type de mélange que le frottement sur du papier n'est nécessaire. Pour l'utiliser, mélangez avec une partie de la poudre une petite quantité d'alcool de vin, dans un moule en fer blanc ressemblant à un grille-pain à fromage, allumez le mélange et il prendra une riche teinte cramoisie. Lorsque le feu brûle faiblement et mal, une très petite quantité de charbon de bois finement pulvérisé ou de noir de fumée le ravivera.

FEU VIOLET.

Dissolvez le chlorure de lithium dans l'alcool de vin, et une fois allumé, il brûlera avec une flamme violacée.

FEU D'ARGENT.

Placez sur un morceau de charbon ardent un morceau de cristaux séchés de nitrate d'argent (et non de caustique lunaire), et il jettera immédiatement les plus belles étincelles qu'on puisse imaginer, tandis que la surface du charbon sera recouverte d'argent. .

LA FONTAINE DE FEU.

Mettez dans un verre quinze grains de zinc finement granulé et six grains de phosphore coupés en très petits morceaux sous l'eau. Mélangez progressivement dans un autre verre un verre d' acide sulfurique avec deux verres d'eau. Retirez les deux verres dans une pièce sombre et versez là l'acide dilué sur le zinc et le phosphore contenus dans le verre ; en peu de temps de beaux jets de flammes bleuâtres jailliront de toutes les parties de la surface du mélange ; il deviendra tout à fait lumineux, et une belle fumée lumineuse s'élèvera en colonne du verre, représentant ainsi une fontaine de feu.

COMBUSTION SANS FLAMME.

Allumez un petit cierge *vert ;* dans une minute ou deux, éteignez la flamme, et la mèche restera chaude pendant plusieurs heures ; et si le cierge était régulièrement et soigneusement déroulé, et si la pièce était maintenue à l'abri du courant d'air, la mèche brûlerait de cette manière jusqu'à ce que le tout soit consumé. Le même effet ne se produit pas lorsque la couleur de la cire est rouge, c'est pourquoi les cierges de cire rouge sont plus sûrs que les cierges verts, car ces derniers, s'ils sont laissés imparfaitement éteints, peuvent mettre le feu à tout objet avec lequel ils sont en contact.

COMBUSTION DE TROIS METAUX.

Mélangez un grain ou deux de potassium avec une quantité égale de sodium ; ajoutez un globule de vif-argent, et les trois métaux, une fois secoués, prendront feu et brûleront vivement.

POUR RENDRE LE PAPIER APPARemment INCOMBUSTIBLE.

Prenez un morceau de métal cylindrique et lisse, d'environ un pouce et demi de diamètre et huit pouces de long ; enroulez-le très étroitement autour d'un morceau de papier à lettres propre, puis maintenez le papier dans la flamme d'une lampe à alcool, et il ne prendra pas feu ; mais il peut y rester un temps considérable, sans être le moins du monde affecté par la flamme. Si le papier est tendu sur un cylindre de bois, il est rapidement brûlé.

CHALEUR NE DOIT PAS ÊTRE ESTIMÉE AU TOUCHER.

Tenez les deux mains dans l'eau, ce qui fait monter le thermomètre à quatre-vingt-dix degrés, et lorsque le liquide sera devenu immobile, vous serez insensible à la chaleur et au fait que la main touche quoi que ce soit. Retirez ensuite une main dans l'eau qui fait monter le thermomètre à deux cents degrés, et l'autre dans l'eau à trente-deux degrés. Après avoir tenu ainsi les mains pendant quelque temps, ôtez-les, et plongez-les de nouveau dans l'eau à quatre-vingt-dix degrés ; quand tu trouveras *la chaleur* dans une main et *le froid* dans l'autre. Pour la main qui a été immergée dans l'eau à trente-deux degrés, l'eau à quatre-vingt-dix degrés sera chaude ; et pour la main qui a été immergée dans l'eau à deux cents degrés, l'eau à quatre-vingt-dix degrés sera fraîche. Si donc on se fie au toucher, dans ce cas, la même eau sera jugée chaude et froide à la *fois* .

FLAMME SUR L'EAU.

Remplissez un verre à vin d'eau froide, versez légèrement sur sa surface un peu d'éther ; allumez-le avec un morceau de papier et il brûlera pendant un certain temps.

FLAMME ROSE SUR L'EAU.

Déposez un globule de potassium, de la grosseur d'un gros pois, dans une petite tasse presque pleine d'eau, contenant une ou deux gouttes d'acide nitrique fort ; dès que le métal touchera le liquide, il flottera à sa surface, enveloppé d'une belle flamme rose, et se dissoudra entièrement.

POUR METTRE LE FEU À UN MÉLANGE AVEC DE L'EAU.

Versez dans une soucoupe un peu d'acide sulfurique , et placez dessus un morceau de sodium qui flottera et ne s'enflammera pas ; mais l'ajout d'une goutte d'eau y mettra le feu.

VAGUES DE FEU SUR L'EAU.

Sur un morceau de sucre raffiné, laissez tomber quelques gouttes d'éther phosphoré, et mettez le sucre dans un verre d'eau tiède, qui apparaîtra instantanément en feu à la surface et par vagues, si on le souffle doucement avec le souffle. Cette expérience doit être exposée dans l'obscurité.

EAU DE LA FLAMME D'UNE BOUGIE.

Tenez un verre cloche froid et sec au-dessus d'une bougie allumée, et la vapeur aqueuse se condensera directement sur la surface froide ; puis fermez l'embouchure du verre avec une carte ou une assiette, et tournez l'embouchure vers le haut ; retirez la carte, versez rapidement un peu d'eau de chaux, un liquide parfaitement clair, et elle deviendra instantanément trouble et laiteuse, à la rencontre du contenu du verre, tout comme l'eau de chaux change lorsqu'elle tombe dans un verre plein d'eau. .

FORMATION D'EAU PAR LE FEU.

Mettez dans une tasse à thé un peu d'alcool de vin, allumez-y le feu et retournez dessus un grand verre cloche. En peu de temps, une épaisse vapeur d'eau se formera à l'intérieur de la cloche, qui pourra être recueillie par une éponge sèche.

BOUILLIR SUR DE L'EAU FROIDE.

Munissez-vous d'un grand bocal en verre rempli d'eau froide et placez-y un thermomètre à air qui atteindra presque la surface ; placez à la surface une petite bassine de cuivre dans laquelle vous mettez un peu de charbon actif : la surface de l'eau sera bientôt portée à ébullition, tandis que le thermomètre montrera que l'eau au-dessous n'est guère plus chaude qu'elle ne l'était d'abord.

COURANT DANS L'EAU BOUILLANTE.

Remplissez d'eau un grand tube de verre et jetez-y quelques particules d'ambre meurtri, puis tenez le tube par une poignée à cet effet, droit dans la flamme d'une lampe, et à mesure que l'eau se réchauffe, on verra que des courants, emportant avec eux les morceaux d'ambre, commenceront à monter au centre, et à descendre vers la circonférence du tube. Ces courants deviendront bientôt rapides dans leurs mouvements et continueront jusqu'à ce que l'eau bout.

L'EAU CHAUDE PLUS LÉGÈRE QUE FROIDE.

Versez dans un tube de verre d'environ dix pouces de long et un pouce de diamètre, un peu d'eau colorée de rose ou d'une autre teinture ; puis remplissez-le progressivement et soigneusement avec de l'eau incolore, afin de ne pas les mélanger ; appliquez de la chaleur au fond du tube, et l'eau colorée montera et se diffusera dans tout le tube.

La circulation de l'eau chaude peut être très agréablement montrée en chauffant l'eau dans un tube semblable au précédent ; l'eau y ayant diffusé quelques particules de toute substance légère non soluble dans l'eau.

DILATATION DE L'EAU PAR LE FROID.

Tous les fluides, à l'exception de l'eau, diminuent de volume jusqu'à geler. Ainsi, remplissez un grand tube de thermomètre avec de l'eau, disons à la température de quatre-vingts degrés, puis plongez l'ampoule dans de la glace pilée et du sel, ou tout autre mélange réfrigérant : l'eau continuera à rétrécir dans le tube jusqu'à ce qu'elle atteigne la température. d'une quarantaine de degrés ; et alors, au lieu de continuer à se contracter jusqu'à ce qu'il gèle, (comme dans le cas de tous les autres liquides), on le verra se dilater lentement, et par conséquent s'élever dans le tube, jusqu'à ce qu'il se fige. Dans ce cas, l'expansion au-dessous de quarante degrés et au-dessus de quarante degrés semble être égale ; de sorte que l'eau sera de la même masse à trente-deux degrés qu'à quarante-huit degrés, c'est-à-dire à huit degrés au-dessus ou au-dessous de quarante degrés.

LA COUPE DE TANTALE.

Ce joli jouet peut être acheté chez n'importe quel opticien pour deux ou trois shillings. Il s'agit d'une coupe dans laquelle est placée une figure humaine debout, dissimulant un siphon ou un tube coudé dont une extrémité est plus longue que l'autre. Celui-ci monte dans une jambe du personnage pour atteindre le menton et descend par l'autre jambe, par le fond de la coupe jusqu'à un réservoir en dessous. Si vous versez de l'eau dans la tasse, elle montera dans la jambe la plus courte par sa pression ascendante, chassant l'air devant elle par la jambe la plus longue ; et lorsque la coupe est remplie au-dessus du coude du siphon, (c'est-à-dire au niveau du menton du personnage), la pression de l'eau la forcera à pénétrer dans la jambe la plus longue du siphon, et la coupe sera vidée : le jouet imitant ainsi Tantale de la mythologie, qui est représenté par les poètes comme puni à Erebus d'une soif insatiable, et placé jusqu'au menton dans une mare d'eau, qui cependant s'écoulait dès qu'il essayait d'y goûter.

LE TOURBILLON MAGIQUE.

Remplissez d'eau un verre en verre, jetez sur sa surface quelques fragments ou copeaux minces de camphre, et ils se mettront instantanément en mouvement et acquerront un mouvement à la fois progressif et rotatif, qui durera un temps considérable. Pendant ces rotations, si l'eau est touchée par une substance quelque peu grasse, les particules flottantes reviendront rapidement et, comme par un coup de magie, seront instantanément privées de leur mouvement et de leur vivacité.

De la même manière, si de fines tranches de liège sont trempées dans de l'éther sulfurique dans une bouteille fermée pendant deux ou trois jours, puis placées sur l'eau, elles tourneront pendant plusieurs minutes, comme le camphre ; jusqu'à ce que les tranches de liège aient vidé tout leur éther et soient trempées d'eau, elles resteront au repos.

Si l'eau est chauffée, le mouvement du camphre sera plus rapide que dans l'eau froide, mais il cessera proportionnellement moins de temps. Prévoyez donc deux verres, l'un contenant de l'eau à cinquante-huit degrés, et l'autre à deux cent dix degrés ; déposez sur chacun des râpes de camphre en même temps ; le camphre dans le premier verre tournera pendant environ cinq heures, jusqu'à ce que toute une partie, sauf une infime partie, se soit évaporée, tandis que la rotation du camphre dans l'eau chaude ne durera que dix-neuf minutes : environ la moitié du camphre disparaîtra, et le reste les pièces, au lieu d'être ternes, blanches et opaques, seront vitreuses et transparentes, et évidemment imbibées d'eau. Les girations également, qui seront au début très rapides, diminueront progressivement en vitesse, jusqu'à devenir assez lentes.

L'influence apaisante du pétrole sur les vagues est devenue proverbiale : la manière extraordinaire avec laquelle une petite quantité de pétrole se répand instantanément sur une très grande surface d'eau trouble, et la manière furtive avec laquelle même un vent violent glisse dessus, ont dû exciter l'inquiétude. admiration de tous ceux qui en ont été témoins.

Par le même principe, on peut faire une goutte d'huile pour arrêter le mouvement du camphre, de la manière suivante : Jetez du camphre, en tranches et en petites particules, sur la surface de l'eau, et pendant qu'ils tournent, plongez une tige de verre. dans de l'huile de térébenthine, et laissez-en une seule goutte couler sur la face intérieure du verre jusqu'à la surface de l'eau ; le camphre se précipitera instantanément vers le point opposé de la surface du liquide et cessera de tourner. Si l'on emploie un morceau de suif dur ou de saindoux, le mouvement du camphre sera arrêté plus lentement que par l'huile ou la graisse fluide, car cette dernière se répand plus rapidement à la surface de l'eau.

Si l'on laisse tomber dans l'eau quelques gouttes d' acide sulfurique ou muriatique, elles arrêteront peu à peu le mouvement du camphre ; mais si le camphre est plongé dans de l'acide nitrique dilué avec sa propre quantité d'eau, il tournera rapidement pendant quelques secondes, puis s'arrêtera.

Si un morceau de camphre en rotation est attentivement examiné avec une lentille, les courants d'eau peuvent être bien distingués, jaillissant principalement des coins du camphre et l'entraînant avec une force irrégulière.

Les courants émis par le camphre peuvent également être vus au moyen du microscope ; une goutte ou deux d'eau pure étant placée sur un morceau de verre, avec une particule de camphre flottant dessus. De cette manière, les courants peuvent être détectés et on voit qu'ils provoquent les rotations.

Ou encore, un verre de montre plat, appelé *lunaire* , peut être employé, surélevé de quelques pouces et soutenu par un anneau de fil de fer, maintenu stable en enfonçant une extrémité dans un morceau de bois vertical, comme un support de cornue. Mettez ensuite le camphre et l'eau dans le verre de montre, et placez sous le cadre une feuille de papier blanc, afin qu'elle reçoive l'ombre du verre, du camphre, etc., pour être projetée par une lumière constante, placée au-dessus, et un peu sur un côté du verre de la montre. En observant l'ombre, qui peut être considérée comme une représentation agrandie de l'objet lui-même, on peut distinguer les rotations et les courants.

BOULES DE FEU ARTIFICIELLES.

Mettez trente grains de phosphore dans une bouteille contenant trois ou quatre onces d'eau. Placez le récipient au-dessus d'une lampe et faites-lui bouillir. On verra bientôt sortir de l'eau des boules de feu, à la manière d'un feu d'artifice artificiel, accompagné des plus belles décorations.

POUR FAIRE FONDRE L'ACIER AUSSI FACILEMENT QUE LE PLOMB.

Faites rougir un morceau d'acier au feu, puis tenez-le avec une paire de tenailles ou de pinces ; prenez dans l'autre main un bâton de soufre et touchez le morceau d'acier avec. Immédiatement après leur contact, vous verrez l'acier fondre et tomber comme un liquide.

POUR DIRE À UNE DAME SI ELLE EST AMOURANTE.

Mettez dans une ampoule de l'éther sulfurique , colorez-la en rouge avec de l'orchanet , puis saturez la teinture avec du spermaceti. Cette préparation est solide à dix degrés au-dessus du point de congélation, et fond et bout à vingt degrés. Placez la fiole qui le contient dans la main d'une dame, et dites-lui que si elle est amoureuse, la masse solide se dissoudra. En quelques minutes, la substance deviendra fluide.

UN ŒUF MIS DANS UNE PHIAL.

Pour accomplir cet acte apparemment incroyable, il faut la préparation suivante : Vous devez prendre un œuf et le tremper dans du vinaigre fort ; et avec le temps, sa coquille deviendra assez molle, de sorte qu'elle pourra s'étendre dans le sens de la longueur sans se briser ; puis insérez-le dans le goulot d'une petite bouteille, et en versant dessus de l'eau froide, il reprendra sa forme et sa dureté d'antan. C'est vraiment une curiosité totale, et cela déconcerte ceux qui ne connaissent pas le secret de savoir comment cela se fait. Si le vinaigre utilisé pour saturer l'œuf n'est pas suffisamment fort pour produire la douceur requise de la coquille, ajoutez une cuillère à café d'acide acétique fort pour deux cuillères à soupe de vinaigre. Cela rendra l'œuf parfaitement flexible et facile à insérer dans la bouteille, qu'il faudra ensuite remplir d'eau froide.

POUR ÉTONNER UNE GRANDE FÊTE.

Avec du lycopodium, saupoudrez la surface d'un grand ou d'un petit récipient rempli d'eau ; vous pourrez alors défier n'importe qui de laisser tomber une pièce d'argent dans l'eau, et que vous l'attraperez avec la main sans vous mouiller la peau. Le lycopodium adhère à la main, et empêche son contact avec l'eau. Une petite poignée de main, une fois l'exploit terminé, délogera la poudre.

PAPIERS DE TEST.

Sur les rochers autrement arides qui bordent le rivage des îles du Cap Vert, pousse l'archil, une algue ou lichen célèbre, réputé parmi les teinturiers. Par un procédé de fabrication particulier, cet archille donne un beau pigment bleu, connu en laboratoire chimique sous le nom de *tournesol*. Peu de couleurs sont plus fugaces que le tournesol. Étant d'un beau bleu violet, il se change en rouge par une portion si infime d'un acide quelconque, qu'il devient, lorsqu'il est correctement appliqué, *un test* de la présence de cette dernière substance. Comme il est si souvent désirable de savoir si un fluide est acide ou alcalin, l'une des premières leçons pratiques d'un étudiant en chimie est de préparer un papier test décisif, ainsi : Mettez dans un flacon une demi-once de tournesol et trois onces de l'eau; laissez-les rester ensemble dans un endroit tiède pendant quelques heures, puis filtrez le liquide bleu foncé de ses impuretés, divisez la solution obtenue en deux parties, versez une partie dans une soucoupe et trempez-y des bandes de papier à lettres blanc jusqu'à ce qu'elle ait acquis une couleur bleue distincte. S'il n'est pas assez coloré après un trempage et un séchage, répétez l'opération. Une fois sèches, conservez ces bandelettes dans une boîte étiquetée « Papiers de test de tournesol bleu ». Ceux-ci servent à *tester* n'importe quel fluide, pour vérifier s'il a une réaction *acide*. Il est instructif d'apprendre comment une très petite portion d'un acide présent dans l'eau sera indiquée par la rougeur du tournesol. Avec la deuxième portion du liquide, mélangez avec précaution quelques gouttes de jus de citron, jusqu'à ce qu'il soit rouge ; puis colorez le papier comme avant. Une fois sec, ce « papier test tournesol rouge » sert à indiquer la présence d' alcalis , une classe de corps opposés aux acides. Le papier test de tournesol rouge, lorsqu'il est plongé dans un fluide *alcalin* , tel que l'eau de chaux, retrouve immédiatement sa couleur bleue d'origine. Mettez les cendres d'un cigare dans l'eau, le liquide, une fois « testé », indiquera la présence d'un alcali. Testez du lait rassis. Si votre papier bleu devient rouge, le lait est aigre ; c'est acide.

DIVISIBILITÉ INFINIE DE LA MATIÈRE.

Dissolvez un seul grain de cuivre dans environ un drachme d'acide nitrique et diluez la solution avec environ une once d'eau, lorsqu'il sera évident qu'une seule goutte du mélange doit contenir une portion presque incommensurable de cuivre. Pourtant, si l'on y plonge la lame d'un couteau, elle se recouvre d'une couche de cuivre ; montrant ainsi que le cuivre peut être divisé à l'infini sans aucune altération de ses propriétés.

AMUSEMENTS
EN
ÉLECTRICITÉ, GALVANISME ET MAGNÉTISME.

L'ORIGINE DU GALVANISME.

L'électricité est l'un des principes les plus actifs de la nature. Il existe dans tous les corps, et se manifeste par divers moyens, dont l'un, et le plus généralement employé, est le frottement ; mais les corps frottés les uns contre les autres doivent être constitués de substances différentes ; car, s'ils sont semblables, l'électricité ne se développera pas. Certaines substances, telles que la suie, le charbon, le fer, l'or, l'argent, le cuivre et d'autres métaux, l'eau, etc., sont appelées *bons conducteurs*, parce qu'elles transfèrent avec une grande facilité aux autres corps le fluide électrique qui glisse sur la surface avec une grande facilité. la vitesse de la lumière ; tandis que d'autres, tels que la soie, la laine, les cheveux, les plumes, le papier sec, le cuir, le verre, la cire, etc., sont appelés *non-conducteurs*, parce qu'ils résistent à la progression du fluide, qui s'accumule tout le temps que dure le frottement. C'est de ces milieux que sont obtenus les phénomènes habituels de l'électricité, tels qu'ils se manifestent dans les expériences que nous décrirons ci-après. Ses effets se font sentir dans presque toutes les parties de la nature ; l'horrible éclair est l'exposition du fluide électrique qui s'accumule dans les nuages et qui se décharge lorsque les lourdes masses sinistres entrent en contact les unes avec les autres ; le mystérieux tourbillon, le formidable soulèvement et le roulement du sable dans les déserts sauvages d'Afrique, et les belles mais évanescentes aurores boréales des climats du nord, ne sont que quelques-uns de ses effets.

La branche suivante de la science de l'électricité est le GALVANISME , ou, comme on l'appelle parfois, l'électricité voltaïque ; elle est obtenue par le simple contact de différents corps conducteurs entre eux. Il fut découvert pour la première fois à Bologne, en 1791, par la dame de Louis Galvani, philosophe italien de grand mérite et professeur d'anatomie ; de qui, en effet, la science tire son nom. Sa femme, possédant une intelligence pénétrante et l'aimant passionnément, prit un vif intérêt à la science qui occupait tant son attention. Au moment où se produisit l'incident que nous allons raconter, elle était dans un état de santé déclinant et prenait de la soupe de grenouilles, en guise de réparateur. Certains de ces animaux, écorchés à cet effet, se trouvaient par hasard sur la table du laboratoire de Galvani, où se trouvait également une machine électrique, lorsque la pointe d'un couteau fut involontairement mise en contact avec les nerfs d'une des pattes de la grenouille, qui il s'approcha du conducteur de la machine, et aussitôt les muscles du membre furent violemment agités. Madame Galvani ayant observé le phénomène, en informa aussitôt son mari, et cet incident conduisit aux expériences et découvertes intéressantes qui transmettront son nom à la dernière postérité.

Les utilisations de l'électricité galvanique à des fins scientifiques sont incalculaires ; et ses phénomènes sont si divers et si extraordinaires, qu'ils rendent l'étude de cette science extrêmement intéressante. Grâce à une batterie galvanique, les substances sont décomposées, les couleurs changent, l'eau devient inflammable et le mouvement est donné aux corps sans vie.

Les expériences que nous donnons sur le galvanisme montrent l'effet de la combinaison qui forme ce qu'on appelle un simple cercle galvanique, au moyen de deux métaux, le zinc et l'argent, ou le zinc et le cuivre, et l'eau.

L'action galvanique s'accompagne toujours d'une action chimique, et il suffit pour perturber le fluide galvanique d'unir deux métaux ensemble, et de les soumettre à l'action d'un fluide, qui agira chimiquement sur l'un d'eux, différemment de ce qu'il fait. de l'autre.

Un cercle galvanique peut aussi être formé d'un métal et de deux fluides différents, qui ont une action différente sur le métal.

Le magnétisme est une modification de l'électricité : du moins, il existe suffisamment de preuves que ces causes sont intimement liées, sinon identiques ; mais les philosophes ignorent encore sa nature.

La propriété désignée par le mot magnétisme se trouve dans un minerai de fer d'une certaine composition, d'une couleur gris foncé et d'un éclat particulier. Ce minerai seul est l'habitation locale du magnétisme, tandis que tous les autres sont soumis à son influence ou attirés par lui. Cependant, il y a si peu de différence entre le minerai magnétique, ou aimant, et ceux qui ne possèdent pas cette propriété, que seuls les minéralogistes expérimentés peuvent distinguer l'un de l'autre ; et un œil expérimenté peut voir deux minerais se joindre l'un à l'autre par le principe de l'attraction, sans savoir en quoi réside le pouvoir, jusqu'à ce qu'un autre minerai, non magnétique, soit amené dans la sphère d'attraction, où il n'adhérera qu'à celui qui contient le principe.

Cette propriété singulière de l'aimant se communique à d'autres substances métalliques, en les frottant et en les maintenant rapprochées pendant un certain temps : si un métal est d'une texture dure comme l'acier, il conserve définitivement le principe magnétique ; mais s'il est mou, il perd la puissance dès separatedl'aimant. Les métaux ainsi préparés acquièrent le même pouvoir directeur et attractif que l'aimant ou l'aimant naturel, et sont employés à des fins de la plus haute importance.

Nous donnons au jeune amateur l'occasion d'illustrer les principes de l'électricité, du galvanisme et du magnétisme par plusieurs expériences simples.

EXPÉRIENCES EN ÉLECTRICITÉ.

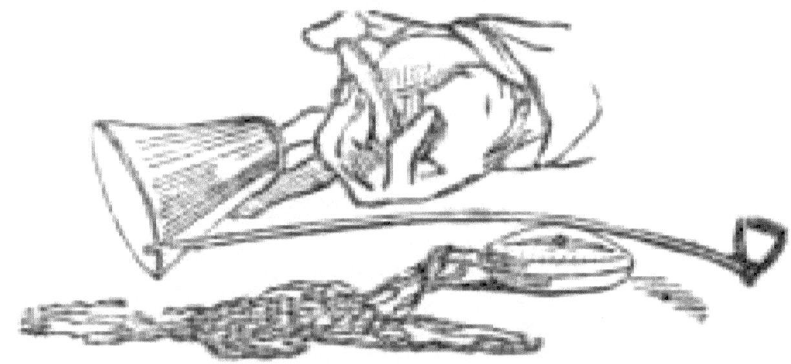

1. — Posez une montre sur une table, et sur sa face balancez très soigneusement une pipe à tabac. Prenez ensuite un verre à vin, frottez-le vivement avec un mouchoir de soie, et tenez-le une demi-minute devant le feu ; puis appliquez-le près de l'extrémité du tuyau, et celui-ci, attiré par l'électricité dégagée par le frottement et la chaleur dans le premier, le suivra immédiatement ; et en transportant le verre, toujours devant le tuyau, celui-ci continuera son mouvement de rotation ; le verre de montre étant le centre ou pivot sur lequel il agit.

2. Réchauffez un tube de verre, frottez-le avec une flanelle chaude, puis approchez-en une plume duveteuse. Au premier moment de contact, la plume adhère au verre, mais peu de temps après, elle s'en éloigne rapidement, et vous pouvez la faire circuler dans la pièce en tenant le verre entre elle et les objets environnants ; Cependant, s'il entre en contact avec quelque chose qui n'est pas sous l'influence de l'électricité, il reviendra instantanément vers le verre.

3. — Un bâton de cire à cacheter frotté contre un morceau chaud de flanelle ou de tissu acquiert la propriété d'attirer les substances légères, telles que les petits morceaux de papier, les peluches, etc., s'il est appliqué instantanément à une distance d'environ un pouce.

4.—Suspensez deux petites boules de moelle par de fins fils de soie d'environ six pouces de longueur, de telle manière qu'au repos, elles puissent pendre en contact l'une avec l'autre ; en appliquant un morceau de cire à cacheter, excités comme dans l'expérience précédente, ils se repousseront.

5.—Prenez un morceau de papier brun commun, de la dimension d'un livre in-8, tenez-le devant le feu jusqu'à ce qu'il soit bien sec et chaud, puis tirez-le vivement sous le bras plusieurs fois, de manière à le frotter des deux côtés à la fois. par le manteau. Le papier se révélera si puissamment électrique que s'il est placé contre un mur lambrissé ou tapissé d'une pièce, il y restera pendant quelques minutes sans tomber.

6. — Et si, pendant que le papier adhère au mur, on place contre lui une légère plume laineuse, elle sera attirée vers le papier, de la même manière que le papier est attiré vers le mur.

7. — Si le papier est de nouveau chauffé et tiré sous le bras comme auparavant, et suspendu par un fil attaché à un coin du papier, il supportera plusieurs plumes de chaque côté ; si ceux-ci tombent de différents côtés en même temps, ils s'accrocheront très fortement ; et si au bout d'une minute ils sont tous secoués, ils voleront les uns vers les autres d'une manière très singulière.

8. Réchauffez et excitez le papier comme auparavant, posez-le sur une table, et placez dessus une boule faite de moelle de sureau, de la grosseur d'un pois environ ; la balle traversera immédiatement le papier, et si une aiguille est pointée vers elle, elle courra de nouveau vers une autre partie, et ainsi de suite pendant un temps considérable.

9. — Appuie une vitre préalablement chauffée sur deux livres, un à chaque extrémité, et place du son dessous ; frottez ensuite le dessus du verre avec un

mouchoir de soie noire ou un morceau de flanelle, et le son dansera de haut en bas en dessous avec beaucoup de rapidité.

10. — Placez votre main gauche sur la gorge d'un chat, et avec le majeur et le pouce, appuyez légèrement sur les os des épaules de l'animal ; puis, si l'on passe doucement la main droite le long du dos, des secousses électriques perceptibles se feront sentir dans la main gauche. Des chocs peuvent également être obtenus en touchant le bout des oreilles après avoir frotté le dos. Si la couleur du chat est noire et si l'expérience est faite dans une pièce sombre, les étincelles électriques peuvent être très clairement visibles. Des charges électriques très distinctes peuvent également être obtenues en touchant le bout des oreilles après avoir appliqué une friction sur le dos, et la même chose peut être obtenue à partir du pied. En plaçant le chat sur vos genoux, appliquez la main droite sur le dos ; la patte avant gauche reposant sur la paume de votre main gauche, appliquez le pouce sur la face supérieure de la patte, de manière à étendre les griffes, et par ce moyen, amenez votre index en contact avec l'un des os de la jambe , là où il rejoint la patte ; lorsque, du bouton ou de l'extrémité de cet os, le doigt appuyant légèrement dessus, on peut sentir distinctement des secousses successives, semblables à celles obtenues des oreilles. Il est peut-être inutile d'ajouter que, pour que cette expérience soit commodément exécutée, l'expérimentateur doit être en bons termes avec le chat.

CHOC ÉLECTRIQUE PROVENANT D'UNE FEUILLE DE PAPIER.

Placez un plateau à thé en fer japonais sur un verre bécher sec et propre ; puis prenez une feuille de papier à lettres papier papier et tenez-la près du feu jusqu'à ce que toute son humidité hygrométrique soit dissipée, mais sans la brûler ; dans cet état, c'est l'un des meilleurs appareils électriques que nous ayons. Maintenez une extrémité sur une table avec le doigt et le pouce et donnez-lui environ une douzaine de coups avec un gros morceau de caoutchouc indien de gauche à droite, en commençant par le haut. Maintenant, prends-le par deux des coins et amène-le sur le plateau, et il tombera dessus comme une pierre ; si l'on amène maintenant un doigt sous le plateau, un choc sensible se fera sentir. Maintenant, posez une aiguille sur le plateau avec la pointe projetée vers l'extérieur, retirez le papier, et un signe astrologique de l'électricité négative apparaîtra : retournez le papier et le pinceau positif apparaîtra. En fait, il forme un électrophore très improvisé, qui donnera une étincelle d'un pouce de longueur et assez forte pour mettre le feu à quelques corps combustibles, et pour présenter tous les phénomènes électriques ne nécessitant pas de surfaces enduites. Si quatre verres à bécher sont posés sur le sol et un livre posé dessus, une personne peut se tenir debout dessus, isolée ; s'il tient alors le plateau verticalement, le papier y adhèrera fortement, et des étincelles pourront être tirées de n'importe quelle partie de son corps ; ou il peut tirer des étincelles de toute autre personne, selon le cas ; ou bien il peut mettre le feu à certains corps inflammables, en les touchant avec un morceau de glace.

LUMIÈRE SOUS L'EAU.

Frottez deux morceaux de sucre en morceaux ensemble dans l'obscurité et une lumière électrique brillante sera produite. Le même effet, mais à un degré plus intense, peut être produit avec deux morceaux de silex ou de quartz, le quartz blanc étant le meilleur à cet effet. Le même effet peut également être observé en frottant les morceaux de quartz ensemble, *sous l'eau* .

MOYENS SIMPLES DE PRODUIRE DE L'ÉLECTRICITÉ.

Pour montrer la nature de l'action électrique, frottez un morceau de cire à cacheter ou d'ambre sur la manche du manteau, et vous constaterez que, tout en étant chaud par le frottement, il attire des corps légers, tels que des pailles ou de petits morceaux de papier. Dans nos expériences, nous avons montré que si un tube de verre propre est frotté plusieurs fois sur un tissu de soie ou de cuir et présenté à une substance quelconque, il les attirera ou les repoussera immédiatement ; et si l'on présente à son extrémité supérieure un tisonnier suspendu par une corde de soie sèche, alors l'extrémité inférieure du tisonnier présentera le même phénomène que le tube lui-même, ce qui montre que le fluide électrique passe à travers le métal. Mais si à un corps métallique on substitue un bâton de verre ou de cire à cacheter, ces phénomènes n'arriveront pas, ce qui prouve que le fluide électrique ne passe pas à travers ces substances.

On verra par là qu'outre la classe des corps appelés électriques, il en existe une autre que nous appelons conducteurs. Ces corps ne peuvent pas être excités eux-mêmes, mais ont le pouvoir de transmettre le fluide électrique à travers eux. Ces corps comprennent tous les métaux, certains métaux et minerais métalliques ; les fluides des corps animaux ; eau et autres fluides, à l'exception de l'huile ; la glace, la neige, les substances terreuses, la fumée, la vapeur et même le vide.

Lorsqu'un conducteur électrifié est entièrement entouré de non-conducteurs, de sorte que le fluide électrique ne peut pas passer du conducteur le long des conducteurs jusqu'à la terre, on dit qu'il est isolé. Ainsi le corps humain est conducteur d'électricité ; mais si une personne debout sur un tabouret de verre (comme représenté dans le dessin) est chargée d'électricité, le fluide électrique ne peut pas passer de lui à la terre, et on dit qu'elle est positivement électrifiée, parce qu'elle a plus que sa part *naturelle* ; il est également *isolé* , et s'il est touché par une autre personne debout sur le sol, des étincelles apparaîtront au point de contact, où même la personne qui le touche ressentira une sensation de piqûre.

ATTRACTION ET RÉPULSION EXPOSÉES.

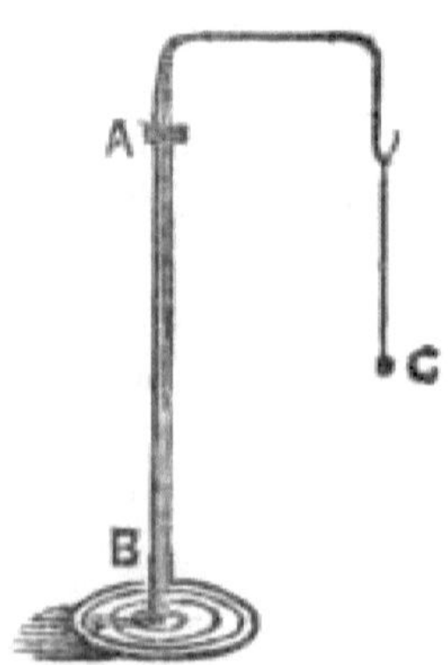

Pour illustrer certains faits remarquables de cette science d'un caractère amusant, il faut attirer l'attention sur la figure AB , qui est un support métallique ; C est un petit morceau de liège ou de moelle, suspendu au crochet par un fil de soie sec. Après avoir frotté un électron, comme un bâtonnet de verre sec, et l'avoir présenté à C , la boule sera instantanément attirée par le verre et y adhérera. Après qu'ils restent en contact pendant quelques secondes, si le verre est retiré sans être touché par les doigts, et présenté de nouveau à la boule, celle-ci sera repoussée au lieu d'être *attirée* , comme dans le premier cas. En la touchant du doigt, la boule peut être privée de son électricité, et si, après cela, on présente un morceau de cire à cacheter à la place du verre autrefois employé, les mêmes phénomènes se produiront. Lors de la première application, la balle sera *attirée* et lors de la seconde, *repoussée* .

Avant que le jeune lecteur puisse effectuer des expériences très importantes avec l'électricité, il doit devenir propriétaire d'une MACHINE ÉLECTRIQUE , qui est un instrument conçu dans le but de frotter les surfaces électriques et non électriques. Ils consistent généralement en un cylindre ou plaque de verre et un morceau de soie contre lequel on frotte, recouvert d'un amalgame, méthode de préparation que nous décrirons ci-après.

COMMENT FAIRE UNE MACHINE ÉLECTRIQUE.

Il est très facile de fabriquer une machine à verre de forme cylindrique, si le fabricant n'a pas les moyens d'en acheter une. Procurez-vous d'abord une bouteille de vin ordinaire de bonnes dimensions, et un verre assez épais. Percez un trou dans son fond, en enflammant un morceau de laine noué autour d' elle , trempé dans de la térébenthine, ce qui fera cet effet. Par ce trou et l'embouchure passe un fuseau, comme représenté dans la coupe. L'extrémité de B doit être carrée pour y fixer une poignée, et la broche doit être fermement fixée dans la bouteille. La bouteille doit alors être fixée dans un cadre, de la manière suivante : L'extrémité de la broche C passe par un trou en B ; et l'autre extrémité en C a la poignée pour faire tourner la machine.

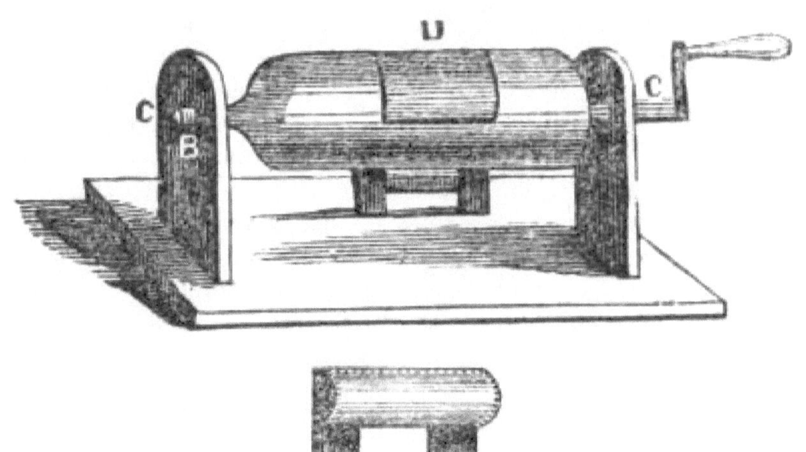

COUSSIN.

Fabriquez ensuite un coussin de cuir lavé, bourré de laine et fixé au sommet d'un cadre de la figure suivante. Ce cadre doit être d'une hauteur telle que le coussin appuie contre les côtés de la bouteille, et un morceau de soie noire est cousu sur le dessus du coussin et pend au-dessus de la bouteille D . Le coussin doit être enduit d'un amalgame formé en fondant ensemble dans le fourneau d'une pipe à tabac une partie d'étain avec deux de zinc ; auquel, bien que fluide, il faut ajouter six parties de mercure. Ceux-ci doivent être agités jusqu'à ce qu'ils soient bien froids, puis réduits en poudre fine dans un mortier et mélangés avec une quantité suffisante de saindoux pour former une pâte épaisse. Quand tout est fait, la machine est terminée.

CONDUCTEUR.

L'électricité étant générée par le frottement produit entre le caoutchouc et la bouteille par le mouvement imprimé par la poignée, il est nécessaire de la prélever pour l'utiliser. Ceci est effectué par ce qu'on appelle un chef d'orchestre. Ceci se fait de la manière suivante : à angle droit à une extrémité d'un cylindre de bois, d'environ deux pouces et demi de diamètre et six pouces de long, fixez un petit cylindre de bois d'environ trois quarts de pouce de diamètre, et trois pouces de long, arrondis aux deux extrémités – l'autre extrémité du plus grand cylindre doit également être arrondie. Couvrez le tout de papier d'aluminium et montez-le sur un support sur une tige de verre. Lorsqu'il est utilisé, il doit être placé avec la pièce paire dans une ligne égale et à environ un demi-pouce de la bouteille, et il doit être d'une hauteur telle qu'il arrive juste au-dessous du tablier de soie. Lorsqu'on veut charger une jarre de Leyde, on la place à l'extrémité ronde du conducteur. Par ces moyens simples, une grande variété d'expériences agréables peuvent être réalisées ; mais pour montrer les divers phénomènes liés à cette intéressante étude, nous allons maintenant décrire une machine électrique de construction la plus récente et faire nos expériences avec elle.

LA MACHINE ÉLECTRIQUE À PLAQUES.

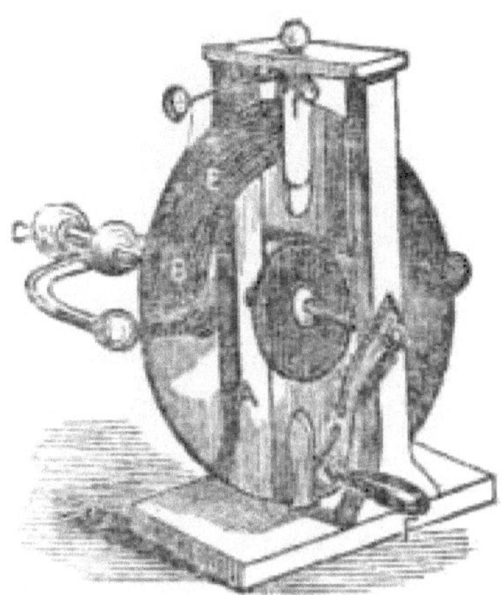

Autrefois, la machine électrique était réalisée sous la forme d'un cylindre, mais elle est désormais constituée d'une plaque A , comme le montre la gravure. L'assiette est tournée par la poignée F , à travers le caoutchouc B B , qui diffuse l'excitation sur le verre. Les pointes ou billes de chaque côté de la plaque transportent un flux constant d'électricité positive vers le conducteur principal C . L'électricité négative est générée en isolant le conducteur auquel le coussin est fixé et en prolongeant le conducteur principal avec la terre, de manière à évacuer le fluide collecté sur la plaque.

COMMENT DESSINER DES ÉTINCELLES DU BOUT DU NEZ.

Si la personne qui travaille la machine est appuyée sur un tabouret ayant des pieds en verre et relié au conducteur au moyen d'une tige de verre, l'électricité passera du conducteur à lui, et comme elle ne peut pas s'échapper, à cause du verre sur où il se trouve étant non conducteur, toute personne qui le touche peut en tirer de l'électricité, qui se manifestera en petites étincelles lorsqu'elle passera à la personne qui le touche. Si on le touche au nez, des étincelles de feu en sortiront.

COMMENT OBTENIR UN POT PLEIN D'ÉLECTRICITÉ.

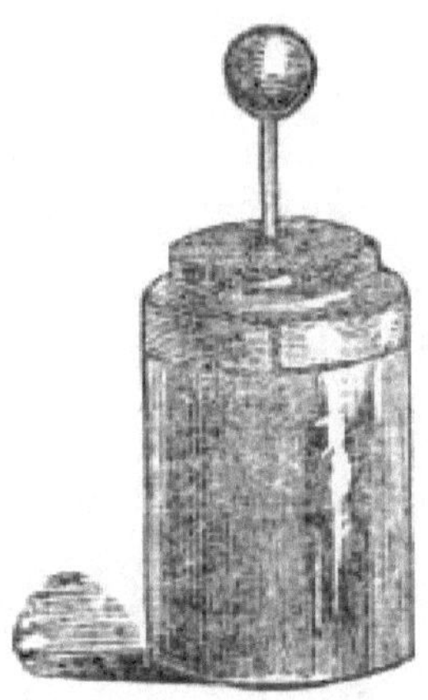

Un appareil électrique des plus utiles s'appelle le pot de Leyde, représenté ici. On l'emploie dans le but d'obtenir une quantité d'électricité qui peut être appliquée à n'importe quelle substance. Il s'agit d'un bocal en verre recouvert à l'intérieur et à l'extérieur, aux quatre cinquièmes de sa hauteur, de papier d'aluminium. Un bouton s'élève à travers un dessus en bois, communiquant avec l'intérieur du pot. Lorsqu'on veut charger le pot, ce bouton est appliqué sur le conducteur principal de la machine électrique en action, et une quantité d'électricité étant dégagée, le pot en restera chargé jusqu'à ce qu'une connexion soit établie, par quelque bon conducteur d'électricité, entre le bouton et le papier d'aluminium extérieur. Un morceau de chaîne en laiton doit pendre à la tige qui porte le bouton et le relier à l'intérieur du jar.

LA BATTERIE ÉLECTRIQUE.

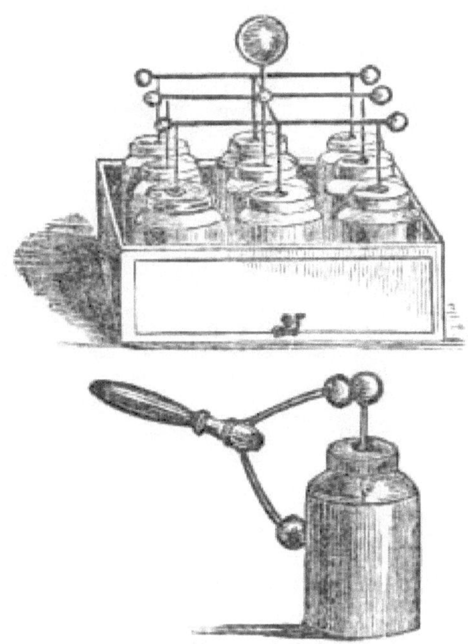

Si plusieurs de ces jarres sont réunies, une énorme quantité d'électricité peut être collectée ; mais en les disposant, il faut faire communiquer tous les revêtements intérieurs par des tiges métalliques, et une union semblable doit être effectuée entre les revêtements extérieurs. Ainsi disposées, toutes les séries peuvent être chargées comme si elles ne formaient qu'une seule jarre.

Dans le but d'établir une communication directe entre les revêtements intérieurs et extérieurs d'un pot ou d'une batterie, par laquelle une décharge est effectuée , un instrument appelé tige de décharge est utilisé. Il est constitué de deux tiges métalliques coudées, terminées à une extrémité par des billes de laiton, et reliées à l'autre par un joint qui est fixé à l'extrémité d'un manche en verre, et qui, agissant comme un compas, permet de séparer les billes. à certaines distances. Lorsqu'on l'ouvre au degré convenable, l'une des boules est amenée à toucher le revêtement extérieur, et l'autre boule est alors mise en contact avec le bouton du pot, lorsqu'une décharge s'effectue ; tandis que la poignée en verre protège la personne qui la tient des effets du choc.

BALLES ET POUPÉES DANSANTES.

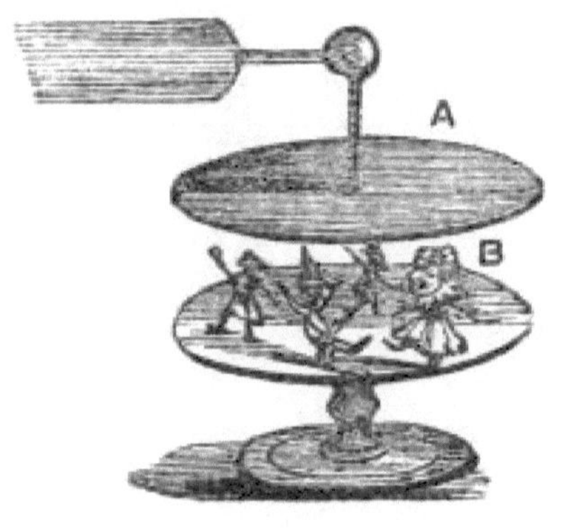

Prenez deux morceaux de bois ronds, AB , et enduisez-les de papier d'aluminium ou de deux morceaux de plaque de métal ; attachez-en un au conducteur principal par une chaîne et laissez-le pendre à environ deux ou trois pouces du bouton. Placez quelques boules de moelle sur le morceau de bois inférieur B et amenez-les sous l'autre. Immédiatement que cela est fait, et que la pièce supérieure est chargée par l'électricité de la machine, les boules de moelle sauteront de haut en bas, et de l'une à l'autre avec une grande rapidité. Si une partie de la moelle est transformée en petites figures, elles danseront également et sauteront de la manière la plus grotesque. On peut faire danser la même chose en maintenant simplement l'intérieur d'un gobelet en verre sec contre le conducteur principal pendant quelques minutes, pendant que la machine est en action, puis en la projetant sur eux, lorsqu'ils sauteront au grand étonnement. des spectateurs, car la cause de leur mouvement n'est pas aussi évidente.

LE BAISER ÉLECTRIQUE.

Cette expérience amusante est réalisée au moyen du tabouret électrique. Que n'importe quelle dame défie un gentleman qui n'est pas au courant de l'expérience, de la favoriser d'un salut. La dame monte alors sur le tabouret de verre et saisit une chaîne reliée au conducteur principal. La machine étant alors mise en mouvement, le monsieur s'approche de la dame, et aussitôt qu'il tente d'imprimer le sceau d'une douce affection sur ses lèvres de corail, une étincelle lui jaillit au visage, qui le détourne généralement de son intention téméraire et méchante.

SONNER LES CLOCHES.

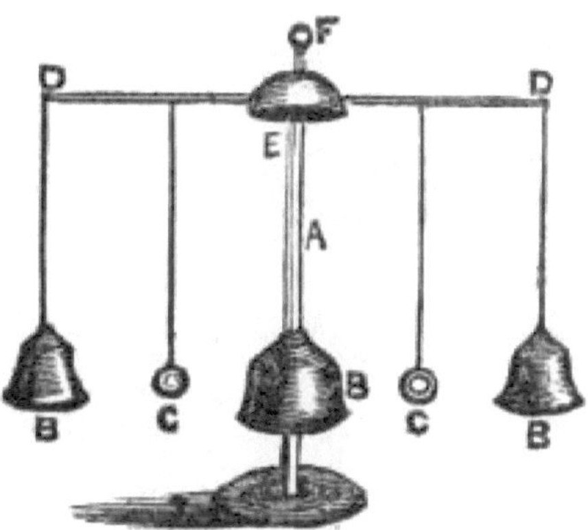

Les cloches peuvent être faites sonner par l'électricité de la manière suivante. Supposons que trois petites cloches soient suspendues à un fil de laiton D D et soutenues par un pilier de verre A , passant de la cloche B à la cloche E . L'appareil électrique étant fixé au bouton F l'électricité passe dans les fils D D aux cloches, qui sont alors électrifiées positivement, et attirent les battants C C , qui le sont négativement, du fait qu'ils sont isolés par les cordes de soie, qui ne sont pas conductrices. Les cloches attirent donc les battants jusqu'à ce qu'ils soient chargés, lorsqu'ils frappent contre la cloche centrale pour se décharger, et ainsi un carillon retentit sur les cloches jusqu'à ce que l'électricité soit coupée.

PUISSANCE DE TRAVAIL DE L'ÉLECTRICITÉ.

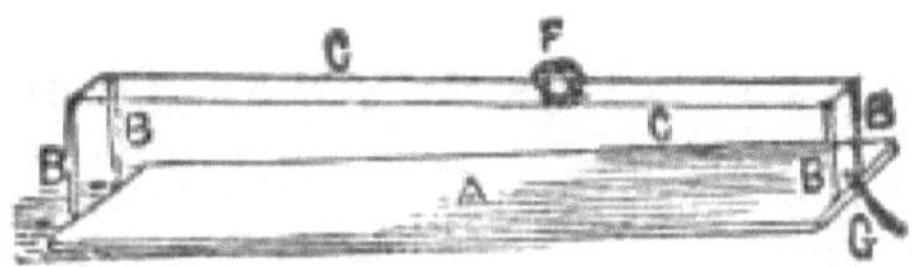

Cela peut être démontré de diverses manières. La machine ci-jointe exposera le principe sur lequel de nombreux jouets ingénieux peuvent être fabriqués par le jeune philosophe. Sur la figure A , on voit une planche ou un support en bois, B B B B , quatre piliers comportant des fils fins, C. C , tendu au-dessus. Sur ceux-ci reposent le fil rotatif ou roue F , dont les pointes sont tournées dans le sens inverse. Au moyen d'une chaîne attachée au conducteur et à l'instrument en B , l'électricité passe par le pilier B , remonte le fil C dans la roue, et repart aux points, ce qui le fait tourner sur un plan incliné. jusqu'à ce qu'il atteigne le sommet.

LA PERRUQUE ÉLECTRIFIÉE.

Lorsqu'une personne est sur le tabouret électrique, si elle est chargée de beaucoup d'électricité,

"Chaque cheveu se dressera,

Comme des piquants sur un porc-épic agité. »

Une tête en bois, non pas la vôtre, mais une tête en bois véritable, avec une perruque aux cheveux flottants et un beau visage correspondant, peut être fabriquée de la forme suivante, avec un fil dans le cou pour la soutenir et fixée dans le conducteur d'une machine électrique. Lorsque cela est mis en mouvement, les cheveux se dressent comme dans la figure 2, pour étonner même les « Whigs », qui sont rarement étonnés ou dissuadés par quoi que ce soit.

IMITATION DES NUAGES D'ORAGE.

Montrer la manière dont les nuages d'orage effectuent leurs opérations dans les airs. A A est un support en bois sur lequel sont érigés deux montants, B B ; C C sont deux petites poulies sur lesquelles une corde de soie peut tirer facilement ; E est une autre ligne de soie tendue d'un montant à l'autre ; sur ces cordons de soie, deux morceaux de carton mince, recouverts de papier d'aluminium et découpés de manière à représenter des nuages, seront fixés horizontalement et mis en communication au moyen de fils minces F et G, l'un avec l'intérieur, et l' autre avec l' intérieur . l'autre avec l'extérieur d'un pot chargé, D . Maintenant, en tirant la boucle du fil de soie E , le nuage 1 sera rapproché du nuage 2 ; continuez ainsi lentement jusqu'à ce que les nuages (qui sont munis de deux petites boules de laiton) soient à moins d'un pouce l'un de l'autre, lorsqu'un bel éclair, ressemblant fortement à un éclair en miniature, passera d'un nuage à l'autre, rétablissant l'équilibre électrique.

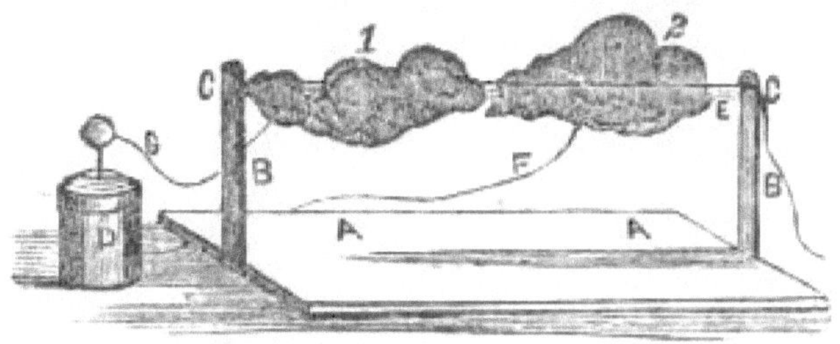

LE COUP DE FOUDRE IMITÉ.

Si la jarre D est placée derrière le support, et le nuage 2 enlevé, un vaisseau communiquant au moyen d'un fil avec l'extérieur de la jarre, peut nager dans l'eau sous le nuage restant ; le mât étant fait de pièces séparées et légèrement assemblées. Lorsque le nuage passera au-dessus du navire, le mât sera frappé et brisé en morceaux.

LE SPORTIF.

Cet appareil est capable de procurer beaucoup d'amusement : A est un support en bois, B est un pot de Leyde commun, d'où sortent les fils H. H , l'une se terminant par la boule F , l'autre par la boule D , à laquelle sont attachés un certain nombre d'oiseaux à moelle, par des ficelles de soie ; E est une étagère sur laquelle les oiseaux peuvent se reposer ; C est le sportif ; G son arme.

Pour mettre en mouvement cette opération, il faut charger d'électricité la jarre de Leyde, en y attachant une chaîne à la partie inférieure, et en la reliant à une machine électrique de la manière habituelle, ou en l'appliquant à un conducteur principal, lorsque les oiseaux s'envoleront du bouton auquel ils sont fixés, parce qu'ils seront repoussés. Si le chasseur et son fusil sont ensuite tournés de manière à ce que l'extrémité de son fusil touche le bouton

F , une étincelle électrique passera de l'un à l'autre, une détonation se fera entendre et les oiseaux tomberont comme s'ils avaient été abattus. conséquence du prélèvement d'électricité dans la jarre de Leyde. Il doit y avoir une communication entre le sportif et le pot, formé de papier d'aluminium ou de métal, comme le montre la ligne pointillée sur le support.

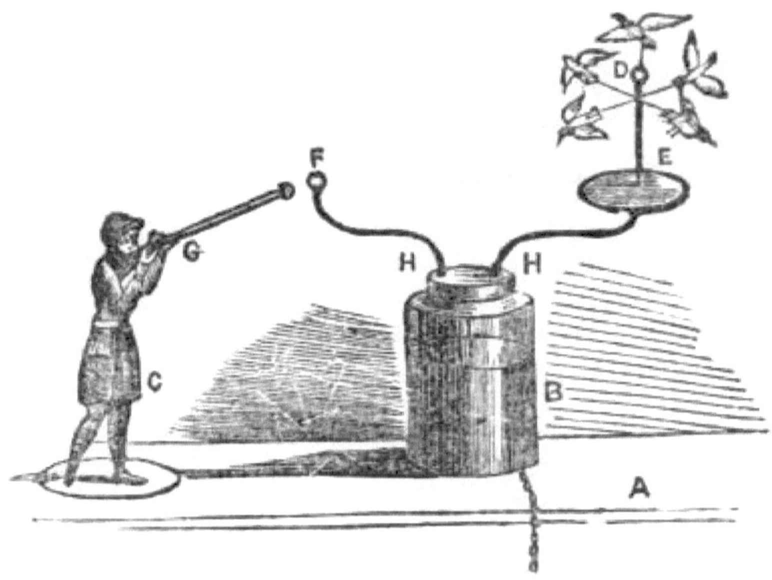

Telles sont quelques-unes des nombreuses expériences que peut faire le jeune expérimentateur, qui aime la science et qui a de l'ingéniosité ; mais s'il possède peu d'amour pour la recherche, aucune ingéniosité et voudrait s'amuser avec une machine électrisante à peu de frais, il peut s'asseoir devant un

CHAT TOM NOIR,

et soyez un Katterfelto à la fois.

EXPÉRIENCES DE GALVANISME.

1. Placez une fine plaque de zinc sur la surface supérieure de la langue et un demi-dollar ou une pièce d'argent sur la surface inférieure. Laissez les métaux rester un peu de temps en contact avec la langue avant de les faire se toucher, afin que le goût des métaux eux-mêmes ne se confonde pas avec la sensation produite par leur contact. Lorsqu'on laisse alors toucher les bords des métaux qui dépassent de la langue, il se produit une sensation galvanique qu'il est difficile de décrire avec précision.

2. Placez une cuillère à café d'argent le plus haut possible entre les gencives et la lèvre supérieure, et un morceau de zinc entre les gencives et la lèvre inférieure. En mettant en contact les extrémités des métaux, on percevra une sensation très vive et un effet comme un éclair de lumière sur les yeux. Il est singulier que cette lumière soit également vive dans l'obscurité et dans la lumière la plus forte, que les yeux soient fermés ou ouverts.

3. Mettez une tasse ou une chope en argent remplie d'eau sur une plaque de zinc posée sur une table et touchez simplement l'eau avec le bout de la langue ; il sera de mauvais goût tant que la plaque de zinc ne sera pas manipulée, car le corps ne forme pas un cercle voltaïque avec les métaux. Humidifiez bien votre main, saisissez la plaque de zinc et touchez l'eau avec votre langue, lorsqu'on éprouvera une sensation très particulière et un goût acide.

4. Prenez un morceau de cuivre d'environ six pouces de largeur, et mettez dessus un morceau de zinc de dimensions un peu plus petites, en insérant entre eux un morceau de tissu de la même grosseur que le zinc ; placez une sangsue sur le morceau de zinc, et bien que rien ne semble l'empêcher de ramper, elle ne passera pas du zinc au cuivre, parce que son corps humide agissant comme un conducteur pour le fluide est perturbé, dès qu'il touche le cuivre, il reçoit un choc galvanique, et bien sûr se retire vers son lieu de repos.

5. Plongez un couteau de fer dans une solution de sulfate de cuivre (pierre bleue) ; par action chimique seulement, il se couvrira de cuivre métallique. Plongez dans la même dissolution un morceau de platine, en ayant soin de ne pas le laisser toucher le fer, et aucun dépôt de cuivre ne se fera dessus ; mais si les extrémités supérieures des métaux sont mises en contact les unes avec les autres, un dépôt abondant de cuivre se déposera bientôt également sur le platine.

AVEC DES PLAQUES MÉTALLIQUES DANS L'EAU.

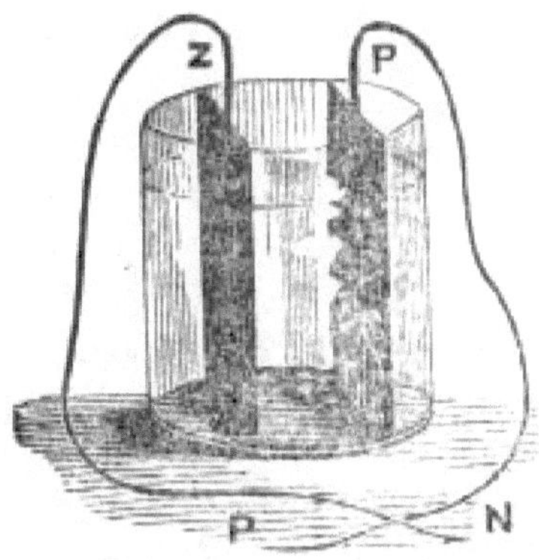

Si nous prenons deux plaques de différents types de métal, platine ou cuivre et zinc, par exemple, et que nous les immergeons dans de l'eau pure, en ayant des fils attachés au-dessus, alors si le fil de chacune est mis en contact dans un autre récipient d'eau , un cercle galvanique se formera, l'eau se décomposera lentement, son oxygène se fixera sur le fil de zinc, et en même temps un courant d'électricité sera transmis à travers le liquide jusqu'au fil de platine ou de cuivre, à l'extrémité dont l'autre élément de l'eau, à savoir l'hydrogène, fera son apparition sous forme de minuscules bulles de gaz. Le courant électrique retourne dans le zinc aux points de contact avec le platine, et ainsi un courant continu est maintenu, d'où son nom de cercle galvanique. Au moment où le circuit est rompu en séparant les fils, le courant cesse, mais se renouvelle en les faisant se toucher soit dans, soit hors de l'eau. Si l'on ajoute une petite quantité d' acide sulfurique à l'eau, le phénomène sera plus apparent. L'extrémité du fil attaché au morceau de platine ou de cuivre est appelée le pôle positif de la batterie, et celle du fil attaché au zinc est le pôle négatif.

Le courant électrique généré ici sera extrêmement faible, mais il peut être facilement augmenté en multipliant les verres et le nombre de pièces de métal. Si nous prenons six de ces verres au lieu d'un, les remplissons partiellement d' acide sulfurique dilué et mettons un morceau de zinc et de cuivre dans chacun, en les reliant au moyen d'un fil de cuivre de verre à verre à travers toute la série, un courant électrique plus fort sera obtenu. sera le résultat. L'expérimentateur doit veiller à ce que le fil et le zinc ne se touchent pas au fond des gobelets, et doit également se rappeler que le cuivre du verre 1 est lié au zinc du verre 2, et ainsi de suite.

POUR FAIRE UN AIMANT PAR GALVANISME.

Pour ce faire, établissez une connexion entre les pôles de la batterie ci-dessus ou de toute batterie excitée avec les deux extrémités d'un fil formé en une bobine en spirale, en pliant étroitement le fil du chapeau commun autour d'un cylindre ou d'un tube d'environ un pouce de diamètre ; dans cette bobine, introduisez une aiguille ou un morceau de fil d'acier, en le posant dans le sens de la longueur des cercles de la bobine. Quelques minutes après que le fluide électrique aura parcouru le fil spiralé, et par conséquent autour de l'aiguille ou du fil, celui-ci se trouvera fortement magnétisé et possède toutes les propriétés d'un aimant.

EFFETS DU GALVANISME SUR UN AIMANT.

Si l'on fait passer un courant galvanique, ou n'importe quel courant électrique, le long d'un fil sous lequel et en ligne avec lui une boussole est placée, on constatera que l'aiguille ne pointera plus vers le nord et le sud, mais prendra une direction. direction presque à travers le courant et pointe presque à l'est et à l'ouest.

CHANGEMENT DE COULEUR PAR GALVANISME.

Mettez une cuillère à café de sulfate de soude dans une tasse et dissolvez-la dans de l'eau chaude ; versez un peu de bleu de chou dans la solution, et mettez-en une portion dans deux verres, en les reliant par un morceau de lin ou de coton préalablement humidifié dans la même solution. En mettant un des fils du pôle galvanique dans chaque verre, l'acide s'accumule dans l'un, tournant le bleu en rouge, et l'alcali dans l'autre, le rendant vert. Si l'on inverse maintenant les fils, l'acide finit par s'accumuler dans le verre où l'alcali est apparu, tandis que l'alcali passe dans le verre où se trouvait l'acide.

LE CHOC GALVANIQUE.

Si l'on place les extrémités des fils d'une batterie galvanique dans des bassines d'eau séparées, alors, en plongeant les doigts de chaque main dans la bassine, on ressentira un choc violent, avec une douleur particulière accompagnée de tremblements. Avec une batterie puissante, cet effet se fait sentir jusqu'aux épaules. Le choc se fera également sentir en tenant simplement les fils galvaniques, un dans chaque main, à condition que les mains soient humidifiées avec de l'eau et du sel. Plusieurs personnes peuvent recevoir le choc ensemble en se donnant la main.

EFFETS GALVANIQUES FAMILIER.

Enduisez le bout de votre langue de papier d'aluminium et sa partie médiane de feuille d'or ou d'argent, de manière à ce que les deux métaux se touchent, ce qui produira un goût aigre. Cet effet simple est appelé « une langue galvanique ».

La bière et le portier se boivent mieux dans un pot en étain ou en étain que dans un verre ou une faïence ; en raison de l'influence galvanique du cuivre vert utilisé pour donner à la bière une mousse mousseuse.

Des expériences galvaniques peuvent être faites avec les pattes d'une grenouille. Un flet vivant répondra à peu près au même objectif. Disposez le poisson dans une assiette sur une plaque de zinc à laquelle est attaché un morceau de fil de fer, et mettez un quart de dollar sur le dos du flet ; touchez ensuite le quart de dollar avec le fil, et à chaque contact de fortes contractions musculaires se produiront.

EXPÉRIENCES DE MAGNÉTISME.

1. Nous avons dit que l'action de l'aimant peut être conférée aux corps métalliques durs ; cela peut être fait d'une manière très simple. Si vous passez plusieurs fois un aimant (qui peut être naturel ou artificiel) sur une aiguille à coudre, depuis le chas jusqu'à la pointe, l'aiguille acquerra le principe et attirera la limaille de fer de la même manière que le ferait un aimant naturel. Mais la partie de l'aimant que vous appliquez sur l'aiguille doit être le pôle nord ; et il ne faut pas le passer sur l'aiguille d'avant en arrière, mais le soulever toujours de la pointe et recommencer par le chas. Supposons que vous souhaitiez transmettre le principe à une petite barre d'acier trempé, attacher la pièce à magnétiser à un tisonnier avec un morceau de soie et tenir dans la main gauche la partie du tisonnier à laquelle elle est attachée ; saisissez les pinces, un peu au-dessous du milieu, avec la main droite, et frottez la barre d'acier avec elles, en déplaçant les pinces du bas vers le haut et en les maintenant constamment dans une position verticale. Une douzaine de coups de chaque côté conféreront à la barre une puissance magnétique suffisante pour permettre à l'opérateur de soulever de petits morceaux de fer et d'acier avec elle. L'extrémité inférieure de la barre doit être marquée avant de la fixer au tisonnier, de manière à ce que les bâtons puissent être facilement distingués les uns des autres lorsqu'on l'enlève ; l'extrémité supérieure étant le pôle sud et l'extrémité inférieure le nord.

2. Éparpillez de la limaille de fer sur un morceau de papier et placez un aimant en dessous. Dès l'instant où le contact aura lieu, la limaille se soulèvera et retombera dès que l'aimant sera retiré. L'effet est singulier et même très amusant ; les minuscules particules de fer montent et descendent, comme par une action surnaturelle.

TEST DE PUISSANCE MAGNÉTIQUE.

Pour vérifier si un morceau de métal ou de minéral est magnétique, présentez-le à l'un des pôles d'un aimant en équilibre. Si elle est attirée par les deux pôles, vous pouvez alors conclure que la substance ainsi testée n'est pas magnétique.

Trempez un aimant dans de l'eau bouillante et il perdra la moitié de son magnétisme ; mais à mesure que l'aimant refroidit, sa pleine puissance reviendra.

POUR FAIRE DES AIMANTS ARTIFICIELS.

Cela peut être fait en caressant un morceau d'acier dur avec un aimant naturel ou artificiel. Prenez une aiguille à coudre commune et passez le pôle nord d'un aimant de l'œil à la pointe, en appuyant doucement dessus. Après avoir atteint l'extrémité de l'aiguille, l'aimant ne doit pas être repassé vers l'œil, mais doit être soulevé et appliqué de nouveau vers cette extrémité, le frottement étant toujours dans le même sens. Après avoir répété cela plusieurs fois, l'aiguille se magnétisera et attirera la limaille de fer, etc.

COMMENT MAGNÉTISER UN POKER.

Tenez-le dans la main gauche dans une position légèrement inclinée par rapport à la perpendiculaire, l'extrémité inférieure pointant vers le nord, puis frappez-le vivement plusieurs fois avec un gros marteau de fer, et vous découvrirez qu'il possède les pouvoirs d'un aimant, bien que mais légèrement.

POUR MONTRER LA RÉPULSION ET L'ATTRACTION MAGNÉTIQUES.

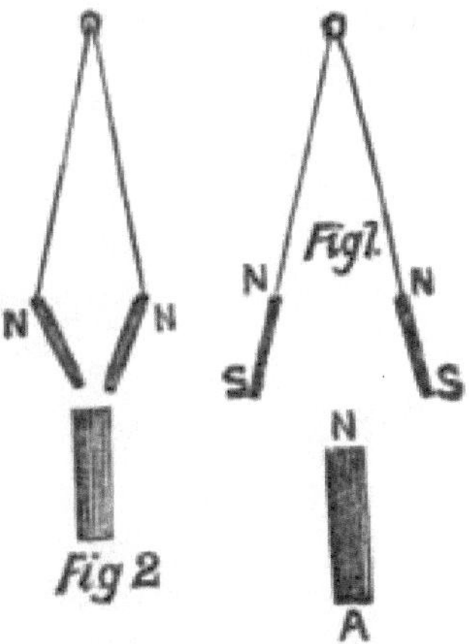

Suspendez deux petits morceaux de fil de fer, NS , NS , de manière à ce qu'ils pendent en contact en position verticale. Si le pôle nord d'un aimant N est maintenant amené à une distance modérée entre les fils, ils s'éloigneront l'un de l'autre comme dans la figure 1.

Les extrémités S S étant constitués de pôles sud par induction à partir du pôle nord N , se repousseront, tout comme les pôles nord N N . _ Cette séparation des fils augmentera à mesure que l'aimant s'en approchera, mais il y aura une distance particulière à laquelle la force attractive de N l'emportera sur la force répulsive des pôles S. S , et fait converger les fils comme sur la figure 2 ; les pôles nord N N manifestant toujours leur répulsion mutuelle.

VARIATION DE L'AIGUILLE.

L'aiguille magnétique ne pointe pas exactement vers le nord et le sud, mais le pôle nord de l'aiguille prend une direction considérablement à l'ouest du nord géographique. Il est en constante évolution et varie selon les parties de la terre et à différents moments de la journée.

Trempette de l'aiguille.

Une autre manifestation remarquable et évidente de l'influence du magnétisme terrestre sur l'aiguille est l'inclinaison ou le pendage de cette dernière, qui est une déviation de sa position horizontale vers le bas dans les régions septentrionales de son nord et dans les régions méridionales de son pôle sud. Les causes du plongement de l'aiguille restent encore inexpliquées. En équilibrant l'aiguille sur le crd , onen raison de ce plongeon, un petit poids ou une pièce de laiton mobile est placé à une extrémité de l'aiguille, par le déplacement de laquelle plus près ou plus loin du centre, l'aiguille sera toujours équilibrée. .

POUR SUSPENDRE UNE AIGUILLE EN L'AIR PAR MAGNÉTISME.

Placez un aimant sur un support pour le surélever un peu au-dessus de la table ; apportez ensuite une petite aiguille à coudre contenant un fil, à une petite distance de l'aimant, en retenant le fil pour empêcher l'aiguille de s'attacher à l'aimant. L'aiguille, en essayant de voler vers l'aimant, et étant empêchée par le fil, restera curieusement suspendue dans l'air, comme le cercueil de Mahommed.

MAGNÉTISME PAR MARTELAGE.

Placez une barre de fer en position verticale, et donnez-lui une série de légers coups de marteau ou de tisonnier, lorsqu'elle acquiert un faible degré de magnétisme ; c'est pourquoi il arrive que thatles enclumes et autres outils employés dans les forges soient doués de magnétisme.

Il est cependant une circonstance remarquable que si vous frappez un aimant, sa force magnétisante sera soit très diminuée, soit complètement détruite.

D'après cette expérience et les précédentes, la percussion et le frottement dans la position requise semblent être les principaux moyens de magnétiser le fer et l'acier. Ces opérations réveillent pour ainsi dire les particules inertes du métal pour admettre un nouveau magnétisme, ou pour développer celui qui réside déjà en lui, dérivé originellement de la terre.

PUISSANCE DE L'ÉLECTRO-AIMANT.

La même influence qui affecte l'aiguille magnétique déjà décrite communiquera également le magnétisme au fer doux. Si une barre de ce métal, courbée comme dans le dessin, est entourée d'un fil de chapeau commun, ou d'un fil de cuivre empêché de toucher le fer par un enroulement de coton ou de fil, et alors si un courant d'électricité voltaïque est envoyé à travers le fil, la barre devient un puissant aimant, et continuera ainsi tant que la connexion avec la batterie sera préservée. A la rupture du contact, le magnétisme disparaît. Cette expérience peut être facilement réalisée par le jeune lecteur avec un aimant en fer à cheval entouré de plusieurs bobines de fil. P est le pôle positif et N le pôle négatif.

LA BOUSSOLE DU MARIN.

La boussole du marin est un aimant artificiel installé dans une boîte appropriée et se compose de trois parties : 1, la boîte ; 2, la carte ou voler; et 3, l'aiguille. La boîte est suspendue dans une caisse carrée en bois, au moyen de deux cercles concentriques en laiton appelés cardans, fixés de telle sorte par des axes d'airain aux deux boîtes, que celui intérieur, ou boussole, conserve une position horizontale dans tous les mouvements du navire. . La carte est un morceau de papier circulaire qui est fixé sur l'aiguille et se déplace avec elle. Le bord extérieur de la carte est divisé en trente-deux points, comme le montre la gravure, appelés points cardinaux. L'aiguille est une fine barre d'acier trempé, comportant une coupe creuse en agate au centre, qui se déplace sur la pointe d'un pivot en laiton.

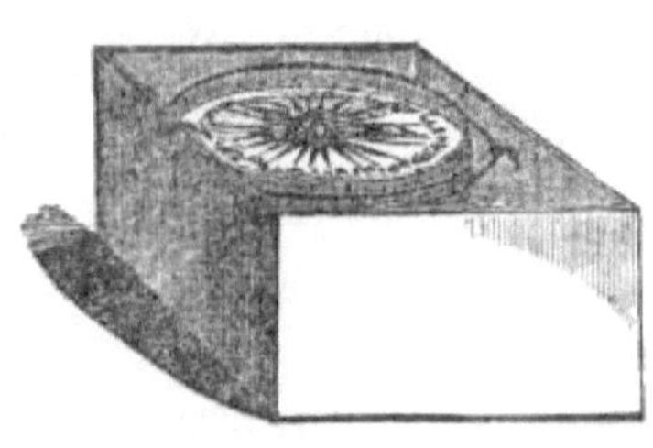 

POUR FAIRE DES AIMANTS ARTIFICIELS SANS L'AIDE NI DE PIERRES NATURELLES NI D'AIMANTS ARTIFICIELS.

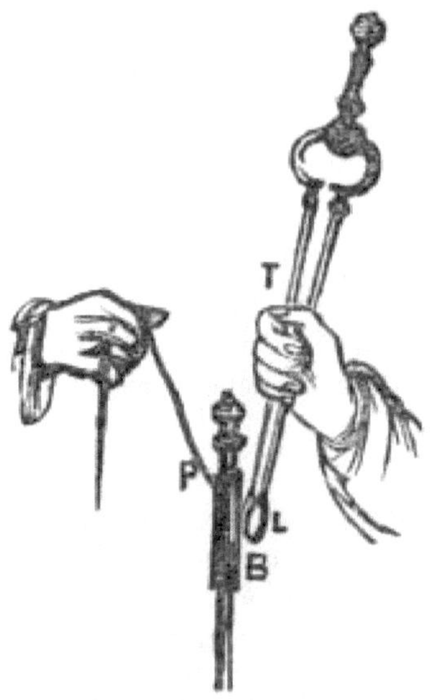

Prenez un tisonnier en fer et des pinces, ou deux barres de fer, la plus grande et la plus ancienne, mieux c'est, et en fixant le tisonnier à la verticale, tenez-le avec la main gauche près du haut P par un fil de soie, une barre d'acier doux d' environ trois pouces de long, un quart de pouce de large et un vingtième d'épaisseur ; marquez une extrémité et laissez cette extrémité être vers le bas. Puis, en saisissant la pince T avec la main droite un peu en dessous du milieu, et en la gardant presque en ligne verticale, laissez frotter la barre B avec l'extrémité inférieure L de la pince, depuis l'extrémité marquée de la barre jusqu'à son extrémité supérieure. , une dizaine de fois de chaque côté. De cette manière, la barre B recevra autant de magnétisme qu'il lui sera possible de soulever une petite clé à l'extrémité marquée ; et cette extrémité, la barre étant suspendue par son milieu ou posée sur un joint, se tournera vers le nord et est appelée son pôle nord, l'extrémité non marquée étant le pôle sud. C'est la méthode recommandée par M. Caxton, dans son procédé, qu'il considérait comme supérieure à celles utilisées autrefois, et dont on trouvera un compte rendu plus détaillé dans son intéressant volume.

LA MONTRE MAGNÉTISÉE.

Empruntez une montre à l'entreprise et demandez si elle disparaîtra une fois posée sur la table. Placez-le ensuite juste au-dessus du point où un aimant est fixé sous le dessus de la table, et l'aimant attirera le balancier de la montre et provoquera son arrêt.

PÔLES NORD ET SUD DE L'AIMANT.

Chaque aimant a ses pôles, nord et sud, les pôles nord ou sud d'un aimant repoussent les pôles nord et sud d'un autre. Si un aimant, comme dans la figure suivante, est plongé dans de la limaille de fer, celle-ci sera immédiatement attirée par une extrémité. En supposant que ce soit le pôle nord, chacune des extrémités de la limaille, non en contact avec l'aimant, deviendra des pôles nord, tandis que les extrémités en contact deviendront par induction des pôles sud. Les deux auront tendance à se repousser et la limaille se posera sur l'aimant comme sur la figure.

POLARITÉ DE L'AIMANT.

La meilleure méthode pour le prouver est de prendre un aimant ou une pièce d'acier rendu magnétique, et de le placer sur un morceau de liège en le plaçant dans une rainure creusée pour le recevoir. Si le bouchon est placé au centre d'un bassin d'eau et qu'on le laisse nager librement à sa surface, de manière à ce qu'il ne soit pas attiré par les parois du bassin, on le trouvera tourner son pôle nord vers le nord, et son pôle sud vers le sud, le même que la boussole du marin. Si vous fixez deux aimants dans deux morceaux de liège et que vous les placez également dans une bassine d'eau, et qu'ils soient dans une position parallèle avec les mêmes pôles ensemble, c'est-à-dire du nord au nord et du sud au sud, ils se repousseront mutuellement. l'un l'autre; mais si les pôles contraires se dirigent l'un vers l'autre, comme du nord au sud, ils seront attirés.

ACTION ET RÉACTION MAGNÉTIQUES.

Un aimant et un morceau de fer s'attirent également, quelle que soit la disproportion entre leurs tailles. Si l'un ou l'autre est en équilibre sur une balance, et l'autre amené à une certaine distance en dessous, le même contrepoids sera nécessaire pour empêcher leur approche, quel que soit celui qui se trouve sur la balance. Si les deux étaient suspendus l'un à côté de l'autre, comme des pendules, ils s'approcheraient et se rencontreraient, mais le petit ferait un plus grand trajet en proportion de sa petitesse.

POUR PASSER LE MAGNÉTISME À TRAVERS UNE PLAQUE.

Placez une aiguille à coudre ordinaire sur une planche horizontale lisse et déplacez un aimant puissant sous la planche, lorsque l'aiguille tournera le long de la planche, selon le mouvement particulier donné à l'aimant.

LA TABLE MAGNÉTIQUE.

Sous le dessus d'une table commune, placez un aimant qui tourne sur un pivot, et fixez une planche en dessous pour que rien n'apparaisse. Il peut également y avoir un tiroir sous la table, que vous retirez pour montrer que rien n'est caché. A une extrémité de la table, il doit y avoir une épingle qui communique avec un aimant et par laquelle elle peut être placée dans différentes positions ; cette épingle doit être placée de manière à ne pas être visible des spectateurs. Répartissez de la limaille d'acier ou de très petits clous sur la partie de la table où se trouve l'aimant. Demandez ensuite à quelqu'un de vous prêter un couteau, ou une clé, qui attirera alors une partie des clous ou de la limaille. Puis, en posant négligemment votre main sur l'épingle au bout de la table, vous modifiez la position de l'aimant ; et en donnant la clé à quelqu'un, vous désirez qu'il fasse l'expérience, qu'il ne pourra alors pas faire. Vous donnez ensuite la clé à une autre personne, en plaçant en même temps l'aimant, au moyen de l'épingle, dans la première position, lorsque cette personne réalisera immédiatement l'expérience.

PARTICULARITÉS INTÉRESSANTES CONCERNANT L'AIMANT.

Les fers à feu qui sont restés dans une position dans une pièce pendant les mois d'été sont souvent très magnétiques.

Les barres de fer dressées, comme les grilles d'une cellule de prison ou les grilles de fer devant les maisons, sont souvent magnétiques.

L'extrémité supérieure des pneus de fer autour d'une roue de chariot attire l'extrémité nord d'un aimant et a donc une polarité sud, tandis que l'extrémité inférieure attirant l'extrémité sud de celui-ci a une polarité nord.

CONCLUSION.

Nous avons choisi les expériences précédentes d'électricité, de galvanisme et de magnétisme pour les exposés simples mais clairs qu'elles offrent des principes fondamentaux de ces branches de la philosophie ; Nous nous sommes abstenus d'introduire des expériences plus élaborées, car, bien que leurs effets soient peut-être plus étonnants et plus impressionnants, les appareils coûteux et encombrants qu'elles nécessitent les élèvent bien au-dessus des moyens de la plupart des garçons, dont nous nous occupons de l'instruction et du divertissement.

MAGNÉTISME EXAGÉRÉ.

Nos lecteurs se souviendront sans doute de plusieurs histoires dans lesquelles les pouvoirs de l'aimant sont grandement exagérés. D'autres récits sur ses vertus, bien que vrais en fait, semblent en réalité, sans aucune considération, être fictifs.

Dans un recueil allemand de contes de fées, dans lequel l'ancienne chevalerie de la cour du célèbre Charlemagne, les fidèles écuyers qui servaient ses héroïques chevaliers, les demoiselles en détresse qu'ils soulevaient, les nains qui étaient leurs amis, et les géants et magiciens qui « opéraient leur malheur terrestre », sont les personnages principaux, on se souvient d'un passage du genre suivant : « Le chevalier, qui se porta volontaire pour s'aventurer en avant du corps de cavalerie qui était acharné sur cet exploit, pour reconnaître la position de ce gigantesque château de l'enchanteur, s'était à peine approché en vue de lui, qu'il aperçut l'énorme masse du géant lui-même appuyé contre le mur extérieur. Conformément aux instructions qu'il avait reçues, le chevalier tourna aussitôt la tête de son vaillant destrier vers ses compagnons. Il entendit alors le géant le poursuivre et frappa de ses éperons le flanc de son bon destrier ; mais, hélas ! il s'était à peine approché en vue de la troupe chevaleresque. Lorsque la main puissante du magicien géant fut tendue, armé seulement d'un de ses fers de cheval, qui était fait d'aimant, et que, par ses pouvoirs attractifs sur son armure d'acier, ses associés affligés eurent la mortification de voir le chevalier désarçonné. "

LA PNEUMATIQUE ET DE L'AËROSTATIQUE.

"Il y a un esprit rusé dans l'air

Cela joue de tristes gambades. "-B EN J ONSON .

La branche des sciences physiques qui concerne l'air et ses divers phénomènes s'appelle la Pneumatique. Nous y apprenons bien des détails curieux. Grâce à lui, nous découvrons que l'air a un poids et une pression, une couleur, une densité, une élasticité, une compressibilité et quelques autres propriétés avec lesquelles nous nous efforcerons de faire connaître le jeune lecteur par de nombreuses expériences agréables, en lui faisant sérieusement comprendre de ne perdre aucune occasion de faire science physique son étude.

Pour montrer que l'air a du poids et de la pression, la ventouse en cuir commune avec laquelle les garçons soulèvent des pierres montrera la pression de l'atmosphère. Il se compose d'un morceau de cuir souple mais ferme, avec un morceau de ficelle tiré en son centre. Le cuir est rendu assez humide et souple, puis sa partie inférieure est placée sur la pierre et estampée avec le pied. Ce pressage du cuir exclut l'air entre le cuir et la pierre, et en tirant sur la corde, un vide est laissé sous son centre ; par conséquent, le poids de l'air autour des bords du cuir, n'étant contrebalancé par aucun air entre celui-ci et la pierre, permet au garçon de le soulever.

POIDS DE L'AIR PROUVÉ PAR UNE PAIRE DE SOUFFLETS.

Fermez la buse et le trou de valve d'une paire de soufflets, et après en avoir expulsé l'air, s'ils sont parfaitement étanches à l'air, nous constaterons qu'une très grande force, même quelques centaines de livres, est nécessaire pour séparer Les planches. Ils sont maintenus ensemble par le poids de l'air lourd qui les entoure de la même manière que s'ils étaient entourés d'eau.

LA PRESSION DE L'AIR INDIQUÉE PAR UN VERRE À VIN.

Placez une carte sur un verre à vin rempli d'eau, puis retournez le verre, l'eau ne s'échappera pas, la pression de l'atmosphère à l'extérieur de la carte étant suffisante pour supporter l'eau.

UN AUTRE.

Renversez un grand bocal en verre dans un plat d'eau et placez un cierge allumé en dessous ; à mesure que le cône consomme l'air dans le pot, l'eau de la pression extérieure *monte* pour remplacer l'air éliminé par la combustion. Lors de l'opération de ventouses, l'opérateur tient la flamme d'une lampe sous un verre en forme de cloche. L'air qui s'y trouve étant raréfié et dilaté, une partie considérable s'en dégage. Dans cet état, le verre est placé sur la chair, et à mesure que l'air à l'intérieur se refroidit, il se contracte, et le verre adhère à la chair par la différence de pression de l'air interne et externe.

ÉLASTICITÉ DE L'AIR.

Cela peut être démontré par un beau jouet philosophique qui peut être facilement construit. Procurez-vous un bocal en verre, tel que celui représenté ici. Ensuite, moulez trois ou quatre petites figures en cire, et faites-les creuses à l'intérieur, et ayant chacune une petite ouverture au talon, par laquelle l'eau peut entrer et sortir. Placez-les dans le bocal, comme on le voit sur la figure, et ajustez-les en fonction de la quantité d'eau qui y est admise, de manière à ce qu'en densité ils diffèrent un peu les uns des autres. L'embouchure du pot doit maintenant être recouverte d'un morceau de peau ou de caoutchouc indien, puis, si la main est pressée sur le dessus ou l'embouchure du pot, les chiffres apparaîtront monter ou descendre à mesure que la pression est douce. ou lourd, montant et descendant, ou immobile, selon la pression exercée.

RAISON DE CELA.

La raison en est que la pression exercée sur le dessus du pot condense l'air entre le couvercle et la surface de l'eau ; cette condensation presse alors l'eau en dessous et l'influence dans toute son étendue, comprimant également l'air dans les figures, forçant autant plus d'eau à l'intérieur qu'à les rendre plus lourdes que l'eau, et par conséquent assez lourdes pour couler.

LA POMPE À AIR.

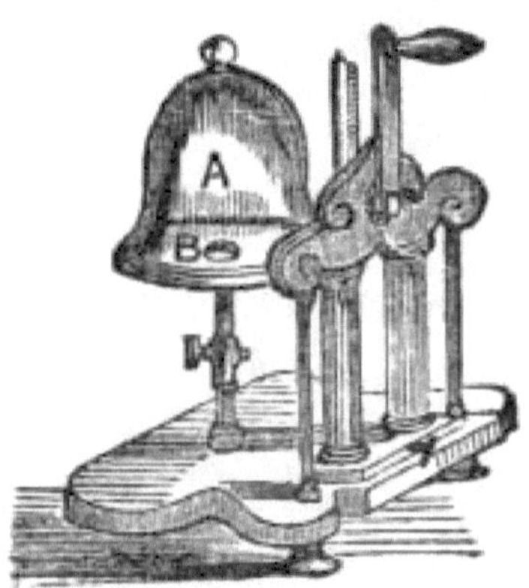

Il fut un temps, il n'y a pas très longtemps, où la pompe à air n'était accessible qu'aux professeurs de philosophie ou aux personnes disposant de moyens accrus. Mais maintenant, grâce à notre « façon bon marché de faire les choses », une petite pompe à air peut être obtenue pour environ cinq ou six dollars, et nous conseillerions fortement à notre jeune ami de s'en procurer une, car ce sera une source d'amusement sans fin. à lui; et, en supposant qu'il suive notre avis, nous lui faisons faire les expériences suivantes.

La pompe à air se compose d'une cloche en verre, appelée récepteur, A , et d'un support sur lequel se trouve une plaque perforée B . Le trou de cette plaque est relié à deux pistons dont les tiges sont déplacées d'avant en arrière par une poignée de roue et pompent ainsi l'air hors du récepteur. Lorsque l'air est retiré, on tourne un robinet et on peut alors faire les expériences.

Sous le récepteur d'une pompe à air, lorsque l'air est complètement vidé, les corps légers et lourds tombent avec la même rapidité. Les animaux meurent rapidement faute d'air, la combustion cesse, la poudre à canon n'explose pas, une cloche sonne faiblement, les aimants sont impuissants et les eaux et autres fluides se transforment en vapeur.

POUR PROUVER QUE L'AIR A DU POIDS.

Prenez une fiole de Florence , munie d'une vis et d'une fine valve en soie huilée. Vissez le ballon sur le plateau de la pompe à air, évacuez l'air, retirez-le du plateau et pesez-le. Puis laissez entrer l'air, et pesez de nouveau le tout, et vous constaterez qu'il a augmenté de plusieurs grains.

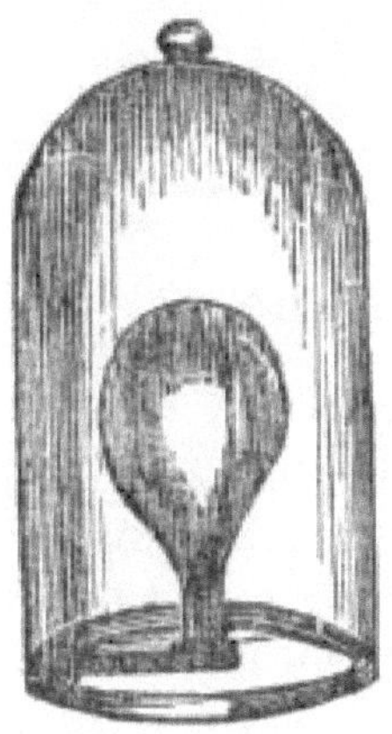 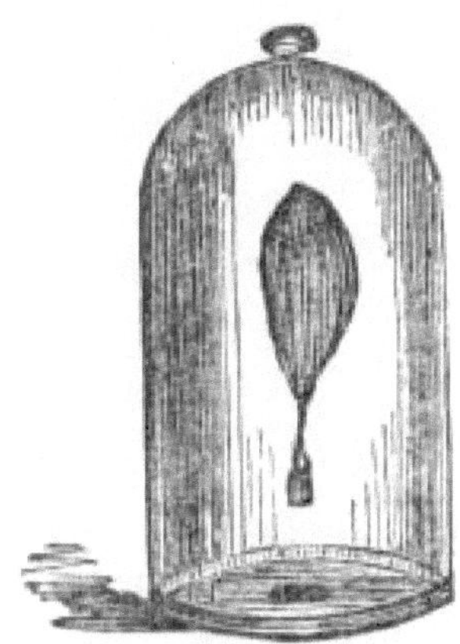

POUR PROUVER L'ÉLASTIQUE À L'AIR.

Placez une vessie, dont tout l'air a apparemment été expulsé, sous le récepteur, dessus posez un poids, évacuez l'air, et on verra que la petite quantité d'air laissée dans la vessie se dilatera de manière à soulever le poids. Mettez une bouteille bouchée dans le récepteur, évacuez l'air et le bouchon s'envolera.

AIR DANS L'ŒUF.

Prenez un œuf frais et coupez un peu de la coquille et du film de sa plus petite extrémité, puis placez l'œuf sous un récipient et pompez l'air, après quoi tout le contenu de l'œuf sera expulsé par l'expansion du petit. bulle d'air contenue dans la grande extrémité entre la coque et le film.

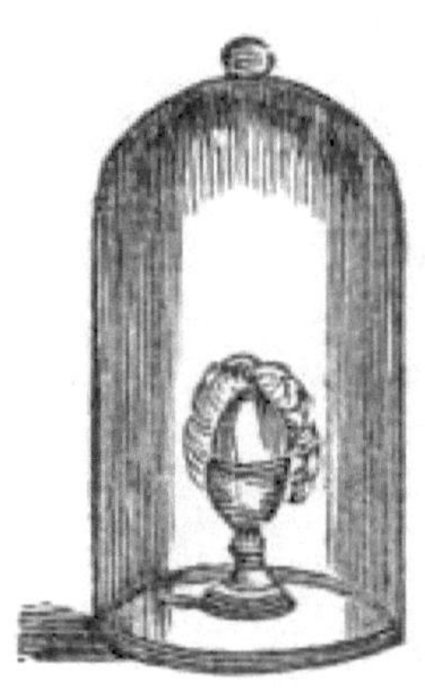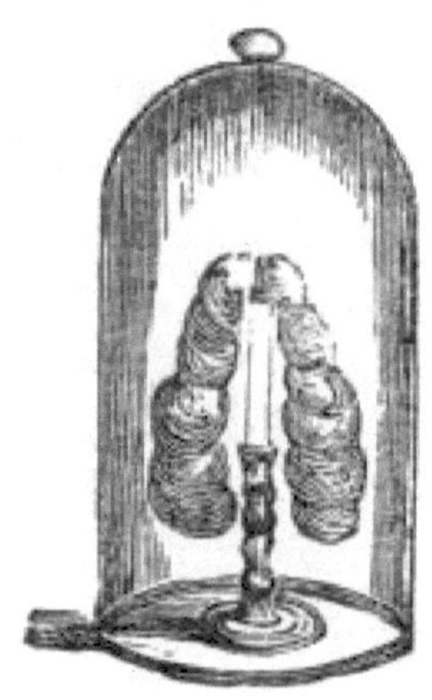

AIR DANS L'ŒUF. FUMÉE DESCENDANTE.

LA FUMÉE DESCENDANTE.

Placez une bougie allumée sur une assiette et couvrez-la avec un grand récepteur. La bougie continuera à brûler tant qu'il reste de l'air, mais une fois épuisée, elle s'éteindra, et la fumée de la mèche, au lieu de monter, descendra en nuages denses vers le fond du verre, car l'air qui l'aurait soutenue a été retiré.

DEMI-AIGLE ET PLUME.

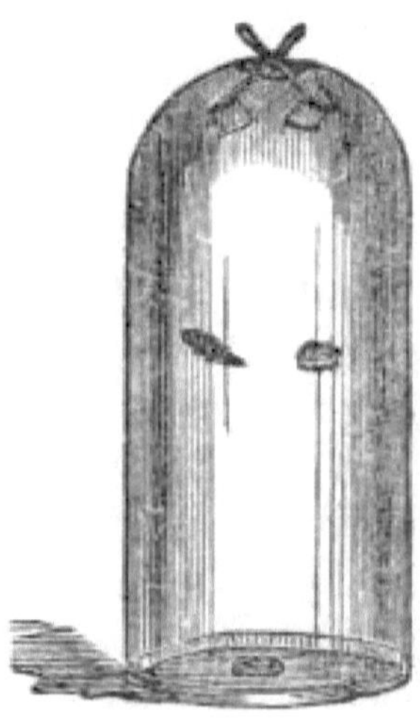

Placez une paire de pinces bien ajustées au sommet du récepteur, communiquant avec le haut à l'extérieur par un trou, afin qu'elles puissent être ouvertes avec les doigts. Disposez ensuite sur chacune des petites assiettes un *demi-aigle* et une *plume* . Évacuez l'air du récepteur et, après cela, détachez les objets afin qu'ils puissent tomber. En plein air, le demi-aigle tombera bien avant la plume, mais dans le vide, comme dans le récepteur maintenant épuisé de son air, ils tomberont tous deux ensemble et atteindront le fond du verre au même instant.

LA CLOCHE SANS SON.

Placez une cloche sur la plaque de la pompe, ayant un appareil pour la sonner à volonté, et couvrez-la d'un récepteur, puis faites sonner le battant contre la cloche, et on l'entendra sonner très bien ; maintenant, épuisez le récepteur d'air, et alors, lorsque le battant frappe contre les côtés de la cloche, le son peut à peine être entendu.

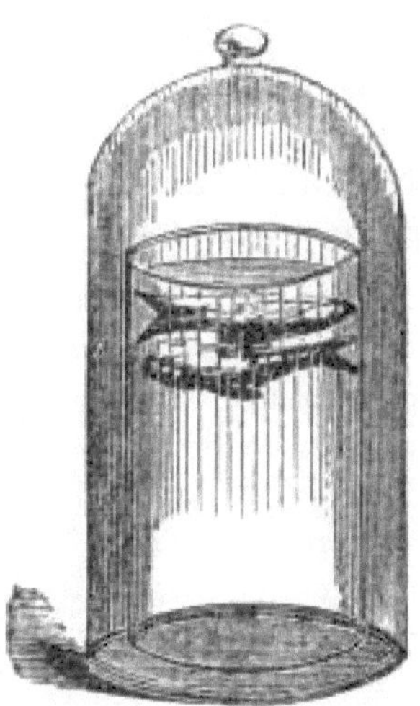

CLOCHE SANS SON. POISSON FLOTTANT.

LE POISSON FLOTTANT.

Si un récipient en verre contenant de l'eau, dans lequel deux poissons sont placés, est placé sous le récipient, une fois l'air évacué, les poissons ne pourront plus se maintenir au fond du verre, en raison de la dilatation de l'air à l'intérieur de leur récipient. corps, contenus dans la vessie pneumatique. Ils s'élèveront par conséquent et flotteront, le ventre vers le haut, à la surface de l'eau.

LES CERCLES MYSTÉRIEUX.

Découpez dans une carte deux disques ou morceaux circulaires d'environ deux pouces de diamètre. Au centre de l'un d'eux, faites un trou dans lequel vous insérez le tube d'une plume commune, dont une extrémité est au même niveau que la surface de la carte. Faites l'autre morceau un peu convexe et posez son centre sur l'extrémité de la plume, avec le côté concave de la carte vers le bas, le centre de la carte supérieure étant d'un huitième à un quart de pouce au-dessus de l'extrémité de la plume. - essayez de faire sauter la carte supérieure en soufflant à travers la plume, et *cela s'avérera impossible* .

Toutefois, si l'on fait en sorte que les bords des deux cartes s'ajustent très exactement l'un à l'autre, la carte supérieure bougera et parfois elle sera éjectée ; mais lorsque les bords des cartes sont, des deux côtés, suffisamment éloignés pour permettre à l'air de s'échapper, la carte lâche conservera sa position, même lorsque le courant d'air envoyé contre elle sera fort. L'expérience réussira également bien, que le courant d'air soit fait par la bouche ou par une paire de soufflets. Lorsque la plume s'adapte assez lâchement à la carte, une bouffée relativement légère projettera les deux cartes de trois ou quatre pieds de hauteur. Quand, à cause de l'humidité de l'haleine, la surface supérieure de la carte perforée s'est un peu dilatée, et que les deux côtés opposés sont quelque peu enfoncés, on voit distinctement ces côtés enfoncés s'élever et se rapprocher de la carte supérieure, directement en proportion de la hauteur de la carte. force du courant d'air.

Un autre fait que l'on peut démontrer avec cet appareil simple paraît également inexplicable avec le premier. Posez la carte libre sur la main avec le côté concave vers le haut ; souffler avec force à travers le tube, et, en même temps, rapprocher les deux cartes l'une de l'autre ; à moins de trois huitièmes de pouce, si le courant d'air est fort, la carte lâche se soulèvera soudainement et adhérera à la carte perforée. Si la carte à travers laquelle passe la plume comporte plusieurs trous, la carte détachée peut être instantanément éjectée au moindre souffle d'air.

Pour l'explication du phénomène ci-dessus, une médaille d'or et cent guinées ont été offertes, il y a quelques années, par la Royal Society. Une telle explication a été donnée par le Dr Robert Hare, ancien professeur à l'Université de Pennsylvanie, et est la suivante :

En supposant que les diamètres des disques de carte soient de 8 pour 1 à celui du trou, l'aire du premier par rapport au second doit être de 64 pour 1. Ainsi, si les disques devaient être séparés (leurs surfaces restant parallèles) avec une vitesse aussi grande que celle du souffle d'air, il faut, entre-temps, interposer une colonne d'air 64 fois plus grande que celle qui s'échapperait du tube pendant l'intervalle ; par conséquent, si tout l'air nécessaire pour conserver l'équilibre est fourni par le tube, les disques doivent être séparés avec une vitesse d'autant moindre que celle du souffle, que la colonne requise entre eux est plus grande que celle produite par le tube ; et pourtant l'air ne peut être fourni par aucune autre source, à moins qu'un déficit de pression ne se crée entre les disques, défavorable à leur séparation.

Il s'ensuit donc que, dans les circonstances en question, les disques ne peuvent pas être amenés à se séparer avec une vitesse supérieure à un soixante-quatrième de celle du souffle. Bien entendu, toute la force du courant d'air à travers le tube sera dépensée sur le disque mobile et sur le mince anneau d'air qui existe autour de l'orifice entre les disques ; et comme les disques mobiles ne peuvent se déplacer qu'avec un soixante-quatrième de la vitesse du souffle, l'anneau d'air dans l'interstice doit subir presque toute la force du jet et doit être chassé vers l'extérieur, le souffle le suivant, dans divers courants. rayonnant à partir du centre commun du tube et des disques.

LA CLOCHE DE PLONGÉE.

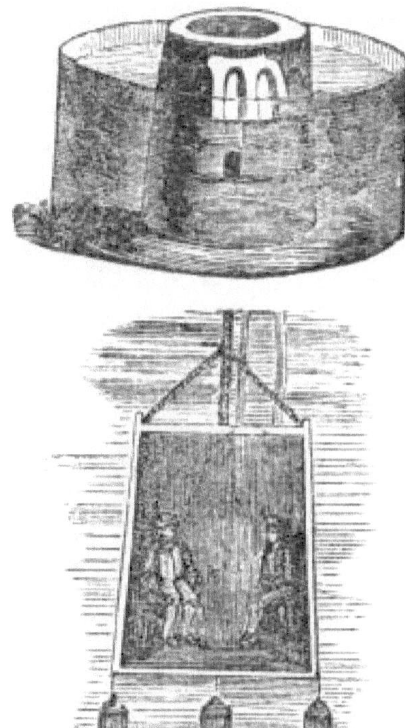

La cloche de plongée est un moteur pneumatique au moyen duquel les personnes peuvent descendre à de grandes profondeurs dans la mer et en récupérer de précieuses portions d'épaves et d'autres matières. Son principe peut être bien illustré par l'expérience suivante. Prenez un gobelet en verre et plongez-le dans l'eau avec la bouche vers le bas, et vous constaterez que l'eau ne montera pas beaucoup plus qu'à moitié dans le gobelet. Cela peut être rendu très évident si l'on laisse un morceau de liège flotter à l'intérieur du verre à la surface de l'eau. L'air à l'intérieur du gobelet n'exclut pas entièrement l'eau, car l'air est élastique et par conséquent compressible, et donc l'air dans le gobelet est ce qu'on appelle condensé. La cloche de plongée est formée selon le principe ci-dessus, mais au lieu d'être en verre, c'est un récipient en bois ou en métal, de très grandes dimensions, de manière à contenir trois ou quatre personnes, qui sont alimentées en air par le haut au moyen de un tube, ayant un tube correspondant pour évacuer l' air respiré, dont la circulation est entretenue par des pompes qui pompent l'air et l'aspirent hors de la cloche.

LE BALLON À AIR.

L'art de naviguer ou de faire naviguer un corps dans les airs s'appelle l'aéronautique . Dans les temps anciens, Icare s'est élevé si haut dans les airs que le soleil a fait fondre ses ailes, et il est tombé dans la mer Égée et s'est noyé ; et il y a lieu de croire, d'après certaines figures récemment découvertes sur les monuments égyptiens et assyriens, que les anciens possédaient des moyens de s'élever dans les airs que nous ne connaissons pas aujourd'hui.

Le ballon à air, tel qu'il est construit aujourd'hui, est un sac de soie de grandes dimensions, généralement découpé en trous, et qui, lorsqu'il est gonflé par le gaz, a la forme d'une poire. Il monte dans l'atmosphère parce que toute sa masse est beaucoup plus légère que ne le serait l'air dans l'espace qu'il occupe. Il s'agit en fait d'un récipient rempli d'un fluide qui va flotter sur un autre fluide plus léger que lui.

COMMENT FAIRE UN BALLON À AIR.

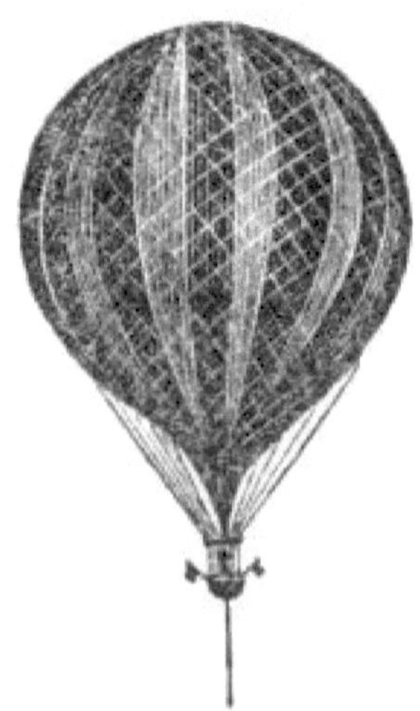

La meilleure forme pour un ballon à air, ou plutôt un ballon à gaz, est celle d'une cheville. Et pour préparer les cornes, procédez comme suit : prenez de la soie de texture serrée et coupez-la en une forme ressemblant à une poire étroite avec une tige très fine. Quatorze de ces pièces seront considérées comme le meilleur nombre ; et, bien entendu, les largeurs de chaque pièce doivent être mesurées en conséquence. En les cousant ensemble, il sera avantageux d'enduire les parties qui se chevauchent d'une couche de vernis, car cela évitera bien des ennuis par la suite et maintiendra la soie plus fermement en place pendant la couture. Les fils doivent être placés très régulièrement, sinon le ballon sera déformé, et il sera utile de recouvrir les fuseaux d'une couche intérieure de vernis avant d'être finalement cousus ensemble. Attention à ne pas avoir le vernis trop épais. A la partie supérieure du ballon doit se trouver une valve s'ouvrant vers l'intérieur, à laquelle doit être attachée une ficelle qui passe par un trou pratiqué dans un petit morceau de bois fixé dans la partie inférieure du ballon, afin que l'aéronaute puisse ouvrir le ballon . valve lorsqu'il souhaite descendre ; et il faudrait imiter cela à petite échelle, afin que le jeune aéronaute soit parfaitement familiarisé avec la construction d'un ballon. Les fuseaux seront recouverts d'un vernis de caoutchouc indien dissous dans un mélange de térébenthine et de naphta. Sur toute la partie supérieure devrait être un réseau qui descendrait jusqu'au milieu, avec diverses cordes, partant de là jusqu'à la circonférence d'un cercle à environ deux pieds au-dessous du ballon. Le cercle peut être fait de bois ou de plusieurs morceaux de canne mince liés ensemble. Les mailles doivent être petites au sommet, contre quelle partie du ballon l'air inflammable exerce la plus grande force, et augmenter en taille à mesure qu'elles s'éloignent du haut.

La voiture est faite d'osier ; il est généralement recouvert de cuir et est bien verni ou peint. Il est suspendu par des cordes partant du filet qui passe au-dessus du ballon. Les ballons de ce type ne peuvent pas être fabriqués à partir de soie huilée d'un diamètre inférieur à six pieds, car le poids du matériau est trop important pour que l'air puisse le soutenir. Ils peuvent être fabriqués plus petits à partir de fines lamelles de vessie ou d'une autre membrane collée ensemble, ou à partir d'un mince tissu de gutta-percha, qui est maintenant largement utilisé à cette fin ; avec cela, ils peuvent avoir un pied de diamètre et s'élèveront magnifiquement.

COMMENT REMPLIR UN BALLON.

Procurez-vous une grande bouteille en pierre pouvant contenir un gallon d'eau, mettez-y une livre de limaille de fer ou de zinc granulé avec deux litres d'eau, et ajoutez-y progressivement une pinte d'acide sulfurique . Prenez ensuite un tube, soit de verre, soit de métal, et introduisez-en une extrémité dans un bouchon qu'on place dans la bouteille, puis mettez l'autre extrémité dans le col du ballon, et le gaz montera dans le corps de celui-ci. Lorsqu'il est complètement plein, retirez le tube et attachez très étroitement le col du ballon avec une corde solide. S'il est libéré, il s'élèvera désormais dans les airs.

POUR FAIRE DES BALLONS DE FEU.

Découpez les trous, selon le formulaire déjà donné, dans du papier de soie bien tissé, collez bien les trous ensemble et recherchez bien sur la surface du papier tout petit trou ou fente, sur lequel coller un morceau de papier, et laissez-le sec. Passez un fil autour du col du ballon, et ayez deux pièces transversales un peu courbées à son diamètre, afin qu'on puisse y poser un morceau de coton doux trempé dans de l'alcool de vin. Quand tout est prêt, laisse quelqu'un tenez le ballon par le haut à l'aide d'un bâton, pendant que vous trempez le coton dans de l'alcool de vin jusqu'à ce qu'il soit complètement saturé, placez-le sous le ballon et allumez-le, mais faites très attention à ne pas mettre le feu au ballon. . Lorsque l'air intérieur est suffisamment chauffé, le ballon indiquera un désir de s'élever, et lorsqu'il tire très fort, lâchez-le, et il s'élèvera à une grande hauteur dans les airs, et présentera la nuit une très belle apparence.

PARACHUTES.

Ceux-ci sont facilement fabriqués en coupant un morceau de papier en forme circulaire et en plaçant des fils autour des bords, qui peuvent être amenés à converger vers un point où un bouchon peut être placé comme une balance. Ils montent grâce à l'air qui passe sous eux et sont souvent projetés à une grande distance.

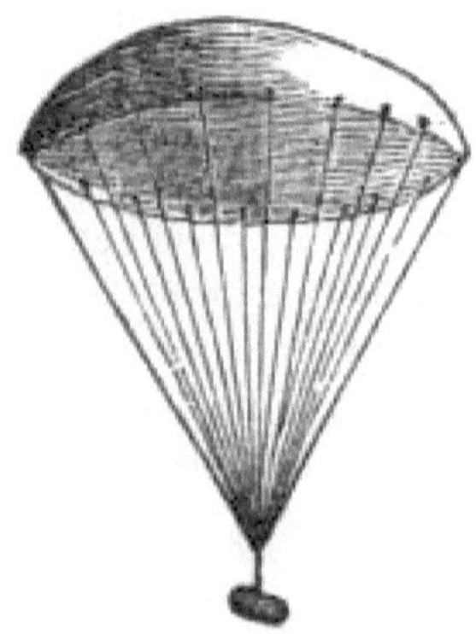

LA BOUTEILLE MYSTÉRIEUSE.

Percez quelques trous avec un diamant de vitrier dans une bouteille noire commune ; placez-le dans un vase ou une cruche d'eau, de manière à ce que seul le col soit au-dessus de la surface. Ensuite, à l'aide d'un entonnoir, remplissez la bouteille et bouchez-la bien, et ce, pendant qu'elle est dans le pichet ou le vase. Retirez-le, malgré les trous du fond, il ne fuira pas ; essuyez-le et donnez-le à quelqu'un pour le déboucher. Au moment où le bouchon est tiré, au grand étonnement de la fête, l'eau commence à s'écouler du fond de la bouteille.

BALLONS CAOUTCHOUC.

Mettez un peu d'éther dans une bouteille de caoutchouc, fermez-la bien, trempez-la dans de l'eau chaude, et elle se gonflera considérablement. Ces globes peuvent être si fins qu'ils sont transparents.

Un morceau de caoutchouc, de la grosseur d'une noix, a ainsi été étendu en une boule de quinze pouces de diamètre ; et il y a quelques années, un ballon de caoutchouc ainsi fabriqué s'est échappé de Philadelphie et a été retrouvé à cent trente milles de cette ville.

LA MAGIE DE
L'OPTIQUE ET DES AMUSEMENTS OPTIQUES.

« Voir, c'est croire », disent les sages :

Pour prouver que cela est faux, écoutez-moi, mes amis, je prie,

Et très bientôt, vous serez tous d'accord,

Que rien n'est aussi trompeur que notre *vision* . "-M ARTIN.

L'optique est la science de *la lumière* et *de la vision* . Concernant la nature de la lumière, deux théories sont actuellement très habilement soutenues par leurs partisans respectifs. L'une est appelée théorie newtonienne et l'autre théorie huygénienne . La théorie newtonienne considère que la lumière est constituée de corps inconcevablement petits émanant du soleil ou de tout autre corps lumineux. Les Huygéniens le conçoivent comme consistant en ondulations d'un fluide très élastique et subtil, propagé autour de centres lumineux en ondes sphériques, comme celles qui naissent dans un lac placide lorsqu'une pierre tombe dans l'eau.

LA LUMIÈRE COMME EFFET.

La lumière suit les mêmes lois que la gravité, et son intensité ou degré diminue à mesure que le carré de la distance au corps lumineux augmente. Ainsi, à deux mètres d'une bougie, nous aurons quatre fois moins de lumière que nous n'en aurions si nous n'en étions qu'à un mètre, et ainsi de suite dans la même proportion.

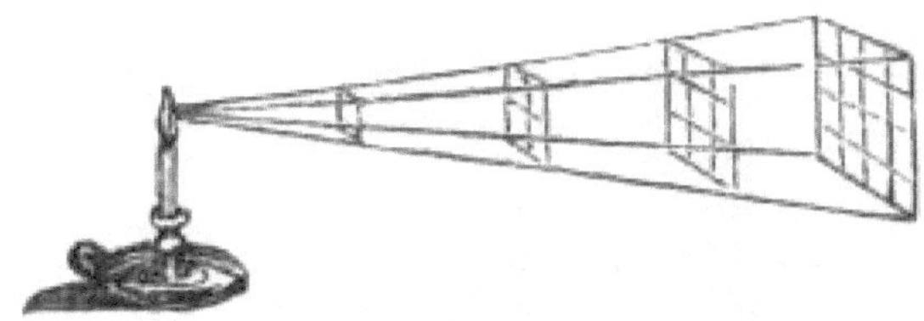

RÉFRACTION.

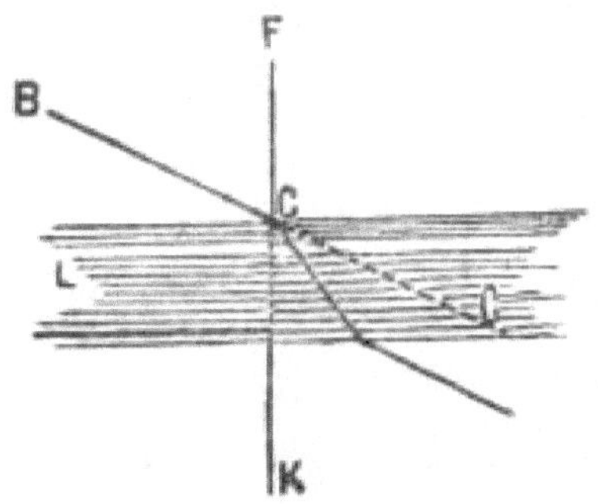

Les corps qui sont traversés par les rayons de lumière, comme l'eau ou le verre, sont appelés milieux réfringents. Lorsque les rayons de lumière y pénètrent, ils ne se déplacent pas en lignes droites, mais sont dits réfractés ou courbés hors de leur trajectoire, comme on le voit sur le dessin. Le rayon lumineux provenant de B à travers le verre LG est courbé à partir du point C , au lieu de passer dans la direction de la ligne pointillée. Mais si le rayon FC tombe perpendiculairement sur le verre, il n'y a pas de réfraction, et il va en ligne directe vers K ; la réfraction n'a donc lieu que lorsque les rayons tombent obliquement ou obliquement sur le milieu.

LA PIÈCE INVISIBLE RENDUE VISIBLE.

Si une pièce de monnaie est placée dans un bassin, de telle sorte qu'en se tenant à une certaine distance, elle soit juste cachée à l'œil de l'observateur par le bord ou le bord du bassin, et qu'ensuite de l'eau soit versée par une deuxième personne, la première gardant son poste; à mesure que l'eau monte, la pièce deviendra visible et semblera s'être déplacée du côté vers le milieu du bassin.

LE VERRE MULTIPLICATEUR.

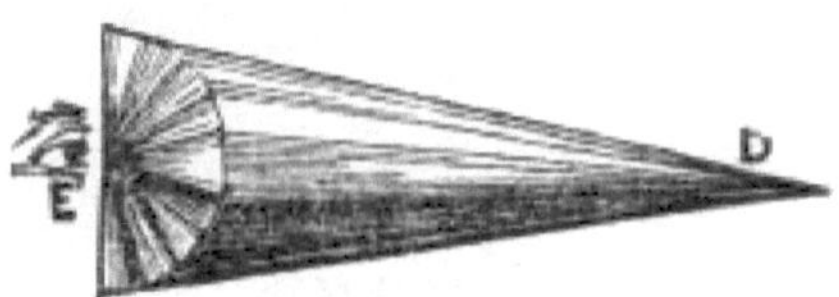

Le verre multiplicateur est une pièce de verre semi-circulaire découpée en facettes ou surfaces distinctes ; et en le parcourant, nous avons une illustration des lois de la réfraction, car si un petit objet, comme une mouche, est placé en D, un œil en E verra autant de mouches qu'il y a de surfaces ou de facettes sur le verre.

CORPS TRANSPARENTS.

Les corps transparents, tels que le verre, peuvent avoir une forme telle que tous les rayons qui les traversent depuis un point donné se rencontrent en tout autre point donné au-delà d'eux, ou qui les dispersent à partir d'un point donné. On les areappelle lentilles, et portent des noms différents selon leur forme. 1 est appelée lentille plan-convexe ; 2, plano-concave ; 3, double convexe ; 4, double concave ; 5, un ménisque, ainsi appelé parce qu'il ressemble au croissant de lune.

LE PRISME.

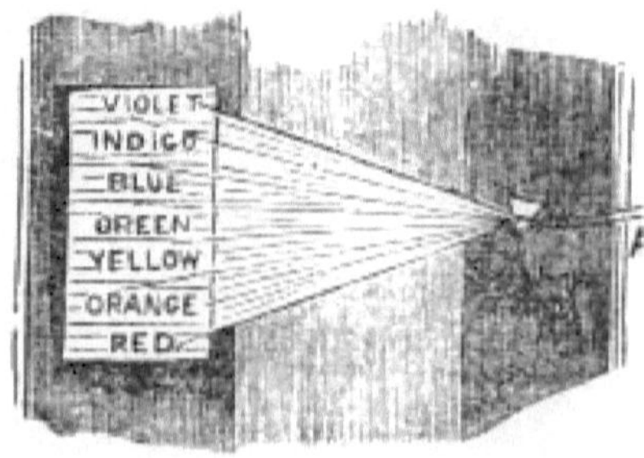

P.

Le prisme est un solide triangulaire en verre, grâce auquel le jeune opticien peut décomposer un rayon de lumière en ses couleurs primitives et supplémentaires, car un rayon de lumière est de nature composée. Par le prisme, le rayon A est divisé en ses trois couleurs primitives, bleu, rouge et jaune ; et leurs quatre supplémentaires, violet, indigo, vert et orange. La meilleure manière de réaliser cette expérience est de percer une petite fente dans un volet de fenêtre, sur laquelle le soleil brille à une certaine époque de la journée, et de placer directement en face du trou un prisme P ; un faisceau de lumière le traversant sera alors décomposé, et s'il tombe sur une feuille de papier blanc, ou contre un mur blanc, les sept couleurs de l'arc-en-ciel seront observées.

POUR FAIRE UN PRISME.

Prévoir deux petits morceaux de vitre et un morceau de cire ; ramollissez et façonnez la cire, collez dessus les deux morceaux de verre, de manière qu'ils se rejoignent, comme dans la coupe, où *w* est la cire, *g* et *g* les verres qui y sont collés (fig. 1). La vue d'extrémité (Fig. 2) montrera l'angle *a* , auquel les morceaux de verre se rencontrent ; dans quel angle mettre une goutte d'eau.

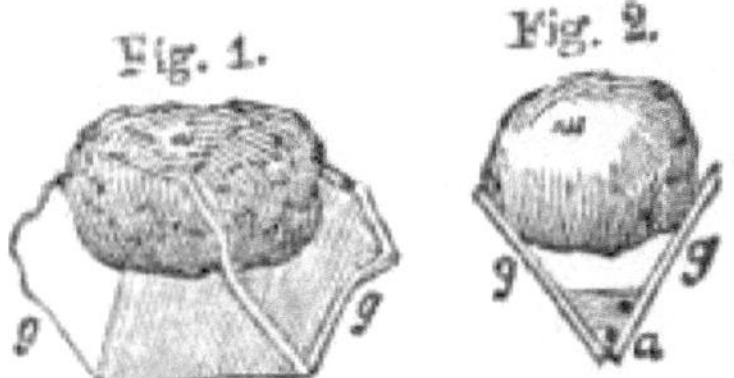

Fig. 1. Figure 2.

Pour utiliser l'instrument ainsi fabriqué, faites un petit trou, ou une fente horizontale étroite, de manière à pouvoir voir le ciel à travers lui, lorsque vous vous en tenez à quelque distance dans la chambre ; ou bien un morceau de carton placé dans la partie supérieure du châssis de la fenêtre, avec une fente pratiquée, servira de trou au volet. La fente doit mesurer environ un dixième de pouce de large et un pouce ou deux de long, avec des bords égaux. Ensuite, tenez le prisme dans votre main, placez-le près de votre œil et regardez à travers la goutte d'eau, lorsque vous verrez une belle suite de couleurs, appelée spectre ; à une extrémité rouge, à l'autre violet et au milieu vert jaunâtre.

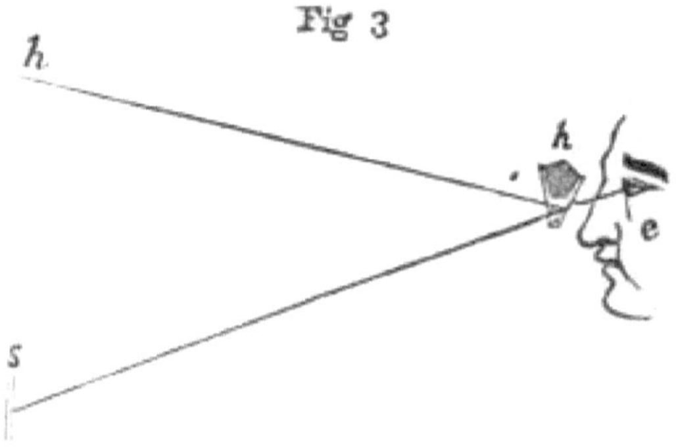

Figure 3.

La figure 3 annexée expliquera mieux la direction dans laquelle on regarde : ici, *e* est l'œil du spectateur, *p* est le prisme, *h* le trou du volet ou du carton, *s* le spectre. Avec un peu de pratique, vous vous habituerez bientôt à regarder dans la bonne direction et vous verrez les couleurs très vives et distinctes.

Au moyen de cet appareil simple, la lumière blanche peut être analysée et prouvée qu'elle est constituée de rayons colorés, et plusieurs de ses propriétés peuvent être magnifiquement illustrées.

COMPOSITION DE LA LUMIÈRE.

Le faisceau lumineux traversant le prisme est décomposé, et les espaces occupés par les couleurs sont dans les proportions suivantes : rouge, 6 ; orange, 4 ; jaune, 7 ; vert, 8 ; bleu, 8 ; indigo, 6 ; violet, 11. Maintenant, si vous collez une feuille de papier blanc sur un morceau de carton circulaire d'environ six pouces de diamètre, et que vous la divisez avec un crayon en cinquante parties, et que vous y peignez des couleurs dans les proportions indiquées ci-dessus, en les peignant en noir. dans les parties centrales, et progressivement plus faibles sur les bords, jusqu'à ce qu'ils se confondent avec celui adjacent ; et si l'on fixe ensuite la planche à un axe, et qu'on la fait tourner rapidement, les couleurs ne paraîtront plus séparées et distinctes, mais devenant peu à peu moins visibles, elles finiront par paraître blanches, donnant cet aspect à toute la surface du *papier* .

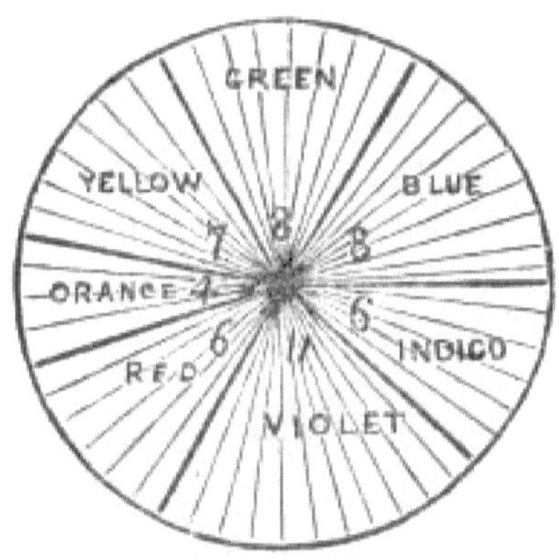

UNE CAMÉRA OBSCURA NATURELLE.

L'œil humain est une chambre obscure, car au dos de celui-ci, sur la rétine, chaque objet d'un paysage est magnifiquement représenté en miniature. Cela peut être prouvé par le

EXPÉRIENCE ŒIL DE BULLOCK.

Procurez-vous un œil de bœuf frais chez le boucher et éclaircissez-en soigneusement la couche extérieure derrière ; prenez garde de le couper, car si cela se faisait, l'humeur vitrée s'échapperait et l'expérience ne pourrait être faite. Ayant ainsi préparé l'œil, si la pupille de celui-ci est dirigée vers des objets brillants, ils apparaîtront distinctement délimités sur la partie postérieure, exactement comme les objets apparaissent dans l'instrument que nous allons décrire. L'effet sera accentué si l'œil est observé dans une pièce sombre avec un petit trou dans le volet, mais dans tous les cas, l'apparence sera très frappante.

LA CAMÉRA OBSCURA.

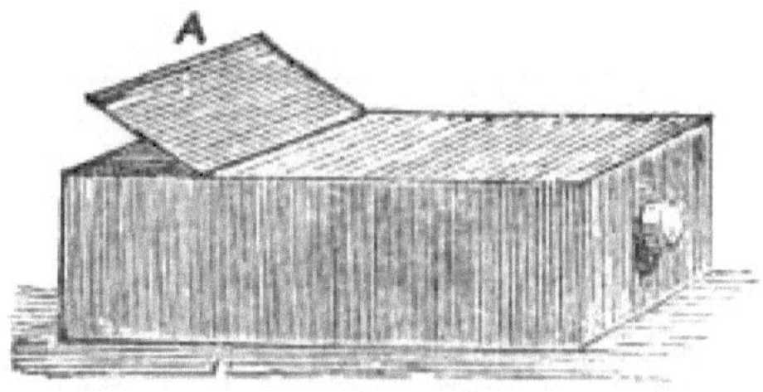

C'est un appareil optique très agréable et instructif, et peut être acheté pour quatre ou cinq shillings. Mais cela peut être facilement réalisé par le jeune opticien. Procurez-vous une boîte oblongue d'environ deux pieds de long, douze pouces de large et huit de haut. À une extrémité de celui-ci, il faut installer un tube contenant une lentille et le faire coulisser d'avant en arrière de manière à s'adapter à la mise au point. À l'intérieur de la boîte doit se trouver un miroir plan, incliné vers l'arrière par rapport au tube selon un angle de quarante-cinq degrés. Au sommet de la boîte se trouve un carré de verre non poli sur lequel sera projetée l'image par-dessous et que l'on pourra voir en soulevant le couvercle A . Pour utiliser l'appareil photo, placez le tube avec l'objectif en face de l'objet, et après avoir réglé la mise au point, l'image sera projetée sur le dépoli comme indiqué ci-dessus, où elle pourra être facilement copiée au crayon ou en couleurs. .

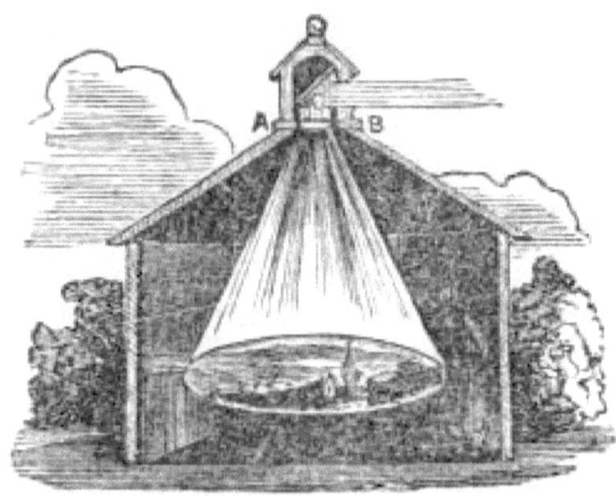

La forme d'une camera obscura utilisée dans une exposition publique est la suivante : D D est une grande boîte en bois teintée de noir à l'intérieur, et pouvant contenir de une à huit personnes. AB est une pièce coulissante, comportant un miroir incliné C et une lentille double convexe F , qui peut, avec le miroir C , être glissée vers le haut ou vers le bas de manière à adapter la lentille à des objets proches et éloignés. Lorsque les rayons provenant d'un objet extérieur tombent sur le miroir, ils se réfléchissent sur la lentille F et sont amenés à tomber sur le fond de la boîte, ou sur une table placée horizontalement pour les recevoir, qui peut être vue par le spectateur dont l'œil est en E .

LA LANTERNE MAGIQUE.

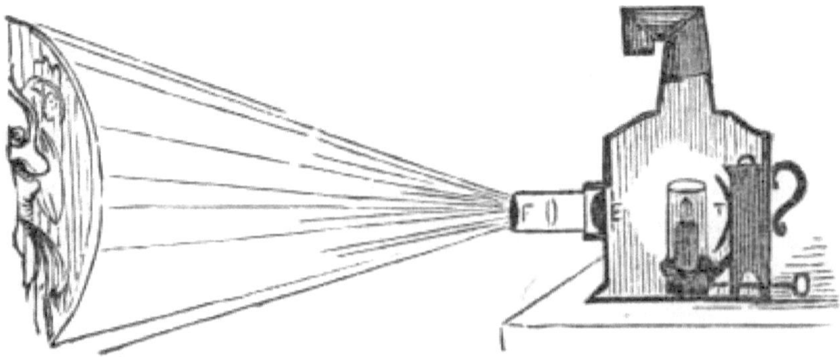

C'est l'un des instruments optiques les plus agréables, et il est utilisé pour produire des images agrandies d'objets qui, peints sur un verre de diverses couleurs, sont projetés sur un écran ou une feuille blanche placée contre le mur d'une grande pièce. Il s'agit d'une sorte de boîte en fer blanc à l'intérieur de laquelle se trouve une lampe dont la lumière (fortement réfléchie par le réflecteur T) traverse une grande lentille plan-convexe E fixée en façade. Ceci illumine fortement les objets qui sont peints sur les lames ou lamelles de verre et placés devant la lentille dans une position inversée, et les rayons qui les traversent ainsi que la lentille F tombent sur une feuille ou autre surface blanche, placée pour recevoir l'image. Les verres sur lesquels sont dessinés les personnages sont inversés, afin que leurs images puissent être dressées.

LA CAMÉRA LUCIDA.

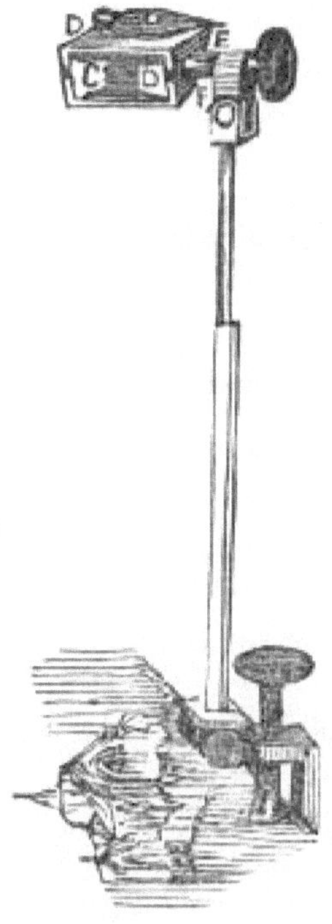

Cet instrument est constitué d'un prisme de verre, C , D , D , E , ayant quatre faces couvertes. Les côtés C , D , étant exposés à l'objet à délimiter, les rayons traversent le verre et tombent sur le côté incliné D , E ; de là, ils sont réfléchis vers le haut, et finalement passent du prisme à l'œil ; [6] Or, de la direction par laquelle les rayons entrent dans l'œil, il les reçoit comme s'ils venaient d'une image en A , B , et si l'on place une feuille de papier au-dessous de l'instrument, on peut tracer une délimitation parfaite de l'objet. avec un crayon. C'est un instrument très utile pour les jeunes dessinateurs .

PEINTURE DES DIAPOSITIVES.

Les diapositives contenant les objets habituellement montrés dans une lanterne magique, doivent être achetées chez les opticiens avec la lanterne, et peuvent être obtenues de cette manière à meilleur marché et mieux que par toute tentative de fabrication. Si toutefois le jeune opticien souhaite réaliser quelques diapositives d'objets qui l'intéressent particulièrement, il pourra procéder de la manière suivante :

Dessinez d'abord sur du papier les figures que vous voulez peindre, posez-le sur la table et couvrez-le d'un morceau de verre de cette forme ; dessinez maintenant les contours avec un crayon fin en poil de chameau avec de la peinture noire mêlée de vernis, et quand celle-ci est sèche, remplissez les autres parties avec les couleurs appropriées, en ombrageant avec du bistre également mêlé de vernis . Les couleurs transparentes sont seules à utiliser dans ce genre de peinture.

POUR EXPOSER LA LANTERNE MAGIQUE.

La salle d'exposition doit être grande et de forme oblongue. A une extrémité, suspendez un grand drap de manière à recouvrir tout le mur. La compagnie étant toute assise, assombrit la salle, et plaçant la lanterne avec son tube en direction de la feuille, introduisez une des diapositives dans la fente, en ayant soin d'inverser les figures ; ajustez ensuite la mise au point des lunettes dans le tube en les tirant vers l'intérieur ou vers l'extérieur selon les besoins, et une représentation parfaite de l'objet apparaîtra.

EFFETS DE LA LANTERNE MAGIQUE.

Les effets les plus extraordinaires peuvent être produits au moyen de la lanterne magique ; dont l'un des plus efficaces est un

TEMPÊTE EN MER.

Ceci est effectué en faisant peindre deux diapositives, l'une avec la tempête approchant d'un côté, et continuant en intensité jusqu'à ce qu'elle atteigne l'autre. Une autre diapositive présente des navires peints dessus, et pendant que la lanterne est utilisée, celle contenant les navires est adroitement dessinée avant l'autre et représente les *navires dans la tempête* .

Les effets du lever du soleil, du clair de lune, de la lumière des étoiles, etc., peuvent être imités, également au moyen de doubles curseurs ; et des chiffres peuvent être introduits parfois dans des proportions effrayantes.

Les têtes peuvent être amenées à hocher la tête, les visages à rire ; les yeux peuvent rouler, les dents grincer; on peut faire avaler des tigres aux crocodiles ; des combats peuvent être représentés ; mais l'un des usages les plus instructifs des diapositives est de les rendre illustratives de l'astronomie et de montrer la rotation des saisons, la cause des éclipses, les montagnes de la lune, les taches du soleil et les divers mouvements de la planète. corps et leurs satellites.

LA PHANTASMAGORIE.

Entre la fantasmagorie et la lanterne magique, il y a cette différence ; dans les lanternes magiques ordinaires, les figures sont peintes sur du verre transparent, par conséquent l'image sur l'écran est un cercle de lumière sur lequel se trouvent des figures ; mais dans la fantasmagorie, tout le verre est rendu opaque, sauf les figures qui, étant peintes de couleurs transparentes, la lumière brille à travers elles, et aucune lumière ne peut arriver sur l'écran sauf celle qui traverse la figure, comme cela est représenté ici.

Il n'y a pas de drap pour recevoir le tableau, mais la représentation est projetée sur un mince écran de soie ou de mousseline placé entre *les spectateurs et la lanterne* . Les images semblent s'approcher et s'éloigner en éloignant la lanterne plus loin de l'écran ou en la rapprochant de celui-ci. C'est un grand avantage sur les dispositions de la lanterne magique, et c'est grâce à elle que sont souvent produits les effets les plus étonnants.

DISSOLUTION DES VUES.

Les vues dissolvantes, par lesquelles un paysage ou une scène semble passer dans l'autre tandis que la scène change, sont produites à l'aide de deux lanternes magiques placées côte à côte, et qui peuvent être légèrement inclinées l'une vers l'autre si nécessaire, de manière à mélangez ensemble les rayons de lumière provenant des lentilles de chacun, ce qui produit cette confusion d'images, dans laquelle une vue se fond comme dans l'autre, qui devient peu à peu claire et distincte.

COMMENT ÉLEVER UN FANTÔME.

La lanterne magique, ou fantasmagorie, peut être utilisée de nombreuses manières merveilleuses, mais aucune n'est plus frappante que pour éveiller un spectre apparent. Qu'on prépare une boîte ouverte, AB , d'environ trois pieds de long, un pied et demi de large et deux pieds de haut. À une extrémité de cet endroit, placez un petit verre à bascule, et à l'autre, une lanterne magique soit fixée avec ses lentilles en direction du verre. Il faut maintenant faire glisser un verre de haut en bas dans la rainure CD , auquel seront attachées une corde et une poulie, l'extrémité de la corde arrivant à la partie de la boîte marquée A . Sur ce verre, on peut peindre le spectre le plus hideux qu'on puisse imaginer, mais en position accroupie ou contractée, et quand tout est fait, il faut préparer le couvercle de la boîte en soulevant une sorte de pignon au fond de la boîte B. , et dans sa partie inférieure en E , il faudra percer un trou ovale suffisamment grand pour laisser passer les rayons réfléchis par le verre. Sur le dessus de la boîte F , placez un réchaud sur lequel mettez du charbon de bois brûlant. Allumez maintenant la lampe G dans la lanterne, sprinklede la poudre de camphre ou de l'encens blanc sur le charbon, ajustez la diapositive sur laquelle est peint le spectre, et l'image sera projetée sur la fumée. En accomplissant cet exploit , la pièce doit être obscurcie et la boîte doit être placée sur une table haute, afin que le trou par lequel passe la lumière ne soit pas visible.

LE THAUMATROPE.

Ce mot est dérivé de deux mots grecs, dont l'un signifie *merveille* et l'autre *se retourner* . C'est un très joli jouet philosophique, et il est fondé sur le principe de l'optique selon lequel une impression faite sur la rétine de l'œil dure un court intervalle après que l'objet qui l'a produit a été retiré. L'impression que l'esprit reçoit dure environ un huitième de seconde, comme on peut facilement le démontrer en faisant tournoyer autour d'un bâton allumé, qui, s'il est amené à compléter le cercle dans ce laps de temps, montrera non pas une pointe enflammée, mais un cercle enflammé. dans l'air.

L'OISEAU DANS LA CAGE.

Découpez un morceau de carton de la taille d'une pièce de monnaie et peignez d'un côté un oiseau et de l'autre une cage ; attachez deux morceaux de fil, un de chaque côté, aux points opposés de la carte, de manière à pouvoir faire tourner la carte en faisant tournoyer les fils avec le doigt et le pouce ; pendant que le jouet est dans sa révolution, l'oiseau sera vu à l'intérieur de la cage. Une batte peut de la même manière être peinte sur un côté de la carte, et un joueur de cricket sur l'autre, ce qui présentera le même phénomène, provenant du même principe.

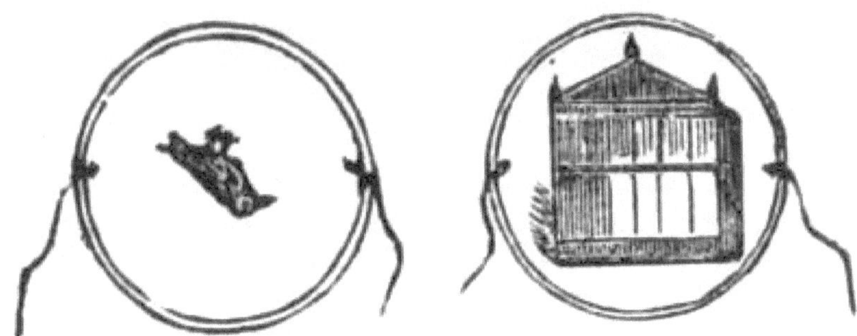

CONSTRUCTION DU PHANTASMASCOPE.

La figure susmentionnée est un Thaumatrope, tout autant que celle que nous allons décrire, bien que le terme Phantasmascope soit généralement appliqué à ce dernier instrument ; qui consiste en un disque de fer blanc noirci, avec une fente ou une ouverture étroite, d'environ deux pouces de longueur. Il est fixé sur un support et la fente est placée vers le haut, de manière à pouvoir facilement le regarder. Un autre disque de carton, d'environ un pied de diamètre, est maintenant préparé et fixé sur un support similaire, mais avec cette différence qu'il est fait tourner autour d'un axe central. Sur ce disque en carton, peignez en couleurs un certain nombre de grenouilles en positions de saut relatives et progressives ; faites entre chaque figure une fente d'environ un quart de pouce de profondeur ; et quand on fait tourner ce second disque à une distance d'un pied derrière le premier, et que l'œil est placé près de la fente, l'ensemble des figures, au lieu de paraître tourner avec le disque, apparaîtra toutes dans l'attitude de bondir. et vers le bas, augmentant en agilité à mesure que la vitesse du mouvement augmente. Il est nécessaire, pour essayer l'effet de cet instrument, de se tenir devant un miroir et de présenter la face peinte de la machine vers le verre.

Un très grand nombre de figures peuvent être préparées pour producedes effets similaires : chevaux avec des cavaliers dans diverses attitudes de saut, crapauds rampant, serpents se tordant et se tordant, visages riant et pleurant, hommes dansant, jongleurs lançant des balles, etc. ; tout cela, par l'arrangement particulier détaillé ci-dessus, semblera être en mouvement. Un peu d'ingéniosité déployée dans la construction et la peinture des figures sur le disque en carton fournira un grand fonds d'amusement.

CURIEUSE ILLUSION D'OPTIQUE.

Un des faits les plus curieux relatifs à la science de la vision est l'insensibilité absolue d'une certaine partie de la rétine à l'impression de la lumière, de sorte que l'image de tout objet tombant sur ce point serait invisible. Quand on regarde avec l'œil droit, ce point sera à environ quinze degrés à droite de l'objet observé, ou à droite de l'axe de l'œil, ou du point de vision le plus distinct. En regardant avec l'œil gauche, le point sera aussi loin vers la gauche. Le point en question est à la base du nerf optique, et son insensibilité à la lumière a été observée pour la première fois par le philosophe français Mariotte. Ce phénomène remarquable peut être prouvé expérimentalement de la manière suivante :

Placer sur une feuille de papier à lettres, à une distance d'environ trois pouces l'une de l'autre, deux plaquettes colorées ; puis, en regardant la plaquette de gauche avec l'œil droit, à une distance d'environ un pied, en gardant l'œil droit au-dessus de la plaquette, et les deux yeux parallèles à la ligne qui forme les plaquettes, l'œil gauche étant fermé, le la tranche de droite deviendra invisible ; et un effet similaire aura lieu si nous fermons l'œil droit et regardons avec le gauche.

UN AUTRE.

Découpez un morceau circulaire de papier blanc d'environ deux pouces de diamètre, que vous fixerez sur un mur sombre. A la distance de deux pieds de chaque côté, mais un peu plus bas, faites deux marques ; puis placez-vous directement en face du papier, et tenez le bout de votre doigt devant votre visage, de sorte que lorsque l'œil droit est ouvert, il cache la marque de votre gauche, et lorsque l'œil gauche est ouvert, la marque de votre droite. Si vous regardez ensuite avec les deux yeux le bout de votre doigt, le disque en papier sera invisible.

UN AUTRE.

Fixez un disque de papier semblable, de deux pouces de diamètre, à hauteur de votre œil sur un mur sombre ; un peu plus bas que cela, à la distance de deux pieds à droite, fixez-en un autre d'environ trois pouces de diamètre ; placez-vous maintenant en face de la première feuille de papier, et, en fermant l'œil gauche, gardez l'œil droit toujours fixé sur le premier objet, et lorsqu'il sera à une distance d'environ dix pieds, le deuxième morceau de papier sera invisible.

Ou encore, fixez trois morceaux de papier contre le mur d'une pièce, à égale distance, à hauteur d'œil. Placez-vous directement devant eux, à quelques mètres de distance, fermez votre œil droit, et regardez-les avec votre gauche, lorsque vous n'en verrez que deux, supposez le premier et le second ; changez votre position une seconde fois, et vous verrez la deuxième et la troisième pièces, mais jamais les trois pièces ensemble.

Sur une feuille de papier noir ou autre fond sombre, placez deux plaquettes blanches, dont les centres sont distants de trois pouces. Verticalement au-dessus du papier et à gauche, regardez avec l'œil droit, à douze pouces de celui-ci, et de telle sorte qu'en regardant vers le bas, la ligne joignant les deux yeux soit parallèle à celle joignant le centre des plaquettes. Dans cette situation, fermez l'œil gauche, et regardez de plein fouet avec le droit perpendiculairement la plaquette en dessous, alors que cette plaquette seule sera visible, l'autre étant complètement invisible. Mais si on l'éloigne un tant soit peu de sa place, soit à droite, soit à gauche, en haut ou en bas, il deviendra immédiatement visible et commencera, pour ainsi dire, à exister. "Il ne sera plus considéré comme singulier", dit Sir John Herschel, "que ce fait de l'invisibilité absolue des objets en un certain point du champ de vision de chaque œil soit un fait dont aucune personne sur dix mille n'est consciente. , quand on apprend qu'il n'est pas extrêmement rare de rencontrer des personnes qui sont depuis quelque temps totalement aveugles d'un œil sans s'en rendre compte."

L'IMAGE DANS L'AIR.

L'une des nombreuses illusions d'optique qui ont été développées de temps en temps par les esprits scientifiques est celle de faire apparaître une image ou un dessin dans l'air. Ceci est produit au moyen d'un miroir et d'un objet en relief sur lequel une forte lumière est projetée, le miroir étant placé à un angle tel qu'il projette le reflet de l'image jusqu'à un certain point, à la vue de l'observateur. spectateur. Cette illusion se produit de la manière suivante : construisons un écran dans lequel se trouve une ouverture cintrée dont le centre peut être à cinq pieds du sol ; derrière l'écran est placé un grand miroir de forme elliptique. Un objet est maintenant placé derrière l'écran, sur lequel la lumière d'une lampe puissante est projetée depuis un point au-dessus du miroir, et est reçue par le miroir et réfléchie vers le centre de la cavité arquée de l'écran, où elle apparaîtra. le spectateur. Il faut avoir soin de placer l'image dans une position inversée, et la lumière doit être placée de telle sorte qu'elle ne puisse pas atteindre l'ouverture : la lumière doit aussi être très puissante.

RESPIRER LA LUMIÈRE ET L'OBSCURITÉ.

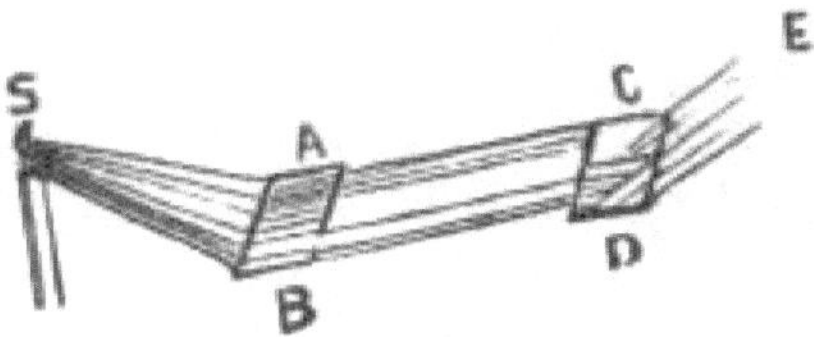

L'expérience suivante, si elle est exécutée avec soin, est extrêmement frappante. Soit S une bougie dont la lumière tombe sous un angle de 56° 45′ sur deux verres plats, A B , placés à proximité les uns des autres ; et laissez les rayons réfléchis AC , BD tomber sous le même angle sur deux plaques semblables CD , mais placées de telle sorte que le plan de réflexion de cette dernière soit perpendiculaire au plan de réflexion de la première. Un œil placé en E , et regardant en même temps les deux plaques C et D , verra des images très faibles de la bougie S ; qui, par un léger ajustement des plaques, peut être fait disparaître presque entièrement, permettant à la plaque C de rester là où elle est. Changez la position de D jusqu'à ce que son inclinaison vers le rayon BD soit diminuée d'environ 3°, ou rendue de près de 53° 11'. La distance peut être facilement trouvée avec un peu de pratique. Ceci fait, l'image qui avait disparu en regardant dans D , sera restituée, de sorte que le spectateur en E , en regardant dans les deux miroirs, C D , ne verra aucune lumière en C , car la bougie a presque disparu, alors que la bougie est distinctement vue en D . Si, pendant que le spectateur regarde dans ces deux miroirs , soit lui, soit un autre souffle doucement et rapidement dessus, le souffle ravivera l'image éteinte en C , et éteindra l'image visible en D.

Explication. — La lumière A , C , B , D est polarisée par réflexion sur les plaques A B , car il est incident à l'angle de polarisation de 56° 45′ pour le verre. Quand on respire sur les assiettes C D , on forme à leur surface une mince pellicule d'eau, dont l'angle polarisant est de 53° 11', de sorte que si les rayons polarisés AC , BD , tombent sur les plaques CD , sous un angle de 53° 11', la bougie de lesquels ils procèdent ne seraient pas visibles, ou bien ils ne souffriraient pas de réflexion des plaques CD . Sous tous les autres angles, la lumière serait réfléchie et la bougie visible. Or la plaque D est placée à un angle de 53° 11', et C à un angle de 56° 45', de sorte que lorsqu'on souffle sur elles une pellicule d'eau, la lumière sera réfléchie par cette dernière, et aucune par celle-ci. l'ancien; c'est-à-dire que l'acte de respirer sur les plaques de verre restaurera l'invisible et éteindra l'image visible.

POUR MONTRER QUELS RAYONS DE LUMIÈRE NE S'OBSTRUCTENT PAS LES AUTRES.

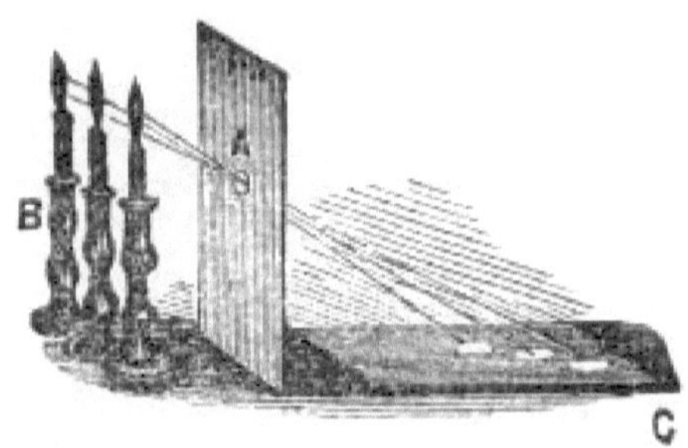

Faites un petit trou dans une feuille de carton A , et en la plaçant debout devant trois bougies B , rapprochées l'une de l'autre, on constatera que les images de toutes les flammes des bougies seront formées séparément sur un morceau de papier C , posé sur le dessus. table pour les recevoir. Ceci prouve que les rayons lumineux ne se gênent pas dans leur progression, quoique tous se croisent en passant par le trou.

COMMENT VOIR À TRAVERS UNE BRIQUE DE PHILADELPHIE.

Construisez une boîte ou un étui creux, comme la figure dans la marge. Un côté est volontairement enlevé dans la gravure, pour vous permettre de voir la disposition de l'intérieur, A , B , C et D , sont quatre petits morceaux de miroir, tous placés à un angle de 45° par rapport à les côtés de la boîte sur lesquels ils sont fixés ; en E et G , deux morceaux de verre plats sont insérés, comme dans le verre d'un télescope. Supposons que vous regardiez à travers l'ouverture E , en direction d'un objet placé en O , vous le verriez de la même manière que s'il y avait une vue ininterrompue entre E et G , ce qui n'est évidemment pas le cas. La cause de ceci est facilement expliquée. L'image de l'objet en O est reçue sur le miroir A , par lequel elle se reflète vers B , comme elle l'est encore de B vers C , et ensuite vers D ; et cette dernière image en D est vue par l'oeil du spectateur placé en E , dans la même direction que s'il regardait en réalité l'objet réel lui-même, dans la direction de la ligne pointillée de O vers E . De là, il est évident que le fait de placer un corps opaque en F ne peut empêcher que l'objet en O soit vu. Bien sûr, toute cette disposition de l'instrument est cachée, et vous le placez entre les mains d'un compagnon, afin qu'il puisse regarder à travers E ou G , peu importe lequel, vers n'importe quel objet placé au-delà. Vous pouvez alors parier en toute sécurité que votre instrument est d'une nature si magique qu'il vous permettra de voir à travers un mur de briques ; mais comme une seule brique sera plus commode et tout aussi merveilleuse, vous êtes prêt à satisfaire immédiatement ses doutes. Bien entendu, la main ou le chapeau, ou tout autre objet opaque, répondront au même but.

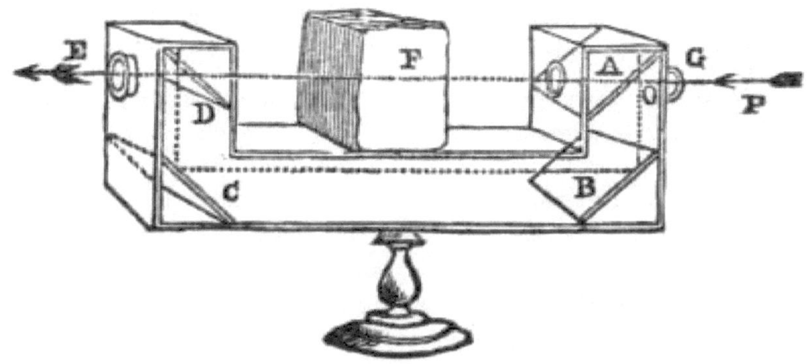

LE STÉRÉOSCOPE.

C'est l'une des surprises optiques les plus récentes et les plus intéressantes inventées, mais, comme beaucoup d'autres instruments, il porte un nom très dur, qui signifie « Solides que je vois ». Pour le simple amusement, l'instrument fourni avec les images nécessaires peut suffire, et elles sont maintenant vendues comme le kaléidoscope chez tous les fabricants d'instruments d'optique, magasins de jouets, etc. L'effet consiste à obtenir la solidité parfaite d'un objet géométrique à partir de deux dessins ordinaires, tableaux de colonnes, de statues, de figures, de fleurs, etc., etc., ayant un aspect arrondi, une « largeur » et une tenue qui incitent le spectateur à crois qu'il regarde la figure naturelle. Nos limites excluent une description détaillée de la philosophie de cet instrument, invention du professeur Wheatstone. Nous pouvons cependant recommander d'abord à nos lecteurs d'étudier la structure de l'œil, dans le Traité d'optique de Brewster, qui peut être profondément imprimé dans l'esprit en disséquant soigneusement l'œil d'un mouton ou d'un bœuf. Maintenant, si nous ouvrons une partie de l'œil d'un animal récemment tué et examinons la rétine, qui est un délicat réseau de nerfs et est considéré comme « l'esprit de l'œil », nous verrons toutes les images inversées. Comment alors les voyons-nous debout ? Encore une fois, comme nous avons deux yeux éloignés l'un de l'autre, les images formées sur les deux rétines ne peuvent pas être exactement semblables : comment se fait-il qu'il n'en résulte pas une confusion, au lieu d'images parfaites, dans lesquelles on peut apprécier les subtilités géométriques de l'objet. longueur, largeur et épaisseur ? Or le stéréoscope nous aide à comprendre ces questions difficiles ; et, citant le professeur Wheatstone, nous trouvons qu'il déclare « que la théorie qui a obtenu le plus de popularité est celle qui suppose qu'un objet est vu seul parce que ses images tombent sur des points correspondants des deux rétines, c'est-à-dire sur des points qui sont semblablement visibles » . situés par rapport aux deux centres, tant en distance qu'en position. Cette théorie suppose que les images projetées sur les rétines , sont exactement semblables entre elles, les points correspondants des deux images tombant sur les points correspondants des deux rétines .

Or, le fait est qu'un objet présente à chaque œil une apparence entièrement différente. Sir D. Brewster remarque : « Si un peintre était appelé à faire des dessins d'une statue, telle que vue par chaque œil, il fixerait à la hauteur de ses yeux une plaque métallique percée de deux petits trous, et il dessine la statue vue à travers les trous par chaque œil. Avec le plus grand soin, il ne parvint cependant pas à reproduire la statue par leur union. Pour ce faire, il faut construire et utiliser un appareil photo doté de *deux objectifs* de même ouverture et distance focale, placés à la même distance que les *deux yeux* .

Le stéréoscope est donc une imitation des pouvoirs des yeux, donnant une solidité et un parfait aspect en relief à deux images quelconques qui pourraient être tirées séparément des deux lentilles de la chambre obscure mentionnée. C'est-à-dire que s'il était possible d'être derrière la rétine de chaque œil et de dessiner les deux images de tout objet vu par nos yeux, ces images mises dans le stéréoscope reproduiraient la solidité d'où elles ont été tirées.

Deux instruments sont vendus et peuvent être obtenus avec les images photographiques, presque chez tous les opticiens, à savoir : le stéréoscope à réflexion et le stéréoscope à réfraction, dont nous donnons des dessins.

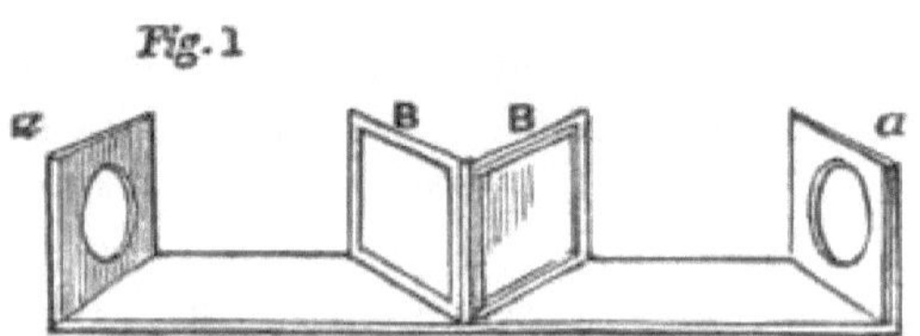

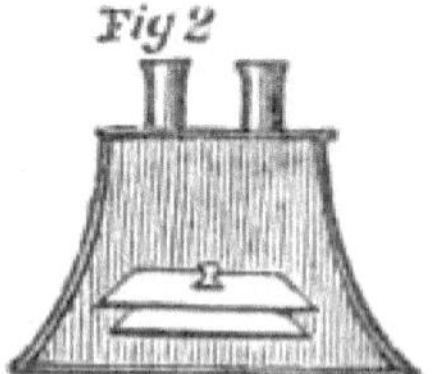

LE STÉRÉOSCOPE RÉFLÉCHISSANT. RÉFRACTION STEREOSCOPE.

un a , les deux images, B B , les deux miroirs, réglés de telle sorte que leurs dos forment un angle de quatre-vingt-dix degrés l'un avec l'autre, i . e., le quart de cercle.

SPECTRES OCULAIRES.

Une des affections les plus curieuses de l'œil est celle en vertu de laquelle il voit ce qu'on appelle *spectres oculaires* ou couleurs accidentelles. Si nous plaçons une plaquette rouge sur une feuille de papier blanc et, fermant un œil, gardons l'autre dirigé pendant quelque temps vers le centre de la plaquette, alors, si nous tournons le même œil vers une autre partie du papier, nous obtiendrons Nous voyons une plaquette verte dont la couleur continuera à s'atténuer de plus en plus à mesure que nous continuerons à la regarder.

En utilisant des plaquettes de couleurs différentes, on obtient les résultats
suivants :

TRANCHE.	SPÉCIMEN.
Noir,	Blanc.
Blanc,	Noir.
Rouge,	Vert bleuâtre.
Orange,	Bleu.
Jaune,	Indigo.
Vert,	Violet, avec un peu de Rouge.
Bleu,	Rouge-orange.
Indigo,	Orange jaune.
Violet,	Vert bleuâtre.

MIROIR D'EAU BRILLANT.

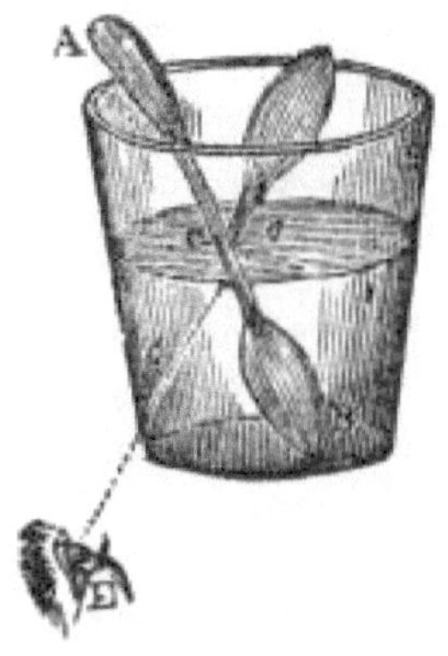

Remplissez presque d'eau un verre en verre et tenez-le, dos à la fenêtre, au-
dessus du niveau de l'œil, comme dans la gravure. Regardez ensuite
obliquement, comme dans la direction E, a , c , et vous verrez toute la surface
briller comme de l'argent bruni, avec un fort reflet métallique ; et tout objet,
comme une cuillère, A, C, B, immergé dans l'eau, aura sa partie immergée,
CB, réfléchie sur la surface, comme dans un miroir, mais avec un éclat

dépassant de loin celui que l'on peut obtenir du vif-argent. , ou des métaux les plus polis, par quelque moyen que ce soit.

OPTIQUE D'UNE BULLE DE SAVON.

Si l'on gonfle une bulle de savon et la place sous un verre, afin que le mouvement de l'air ne puisse pas l'affecter, à mesure que l'eau glisse sur les côtés et que le sommet s'amincit, plusieurs couleurs apparaîtront successivement au sommet et se répandront. eux-mêmes de là sur les côtés de la bulle, jusqu'à ce qu'ils disparaissent dans le même ordre dans lequel ils apparaissent. Enfin, une tache noire apparaît au sommet et s'étend jusqu'à l'éclatement de la bulle. [7]

LE KALÉIDOSCOPE.

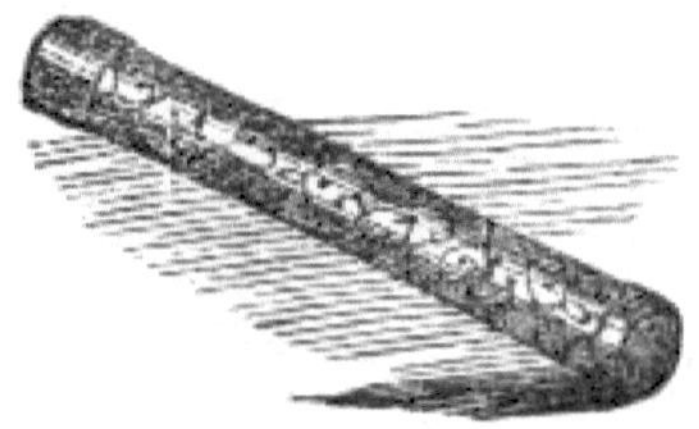

Si un objet est placé entre deux miroirs plans inclinés l'un vers l'autre d'un angle de trente degrés, trois images différentes seront perçues dans la circonférence d'un cercle. Sur ce principe est formé le kaléidoscope, inventé par Sir David Brewster, et au moyen duquel les images réfléchies, vues d'un point particulier, présentent des figures symétriques , sous un arrangement infini de belles formes et de couleurs. Le kaléidoscope peut être acheté dans n'importe quel magasin de jouets, mais il est indispensable que chaque jeune puisse en construire un pour lui-même. Il doit donc se procurer un tube d'étain ou de papier, d'environ dix pouces de longueur et de deux pouces et demi ou trois pouces de diamètre. Une extrémité de celui-ci doit être bouchée avec de l'étain ou du papier, solidement fixé, dans lequel sera fait un trou, de la taille d'un petit pois, pour que l'œil puisse regarder à travers. Deux morceaux de miroir bien argenté, B B , doivent maintenant être achetés ; ils ne doivent pas être aussi longs que le tube, et ils doivent être placés dans le tube dans le sens de la longueur, à un angle de 60 degrés, se rejoignant en un point en A et se séparant des points C. C , les surfaces polies tournées vers l'intérieur. Un morceau de verre circulaire doit maintenant être posé sur le dessus des bords des réflecteurs, B B ; qui, n'étant pas aussi longs que le tube, laisseront de la place pour sa chute, et seront soutenus par les bords du tube, qui pourront être légèrement courbés, pour empêcher le verre de tomber. Ceci étant fait, procédons maintenant à la réalisation du "capuchon" de l'instrument. Un bord en fer blanc ou en carton doit être découpé de manière à s'ajuster sur l'extrémité en verre du tube ; et là, sur le côté extérieur, il faut fixer un morceau de verre dépoli, afin que le tout puisse tenir sur le tube comme le couvercle d'un pilulier. Puis, avant de le mettre, procurez-vous quelques petits morceaux de verre brisé de diverses couleurs, des perles, des petites bandes de fil de fer ou tout autre objet, et placez-les dans le capuchon ; et en le passant par-dessus le bout, de sorte que le verre brisé, etc. a un mouvement libre, l'instrument est complet. Pour l'utiliser, appliquez l'œil sur le petit trou, et en le tournant, les plus belles formes apparaîtront, dans les plus merveilleuses combinaisons.

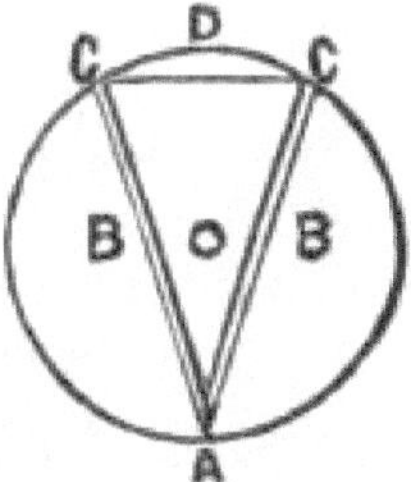

On a fait le curieux calcul suivant du nombre de changements que cet instrument permettra. En supposant qu'il contienne 20 petits morceaux de verre, et que vous fassiez 10 changements en une minute, cela prendra un laps de temps inconcevable, c'est-à- *dire* . *e.* 462 880 899 576 ans et 360 jours pour parcourir l'immense nombre de changements dont il est capable.

MICROSCOPE SOLAIRE SIMPLE.

Après avoir fait un trou circulaire dans un volet de fenêtre, d'environ trois pouces de diamètre, placez-y une lentille de verre d'environ douze pouces de distance focale. A l'intérieur du trou adapter un tube, comportant à une petite distance de la lentille une fente, capable de recevoir une ou deux plaques de verre très minces, sur lesquelles il faut apposer l'objet à regarder au moyen d'un peu d'eau de gomme. extrêmement transparent. Dans ce tube, il faut en placer un autre, muni à son extrémité d'une lentille d'un demi-pouce de distance focale. Placez un miroir devant le trou du volet extérieur, de manière à projeter la lumière du soleil dans le tube, et vous aurez une lanterne magique solaire.

La méthode d'emploi de cet agencement de lentilles à des fins microscopiques est la suivante : Après avoir assombri la pièce et, au moyen du miroir, réfléchi les rayons du soleil sur les verres dans une direction parallèle à l'axe, placez un petit objet entre les deux plaques mobiles. de verre, ou apposez-le sur l'un d'eux avec de l'eau de gomme très transparente, et amenez-le exactement dans l'axe du tube ; si le tube mobile est ensuite poussé vers l'extérieur ou tiré vers l'intérieur, jusqu'à ce que l'objet soit un peu au-delà du foyer, on le verra peint très distinctement sur une carte ou un morceau de papier blanc, tenu à une distance appropriée, et il semblera être grandement agrandi. Un petit insecte apparaîtra comme un gros animal, un poil gros comme une canne, et les anguilles presque invisibles en pâte ou vinaigre aussi grosses que des anguilles communes.

ANAMORPHOSES.

Il s'agit d'un effet optique très curieux, produisant une figure déformée et grotesque à partir d'une figure normale. Le terme est dérivé de deux mots grecs, signifiant une déformation de la figure, et grâce à lui , de nombreux puzzles optiques peuvent être produits géométriquement.

Prenez n'importe quel sujet, comme le portrait d'une tête ; divisez-le verticalement et horizontalement par des lignes parallèles, dont les côtés extérieurs formeront la limite, A , B , C , D , et le tout sera équidistant . Ensuite, sur une feuille de papier ou de carton séparée, préparez un dessin similaire à la figure 2 en procédant comme suit :

1. Tracez une ligne horizontale *ab* égale à AB et divisez-la en autant de parties égales que cette dernière est divisée.

2. Laissez tomber une ligne perpendiculaire, *ev* , à partir du milieu de *ab* , puis tracez *sv* parallèlement à *ab* .

3. L'un et l'autre *ev* et *sv* peuvent avoir n'importe quelle longueur à volonté, mais plus le premier est long et plus l'autre est court, plus les anamorphoses seront de plus en plus déformées. Les proportions dans nos chiffres sont suffisamment différentes.

4. Après avoir tracé du point *v* les lignes droites, *v* 1, *v* 2, *v* 3, *v* 4, jusqu'aux divisions de *ab* , tracez la ligne *sb* , et par chaque point où *sb* coupe les lignes divergentes, tracez d'autres lignes horizontales parallèle à *ab* . Nous avons maintenant un *trapèze* , *abcd* , divisé en autant de cellules que le carré de la figure 1.

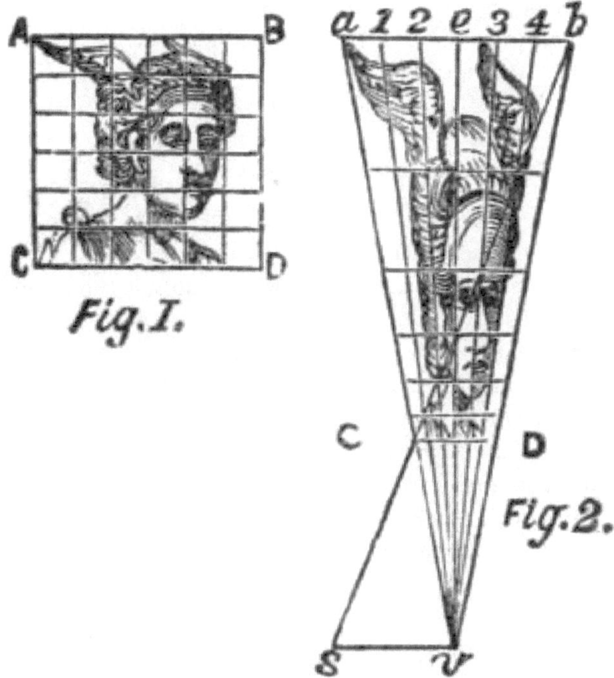

L'étape suivante consiste à remplir toutes les cellules de la figure 2 avec des parties du dispositif, proportionnelles à leur position sur la figure 1. Par exemple, sur la figure 1, le nez est dans la deuxième division verticale à partir de la gauche, et dans les troisième et quatrième divisions horizontales à partir du haut, et cette partie du visage doit en conséquence être placée dans une partie correspondante de la figure 2.

Par ces moyens, nous obtenons l' anamorphose vue sur la figure 2, qui, vue d'une position particulière, perdra toute sa distorsion et prendra une apparence ressemblant à celle de la figure 1. Cette position se situe immédiatement au-dessus du point v, *et* à une hauteur au-dessus égale à la longueur de la ligne *s v* ; et les moyens de le déterminer sont les suivants :

Placez le dessin horizontalement devant une fenêtre ; prenez un bout de carte et posez son bord inférieur sur la ligne *s v*, la carte étant parfaitement verticale ; percez un petit trou dans la carte verticalement au-dessus du point *v* , et à une hauteur de celui-ci égale à la longueur de la ligne *s v* , puis, l'œil placé immédiatement derrière la carte, regardez par l'orifice l' anamorphose , et elle On constatera que dès que l'œil s'est habitué à la nouveauté de l'expérience, l' anamorphose perd sa distorsion et apparaît presque exactement comme la figure symétrique.

Il serait très difficile, et nécessiterait un raisonnement géométrique plus long, de montrer pourquoi cette forme particulière de construction devrait conduire à de tels résultats.

LE COSMORAMA.

Le principe sur lequel le cosmorama est formé est si simple que n'importe qui peut facilement en installer un dans une petite maison d'été, etc. Rien de plus n'est nécessaire que de fixer dans un trou une lentille double convexe d'environ trois pieds de foyer, A , et à un peu moins que cette distance, un tableau B , doit être accroché. Pour absorber tous les rayons de lumière sauf ceux nécessaires à la vision du tableau, un cadre carré en bois noirci à l'intérieur est placé entre la lentille et le tableau. Le tableau peut être accroché dans une grande boîte éclairée par le haut, ou dans un petit placard éclairé de la même manière. Si l'on souhaite montrer l'image à la lueur d'une bougie, une lampe, c , peut être placée sur le dessus du cadre en bois, et si la lumière de celle-ci converge par une lentille vers un rayon modéré, elle sera plus efficace. .

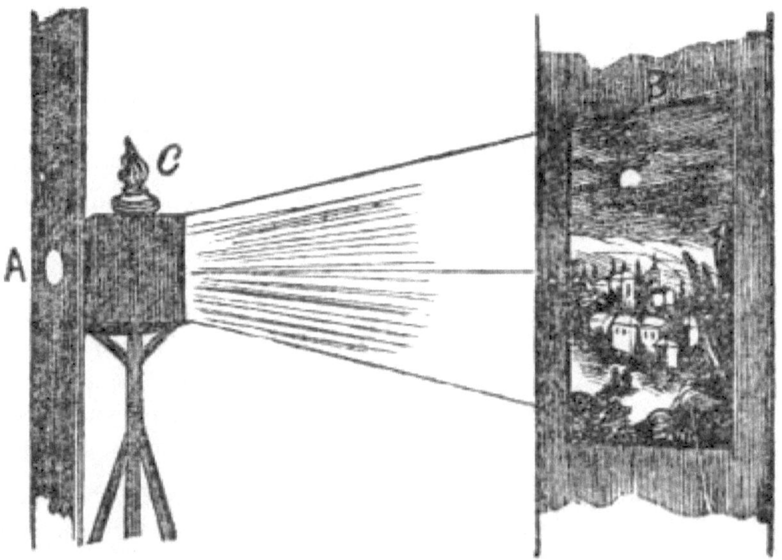

PAYSAGES DÉFORMÉS.

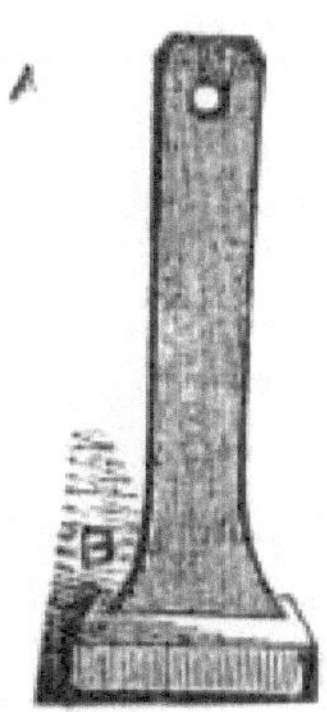

Des paysages ou d'autres matières peuvent être dessinés de manière à produire de curieuses illusions d'optique par la méthode suivante. Prenez un morceau de carton blanc lisse et dessinez le motif dessus. Piquez les contours de chaque partie avec une épingle ou une aiguille fine, puis placez le dessin piqué dans une position perpendiculaire et placez une bougie allumée derrière lui. Placez devant lui un autre morceau de carton, suivez avec un crayon les lignes tracées par la lumière, et vous aurez un paysage déformé. Maintenant, enlevez la bougie et le dessin piqué, et placez votre œil là où se trouvait la lumière, et le dessin prendra sa forme régulière. Pour mettre l'oeil dans la bonne position, il conviendra de découper un morceau de carton selon le modèle précédent, et de le relever sur sa base B , de regarder par le trou de A , lorsque l'objet apparaîtra à sa place. proportions.

LA PIÈCE MAGIQUE.

Parmi les nombreuses expériences par lesquelles la science étonne et quelquefois même effraye les ignorants, il n'en est pas plus propre à produire cet effet que celle de montrer à l'œil dans l'obscurité absolue la légende ou l'inscription sur une monnaie. Pour ce faire, prenez une pièce d'argent (j'en ai toujours utilisé une ancienne), et après en avoir poli la surface le plus possible, rendez-en les parties qui sont soulevées rugueuses par l'action d'un acide, les parties non soulevées, ou ceux qui doivent être rendus les plus foncés, en conservant leur éclat. Si la pièce ainsi préparée est placée sur une masse de fer chauffé au rouge et transportée dans une pièce sombre, l'inscription qui y figure deviendra moins lumineuse que le reste, de sorte qu'elle pourra être distinctement lue par le spectateur. La masse de fer chauffé au rouge doit être cachée à l'œil de l'observateur, à la fois dans le but de rendre l'œil plus apte à observer l'effet, et de lever tout doute sur le fait que l'inscription est réellement lue dans l'obscurité, c'est-à-dire sans recevoir aucun message. lumière, directe ou réfléchie, provenant de tout autre corps. Si, au lieu de polir les parties en creux et de rendre rugueuses ses parties en relief, on fait polir les parties en relief et rendre rugueuses les parties en creux, l'inscription sera maintenant moins lumineuse que les parties en creux.

ASTUCES EN MÉCANIQUE.

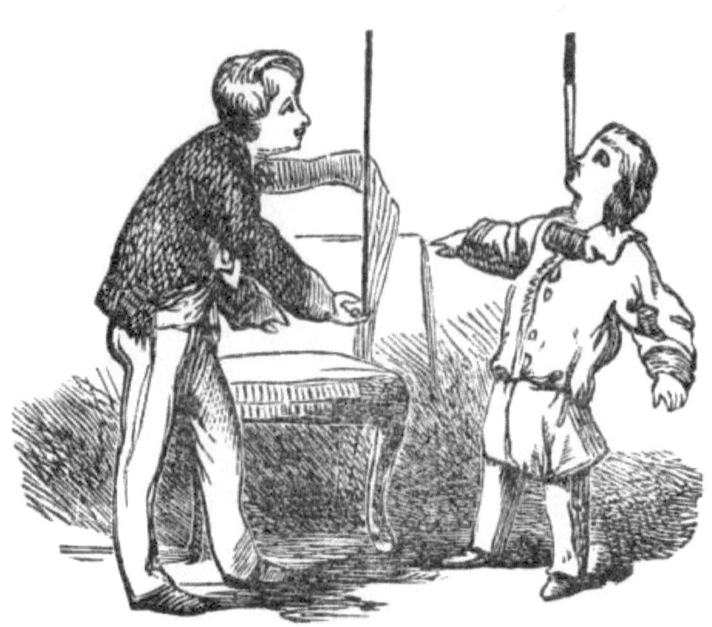

« Ce sont des machinations comiques. » — F ORD .

Il n'existe aucun sujet aussi important que la mécanique, car ses principes sont fondés sur les propriétés de la matière et les lois du mouvement ; et en connaissant quelque chose de tout cela, le débutant jettera les bases de toute connaissance substantielle.

Les propriétés de la matière sont les suivantes : Solidité (ou Impénétrabilité), Divisibilité, Mobilité, Élasticité, Fragilité, Malléabilité, Ductilité et Ténacité.

Les lois du mouvement sont les suivantes :

1. Tout corps continue dans un état de repos ou de mouvement rectiligne uniforme , à moins qu'il ne soit affecté par quelque force étrangère.

2. Le changement de mouvement est toujours proportionnel à la force motrice.

3. L'action et la réaction sont toujours égales et contraires.

EXPÉRIENCE DE LA LOI DU MOUVEMENT.

En tirant au « taw », si la bille est frappée « dodue », comme on dit, elle avance exactement dans la même ligne de direction ; mais s'il est frappé latéralement, il se déplacera dans une direction oblique, et sa course sera selon une ligne située entre la direction de son mouvement antérieur et celle de la force imprimée. C'est ce qu'on appelle la résolution des forces.

ÉQUILIBRAGE.

Le centre de gravité d'un corps est la partie autour de laquelle toutes les autres parties s'équilibrent également. Pour équilibrer un bâton sur le doigt ou sur le menton, il suffit de maintenir le menton ou le doigt exactement sous le point appelé centre de gravité.

LE CHEVAL cabré.

Découpez la figure d'un cheval, et après avoir fixé un fil de fer recourbé sous la partie inférieure de son corps, placez dessus une petite boule de plomb. Placez les pattes postérieures du cheval sur la table et il se balancera d'avant en arrière . Si la balle était retirée, le cheval tomberait immédiatement, car sans appui, le centre de gravité étant devant l'étai ; mais dès que la balle est replacée, le centre de gravité change immédiatement de position et est amené sous l'étai, et le cheval est de nouveau en équilibre .

POUR CONSTRUIRE UNE FIGURINE QUI, ÉTANT PLACÉE SUR UNE SURFACE COURBE ET INCLINÉE DANS N'IMPORTE QUELLE POSITION, DOIT, LORSQU'ELLE LAISSÉE À ELLE-MÊME, REVENIR À SON ANCIENNE POSITION.

Les pieds du personnage reposent sur un pivot incurvé, qui est soutenu par deux boules chargées en dessous ; car le poids de ces boulets étant beaucoup plus grand que celui de la figure, leur effet est de ramener le centre de gravité de l'ensemble au-dessous du point sur lequel il repose ; par conséquent l'équilibre résistera à toute force légère pour le perturber.

POUR FAIRE CONDUIRE UN CHARIOT EN POSITION INVERSÉE SANS TOMBER.

La plupart des garçons savent bien que si l'on place un verre d'eau dans un large cerceau de bois, l'ensemble peut tourner sans tomber, grâce à la force centrifuge. Selon le même principe, si un petit wagon est placé sur une bande de fer ou sur un rail, il remontera la courbe, se renversera et redescendra sans tomber.

POUR FAIRE ROULER UN CYLINDRE PAR SON PROPRE POIDS EN HAUT D'UNE COLLINE.

Procurez-vous une boîte à café, et en la chargeant en F avec un morceau de plomb, qui peut être fixé avec de la soudure, la position du centre de gravité est ainsi altérée. Si un cylindre ainsi construit est placé sur un plan incliné et la partie chargée au-dessus, il roulera vers le haut de la colline sans assistance.

LE BÂTON ÉQUILIBRÉ.

Procurez-vous un morceau de bois d'environ neuf pouces de longueur et environ un demi-pouce d'épaisseur, et enfoncez dans son extrémité supérieure les lames de deux canifs, de chaque côté. Placez l'autre extrémité sur le bout de l'index, et elle gardera sa place sans tomber.

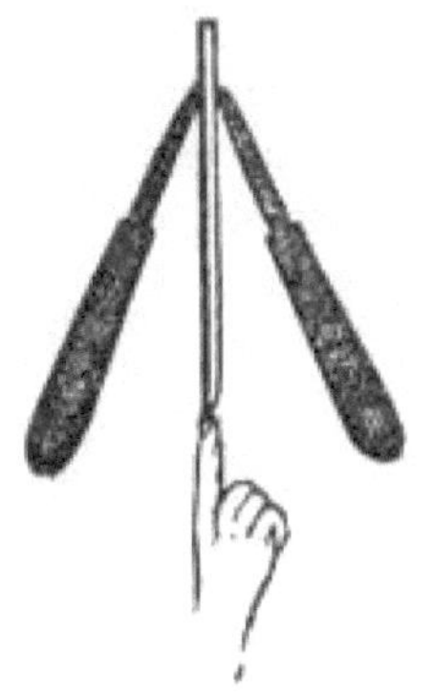 

LE MANDARIN CHINOIS.

Construisez avec la moelle du sureau un petit mandarin ; puis fournissez-lui une base pour qu'il puisse s'asseoir, comme une bouilloire. Mettez-y une substance lourde, comme une demi-balle de plomb ; attachez-y la figurine, et dans quelque position qu'elle soit placée, elle reviendra immédiatement à sa position verticale lorsqu'elle sera laissée à elle-même.

FAIRE TOUR UN QUART DE DOLLAR SUR SON BORD SUR LA POINTE D'UNE AIGUILLE.

Prenez une bouteille avec un bouchon dans le goulot et dedans, en position perpendiculaire, une aiguille de taille moyenne. Fixez un quart de dollar dans un autre bouchon en y faisant une entaille ; et enfoncez dans le même bouchon deux petites fourchettes de table, opposées l'une à l'autre, le manche incliné vers le bas. Si le bord du quart de dollar est maintenant en équilibre sur la pointe de l'aiguille, il peut facilement tourner sans tomber, car le centre de gravité est au-dessous du centre de suspension.

LE SEAU AUTO-ÉQUILIBRÉ.

Vous posez un bâton sur la table, en laissant un tiers dépasser du bord ; et vous vous engagez à y accrocher un seau d'eau, sans ni attacher le bâton sur la table, ni laisser reposer le seau sur aucun support ; et cet exploit, les lois de la gravitation vous permettront littéralement de l'accomplir.

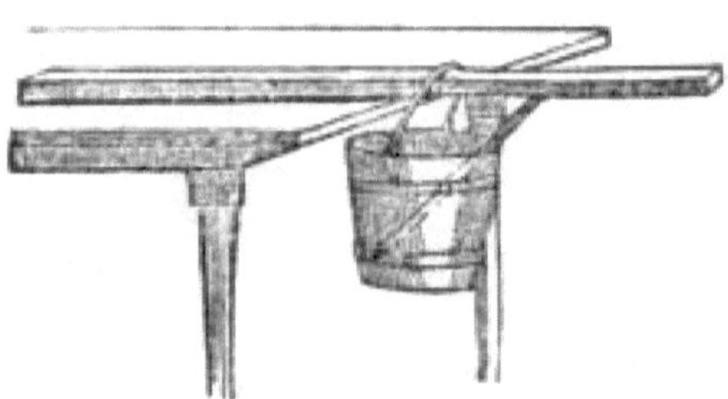

Vous prenez le seau d'eau, et vous le suspendez par l'anse à l'extrémité saillante du bâton, de manière que l'anse puisse reposer dessus dans une position inclinée, le milieu du seau étant dans le bord de la table. Pour qu'il puisse être fixé dans cette situation, placez un autre bâton avec une de ses extrémités appuyée contre le côté du fond du seau, et son autre extrémité contre le premier bâton, où il doit y avoir une encoche pour le retenir. Par ce moyen, le seau restera fixe dans cette situation, sans pouvoir s'incliner d'un côté ou de l'autre ; le bâton ne peut pas non plus glisser le long de la table, ni se déplacer le long de son bord, sans élever le centre de gravité du seau et de l'eau qu'il contient.

POUR SOULEVER UNE BOUTEILLE AVEC UNE PAILLE.

Prenez une paille, et après avoir plié le bout le plus gros en un angle aigu, comme dans la figure ci-jointe, mettez ce bout crochu dans la bouteille, de manière que la partie courbée puisse reposer contre son côté ; vous pourrez alors prendre l'autre extrémité et soulever la bouteille par elle, sans casser la paille, et cela sera d'autant plus facile à réaliser que la partie angulaire de la paille se rapprochera de celle qui sort de la bouteille. Il faut, pour réussir cet exploit, être particulièrement attentif au choix d'une paille solide, qui ne soit ni cassée ni meurtrie ; s'il a été précédemment plié ou endommagé, il est impropre à l'exécution de ce tour, car il sera trop faible dans la partie ainsi pliée ou endommagée pour soutenir la bouteille.

LE POIS DANSANT.

Si vous collez à travers un pois ou une petite boule de moelle deux épingles [8] à angle droit, et défendez les pointes avec des morceaux de cire à cacheter, vous pouvez le maintenir en équilibre à une courte distance de l'extrémité d'un tube droit en au moyen d'un courant respiratoire provenant de la bouche, qui communique un mouvement de rotation au pois.

LE TRÉPIED DU TOPER.

Placez trois pipes à tabac dans la position indiquée sur la gravure, l'embouchure des fourneaux vers le bas et l'extrémité inférieure des tiges sur la tige juste à côté des fourneaux. Ce trépied, s'il est soigneusement assemblé, supportera bien plus qu'un pot de bière.

OBLIGITÉ DE MOUVEMENT.

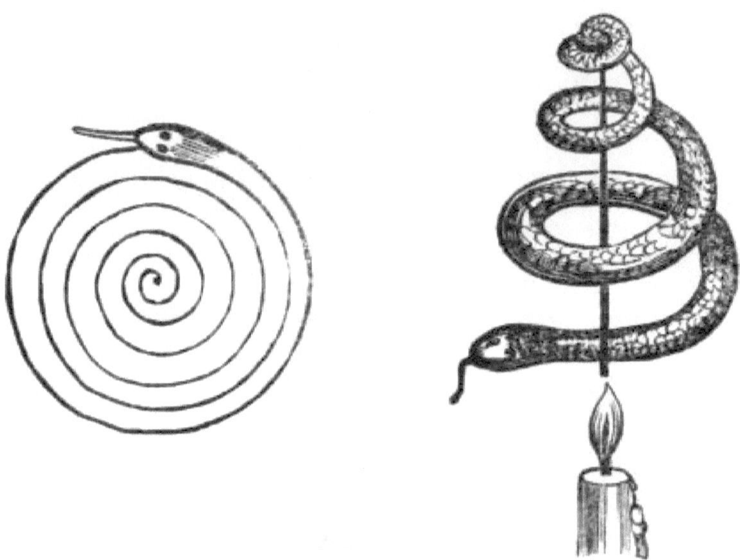

Découpez un morceau de carton de la forme suivante et décrivez dessus une ligne en spirale ; découpez-le avec un canif, puis suspendez-le à une grande brochette ou à une épingle, comme le montre la gravure. Si le tout est maintenant placé sur un poêle chaud, ou sur la flamme d'une bougie ou d'une lampe, il tournera avec une vitesse considérable. La carte, après avoir été découpée en spirale, peut représenter un serpent ou un dragon et, lorsqu'elle est en mouvement, elle produira un effet très agréable.

LE PONT DES COUTEAUX.

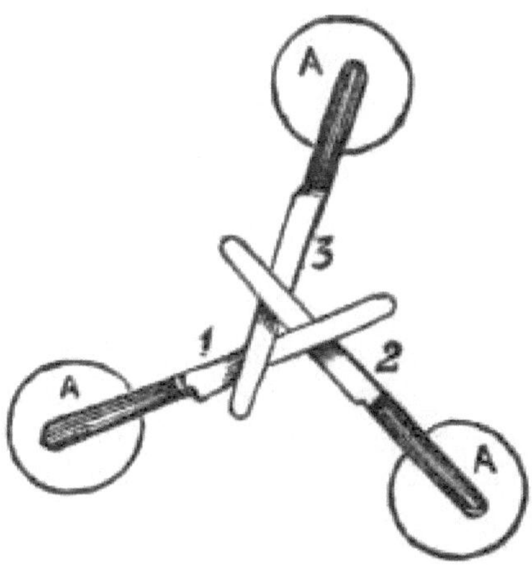

Placez trois verres A A A , en forme de triangle, et disposez dessus trois couteaux, comme indiqué sur la figure, la lame du n° 1 sur celle du n° 2, et celle sur le n° 3, qui repose sur le n° 1. Le pont ainsi réalisé sera autoportant.

SABLE DANS LE SABLIER.

C'est un fait remarquable que l'écoulement du sable dans le sablier est parfaitement égal, quelle que soit la quantité dans le verre ; c'est-à-dire que le sable ne coule pas plus vite lorsque la moitié supérieure du verre est complètement pleine que lorsqu'elle est presque vide. Il serait cependant assez naturel de conclure que, lorsqu'il est plein de sable, il serait poussé plus rapidement à travers l'ouverture que lorsque le verre n'était qu'au quart plein et vers la fin de l'heure.

Le fait que le sable s'écoule régulièrement peut être prouvé par une expérience très simple. Prévoyez du sable argenté, séchez-le sur ou avant le feu et passez-le au tamis assez fin. Prenez ensuite un tube, de n'importe quelle longueur ou diamètre, fermé à une extrémité, dans lequel faites un petit trou, disons un huitième de pouce ; arrêtez-le avec une cheville et remplissez le tube avec le sable tamisé. Tenez fermement le tube ou fixez-le à un mur ou à un cadre, à n'importe quelle hauteur par rapport à une table ; retirez la cheville et laissez le sable s'écouler dans n'importe quelle mesure pendant un temps donné, et notez la quantité. Ensuite, laissez le tube être vidé et rempli de sable seulement à moitié ou au quart ; mesurez à nouveau, pendant le même temps, et la même quantité de sable coulera : même si vous appuyez sur le sable dans le tube avec une règle ou un bâton, le débit du sable à travers le trou ne sera pas augmenté.

Ce qui précède s'explique par le fait que lorsque le sable est versé dans le tube, il le remplit d'une succession de tas coniques, et que tout le poids que supporte le fond du tube n'est que celui du tas qui tombe d'abord sur lui . il; car les tas successifs n'appuient pas vers le bas, mais seulement contre les côtés ou les parois du tube.

RÉSISTANCE DU SABLE.

De l'expérience ci-dessus, on peut conclure qu'il est extrêmement difficile de faire sortir le sable d'un tube au moyen d'un bouchon ou d'un piston ; et cela, lors du procès, s'avère être le cas. Installez un piston sur un tube (exactement comme le pistolet à pop d'un garçon), versez du sable dedans et essayez avec la plus grande force du bras de faire sortir le sable. Cela s'avérera impossible : au lieu de projeter le sable, le tube éclatera sur les côtés.

ASTUCES EN HYDRAULIQUE.

La science de l'hydraulique comprend les lois qui règlent les fluides non élastiques en mouvement, et spécialement l'eau, etc.

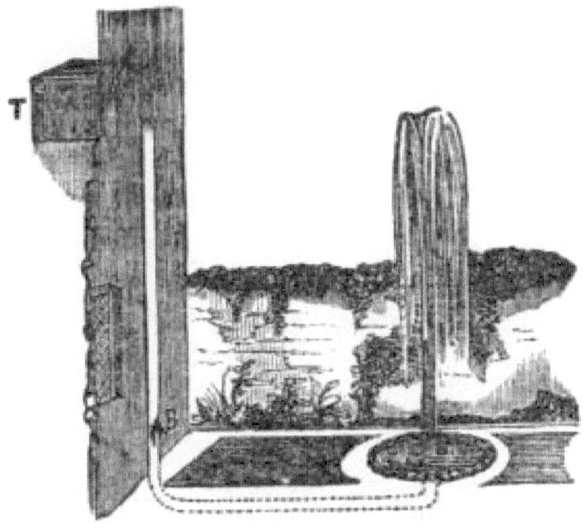

L'eau ne peut être mise en mouvement que par deux causes : la pression de l'atmosphère ou sa propre gravité. La principale loi concernant les fluides est qu'ils conservent toujours leur propre niveau. L'eau peut donc être distribuée dans une ville à partir de n'importe quel réservoir situé plus haut que les maisons à approvisionner ; et le même principe nous permettra de former des fontaines dans un jardin ou ailleurs. Si quelqu'un de nos jeunes amis désire former une fontaine ou un jet-d'eau , il pourra, en faisant venir un tuyau de T ..., un réservoir d'eau, qui doit être à la partie supérieure de la maison, amener l'eau vers le bas. au jardin. Ensuite, en la faisant passer à travers la terre, sous le chemin ou la parcelle d'herbe, et en la tournant dans une position perpendiculaire, l'eau jaillira et montera presque aussi haut que le niveau de celle du réservoir. La partie du tuyau en B devrait avoir une clé en main, afin que l'eau puisse être laissée couler ou fermée à volonté.

LA POMPE.

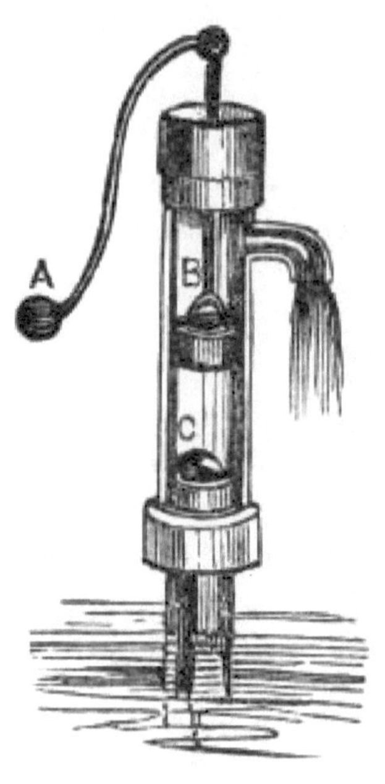

L'action de la pompe commune est la suivante : Lorsque la poignée A est relevée, la tige de piston B descend et amène le piston-valve, appelé ventouse, ou seau, à une autre valve C , qui est fixe et s'ouvre. vers l'intérieur vers le piston. Lorsqu'on abaisse la poignée, le piston se relève et, comme il est étanche, un vide se crée entre les deux clapets ; l'air dans le clapet de la pompe, entre le clapet inférieur et l'eau, force alors l'ouverture du clapet inférieur, et s'engouffre pour combler ce vide ; et l'air dans la pompe étant moins dense que l'atmosphère extérieure, l'eau est poussée un peu vers le haut du baril. Lorsque le piston redescend vers la soupape inférieure, l'air entre eux est à nouveau expulsé en forçant l'ouverture de la soupape supérieure ; et lorsque le piston est soulevé, un vide se produit de nouveau, et l'air au-dessous de la soupape inférieure se précipite vers le haut, et l'eau en conséquence s'élève de nouveau un peu plus. Cette opération se poursuit jusqu'à ce que l'eau monte au-dessus de la vanne inférieure ; à chaque coup ultérieur, l'eau passe par le clapet du piston descendant, et est soulevée par lui, en montant, jusqu'à ce qu'elle sorte du bec.

LA DANSEUSE HYDRAULIQUE.

Faites une petite figure en liège, en forme de saltimbanque dansant, de marin, etc. Dans cette figure, placez un petit cône creux, constitué de fines feuilles de laiton. Lorsque cette figure est placée sur un jet d' eau , tel que celui de la fontaine dont la construction est recommandée, elle sera suspendue au-dessus de l'eau et exécutera une grande variété de mouvements amusants. Si une boule creuse de cuivre très mince, d'environ un pouce de diamètre, est placée sur un cône semblable, elle restera suspendue, tournant sur elle-même et répandant l'eau tout autour d'elle.

LE SYPHON.

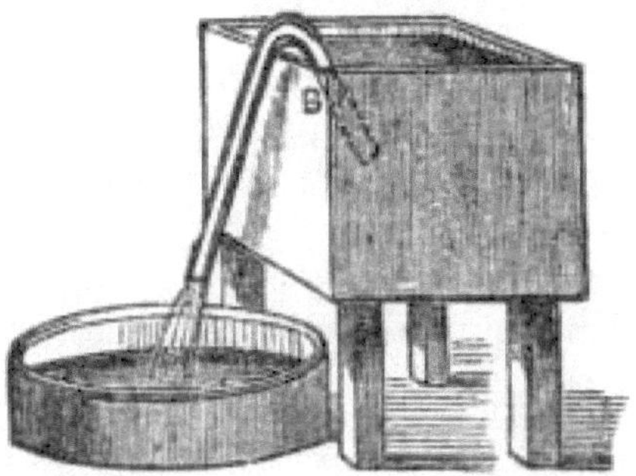

Le siphon est un tube courbé dont une branche est plus courte que l'autre. Il agit en éloignant la pression de l'atmosphère de la surface d'un fluide, ce qui le fait s'élever au-dessus de son niveau commun en B . Pour faire fonctionner un siphon, il faut d'abord remplir les deux jambes de liquide ; puis la jambe la plus courte doit être placée dans le récipient pour être vidée.

Immédiatement après avoir retiré le doigt de la jambe la plus longue, la liqueur coulera. Tout jeune peut former un siphon avec un petit morceau de tuyau de plomb, courbé dans la forme ci-dessus.

L'ESCARGOT D'EAU, OU VIS ARCHIMEDIENNE

peut facilement être construit. Achetez un mètre de petit tuyau de plomb et enroulez-le autour d'un poteau, comme dans la figure suivante, A ; placez une poignée à son extrémité supérieure, B , et laissez son extrémité inférieure reposer dans l'eau. Entre le dernier tour du tuyau et l'orifice, placer une roue à aubes C . Or, si l'eau est celle d'un ruisseau courant, la force du courant fera tourner le tuyau, et l'eau y montera jusqu'à ce qu'elle se vide dans le creux en D . Si l'eau ne bouge pas, la rotation de la poignée en B élèvera l'eau du niveau inférieur au niveau supérieur.

L'ÉJECTION DE LA BOUTEILLE.

Remplissez de vin une petite bouteille en verre blanc, à col très étroit ; placez-le dans un vase en verre, qui doit au préalable contenir suffisamment d'eau pour dépasser le goulot de la bouteille. Immédiatement vous apercevrez le vin monter, sous forme d'une petite colonne, vers la surface de l'eau, et l'eau commencera entre-temps à prendre la place du vin au fond de la bouteille. La cause en est que l'eau est plus lourde que le vin, qu'elle déplace et le fait remonter vers la surface.

LA MAGIE DE L'HYDROSTATIQUE AVEC LES ANCIENS.

Les principes de *l'hydrostatique* étaient disponibles dans le travail de tromperie magique. La merveilleuse fontaine que Pline décrit dans l'île d'Andros comme déversant du vin pendant sept jours et de l'eau pendant le reste de l'année, la source d'huile qui jaillit à Rome pour accueillir le retour d'Auguste de la guerre de Sicile, la trois urnes vides qui se remplissaient de vin lors de la fête annuelle de Bacchus dans la ville d'Elis, - le tombeau de verre de Bélus, qui était plein d'huile, et qui, une fois vidé par Xerxès, ne pouvait plus être rempli, - le les statues qui pleurent et les lampes perpétuelles des anciens étaient tous l'effet évident de l'équilibre et de la pression des fluides.

POUR VIDER UN VERRE SOUS L'EAU.

Remplissez d'eau un verre à vin, placez sur son embouchure une carte, de manière à empêcher l'eau de s'échapper, et mettez le verre, l'embouchure en bas, dans une bassine d'eau. Ensuite, retirez la carte et soulevez le verre en partie au-dessus de la surface, mais gardez son embouchure en dessous de la surface, afin que le verre reste complètement rempli d'eau. Insérez ensuite une extrémité d'une plume ou d'un roseau dans l'eau au-dessous de l'embouchure du verre, et soufflez doucement à l'autre extrémité, lorsque l'air montera en bulles jusqu'à la partie la plus élevée du verre et en expulsera l'eau ; et, si vous continuez à souffler throughavec la plume, toute l'eau sera vidée du verre, qui se remplira d'air.

ASTUCES EN ACOUSTIQUE.

L'acoustique est la science relative au son et à l'audition. Le son est entendu lorsqu'un choc ou une impulsion est donné à l'air ou à tout autre corps en contact direct ou indirect avec l'oreille.

DIFFÉRENCE ENTRE LE SON ET LE BRUIT.

Les bruits sont produits par les claquements de fouets, les coups de marteaux, le grincement d'une lime ou d'une scie, ou encore le brouhaha d'une multitude. Mais lorsqu'on sonne une cloche, qu'on tire l'archet d'un violon sur les cordes, ou qu'on tourne le doigt mouillé autour d'un verre musical, nous avons ce qu'on appelle proprement des sons.

LES SONS, COMMENT SE PROPAGENT.

Les sons se propagent sur tous les corps de la même manière que les vagues se propagent dans l'eau, avec une vitesse de 1 142 pieds par seconde. Les sons dans les liquides et les solides sont plus rapides que dans l'air. Deux pierres frottées l'une contre l'autre peuvent être entendues dans l'eau à un demi-mille ; les corps solides transmettent les sons à de grandes distances, et des tuyaux peuvent être fabriqués pour transmettre la voix dans toutes les parties de la maison.

VIBRATIONS VISIBLES.

Fournissez un gobelet en verre rempli aux deux tiers environ d'eau colorée, tirez un arc de violon contre son bord, et la surface de l'eau présentera une figure agréable, composée d'éventails, au nombre de quatre, six ou huit, selon les dimensions de le navire, mais principalement sur la hauteur de la note produite.

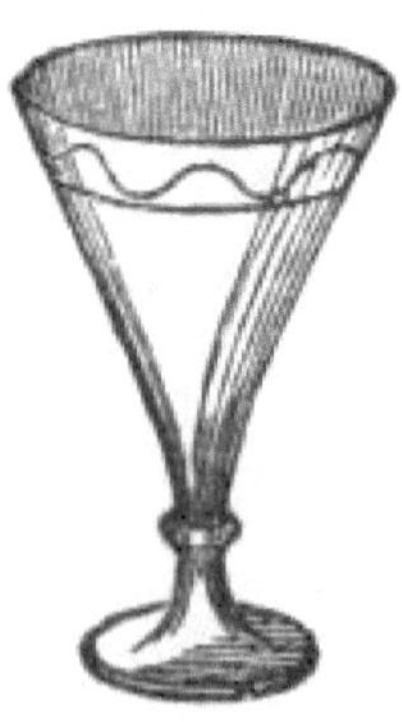

Ou bien, remplissez presque un verre d'eau, tirez fortement l'arc contre son bord, l'eau sera élevée et abaissée ; et lorsque la vibration aura cessé et que la surface de l'eau sera devenue calme, ces élévations se présenteront sous la forme d'une ligne courbe, passant autour de la surface intérieure du verre et au-dessus de la surface de l'eau. Si l'action de l'arc est forte, l'eau sera aspergée à l'intérieur du verre, au-dessus de la surface du liquide, et cet aspersion fera apparaître très parfaitement la ligne courbe, comme dans la gravure. L'eau doit être versée avec précaution, afin que le verre au-dessus du liquide soit conservé sec ; la partie du verre comprise entre le bord et la ligne courbe sera alors vue partiellement saupoudrée ; mais, entre le niveau de l'eau et la ligne courbe, elle sera entièrement mouillée, indiquant ainsi la hauteur à laquelle le fluide a été projeté.

VIBRATION TRANSMISE.

Prévoyez une longue règle ou une tige en verre plate, comme dans la gravure, et collez-la avec du mastic sur le bord d'un verre à boire, fixé sur un support en bois ; appuyer très légèrement l'autre extrémité de la tige sur un morceau de liège, et saupoudrer sa surface supérieure de sable ; mettez le verre en vibration par un arc, en un point opposé où la tige le rencontre, et les mouvements seront communiqués à la tige sans aucun changement de direction. Si l'appareil est inversé et que du sable est répandu sur la face inférieure de la tige, on verra que les chiffres correspondent à ceux produits sur la surface supérieure.

DOUBLE VIBRATION.

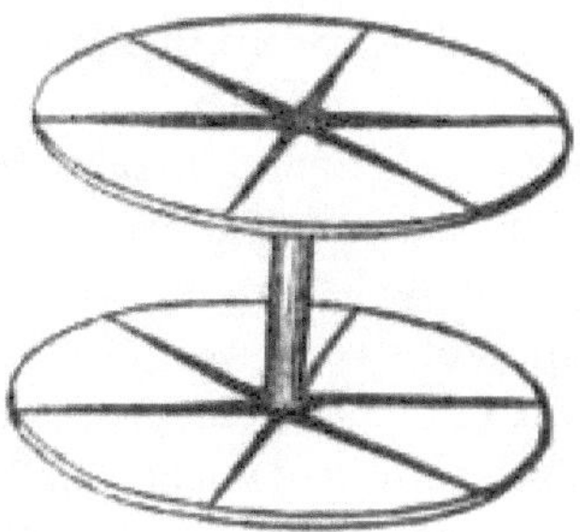

Prévoir deux disques de métal ou de verre, précisément de mêmes dimensions, et une tige de verre ou de métal ; cimentez les deux disques en leur centre aux extrémités de la tige, comme dans la gravure, et saupoudrez leurs surfaces supérieures de sable. Faites vibrer l'un des disques, à savoir le disque supérieur, par un arc, et sa vibration sera exactement imitée par le disque inférieur, et le sable répandu sur les deux se disposera exactement sous les mêmes formes sur les deux disques.

CHAMPAGNE ET SON.

Versez du champagne pétillant dans un verre, jusqu'à ce qu'il soit à moitié plein, lorsque le verre perdra son pouvoir de sonner par un coup sur son bord, et n'émettra plus qu'un son désagréable et gonflé. Un verre ne sonnera pas non plus tant que le vin est vif et rempli de bulles d'air ; mais à mesure que l'effervescence s'apaisera, le son deviendra de plus en plus clair, et lorsque les bulles d'air auront entièrement disparu, le verre sonnera comme d'habitude. Si l'on jette une miette de pain dans le champagne et que l'effervescence se reproduit, le verre cessera de sonner. La même expérience réussira également avec de l'eau gazeuse, du vin de gingembre ou tout autre liquide effervescent.

MUSIQUE DE L'ESCARGOT.

Placez un escargot de jardin sur une vitre et, en se traînant, il produira fréquemment des sons semblables à ceux des lunettes musicales.

Le diapason d'un joueur de flûte.

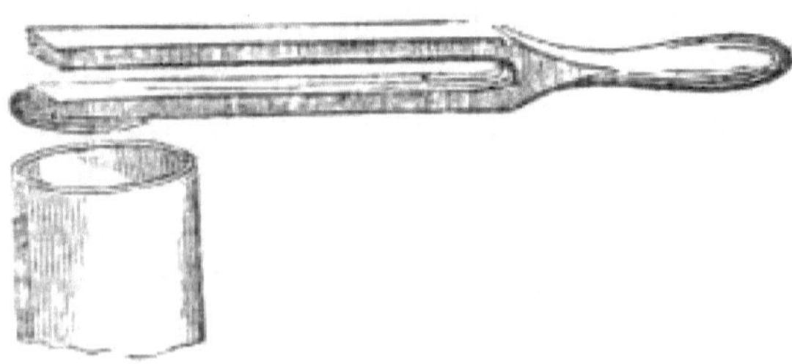

Prenez un diapason ordinaire, et sur l'une de ses branches fixez avec de la cire à cacheter un morceau de carton circulaire, de la taille d'une petite plaquette, ou suffisant pour couvrir à peu près l'ouverture d'un tuyau, comme le coulissement de l'extrémité supérieure. d'une flûte avec la bouche arrêtée : elle peut être accordée à l'unisson avec le diapason chargé (un diapason de do), au moyen du bouchon ou de la carte mobile, ou la fourchette peut être chargée jusqu'à ce que l'unisson soit parfait. Mettez ensuite la fourchette en vibration par un coup sur la branche déchargée, et tenez la carte étroitement sur l'embouchure de la pipe, comme dans la gravure, lorsqu'une note d'une clarté et d'une force surprenantes se fera entendre. En effet, on peut faire parfaitement "parler" une flûte, en tenant près de l'ouverture un diapason vibrant, tandis que l'on exécute en même temps le doigté propre à la note du diapason.

BOUTEILLES MUSICALES.

Prévoyez deux bouteilles en verre et réglez-les en y versant de l'eau, afin que chacune corresponde au son d'un diapason différent. Ensuite, appliquez alternativement les deux diapasons sur le goulot de chaque bouteille, lorsque seul le son sera entendu, dans chaque cas, qui est rendu en retour par la bouteille à l'unisson ; ou, en d'autres termes, par cette bouteille qui contient une colonne d'air susceptible de vibrer à l'unisson avec la fourchette.

THÉORIE DU Chuchotement.

Les appartements de forme circulaire ou elliptique sont les meilleurs calculatedpour l'exposition de ce phénomène. Si une personne se tient près du mur, la face tournée vers lui, et murmure quelques mots, elle peut être entendue plus distinctement presque de l'autre côté de l'appartement, que si l'auditeur était situé près de celui qui parle.

THÉORIE DE LA VOIX.

Fournir une espèce de sifflet, commun comme jouet d'enfant ou comme cri de sportif, en forme de cylindre creux, de abouttrois quarts de pouce de diamètre, fermé aux deux extrémités par des plaques circulaires plates, percées de trous en leur centre. Tenez ce jouet entre les dents et les lèvres ; soufflez à travers lui et vous pouvez produire des sons dont la hauteur varie en fonction de la force avec laquelle vous soufflez. Si l'air est soigneusement gradué, tous les sons compris dans l'étendue d'une double octave peuvent en être produits ; et, si l'on prend de grandes précautions dans la gestion du vent, des tons encore plus graves peuvent en ressortir. Ce simple instrument, ou jouet, ressemble en effet le plus au larynx, qui est l'organe de la voix.

POUR ACCORDER UNE GUITARE SANS L'ASSISTANCE DE L'OREILLE.

Faites sonner une corde, et ses vibrations seront, avec beaucoup de force, transférées à la corde suivante : ce transfert peut être vu, en plaçant une selle de papier (comme un Λ inversé) sur la corde, d'abord dans un état de repos. Lorsque cette corde *entend* l'autre, la selle sera secouée ou tombera ; lorsque les deux cordes sont en harmonie, le papier sera très peu ou pas du tout secoué.

PROGRÈS DU SON.

Lorsqu'un archet est tiré sur les cordes d'un violon, les impulsions produites peuvent être rendues évidentes en fixant une petite perle d'acier sur l'archet ; vue à la lumière ou au soleil, la perle semblera former une série de points lors du passage de l'arc.

POUR FAIRE UNE HARPE ÆOLIENNE.

Cet instrument consiste en une boîte longue et étroite en pin très mince, d'environ six pouces de profondeur, avec un cercle au milieu de la face supérieure, d'un pouce et demi de diamètre, dans lequel doivent être percés de petits trous. De ce côté, sept, dix cordes ou plus de boyau très fin sont tendues sur des chevalets à chaque extrémité comme le chevalet d'un violon, et vissées ou détendues avec des goupilles à vis. Les cordes doivent toutes être accordées sur une seule et même note [9] et l'instrument doit être placé dans une fenêtre entrouverte, dont la largeur est exactement égale à la longueur de la harpe, avec le châssis juste relevé pour donner le son. entrée d'air. Lorsque l'air souffle sur ces cordes avec différents degrés de force, il excitera différentes tonalités sonores. Parfois le souffle fait ressortir toutes les tonalités en plein concert, et parfois il les enfonce dans les murmures les plus doux.

Une imitation colossale de l'instrument que nous venons de décrire fut inventée à Milan, en 1786, par l'abbé Gattoni. Il tendit sept fils de fer solides, accordés aux notes de la gamme, du haut d'une tour de soixante pieds de haut, jusqu'à la maison d'un signor Moscate, intéressé au succès de l'expérience, et cet appareil, appelé le " harpe de géant", par temps venteux, produisait des carillons prolongés d'une musique harmonieuse. Lors d'une tempête, cette musique s'entendait parfois à plusieurs kilomètres de distance.

LA FILLE INVISIBLE.

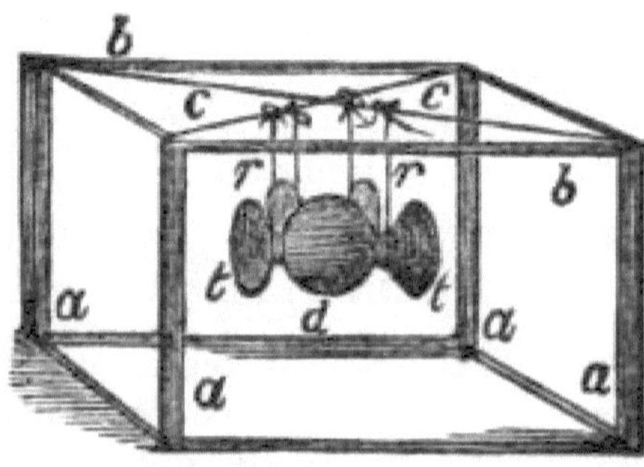

La facilité avec laquelle la voix circule à travers les tubes était connue des anciens, et a sans doute fourni aux prêtres de toutes les religions des moyens de tromper les ignorants et les crédules. Mais ces derniers temps, la lumière de la science dissipe toutes ces mauvaises tromperies. Une machine très intelligente a été fabriquée à Paris il y a plusieurs années, puis exposée à New York et dans d'autres villes des États-Unis, sous le nom de "Invisible Girl", car l'appareil était construit de telle sorte que la voix d'une femme à un moment donné la distance était entendue comme si elle provenait d'un globe creux, ne dépassant pas un pied de diamètre. Il se composait d'une charpente en bois quelque chose comme un cadre de lit de tente, formé de quatre piliers *a a a a* , reliés par des traverses supérieures *b b* , et des rails similaires en dessous, tandis qu'il se terminait au-dessus par quatre fils courbés *c c* , procédant à angle droit de le cadre, et se réunissant en un point central. La boule *de* cuivre creuse *d* , avec quatre trompettes *tt* , la traversant à angle droit, pendait au centre du cadre, étant reliée aux fils seuls par quatre rubans étroits *r r* . Les questions étaient posées près de la bouche ouverte d'une de ces trompettes, et la réponse revenait par le même orifice. Les moyens utilisés pour la tromperie étaient les suivants : un tuyau ou un tube était attaché à l'un des piliers creux et transporté dans un autre appartement, dans lequel une femme était placée ; et ce tube ayant été porté le long du pied ou pilier de l'instrument jusqu'aux traverses, avait des ouvertures exactement en face de deux des bouches de trompette ; de sorte que ce qui était dit recevait immédiatement une réponse via un mode de communication très simple.

LA MAGIE DE L'ACOUSTIQUE.

La science de *l'acoustique* a fourni aux anciens sorciers quelques-unes de leurs meilleures tromperies. L'imitation du tonnerre dans leurs temples souterrains ne pouvait manquer d'indiquer la présence d'un agent surnaturel. Les vierges d'or dont les voix ravissantes résonnaient dans le temple de Delphes, la pierre du fleuve Pactole dont les sons de trompette effrayaient le voleur du trésor qu'elle gardait, la tête parlante qui poussait ses réponses oraculaires à Lesbos, et les voix vocales. La statue de Memnon, qui commença dès le point du jour à s'approcher du soleil levant, étaient autant de tromperies dérivées de la science et d'une observation diligente de la phenomenanature.

Prenez un long morceau de bois, comme le manche d'un balai à cheveux, et placez une montre à une extrémité, appliquez votre oreille à l'autre, et les tic-tacs se feront entendre distinctement.

POUR MONTRER QUE LE SON DÉPEND DES VIBRATION.

Touchez une cloche quand elle sonne et le bruit cesse ; la même chose peut être faite avec une corde musicale avec les mêmes résultats. Tenez une fourche musicale près des lèvres, quand on la fait sonner, et un mouvement frémissant sera ressenti à cause de ses vibrations. Ces expériences montrent que le son est produit par les mouvements et vibrations rapides de différents corps.

LA MAGIE DES CHIFFRES

OU, CURIEUX PROBLÈMES D'ARITHMÉTIQUE.

Comme l'objet principal de ce volume est de permettre au jeune lecteur d'apprendre quelque chose dans ses sports et de comprendre ce qu'il fait, nous allons, avant de passer aux curieux tours et prouesses liés à la science des nombres, lui présenter quelques aphorismes arithmétiques, sur lesquels sont fondés la plupart des exemples suivants.

APHORISMES DE NOMBRE.

1. Si deux nombres pairs sont additionnés ou soustraits l'un de l'autre, leur somme ou leur différence sera un nombre pair.

2. Si deux nombres impairs sont ajoutés ou soustraits, leur somme ou différence sera un nombre pair.

3. La somme ou la différence d'un nombre pair et impair ajouté ou soustrait sera un nombre impair.

4. Le produit de deux nombres pairs sera un nombre pair, et le produit de deux nombres impairs sera un nombre impair.

5. Le produit d'un nombre pair et impair sera un nombre pair.

6. Si deux nombres différents sont divisibles par un seul nombre, leur somme et leur différence seront également divisibles par ce nombre.

7. Si plusieurs nombres différents, divisés par 3, sont additionnés ou multipliés ensemble, leur somme et leur produit seront également divisibles par 3.

8. Si deux nombres divisibles par 9 sont additionnés, la somme des chiffres du montant sera soit 9, soit un nombre divisible par 9.

9. Si un nombre quelconque est multiplié par 9, ou par tout autre nombre divisible par 9, le montant des chiffres du produit sera soit 9, soit un nombre divisible par 9.

10. Dans toute progression arithmétique, si le premier et le dernier terme sont chacun multipliés par le nombre de termes, et que la somme des deux produits est divisée par 2, le quotient sera la somme de la série.

11. Dans toute progression géométrique, si deux termes quelconques sont multipliés ensemble, leur produit sera égal à celui du terme qui répond à la somme de ces deux indices. Ainsi, dans la série—

$$1 \quad 2 \quad 3 \quad 4 \quad 5$$

$$2 \quad 4 \quad 8 \quad 16 \quad 32$$

Si les troisième et quatrième termes 8 et 16 sont multipliés ensemble, le produit 128 sera le septième terme de la série. De même, si le cinquième terme est multiplié par lui-même, le produit sera le dixième terme, et si cette somme est multipliée par lui-même, le produit sera le vingtième terme. Par conséquent, pour trouver le dernier terme ou tout autre terme d'une série géométrique, il n'est pas nécessaire de continuer la série au-delà de quelques-uns des premiers termes.

Avant les recréations numériques, nous décrirons ici certaines méthodes mécaniques pour effectuer des calculs arithmétiques, qui sont non seulement divertissantes en elles-mêmes, mais qui se trouveront plus ou moins utiles au jeune lecteur.

Arithmétique palpable.

Le mathématicien aveugle, le Dr Saunderson, a adopté un dispositif très ingénieux pour effectuer des opérations arithmétiques par le sens du toucher.

Des petits cubes de bois étaient fournis, et sur une face de chacun, neuf trous étaient percés, ainsi :

$$1 \; 2 \; 3 \quad o \; o \; o$$

$$4 \; 5 \; 6 \quad o \; o \; o$$

Ces trous représentaient les neuf chiffres, comme sur la figure, et pour désigner n'importe quel chiffre, une petite cheville était insérée dans le trou correspondant. Si le nombre était composé de plusieurs chiffres, plusieurs cubes étaient utilisés, un pour chacun. Un chiffre était représenté par un pion de forme différente de celle des autres, et inséré dans le trou central.

Pour effectuer tout processus arithmétique, une planche carrée a été fournie, divisée par des crêtes en évidements de la même largeur que les cubes, et ainsi les cubes ont été retenus dans l'horizontale et les perpendicularlignes requises. Supposons qu'il faille additionner les nombres 763, 124, 859, les cubes et les pions seraient disposés ainsi :

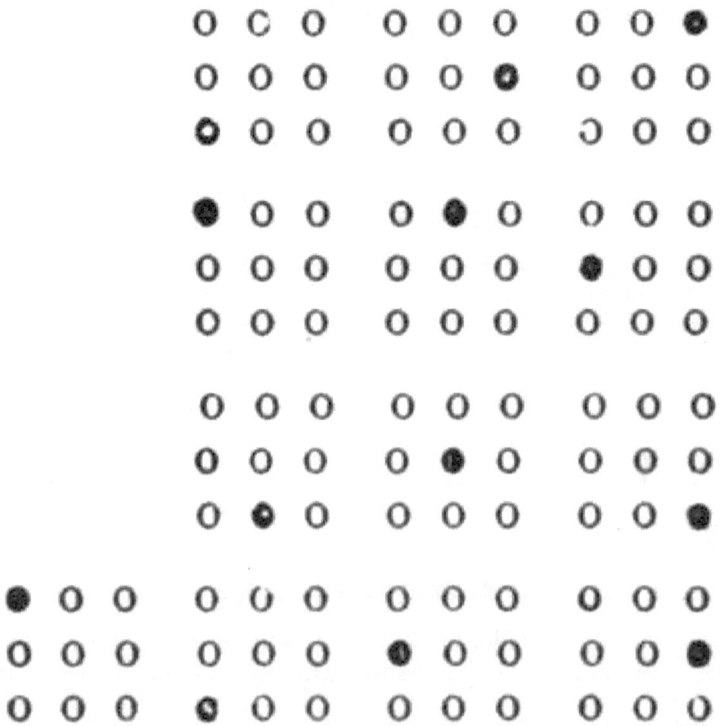

L'ABAQUE.

Cet instrument est utilisé pour enseigner la numération et les premiers principes de l'arithmétique.

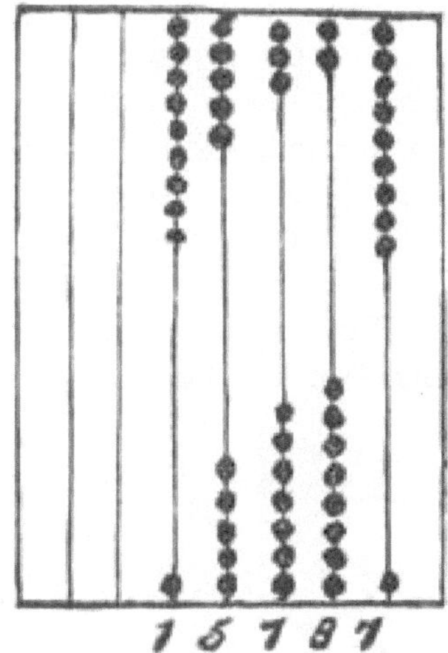

Sur un cadre sont placés des fils, parallèles les uns aux autres et à égales distances. Dix petites boules sont enfilées sur chaque fil et placées comme dans la marge. Le fil de droite désigne les unités, les dizaines suivantes , et ainsi de suite, le 7ème fil étant la place des millions. En utilisant le boulier, toutes les boules sont d'abord rangées à une extrémité, et un certain nombre d'entre elles sont ensuite déplacées à l'autre extrémité de chaque fil, pour correspondre aux chiffres demandés. L'exemple donné en marge est 15 781, hauteur du Mont Blanc.

LES TIGES DE NAPIER.

Le but de cet appareil est de rendre la multiplication arithmétique plus facile et d'assurer son exactitude ; il était très utilisé par les astronomes avant l'invention des logarithmes.

Pour apprécier les mérites de cette invention, il faut considérer le processus de multiplication tel qu'il est habituellement effectué. Supposons que nous devions multiplier 8 679 par 8 :

8   679

8———————69 432

Nous multiplions d'abord 9 par 8 = 72, et en inscrivant 2 comme premier chiffre du produit, nous portons le 7 pour l'ajouter au produit suivant de 7 par 8 = 56 ; cela nous donne 63, le 3 étant mis comme deuxième chiffre ; 6 est porté à ajouter au produit de 6 par 8, et ainsi de suite.

Une erreur peut être commise dans chaque étape de ce processus ; pour le 1er, on pourrait considérer 8 fois 9 comme un autre nombre que 72 ; 2° après avoir multiplié le 7 par le 8, on pourrait ajouter au 56 résultant quelque autre chiffre que le 7 que nous avions porté ; 3d, nous pouvons ajouter 56 à 7 de manière inexacte, en faisant une autre somme que la bonne, 63. Les erreurs dans un long problème de multiplication sont généralement commises de l'une de ces trois manières, et pour éviter de telles erreurs, Lord Napier [10] introduit cet appareil utile. De fines bandes de carton, de bois ou d'os, 9 fois plus longues que larges, sont chacune divisées en 9 carrés égaux, un chiffre est imprimé ou écrit sur le carré du haut, et dans chacun des carrés du dessous est le produit de la multiplication . ce chiffre par 2, 3, 4, etc., jusqu'à 9.

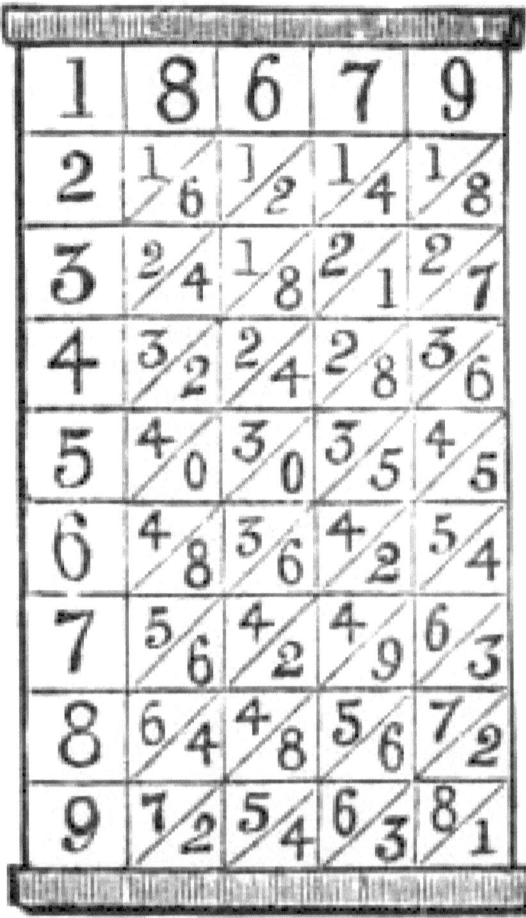

Pour les utiliser en multiplication, sélectionnez les bandes dont les chiffres du haut constituent le nombre à multiplier. Par exemple:

Pour multiplier 8 679 par 8, regardez la huitième ligne de carrés à partir du haut, et sur cette ligne se trouvera le produit de chacun des entiers 8, 6, 7, 9, multiplié par 8. Il faut alors écrire le 2 comme premier chiffre du produit, additionner 7 et 6 ensemble = 13 ; écrivez 3 comme chiffre suivant, reportez 1 pour ajouter à la somme de 8 et 5, et ainsi de suite.

La raison pour laquelle on divise les chiffres de chaque carré par une ligne diagonale et pour placer le chiffre de gauche plus haut que celui de droite est que l'œil peut ainsi être aidé à ajouter le chiffre porté d'un feuillet à l'unité du suivant.

Pour permettre l'apparition de plusieurs chiffres identiques dans le multiplicande, il doit y avoir plusieurs feuillets ou bâtonnets pour chacun des chiffres.

En pratique, les tiges sont placées sur une pièce de bois plate, avec deux arêtes à angle droit, grâce auxquelles elles sont maintenues dans une position convenable.

Cet instrument peut être rendu utile dans les « divisions », en faisant au moyen de lui un tableau du produit du diviseur multiplié par chacun des nombres de 1 à 9.

LE BOOMERANG ARITHMÉTIQUE.

Le boomerang est un instrument de forme particulière, utilisé par les indigènes de la Nouvelle-Galles du Sud pour tuer les oiseaux sauvages et autres petits animaux. S'il est projeté en avant, il avance d'abord en ligne droite, mais s'élève ensuite dans les airs, et après avoir effectué diverses girations particulières, revient dans la direction de l'endroit où il a été lancé.

Le terme s'applique aux processus arithmétiques par lesquels vous pouvez deviner un nombre pensé par un autre. Vous avancez le nombre au moyen de l'addition et de la multiplication, puis, au moyen de la soustraction et de la division, vous le ramenez au point de départ original, le faisant suivre un chemin si détourné qu'il échappe à l'attention superficielle du débutant.

POUR TROUVER UN NUMÉRO DE PENSÉE.

Première méthode.

C'est là une astuce arithmétique qui, pour ceux qui ne la connaissent pas, semble très surprenante ; mais, une fois expliqué, c'est très simple. Par exemple, demandez à une personne de *penser* à n'importe quel nombre inférieur à 10. Lorsqu'elle dit qu'elle l'a fait, demandez-lui de tripler ce nombre. Demandez-lui ensuite si la somme du nombre auquel il a pensé (maintenant multiplié par 3) est impaire ou paire ; si impair, dites-lui d'ajouter 1 pour rendre la somme paire. Il est le prochain à diviser par deux la somme, puis à tripler cette moitié. Demandez à nouveau si le montant est pair ou impair. Si impair, ajoutez 1 (comme avant) pour le rendre pair, puis divisez-le par deux. Demandez maintenant combien de neuf sont contenus dans le reste. Le secret est de se rappeler si la première somme est paire ou impaire ; si impair, conservez 1 en mémoire ; si impair une seconde fois, en conserver 2 de plus (ce qui fait en tout 3 à conserver en mémoire ;) auxquels ajouter 4 pour chaque neuf contenu dans le reste.

Par exemple, le n° 7 est impair la première et aussi la deuxième fois ; et le reste (17) contient un neuf ; de sorte que 1, ajouté à 2, fait 3, et 3, ajouté à 4, fait 7, le nombre pensé. Le n° 1 est impair la première fois (retenir 1), et pair la seconde (dont on ne tient pas compte), mais le reste n'est pas égal à neuf. Le n°2 est pair la première fois et impair la deuxième fois (retenir 2), mais le reste ne contient pas de neuf. Le numéro 3 est impair la première et la deuxième fois, mais il n'y a toujours pas de neuf dans le reste. Le n ° 4 est pair les deux fois et contient un neuf. Le n° 5 est impair la première fois et le reste contient un neuf. Le n° 6 est impair la deuxième fois et contient un neuf dans le reste. Le n° 8 est égal aux deux fois, et le reste contient deux neuf. Il n'est pas nécessaire de tenir compte de tout excédent d'un reste, après avoir été divisé par neuf.

Voici les illustrations du résultat avec chaque numéro :

```
    1        2         3        4          5        6         7         8         9
    3        3         3        3          3        3         3         3         3
   ———      ———       ———      ———        ———      ———       ———       ———       ———
    3      2)6         9      2)12         15     2)18        21      2)24        27
  Add 1     —       Add 1      —         Add 1      —       Add 1       —       Add 1
   ———      3         ——       6          ——       9         ——       12         ——
  2)4       3       2)10       3        2)16        3       2)22        3       2)28
   ———      ———       ———      ———        ———      ———       ———       ———       ———
    2        9         5      2)18         8        27        11      2)36        14
    3     Add 1        3        —          3      Add 1        3         —         3
   ———      ———       ———      9)9        ———      ———       ———      9)18       ———
  2)6     2)10        15        —        2)24     2)28        33        —       2)42
   ———      —       Add 1       1          ——       —       Add 1       2         —
    3        5         ——               9)12     9)14        ——               9)21
                    2)16                   ——       —       2)34                  ——
                      ——                    1        1        ——                   2
                       8                                    9)17
                                                             ——
                                                              1
```


EXEMPLE.

Laissez une personne penser à un nombre, disons   6

1. Laissez-le multiplier par 3   18

2. Ajoutez 1   19

3. Multipliez par 3   57

4. Ajoutez à cela le nombre pensé   63

Laissez-le vous informer quel est le numéro produit ; il se terminera toujours par 3. Rayez le 3 et dites-lui qu'il a pensé au 6.

Troisième méthode.

EXEMPLE.

Supposons que le nombre considéré soit   6

1. Laissez-le doubler   12

2. Ajoutez 4   16

3. Multipliez par 6   80

4. Ajoutez 12   92

5. Multipliez par 10   920

Laissez-le vous informer quel est le numéro produit. Il faut dans tous les cas soustraire 320 ; le reste est, dans cet exemple, 600 ; rayez les deux chiffres et annoncez 6 comme nombre pensé.

Quatrième méthode.

Désirez qu'une personne pense à un nombre, disons 6. Elle doit alors procéder :

EXEMPLE.

1. Multiplier ce nombre par lui-même   36

2. Alors prenez 1 du nombre pensé   5

3. Multiplier cela par lui-même   25

4. Pour vous dire la différence entre ce produit et l'ancien 11

Il faut alors y ajouter 1   12

Et divisez par deux ce nombre   6

Quel sera le nombre auquel on pensera.

Cinquième méthode.

Désirez qu'une personne pense à un nombre, disons 6. Elle doit alors procéder comme suit :

EXEMPLE.

1. Ajoutez-y 1   7

2. Multipliez par 3   21

3. Ajoutez à nouveau 1   22

4. Ajoutez le numéro auquel vous avez pensé 28

Laissez-le vous raconter les chiffres produits (28) :

5. Vous en soustrayez ensuite 4 24

6. Et divisez par 4   6

Ce que vous pouvez dire est le nombre auquel vous pensez.

Sixième méthode.

EXEMPLE.

Supposons que le nombre auquel on pense   6

1. Laissez-le doubler   12

2. Demandez-lui d'ajouter à cela n'importe quel nombre que vous lui dites, disons 4.   16

3. Réduire de moitié   8

Vous pouvez alors lui dire que s'il en soustrait le nombre auquel il a pensé, le reste sera, dans le cas supposé, 2.

Note. — Le reste est toujours la moitié du nombre que vous lui dites d'additionner.

POUR DÉCOUVRIR DEUX OU PLUSIEURS NUMÉROS AUXQUELS UNE PERSONNE A PENSÉ.

1er Cas. — Où chacun des nombres est inférieur à 10. Supposons que les nombres pensés soient 2, 3, 5.

EXEMPLE.

1. Demandez-lui de doubler le premier numéro obtenu   4

2. Pour y ajouter 1   5

3. Multiplier par 5   25

4. Pour ajouter le deuxième numéro   28

Puisqu'il y a un troisième numéro, répétez ce processus...

5. Pour le doubler   56

6. Pour y ajouter 1   57

7. Multiplier par 5   285

8. Pour ajouter le troisième numéro   290

Et procéder de la même manière pour autant de nombres qu'on pense. Laissez-le vous indiquer la dernière somme produite (en l'occurrence 290). Ensuite, si vous pensez à deux nombres, vous devez soustraire 5 ; si trois, 55 ; si quatre, 555. Vous devez ici soustraire 55, laissant un reste de 235, qui sont les nombres pensés, 2, 3 et 5.

2ème Cas. — Où un ou plusieurs nombres sont 10, ou plus de 10, et où l'on pense à un nombre *impair de nombres.*

Supposons qu'il se fixe sur cinq nombres, à savoir. 4, 6, 9, 15, 16.

Il doit additionner les nombres comme suit, et vous indiquer les différentes sommes :

1. La somme du 1er et du 2d   dix

2. La somme du 2d et du 3d   15

3. La somme du 3d et du 4ème   24

4. La somme du 4ème et du 5ème   31

5. La somme du 1er et du dernier   20

Vous devez ensuite additionner les 1ère, 3ème et 5ème sommes, à savoir. 10 + 24 + 20 = 54, et le 2d et le 4ème, 15 + 31 = 46 ; prenez-en l'un de l'autre, en laissant 8. La moitié de celui-ci est le 1er chiffre, 4 ; si vous prenez cela de la somme du 1er et du 2d, vous aurez le 2d nombre, 6 ; ceci pris sur la somme du 2d et du 3d vous donnera le 3d, 9 ; et ainsi de suite pour les autres numéros.

3D . — Où un ou plusieurs nombres sont 10, ou supérieurs à 10, et où un nombre *pair* de nombres a été pensé.

Supposons qu'il se concentre sur six nombres, à savoir. 2, 6, 7, 15, 16, 18. Il doit additionner les nombres comme suit, et vous dire la somme dans chaque cas :

1. La somme du 1er et du 2d   8

2. La somme du 2d et du 3d   13

3. La somme du 3d et du 4ème   22

4. La somme du 4ème et du 5ème   31

5. La somme du 5ème et du 6ème   34

6. La somme du 2ème et dernier   24

Vous devez ensuite additionner les 2ème, 4ème et 6ème sommes, 13 + 31 + 24 = 68, et les 3ème et 5ème sommes, 22 + 34 = 56. Soustraire l'une de l'autre, laissant 12 ; le 2ème nombre sera 6, la moitié de celui-ci ; prenez le 2d de la somme du 1er et du 2d vous obtiendrez le 1er ; prenez le 2ème de la somme du 2d et du 3d, et vous aurez le 3d, et ainsi de suite.

COMBIEN DE PIONS AI-JE EN MAIN ?

Une personne ayant un nombre égal de jetons dans chaque main doit déterminer combien elle en possède au total.

Supposons qu'il ait 16 pions, soit 8 dans chaque main. Demandez-lui d'en transférer d'une main à l'autre un certain nombre, et de vous indiquer le nombre ainsi transféré. Supposons que ce soit 4, les aiguilles contiennent maintenant 4 et 12. Demandez-lui combien de fois le plus petit nombre est contenu dans le plus grand ; dans ce cas, c'est 3 fois. Vous devez ensuite multiplier le nombre transféré, 4, par le 3, ce qui fait 12, et ajouter le 4, ce qui fait 16 ; puis divisez 16 par 3 *moins* 1 ; cela apportera 8, le nombre dans chaque main.

Dans la plupart des cas, des fractions se produiront au cours du processus : lorsqu'il y a 10 jetons dans chaque main, et si 4 sont transférés, les mains contiendront 6 et 14.

Il divisera 14 par 6 et vous informera que le quotient est $2\,{}^2/_6$ ou $2\,{}^1/_3$.

Vous multipliez 4 par $2\,{}^1/_3$, ce qui donne $9\,{}^1/_3$.

Ajoutez 4 à cela, ce qui fait $13\,{}^1/_3$, égal à ${}^{40}/_3$.

Soustrayez 1 de $2\,{}^1/_3$, laissant $1\,{}^1/_3$ ou ${}^4/_3$.

Divisez ${}^{40/3}$ par ${}^{4/3}$, ce qui donne 10, le nombre dans chaque main.

LES MYSTÉRIEUX MOITIÉS.

Pour dire le numéro auquel une personne a pensé.

L'un des membres de la société doit fixer l'un des nombres de 1 à 15 ; il garde cela secret, ainsi que les chiffres produits par les opérations successives :

Supposons qu'il se fixe sur	8
Il doit y ajouter 1, ce qui fait	9
Triplez-le	27
Réduisez-le de moitié [11] —1ère *moitié* —(*moitié plus grande*)	14
Triplez-le	42
Réduisez-le de moitié : 2 d *de moitié*	21
Triplez-le	63
Réduisez-le de moitié – *réduction de moitié en 3D* – (*moitié plus grande*)	32
Triplez-le	96
Réduisez-le de moitié : 4e *moitié* .	48

Il n'a pas besoin de vous informer que 48 est le chiffre produit, mais il doit vous faire savoir dans laquelle des quatre moitiés il a été obligé de prendre une « moitié plus grande » ; Ayant constaté ce point, vous découvrez le nombre fixé de la manière suivante. Gardez à l'esprit, ou sur un bout de papier, la liste suivante de noms dans lesquels la lettre a apparaît dans une ou plusieurs des trois syllabes de toutes sauf la dernière.

Les trois syllabes sont destinées à représenter les 1ère, 2ème et 3ème moitiés
, et l'occurrence de la lettre A correspond à l'apparition d'une "moitié plus
grande" dans une ou plusieurs de ces trois moitiés . Ayant été informé de
l'endroit où la *plus grande moitié* a été prise, référez-vous au mot qui a A dans
la syllabe correspondante, et contre lui se trouvent deux nombres, dont l'un
était le nombre pensé ; et parmi ces deux, le numéro de droite est le bon *si
une moitié plus grande a été prise lors de la 4 ème étape* , et celui de gauche *si la 4 ème
moitié était exacte* .

Dans l'exemple donné, une *moitié plus grande* s'est produite aux 1ère et 3ème
étapes ; cela nous renvoie à *Carro - way* , et la réduction de moitié dans la 4ème
étape étant exacte, nous montre que 8 était le nombre fixé.

	Si la 4ème moitié est *exacte* .	Si une *moitié plus grande* se produit dans la 4ème moitié.
Tonne à laver _ — —	4	12
L A - f A y - ette	2	dix
C A r -row- way — —	8	0
M A nh A t A n	6	14
Allemagne-m A - ny	13	5
Tel-e- gr A ph	3	11
Bo- n A - p A rte	1	9
Long- fel -bas	15	7

On remarquera qu'il y a toujours une différence de 8 entre les numéros des
colonnes, de sorte qu'il n'est nécessaire de n'en retenir qu'un seul. Peut-être
que certains de nos lecteurs qui souhaitent devenir adeptes de ce jeu
préféreraient se souvenir du tableau ci-dessus présenté sous cette forme :

2-3	1-2	3	1-2-3	1-3	2 aucun
1	2	3 4	8	13	15

où la ligne supérieure indique les cas dans lesquels la « plus grande moitié » a
été prise, et la ligne inférieure les numéros de la colonne de gauche ci-dessus
indiqués.

La personne ayant choisi n'importe quel nombre de un à quinze, elle doit ajouter vingt et un à ce nombre et tripler le montant. Alors,

1er. Il doit prendre la moitié de ce triple et tripler cette moitié.

2ème. Prendre la moitié du dernier triple et tripler cette moitié.

3ème. Prendre la moitié du dernier triple.

4ème. Prendre la moitié de la dernière moitié.

Dans cette opération, il y a quatre cas ou étapes distincts où la moitié doit être prélevée. Les trois premiers sont désignés par un des huit mots latins suivants, chaque mot étant composé de trois syllabes, et les syllabes contenant la lettre i correspondant par ordre numérique aux cas où la moitié ne peut être prise sans fraction ; par conséquent, dans ces cas, celui qui fait la déduction doit ajouter un au nombre à diviser. Le quatrième cas montre lequel des deux nombres correspondant à chaque mot a été choisi. Car si la quatrième moitié peut être prise sans en ajouter une, le nombre choisi est dans la première colonne ou colonne de gauche ; mais sinon, c'est dans la deuxième colonne à droite.

Les mots.	Les chiffres indiqués.	
Mi-ser-est	8	0
Ob-tin-git	1	9
Ni-mi-um	2	dix
Non-tar- je	3	11
In-fer- nos	4	12
Or- di - nes	13	5
Ti-mi-di	6	14
Te -ne-ant	15	7

Exemple. — Supposons que le nombre choisi soit neuf, auquel on ajoute un, ce qui fait dix, et lequel dernier, étant triplé, donne trente. Alors:

1er cas.   La moitié du triple est   15

| | qui a triplé, fait | 45 |

2ème cas.	La moitié du thattriple, 1 étant ajouté pour faire un nombre pair, est	23
	et ça a triplé, ça fait	69
3ème cas.	La moitié du dernier triplet, 1 étant ajouté, est	35
4ème cas.	La moitié de la dernière moitié, 1 étant encore ajouté, est	18

Nous voyons ici que dans le deuxième et le troisième cas, il a fallu en ajouter un, et, en regardant le tableau, nous constatons que le seul mot correspondant ayant un i dans ses deuxième et troisième syllabes est *Ob-tin-git*, qui représente les chiffres un et neuf. Puis, comme il fallait en ajouter un dans le quatrième cas, on sait par la règle que le chiffre de la deuxième colonne, 9, est celui requis. Observez que si aucun ajout n'est requis à aucune des quatre étapes, le nombre pensé sera de quinze ; et si une seule addition est nécessaire à la quatrième étape, le nombre sera de sept.

QUI PORTE LA BAGUE ?

Il s'agit d'une application élégante des principes impliqués dans la découverte d'un nombre fixé. Le nombre de personnes participant au jeu ne doit pas dépasser neuf. L'un d'eux met une bague à un de ses doigts, et c'est à vous de découvrir : 1er. Le porteur de la bague. 2d. La main. 3d. Le doigt. 4ème. Le joint.

La compagnie étant assise dans l'ordre, les personnes doivent être numérotées 1, 2, 3, etc. ; le pouce doit être appelé premier doigt, l'avant étant le deuxième ; l'articulation la plus rapprochée de l'extrémité doit être appelée la première articulation ; la main droite est une et la main gauche deux.

Ces préliminaires étant arrangés, quittez la salle afin que l'anneau puisse être posé sans votre surveillance. Nous supposerons que la troisième personne porte l'anneau à la main droite, au troisième doigt et à la première articulation ; votre but est de découvrir les figures 3131.

Désirer qu'un membre de l'entreprise effectue secrètement les opérations arithmétiques suivantes :

1.	Doublez le numéro de la personne qui possède la bague ; dans le cas supposé, cela produira	6
2.	Ajouter 5	11

3.	Multiplier par 5	55
4.	Ajouter 10	65
5.	Ajoutez le numéro désignant la main	66
6.	Multiplier par 10	660
7.	Ajouter le numéro du doigt	663
8.	Multiplier par 10	6630
9.	Ajouter le numéro de l'articulation	6631
dix.	Ajouter 35	6666

Il doit vous informer des chiffres maintenant produits, 6666 ; vous lui retrancherez alors dans tous les cas 3535 ; dans le cas présent, il restera 3131, désignant la personne n° 3, la main n° 1, le doigt n° 3 et l'articulation n° 1.

PROBABILITÉS. [12]

Lorsque nous regardons autour de nous des résultats qui se produisent quotidiennement, dont nous ignorons les causes, nous sommes amenés à les considérer comme des incidents isolés soumis à aucune loi ni règle ; mais si nous pouvions voir et comprendre le fonctionnement secret et la connexion existant entre la cause et l'effet, nous pourrions fréquemment découvrir que tout fonctionne selon des règles. Dans l'état actuel des choses, nous pouvons facilement marquer les limites à l'intérieur desquelles les événements doivent se produire dans de très nombreux cas ; et font beaucoup pour estimer leur probabilité. Nous parlons du *hasard* comme de quelque chose sans plan ni dessein, mais en prenant un large éventail de choses, nos calculs se rapprocheront de près de la vérité. Lorsque nous lançons une pièce de monnaie en l'air, les chances d'obtenir « pile ou face », comme disent les garçons, sont égales, et bien que l'un ou l'autre puisse se produire le plus souvent pour quelques lancers, dans un grand nombre, disons mille, les résultats seront à peu près également divisés. Dans ce cas, les faces de la pièce doivent avoir le même poids, sinon ce sera comme le pain et le beurre du grincheux :

"Je n'ai jamais mangé un morceau de pain,

Particulièrement bon et large,

Mais je suis tombé sur le sol sablé,

Et toujours du côté beurré."

S'il avait mis moins de beurre, peut-être que les côtés auraient eu un poids plus égal et que la probabilité que le côté beurré soit le plus haut aurait été augmentée. Des causes inquiétantes, inconnues de nous, peuvent souvent façonner le résultat ; mais en l'absence de ces éléments, nous pouvons estimer assez précisément nos chances.

Nous constatons des accidents dus à des incendies et à des inondations, qui se produisent aux moments et aux points les moins attendus ; mais l'assureur a appris par l'observation à estimer les probabilités, et en prenant un large éventail de pays et une période de plusieurs années, il fait des affaires relativement sûres. La mort prend les jeunes et les vieux ; mais l'assureur-vie a escroqué les factures de mortalité et étudié l'âge de ceux qui sont décédés, jusqu'à ce qu'il puisse immédiatement estimer la probabilité de durée de vie et déterminer ce qu'il peut se permettre de payer pour une rente conditionnelle à la vie, ou d' engager contre une somme actuelle, ou une somme annuelle versée à vie, pour payer les héritiers au décès de l'assuré. Dans un cas, son estimation peut être inférieure et dans un autre supérieure, mais la moyenne sera à peu près correcte.

De même, l'homme qui s'occupe des loteries et des jeux de hasard connaît les données et calcule soigneusement les probabilités, et même si la « chance » peut parfois être contre lui, ses estimations des probabilités sont basées sur des principes mathématiques, et il est en sécurité dans étant finalement la partie gagnante.

La manière dont ces chances sont calculées dépend des données de chaque cas, et il n'entre pas dans le cadre de notre projet actuel de tenter plus que de donner une idée générale du sujet ; et cela, avec toute personne de prudence ordinaire, suffira pour empêcher tout ingérence dans les loteries et dans toutes les autres espèces de jeux de hasard. Les probabilités sont toujours contre l'opérateur occasionnel, même si tout est mené équitablement ; que doivent-ils donc être quand la fraude et la malhonnêteté s'ajoutent ? C'est carrément une arnaque !

Dans les systèmes de loterie en général, quinze pour cent. est réservé comme profit, mais ce n'est qu'une petite partie de ce qui peut être obtenu ; et pourtant, cela représente déjà beaucoup. Si un homme tirait un prix nominal de 100 000 $, quinze mille dollars seraient déduits d'un coup et il n'aurait droit qu'à 85 000 $. Il est vrai que, dans sa bonne fortune, il n'envisagerait probablement pas une réduction, mais cela ne change rien au principe.

VARIANTES.

Il est évident que si nous disposons d'un certain nombre de choses isolées dans un ordre quelconque, nous pouvons transformer cet arrangement en une variété de formes et, ce faisant, nous pouvons les prendre toutes ensemble, ou bien n'en prendre qu'une partie à la fois. Par exemple, nous pouvons disposer les six voyelles ae, i , o, u, y, d'un grand nombre de manières, comme ae i ouy, a i eouy, ea i ouy, etc., etc. ; ou nous pouvons les former en groupes, comme ae, io, uy , ai, eu , oy, etc.; ou bien, nous pouvons en prendre trois, quatre, cinq ou, comme ci-dessus, tous à la fois ; et il est raisonnable de supposer que le nombre des changements possibles peut, dans tous les cas, être calculé.

Quand tous sont pris ensemble, l'opération s'appelle *Permutation* ; mais si l'on n'en prend qu'une partie, on l'appelle soit une *variation* , soit une *combinaison* ; ae, i o, uy, sont des combinaisons distinctes, et sont également considérées comme une des variations de deux desquelles ces six lettres sont susceptibles ; ea, o i , yu, sont trois autres variantes, mais ce sont les mêmes combinaisons ; car un changement de commande constituera une nouvelle variation mais non une nouvelle combinaison ; par conséquent, le nombre de variations dépassera toujours le nombre de combinaisons.

La doctrine des variations et des combinaisons constitue la base de nombreuses formes de loteries et d'autres calculs utilisés dans la vie pratique.

COMBINAISONS ET PERMUTATIONS.

Les "combinaisons" sont les différentes manières par lesquelles un certain nombre de choses peuvent être sélectionnées parmi un plus grand nombre, lorsqu'elles sont prises 1 à la fois, 2 à la fois, ou tout autre nombre à chaque fois, mais sans égard à l'ordre dans lequel les numéros sélectionnés peuvent être disposés entre eux. Cette dernière est le domaine de la « permutation », qui fait référence aux différentes manières dont un nombre peut être sélectionné parmi un nombre plus grand et, *en plus* , aux différentes manières de *regrouper* ces nombres sélectionnés.

Ainsi 4 choses peuvent être prises 2 à la fois de 6 manières différentes ; par exemple, les lettres a, b, c, d peuvent être prises 2 à la fois ainsi, a et b, a et c, a et d, b et c, b et d, c et d ; si nous regardons l' *ordre* des lettres sélectionnées, nous constaterons que ces 4 lettres sont capables de 12 permutations différentes, comme ab, ba , ac, ca, ad, da, bc , cb , bd, db , cd, dc.

Si nous sélectionnions 3 lettres à la fois, nous pourrions faire 4 sélections différentes et 24 changements de regroupement différents.

La règle pour calculer le nombre de ces différentes voies est très simple, mais fait parfois intervenir une multitude de chiffres.

Pour déterminer le nombre de permutations, commencez par l'unité, et multipliez par les termes successifs de la série naturelle 1, 2, 3, etc., jusqu'à ce que le multiplicateur le plus élevé exprime le nombre des choses individuelles. Le dernier produit indiquera le nombre de modifications possibles.

Exemple 1. Combien de changements peut-on apporter à la disposition de 5 grains de maïs, tous de couleurs différentes, disposés en rangée ?

Solution. $1 \times 2 \times 3 \times 4 \times 5 = 120$, *Rép.*

Cela peut paraître improbable, le nombre étant si grand, mais s'il n'y avait qu'un seul grain de plus, les changements possibles seraient de 720 ; et un autre étendrait la limite à 5040 ; et ainsi de suite dans une proportion constamment croissante. La raison, cependant, sera évidente un peu plus tard scrutiny. S'il n'y avait qu'une seule chose en tant *que*, elle n'aurait qu'une seule position ; mais s'il y en avait deux, comme *ab*, il admettrait deux positions *ab*, *ba*. Si trois choses, comme *abc*, alors elles admettront $1 \times 2 \times 3 = 6$ changements, car les deux dernières admettront deux variations, comme *abc*, *acb*, et chacune des trois pourra successivement être placée en premier, et deux changements apporté à chacun des autres, de sorte que $3 \times 2 = 6$, le nombre de changements possibles. De la même manière, nous pouvons montrer que s'il y a quatre choses individuelles, chacune sera la première dans chacun des six changements que subiront les trois autres, et par conséquent il y aura 24 changements en tout. De cette façon, nous pourrions montrer que lorsqu'il y a 5 choses individuelles, il y aura 5 fois plus de changements que lorsqu'il n'y en avait que 4 ; et quand il y en a 6, il y aura 6 fois plus de changements que quand il n'y en a que 5 ; et ainsi de suite *à l'infini*, selon la même loi.

Exemple 2. De combien de façons une famille de 10 personnes peut-elle s'asseoir différemment au dîner ? *Rép.* 3 628 800.

Quand on considère que cela nécessiterait une période de 9935-55/487 ans, l'esprit s'étonne. L'histoire de l'homme qui achetait un cheval à un sou pour le premier clou de son fer, un sou pour le second, etc., est jetée dans l'ombre ; et nous avons tendance à douter qu'il n'y ait pas une erreur ; et pourtant, sur des chances comme celles-ci, les joueurs risquent-ils constamment leur argent !

Exemple 3. J'ai écrit les lettres contenues dans le mot NIMROD sur 6 cartes ; ayant une lettre sur chacune, et les ayant jetées confusément dans un chapeau, on m'offre 10 \$ pour tirer les cartes successivement, de manière à épeler correctement le nom. Quelle est ma chance de réussite ? *Rép.* 1 $7/18$ cents.

Exemple 4. Afin de former un système de loterie, j'ai mis dans la roue autant de cartes que je peux mettre 4 lettres du mot Charleston, sans avoir les mêmes lettres dans le même ordre sur deux cartes. J'offre 100 $ à celui qui tirera la carte portant les quatre premières lettres dudit mot dans leur ordre naturel (Char). Quelle est la valeur de la chance de tirer un prix ?

Il y a 10 lettres dans le mot, et la combinaison est de 4ème classe ; et, selon le mode de détermination des combinaisons avec répétitions, on trouve que le nombre entier de combinaisons de la 4ème classe qu'admet le mot est 210. Alors il a une chance sur 210 de tirer les lettres Char, dans un certain *ordre* . Le nombre de permutations de quatre choses individuelles est de $1 \times 2 \times 3 \times 4 = 24$, et $210 \times 24 = 5\,040$ sa chance de les dessiner dans le bon ordre, et 100 $ divisé par 5 040 donne Ans . $1\,^{52}/_{63}$ centimes.

Supposons que les nombres de 1 à 78 inclus soient placés sur 78 cartes, et que les cartes soient placées dans une roue par laquelle elles sont soigneusement mélangées ; puis 13 cartes seront successivement tirées, par une personne qui n'a aucun moyen de choisir, et les numéros qui y figurent seront enregistrés. Supposons également que des billets aient été émis, contenant chacun trois des 78 numéros, mais aucun deux n'ayant *tous* les mêmes numéros, et que celui qui détient le billet portant les trois premiers numéros tirés dans leur ordre régulier aura droit à 100 000 $. ; quelle serait la probabilité de tirer un tel ticket ?

Rép. $21\,^{5183}/_{5858}$ centimes.

Note. — Il est également d'usage de donner des prix plus petits aux détenteurs de billets ayant les numéros dans n'importe quel ordre, ou ayant deux ou un des numéros tirés. Les loteries peuvent être organisées sur une grande diversité de plans, et dans chacun d'eux la probabilité de tirer des prix variera.

A dit la vérité 3 fois sur 4 ; B 4 fois sur 5 et C 6 fois sur 7. Quelle est la probabilité d'un événement que A et B affirment et que C nie ? *Rép.* $^{140}/_{143}$

Supposons qu'une pièce de monnaie soit lancée, ayant deux faces ; Quelle est la probabilité que l'avers (têtes) tombe vers le haut, et quelle est l'inverse ?

Ici il n'y a que deux cas possibles, et on privilégie chacune des éventualités, la probabilité de chacune sera de $^{1}/_{(1+1)} = \,^{1}/_{2}$; il n'y a aucune raison pour qu'un côté tombe plus haut que l'autre.

Quelle serait la probabilité que l'une ou l'autre équipe se présente deux fois vers le haut en deux lancers ?

Nous avons ici 4 cas possibles, à savoir :

Avers   et   revers ;
Avers les deux fois ;Revers et avers ;Revers les deux fois.

Parmi les 4 possibilités, il n'y en a qu'une qui favorise le retournement de l'avers deux fois en succession, et il en est de même pour l'inverse, donc la probabilité de l'une ou l'autre n'est que $_{de}$ $1/4$.

De la même manière, nous pourrions montrer que la probabilité que l'avers se présente vers le haut trois fois de suite sera de $^1/_8$, ou $^1/_2 \times {}^1/_2 \times {}^1/_2$; le principe général étant de multiplier successivement entre elles les probabilités indépendantes d'un événement par la fraction exprimant la chance que tous les événements se produisent.

LES VISITEURS DU PALAIS DE CRISTAL.

Dans une famille composée de 8 jeunes, il a été convenu que trois à la fois visiteraient le Crystal Palace, et que la visite serait répétée chaque jour à condition de pouvoir sélectionner un trio différent. En combien de jours les combinaisons possibles de 3 sur 8 ont-elles été réalisées ?

Il faut multiplier $8 \times 7 \times 6$, et aussi $3 \times 2 \times 1$, et diviser le produit du premier, 336, par le produit du second, 6 ; le résultat est 56, le nombre de visites, trois différentes à chaque fois. Ils étaient tellement satisfaits des résultats de leur accord qu'ils souhaitaient avoir droit à une autre série de visites, qui se poursuivrait autant de jours qu'ils pouvaient se regrouper par 3 dans un ordre différent au départ. Si le Paterfamilias avait accordé une telle autorisation , il aurait dû attendre 56 fois $3 \times 2 \times 1$, soit 336 jours, avant que cette « nouvelle série » de visites ne se *termine* .

COMBIEN DE CHANGEMENTS PEUT-ON APPORTER À 7 NOTES D'UN PIANO ?

C'est-à-dire, de combien de manières peut-on frapper 7 touches successivement, de sorte qu'il y ait une certaine différence dans l'ordre des notes à chaque fois ?

Le résultat de la multiplication

$$7 \times 6 \times 5 \times 4 \times 3 \times 2 \times 1$$

est 5 040, le nombre de changements.

LE TRIANGLE ARITHMÉTIQUE.

Ce nom a été donné à un artifice qui aurait été inventé par le célèbre Pascal ou aurait été perfectionné par lui.

1
2 13 3 14 6 4 15 10 10 5 16 15 20 15 6 17 21 35 35 21 7 18 28 56 70 56 28 8
1&c. etc.

Cette série particulière de nombres est ainsi formée : Écrivez les nombres 1, 2, 3, etc., autant que vous le voudrez, sur une rangée verticale. A droite de 2, placez 1, additionnez-les ensemble, et placez 3 sous le 1 ; puis 3 ajouté à 3 = 6, qui se place sous le 3 ; 4 et 6 font 10, qui se placent sous le 6, et ainsi de suite autant que vous le souhaitez. Il s'agit de la deuxième rangée verticale et la troisième est formée à partir de la deuxième de la même manière.

Ce triangle a la propriété de nous indiquer, sans difficulté de calcul, combien de combinaisons peuvent être faites, en prenant n'importe quel nombre à la fois sur un plus grand nombre.

Supposons que la question soit celle qui vient d'être posée ; combien de sélections peut-on faire de 3 à la fois sur 8 ? Sur la rangée horizontale commençant par 8, recherchez le troisième chiffre ; c'est 56, ce qui est la réponse.

COMBIEN D'AFFAIRES DIFFÉRENTES PEUT-ON RÉALISER AVEC 13 CARTES SUR 52 ?

Pour découvrir cela, nous devons faire une multiplication continue de $52 \times 51 \times 50 \times 49 \times 48 \times 47 \times 46 \times 45 \times 44 \times 43 \times 42 \times 41 \times 40$, soit 13 termes pour les 13 cartes, également une multiplication continue de $13. \times 12 \times 11 \times 10 \times 9 \times 8 \times 7 \times 6 \times 5 \times 4 \times 3 \times 2 \times 1$, et après avoir trouvé les deux produits, nous devons diviser l'un par l'autre, et le quotient est le nombre de transactions différentes réalisées de 52 cartes. Cette « somme », qui paraît si formidable avec les chiffres naturels, est très courte en termes de logarithmes.

LES TROIS GRÂCES.

Trois articles, ou trois noms inscrits sur des cartes, ayant été distribués entre trois personnes, vous devrez dire quel article ou quelle carte possède chaque personne.

Désignez les trois personnes dans votre propre esprit, comme 1ère, 2d et 3d, et les trois articles, A , E , I . Prévoyez 24 jetons, et donnez-en 1 à la première personne, 2 au 2d, 3 au 3d. Placez les 18 restants sur la table. Demandez que les trois personnes se répartissent entre elles les trois articles, et que, ce faisant, celui qui a celui que vous avez secrètement désigné par A , prenne autant de jetons qu'il en a déjà ; le détenteur de E doit en prendre le double de ce qu'il peut avoir ; et le détenteur du I doit en prendre quatre fois plus. Quittez ensuite la salle, afin que la distribution des objets et des comptoirs puisse se faire sans que vous soyez remarqué. Nous supposerons que les trois articles sont trois cartes, sur lesquelles figurent les mots Clara, Rosa, Emily, que vous désignerez vous-même secrètement par les lettres A , E , I . Supposons également que dans la division la première personne ait Emily (I), la deuxième ait Clara (A) et la troisième ait Rosa (E), alors la 1ère prendra quatre fois plus de jetons qu'elle en a (1), et il en faudra donc 4 ; le 2d en prendra autant qu'il en a (2), et en prendra donc 2 ; le 3d en prendra 6, soit le double de ce qu'il a (3). Sur la table il restera 6 jetons. La distribution étant faite, vous reviendrez et observerez le nombre de jetons sur la table, à partir duquel vous pourrez retrouver qui est le détenteur de chaque carte par la méthode suivante.

Il est clair que si les cartes détenues par le 1er et le 2d peuvent être connues, celle détenue par le 3d sera connue. On constatera qu'il ne peut rester que six nombres, à savoir. 1, 2, 3, 5, 6, 7 ; jamais 4, et jamais plus de 7. Or, les 6 combinaisons de a, e et i , données ici, représentent les articles détenus par la 1ère et la 2ème personne.

1   2   3 4 5 6   7

ae chaque ai — ei je c'est à dire

Dans le cas supposé, 6 pions étant sur la table, la combinaison *ia* indique que la première personne a la carte que vous avez appelée I (Emily), la 2ème a A (Clara), donc la 3ème a E (Rosa).

Afin de se souvenir des combinaisons de A , E , et I , il sera préférable de garder en mémoire quelques 7 mots qui forment une phrase, et qui contiennent ces voyelles dans l'ordre que nous venons de donner.

Nos jeunes amis peuvent s'amuser à former eux-mêmes une phrase, mais à titre d'exemples, nous en proposons trois.

1	2	3	4	5	6	7
ae	*chaque*	*ai*	*—*	*ei*	*je*	*c'est à dire*
James	facile	admire	maintenant	régnant	avec un	mariée.
Colère,	peur,	douleur	peut	être caché	avec un	sourire.
Gracieux Emma,	charmant	elle		règne	dans tout	cercles.

Ou, s'ils préfèrent le latin, ils peuvent utiliser le pentamètre inventé par l'inventeur de ce beau passe-temps :

1   2   3   5   6   7

Baume certains animations semita vita se calme .

UNE AUTRE MÉTHODE.

L'interprète doit distinguer mentalement les articles par les lettres A , B , C et les personnes comme 1er, 2d et 3d. Les personnes ayant fait leur choix donnent 12 jetons au 1er, 24 au 2d et 36 au 3d. Demandez ensuite à la 1ère personne d'additionner la moitié des jetons de la personne qui a choisi A , le 3d de la personne qui a choisi B , et le 4ème de ceux de la personne qui a choisi C , puis demandez la somme, qui doit être soit 23, 24, 25, 27, 28 ou 29, comme dans le tableau suivant :

D'abord.	Deuxième.	Troisième.	
12	24	36	
UN	B	C	23
UN	C	B	24
B	UN	C	25
C	UN	B	27
B	C	UN	28
C	B	UN	29

Ce tableau montre que si la somme est de 25 par exemple, la 1ère personne doit avoir choisi B , la 2d A et la 3d C ; ou si c'est 28, le 1er doit avoir choisi B , le 2d C et le 3d A .

UNE AUTRE MÉTHODE.

Trois choses ayant été partagées entre trois personnes, vous déterminerez le détenteur de chacune.

Appelez les personnes dans votre esprit 1er, 2ème, 3ème.

Donnez au 1er une carte sur laquelle vous avez inscrit le chiffre 12 ; au 2d le nombre 24 ; au 3d 36.

Les trois choses que vous devez désigner par A , E , I .

Pour simplifier, vous pouvez avoir trois cartes avec un nom sur chacune, dont les premières lettres sont A , E , I , comme Anna, Emma, Isabel.

Demandez à vos amis de répartir entre eux les trois articles, puis d'additionner certaines parties des nombres de leurs cartes, comme suit :

Celui qui possède A doit fournir la moitié du numéro figurant sur sa carte ;

Celui qui a E doit en fournir un tiers ;

Celui qui en a, je dois en fournir un quart ;

Cette moitié, ce troisième et ce quatrième étant additionnés, la somme devra vous être annoncée à votre retour ; et à partir de ce nombre, vous pouvez dire qui a A , qui a E et qui a I.

Si le numéro est le 1er a le 2d a la 3D a

23	UN	E	je
24	UN	je	E
25	E	UN	je
27	je	UN	E
28	E	je	UN
29	je	E	UN

La somme qui vous sera remise ne pourra être que de six. Il n'y a que six manières de diviser les articles, et il y en a un nombre défini pour chacun d'eux.

Le nombre 26 ne peut jamais apparaître, et pour vous souvenir des six qui apparaissent et que vous percevez comme consécutifs, vous n'avez besoin de noter que ce que possèdent la 1ère et la 2ème personne.

23 24   25   26 27 28   29

ae ai chaque — je ei c'est à dire

Si vous composez une ligne de bon (ou de mauvais) anglais, en ayant les voyelles dans l'ordre indiqué ici, vous constaterez que cela vous aidera à les mémoriser. Nous en donnons un à titre d'exemple :

ae   ai   chaque   —   je   ei   c'est à dire

Courageux fringant mer,   comme un géant ravive lui-même.

LE FORTUNÉ NEUVIÈME.

Un jeune homme vif, fraîchement sorti de l'école, étant allé rendre visite à un oncle bon enfant, celui-ci déposa sur une table quinze belles oranges et quinze pommes, et pria son jeune ami d'en prendre la moitié. Lui, n'aimant pas les pommes, était sur le point de prendre les quinze oranges ; mais ce monopole des meilleurs fruits étant contesté, le vieux monsieur lui dit de ranger tous les fruits en cercle et d'en prendre un sur neuvième. L'homme intelligent les disposa de telle manière qu'en enlevant un neuvième, toutes les pommes restèrent sur la table et toutes les oranges furent transférées dans ses grandes poches. Comment les a-t-il disposés ?

Il les plaça comme en marge, A représentant des pommes, et O des oranges ; et on constatera qu'en commençant par les quatre pommes, et en faisant le tour du cercle, en enlevant une sur neuvième, toutes les oranges seront enlevées, et toutes les pommes resteront.

Si on laisse les voyelles un e je o toi

désignent les chiffres   1 2 3 4 5,

la disposition des figures 4, 5, 2, 1, etc., peut être facilement rappelée par la ligne suivante :

Notre la terre final destin- énigme jamais sombre

45   21   3 1   1 2   2 3 1   2 2   1

ou,

Notre cher celui de Richard conte commence à le mer.

45   21   3 1   1 2   2 3   1 2 21

Nos jeunes amis trouveront peut-être du plaisir à former eux-mêmes des lignes aussi supérieures que possible à celles-ci.

LES DIX DIX.

Prenez dix morceaux de carton et écrivez sur chacun dix mots quelconques ; il n'y a aucune restriction quant à la lettre initiale de neuf des mots, mais le dernier mot de chaque carte doit commencer par certaines lettres que vous devez dans votre esprit associer aux nombres 1 à 10, de sorte qu'en connaissant la lettre initiale de le dernier mot de chaque carte, vous pouvez déterminer son numéro.

Voici dix cartes (appelons-les les *cartes de sélection*) que nous donnons à titre d'exemple, bien que nos lecteurs préféreront peut-être avoir des mots de leur propre choix.

Jeanne.	Hélène.	George.	James.	Newton.
Marie.	Chatte.	William.	Clément.	David.
Mathilde.	Caroline.	Frédéric.	Édouard.	Morse.
Sarah.	Isabelle.	Robert.	Ralph.	Fulton.
Rosa.	Flore.	Edmond.	Francis.	Franklin.
Elisabeth.	Laura.	John.	Edwin.	Arago.
Harriet.	Marie.	Alfred.	Walter.	Spurzheim .
Anne.	Frances.	Albert.	Charles.	Laplace.
Emilie.	Édith.	Henri.	Samuel.	Des bouvillons.
Emma .	**Dorothée** .	**Je** saac.	**Théodore** .	**Herschel** .

Sœur.	Rose.	Amitié.	Putnam.	Argile.
Frère.	Violet.	Bonheur.	La Fayette.	Webster.
Oncle.	Lupin.	Industrie.	Steuben.	Calhoun.
Tante.	Marguerite.	Ambition.	Scott.	Courbé sur.
Grand-mère.	Tulipe.	Énergie.	Taylor.	Jefferson.
Grand-père.	Pivoine.	Fidélité.	Vert.	Adams.

Neveu.	Jacinthe.	Affection.	Harrison.	Madison.
Nièce.	Rose.	Espoir.	Hamilton.	Jackson.
Cousin.	Perce-neige.	Justice.	Wayne.	Monroe.
Père .	**Lily** .	**Commande** .	**Washington** .	**Napoléon** .

Pour ceux-ci, les mots clés sont « Edith Volée », de sorte que les lettres

E D je T H F L Ô W N

Représenter 1 2 3 4 5 6 7 8 9 dix

Pour le succès du jeu, les mots clés et les chiffres désignés par leurs lettres doivent être soigneusement cachés.

Prenez dix autres cartes, appelées « *cartes groupées* », et sur une d'entre elles, écrivez le premier mot de chacune des cartes de sélection, en prenant soin de les écrire dans le même ordre. Laissez une autre carte contenir tous les mots qui sont en deuxième position à partir du haut, et ainsi de suite jusqu'à ce que tous les mots aient été regroupés. A titre d'exemple, nous donnons les 1ère et 4ème cartes groupées.

1er.	4ème.
Jeanne.	Sarah.
Hélène.	Isabelle.
George.	Robert.
James.	Ralph.
Newton.	Fulton.
Sœur.	Tante.
Rose.	Marguerite.
Amitié.	Ambition.
Putnam.	Scott.
Argile.	Courbé sur.

Le but du jeu est de deviner sur lequel des mots de l'une des *cartes de sélection* une personne a pu se fixer.

Que chacun choisisse une carte parmi les *cartes de sélection* , et qu'après avoir fixé un mot, il vous la rende ; en la recevant, notez soigneusement le dernier mot qui vous donnera, à l'aide du mot clé, le numéro de la carte ; vous devez garder cela secret, et vous lui remettez ensuite toutes les *cartes groupées* et lui demandez de vous montrer les cartes qui contiennent les mots qu'il a fixés .

Vous pouvez alors annoncer le mot ; car le numéro du mot en partant du haut sur la carte groupée est le même que le numéro de la carte de sélection parmi laquelle il a fait son choix.

Supposons qu'il fasse son choix parmi la carte qui a Théodore pour dernier mot : c'est le n° 4 ; lorsqu'il vous montrera la carte groupée qui, selon lui, contient le mot sélectionné, vous saurez que Ralph, le quatrième en partant du haut, est le nom qu'il a fixé .

DIVISER LA BIÈRE.

Pendant le siège de Sébastopol, alors que les troupes étaient « à court de provisions », on ordonna de partager également une boîte de huit pintes de porter entre deux mess ; mais n'ayant qu'une canette de cinq pintes, et une qui en contenait trois pintes, il se trouva impossible de faire cette division, jusqu'à ce qu'un des sapeurs astucieux suggérât la méthode suivante : et, pour le comprendre, nous noterons le contenu de chacune des trois canettes à chaque étape du processus ; commençant par

	8 points.	5 points.	3 points.
La canette de 8 pintes est pleine et les autres vides,	8	0	0
1. Rempli la canette de 5 pintes	3	5	0
2. Rempli la canette de 3 pintes à partir de la canette de 5 pintes	3	2	3
3. Versez le contenu du 3 pintes dans le 8 pintes	6	2	0
4. Transférez les 2 pintes du 5 pintes au 3 pintes	6	0	2
5. J'ai rempli le 5 pintes du 8 pintes	1	5	2
6. Remplissez le 3 pintes du 5 pintes	1	4	3

		12 points.	7 points.	6 points.
7.	J'ai versé les 3 pintes dans le 8 pintes ; terminer l'exploit	4	4	0

C'était un expédient adroit de la part du digne sapeur, les seules objections à cela étant le temps que les trente hommes devaient attendre et l'état plat de la bière qui en résultait.

LE CAS DIFFICILE DU VIN.

Un monsieur possédait une bouteille contenant 12 pintes de vin, dont 6 il désirait en offrir à un ami ; mais il n'avait rien pour le mesurer, à l'exception de deux autres bouteilles, l'une de 7 pintes et l'autre de 5. Comment a-t-il fait pour mettre 6 pintes dans la bouteille de 7 pintes ?

		12 points.	7 points.	6 points.
	Avant de commencer, le contenu des bouteilles était	12	0	0
1.	Il a rempli les 5 pintes	7	0	5
2.	J'ai vidé le 5 pintes dans le 7 pintes	7	5	0
3.	Rempli à nouveau les 5 pintes des 12 pintes	2	5	5
4.	J'ai rempli les 7 pintes des 5	2	7	3
5.	J'ai vidé le 7 pintes dans le 12 pintes	9	0	3
6.	J'ai versé les 3 pintes du 5 dans le 7	9	3	0
7.	Rempli le 5 pintes du 12 pintes	4	3	5
8.	J'ai rempli le 7 pintes du 5 pintes	4	7	1
9.	J'ai vidé le 7 pintes dans le 12 pintes	11	0	1
dix.	J'ai versé 1 pinte du 5 pinte dans le 7 pinte	11	1	0
11.	Rempli le 5 pintes du 12 pintes	6	1	5
12.	J'ai versé le contenu du 5 pintes dans le 7 pintes	6	6	0

UNE AUTRE DÉCIMATION DES FRUITS.

Lors de la prochaine visite du jeune homme à son oncle, celui-ci produisit trente pommes et dix oranges, et lui offrit les oranges préférées, si son neveu pouvait les disposer en ovale, de manière qu'en prenant un douzième, les pommes restent. Mais il ne put accomplir cela, et le vieux monsieur, connaissant bien les « Récréations scientifiques », proceededles arrangea ainsi :

Les places qu'occupent ici les oranges peuvent être facilement mémorisées, étant les numéros 7, 8, 11, 12, 21, 22, 24, 34, 36, 37.

LE VIN ET LES TABLES.

Un certain hôtelier était adroit dans ses artifices pour produire une grande apparence avec de petits moyens. Dans la salle à manger se trouvaient trois tables entre lesquelles il pouvait répartir 21 bouteilles, dont 7 seulement étaient pleines, 7 à moitié pleines et 7 apparemment à peine vidées, et de telle manière que chaque table contenait le même nombre de bouteilles, et la même quantité de vin. Il l'a fait de deux manières :

Tableau.	Pleine Hf.	complet.	Vide.		Tableau.	Pleine Hf.	complet.	Vide.
1	2	3	2		1	3	1	3
2	2	3	2		2	3	1	3
3	3	1	3		3	1	5	1

Il a également réalisé un exploit similaire avec 24 bouteilles, 8 pleines, 8 à moitié pleines et 8 vides :

Tableau. Pleine Hf. complet. Vide.   Tableau. Pleine Hf. complet. Vide.

1	3	2	3		1	2	4	2
2	3	2	2		2	2	4	2
3	2	4	2		3	4	0	4

Également avec 27 bouteilles, 9 pleines, 9 à moitié pleines et 9 vides :

Tableau.	Pleine Hf.	complet.	Vide.	Tableau.	Pleine Hf.	complet.	Vide.
1	2	5	2	1	1	7	1
2	3	3	3	2	4	1	4
3	4	1	4	3	4	1	4

LES TROIS VOYAGEURS.

Trois hommes se sont rencontrés dans un caravansérail ou une auberge, en Perse ; et deux d'entre eux apportèrent avec eux leurs provisions, selon la coutume du pays ; mais le troisième n'en ayant pas fourni, proposa aux autres de manger ensemble, et il paierait la valeur de sa proportion. Ceci étant convenu, A produisit 5 pains, et B 3 pains, que tous les voyageurs mangèrent ensemble, et C paya 8 pièces d'argent pour la valeur de sa part, dont les autres furent satisfaits, mais se disputèrent sur le partage de la part. il. L'affaire a alors été renvoyée au juge, qui a statué de manière impartiale. Quelle a été sa décision ?

A première vue, il semblerait que l'argent doive être divisé selon le pain fourni ; mais il faut considérer que, comme les 3 mangeaient 8 pains, chacun mangeait 2-2/3 pains du pain qu'il fournissait. De 5, cela laisserait 2 1/3 de pains fournis à l'étranger par A ; et 3 - 2-2/3 = 1/3 fourni par B, donc 2-1/3 à 1/3 = 7 à 1, est le rapport dans lequel l'argent doit être divisé. Si vous imaginez A et B fournir, et C consommer tout, alors la répartition se fera selon les quantités fournies.

À QUEL COMPTOIR A ÉTÉ PENSÉ SUR SEIZE ?

Prenez seize morceaux de carton et numérotez-les de 1 à 16. Disposez-les sur deux rangées, comme en A B.

UN	B	C	B	D	M	E	B	F	N	g	B	H
1	9	1	9	2	2	2	9	4	2	2	9	6
2	dix	3	dix	4	4	6	dix	8	6	1	dix	5

3	11	5	11	6	6	1	11	3	1	4	11	8
4	12	7	12	8	8	5	12	7	5	3	12	7
5	13		13		1		13		4		13	
6	14		14		3		14		8		14	
7	15		15		5		15		3		15	
8	16		16		7		16		7		16	

Désirez qu'une personne pense à l'un des nombres et vous dise dans quelle rangée il se trouve. Supposons qu'il se fixe sur 6 ; il vous dira que la ligne A contient le numéro auquel il a pensé.

Prenez la rangée A et disposez les numéros de chaque côté de la rangée B, comme indiqué sur CD, de sorte que le premier numéro de la rangée A soit le premier de la rangée C, le deuxième de A soit le premier de D. , le troisième de A soit le deuxième de C, et ainsi de suite.

Demandez dans laquelle des lignes, C ou D, se trouve le nombre pensé : dans le cas supposé, il est dans D.

Reprenez les rangées CD, et mettez-les les unes au-dessous des autres, comme en M, en ayant soin que la demi-rangée dans laquelle est le nombre pensé soit au-dessus de l'autre.

Divisez-le à nouveau en deux rangs, comme en EF, de chaque côté de B, de la même manière que précédemment. Demandez à nouveau dans quelle rangée il se trouve : il est maintenant en E.

Placez une rangée sous l'autre, comme en N, et divisez à nouveau en deux rangées, qui seront maintenant comme G H.

Vous serez informé que le numéro se trouve dans la rangée H, et vous pourrez alors annoncer qu'il s'agit du numéro supérieur de cette rangée.

Le nombre pensé sera toujours *en haut d'une des lignes après trois transpositions* . S'il y avait 32 jetons, ils seraient en haut après quatre transpositions.

CARRÉS MAGIQUES.

Le nom « Carré Magique » est donné à un carré divisé en plusieurs carrés plus petits, dans lesquels les nombres sont placés de telle manière que chaque colonne de nombres, qu'elle soit verticale, horizontale ou d'un coin à l'autre, équivaut à la même somme.

Ils se divisent en trois classes principales : 1° Ceux qui ont un nombre impair de carrés dans chaque bande ; 2° Ceux qui ont un nombre pair de carrés dans chaque bande, ce nombre pair étant divisible exactement par 4 ; 3d, où le nombre pair de carrés dans chaque bande ne peut être divisé par 4 sans fraction.

CARRÉS MAGIQUES IMPAIRS.

Des carrés de ce genre sont ainsi formés. Imaginez une ligne extérieure de carrés au-dessus du carré magique que vous souhaitez former, et une autre ligne extérieure à sa droite. Ces deux lignes imaginaires sont représentées sur la figure.

Respectez ensuite les deux règles suivantes :

1er. En plaçant les nombres dans les carrés , nous devons aller dans une direction oblique ascendante de gauche à droite ; tout nombre qui, en poursuivant cette direction, tomberait dans la ligne extérieure, doit être porté le long de cette ligne de carrés, soit verticale, soit horizontale, jusqu'au dernier carré. Ainsi, 1 ayant été placé au centre de la ligne supérieure, (voir le premier tableau de la p. 228), 2 tomberait dans le carré extérieur au-dessus de la quatrième ligne verticale ; il faut donc le descendre jusqu'au carré le plus bas de cette ligne ; puis, en montant obliquement, 3 tombe dans le carré, mais quatre en tombent, jusqu'à l'extrémité d'une ligne horizontale, et il faut le porter le long de cette ligne à l'extrême gauche, et y placer. En reprenant notre ascension oblique vers la droite, nous plaçons 5, là où le lecteur le voit, et placerions 6 au milieu de la bande supérieure, mais le trouvant occupé par 1, nous cherchons la direction de la 2ème Règle, qui prescrit que, quand, en montant obliquement, nous arrivons à une case déjà occupée, nous devons placer le numéro qui, selon la première règle, doit aller dans cette case occupée, directement sous le dernier numéro placé. Ainsi, en montant avec 4, 5, 6, le 6 doit être placé directement sous le 5, car le carré voisin du 5 dans une direction oblique est « engagé ».

	18	25	2	9	
17	24	1	8	15	17
23	5	7	14	16	23
4	6	13	20	22	4
10	12	19	21	3	10
11	18	25	2	9	

30	39	48	1	10	19	28
38	47	7	9	18	27	29
46	6	8	17	26	35	37
5	14	16	25	34	36	45
13	15	24	33	42	44	4
21	23	32	41	43	3	12
22	31	40	49	2	11	20

Les carrés magiques de cette classe, aussi grands soient-ils en termes de nombre de compartiments, peuvent être facilement remplis en respectant ces deux règles.

Nous donnons ci-contre, un carré de sept places.

Il existe divers autres types de carrés magiques ; mais les explications seraient trop longues pour notre travail.

L'invention de ces appareils remonte aux premiers âges de la science et des propriétés talismaniques leur ont été attribuées. Les philosophes modernes se sont amusés à les perfectionner, et aucun n'y a autant contribué que « le modèle de la sagesse pratique », le Dr Franklin.

LA PLACE DE GOTHAM.

Les sages de Gotham, célèbres pour leurs bévues excentriques, entreprirent autrefois la direction d'une école ; ils aménagent leur établissement sous la forme d'un carré divisé en 9 pièces. La cour de récréation occupait le centre et 24 élèves les chambres qui l'entouraient, 3 dans chacune. Malgré la rigueur de la discipline, on soupçonna que les garçons avaient l'habitude de faire l'école buissonnière et il fut décidé d'établir une surveillance stricte. Pour s'assurer que tous les garçons étaient dans les locaux, ils visitèrent les chambres et en trouvèrent trois dans chacune, soit 9 dans chaque rangée. Quatre garçons sortirent alors, et les sages visitèrent peu après les chambres et, en trouvant 9 dans chaque rangée, pensèrent que tout allait bien. Les quatre garçons revinrent alors, accompagnés de quatre étrangers ; et les Gothamites , à leur troisième tour, en trouvant encore 9 dans chaque rangée, n'avaient aucun soupçon de ce qui s'était passé. Ensuite, 4 autres « copains » ont été admis ; mais les hommes habiles, en examinant l'établissement une quatrième fois, en trouvèrent encore neuf dans chaque rangée, et arrivèrent ainsi à l'opinion que leurs soupçons antérieurs n'étaient pas fondés. Comment tout cela a-t-il été possible ?

Les figures suivantes représentent le contenu de chaque salle lors des quatre visites différentes ; le premier, au commencement du quart ; la seconde, quand quatre étaient sortis ; le troisième, quand ces 4, accompagnés de 4 autres, étaient revenus ; et le quatrième, quand 4 autres les avaient rejoints.

I.			II.			III.			IV.		
3	3	3	4	1	4	2	5	2	1	7	1
3		3	1		1	5		5	7		7
3	3	3	4	1	4	2	5	2	1	7	1

À chaque changement, les garçons se disposaient dans les pièces de telle manière que, lorsque les pièces d'angle étaient comptées comme faisant partie de deux rangées, chaque rangée entière de trois pièces contenait le même nombre de garçons. L'illusion des sages était due à leur erreur de compter deux fois chaque pièce d'angle.

LE FORGERON MATHÉMATIQUE.

Un forgeron possédait une pierre pesant 40 livres. Un maçon entrant dans l'atelier, marteau à la main, le frappa et le brisa en quatre morceaux. « Voilà, dit le forgeron, vous m'avez ruiné mon poids. "Non", dit le maçon, "je l'ai amélioré , car alors qu'avant vous ne pouviez peser que 40 livres avec, maintenant vous pouvez peser chaque livre de 1 à 40." Taille requise des pièces ?

Rép. 1, 3, 9, 27 ; car dans toute série géométrique se déroulant en raison triple, chaque terme est 1 plus de deux fois la somme de tous les précédents, et la série ci-dessus peut se poursuivre dans n'importe quelle mesure. En utilisant les poids, ils doivent être mis dans une ou dans les deux balances selon les besoins : pour en peser 2, mettez 1 dans une balance et 3 dans l'autre.

CURIEUSES PROPRIÉTÉS DE CERTAINS FIGURINES.

Sélectionnez deux nombres de votre choix, et vous constaterez que l'un des deux, leur montant une fois additionné, ou leur différence, est toujours 3, ou un nombre divisible par 3.

Ainsi, si les nombres sont 3 et 8, le premier nombre est 3 ; que les nombres soient 1 et 2, leur somme est 3 ; qu'ils soient 4 et 7, la différence est 3. Encore 15 et 22, le premier nombre est divisible par 3 : 17 et 26, leur différence est divisible par 3, etc.

Tous les nombres impairs supérieurs à 3, qui ne peuvent être divisés que par 1, peuvent être divisés par 6, par addition ou soustraction d'une unité. Par exemple, 13 ne peut être divisé que par 1 ; mais après avoir soustrait 1, le reste peut être divisé par 6 ; par exemple, 5 + 1 = 6 ; 7 - 1 = 6 ; 17 + 1 = 18 ; 19 - 1 = 18 ; 25 - 1 = 24, et ainsi de suite.

Si l'on multiplie 5 par lui-même, et le quotient encore par lui-même, et le deuxième quotient par lui-même, le dernier chiffre de chaque quotient sera toujours 5. Ainsi 5 × 5 = 25 ; 25 × 25 = 125 ; 125 × 125 = 625, etc. Encore une fois, si vous procédez de la même manière avec le chiffre 6, le dernier chiffre sera constamment 6 ; ainsi, 6 × 6 = 36 ; 36 × 36 = 216 ; 216 × 216 = 1 296, et ainsi de suite.

Multiplier par 2 revient à multiplier par 10 et diviser par 5.

N'importe quel nombre de chiffres que vous souhaiterez multiplier par 5 donnera le même résultat s'il est divisé par 2, opération beaucoup plus rapide que la première ; mais il ne faut pas oublier d'annexer un chiffre à la réponse là où il n'y a pas de reste, et là où il y a un reste, annexer un 5 à la réponse. Ainsi, multipliez 464 par 5, la réponse sera 2320 ; divisez le même nombre par 2, et vous avez 232, et comme il n'y a pas de reste vous ajoutez un chiffre. Maintenant, prenez 357 et multipliez par 5 : la réponse est 1785. En divisant

357 par 2, il y a 178 et un reste ; vous placez donc 5 à droite de la ligne, et le résultat est à nouveau 1785.

Il y a quelque chose de plus curieux dans les propriétés du nombre 9. Tout nombre multiplié par 9 produit une somme de chiffres qui, additionnés ensemble, fait continuellement 9. Par exemple, tous les premiers multiples de 9, comme 18, 27, 36, 45. , 54, 63, 72, 81, résumez 9 chacun. Chacun d'eux multiplié par un nombre quelconque produit un résultat similaire ; comme 8 fois 81 font 648, ceux-ci additionnés font 18, 1 et 8 font 9. Multipliez 648 par lui-même, le produit est 419 904 — la somme de ces chiffres est 27, 2 et 7 font 9. La règle est invariable. Prenez n'importe quel nombre et multipliez-le par 9 ; ou n'importe quel multiple de 9, et la somme sera constituée de chiffres qui, additionnés ensemble, donnent continuellement le numéro 9. Comme 17 × 18 = 306, 6 et 3 font 9 ; 117 × 27 = 3 159, les chiffres additionnés 18, 8 et 1 sont 9 ; 4 591 × 72 = 330 552, les chiffres totalisant 18, 8 et 1 sont 9. Encore une fois, 87 363 × 54 = 4 717 422 ; additionnés, le produit est 27, ou 2 et 7 font 9, et ainsi toujours. Si une rangée de deux chiffres ou plus est inversée et soustraite d'elle-même, les chiffres composant le reste seront, lorsqu'ils sont ajoutés horizontalement, un multiple de neuf :

42 886   326
24 688 1623

—— ——— ———

18 − 9 × 2. 198 − 9 × 2. 1638 − 9 × 2.

Si un multiplicande est formé des chiffres dans leur ordre régulier, en omettant le 8, un multiplicateur peut être trouvé par une règle, qui donnera un produit dont chaque chiffre sera le même. Ainsi, si l'on donne 12345679, et qu'il faut trouver un multiplicateur qui donnera le produit tout en 2, ce multiplicateur sera 18 : si en 3, le multiplicateur sera 27 ; si tout en 4, il sera 36 — et ainsi en avant.

12345679   12345679   12345679
 18 27 36

——————— ——————— ——————— 98765432 86419753 7407407412345679
24691358 37037037——————— ——————— ———————222222222 333333333
444444444

La règle par laquelle le multiplicateur est découvert (mais que nous ne cherchons pas à expliquer) est la suivante : Multipliez le dernier chiffre (le 9) du multiplicande par le chiffre dont vous souhaitez que le produit soit composé, et ce nombre sera le multiplicateur requis. Ainsi, lorsqu'il fallait que le produit soit composé de 2, le 2 multiplié par 9 donne 18, le multiplicateur

: 3 multiplié par 9 donne 27, le multiplicateur pour donner le produit en 3 ; etc.

Si un chiffre auquel est attaché un certain nombre de chiffres est divisé par 9, le quotient sera composé d'un seul chiffre, à savoir le premier chiffre du dividende, comme suit :

9)   600   000 9   )40   000

_______________ _______________

66 666–6 4 444–4

Si une somme de chiffres peut être divisée par 9 comme,　{ 9)549
{ ———
{ 61

le montant de ces chiffres, une fois additionnés, peut être divisé par 9 : — ainsi, 5, 4, 9, additionnés ensemble, font 18, qui est divisible par 9. Si la somme 549 est multipliée par un chiffre quelconque, le produit peut également être divisé par 9, comme—

<table>
<tr><td></td><td>}</td><td></td><td>{</td><td>3</td></tr>
<tr><td>549</td><td>}</td><td></td><td>{</td><td>2</td></tr>
<tr><td>6</td><td>}</td><td></td><td>{</td><td>9</td></tr>
<tr><td>———</td><td>} Et le montant des chiffres de</td><td></td><td>{</td><td>4</td></tr>
<tr><td>9)3294</td><td>} le produit peut également être divisé par</td><td></td><td>{</td><td>———</td></tr>
<tr><td>———</td><td>} 9, donc,</td><td></td><td>{</td><td>2)18</td></tr>
<tr><td>366</td><td>}</td><td></td><td>{</td><td>———</td></tr>
<tr><td></td><td>}</td><td></td><td>{</td><td>9</td></tr>
</table>

Pour multiplier par 9, ajoutez un chiffre et déduisez la somme à multiplier : ainsi,

<table>
<tr><td>43 260</td><td>}</td><td></td><td>{</td><td>4 326</td></tr>
<tr><td>4 326</td><td>} Produit le même résultat que</td><td></td><td>{</td><td>9</td></tr>
<tr><td>———</td><td>}</td><td></td><td>{</td><td>———</td></tr>
<tr><td>38 934</td><td>}</td><td></td><td>{</td><td>38 934</td></tr>
</table>

De la même manière, pour multiplier par 99, ajoutez deux chiffres ; par 999, trois chiffres, etc. Ces propriétés du chiffre 9 permettront au jeune arithmétique de réaliser un tour amusant, bien suffisant pour exciter l'émerveillement des non-initiés.

Toute série de nombres qui peuvent être divisés par 9, comme 365, 472,821,754, etc., étant montrée, on peut demander à une personne de multiplier secrètement l'une ou l'autre de ces séries par n'importe quel chiffre qu'elle veut, de rayer un nombre du quotient, et vous faire connaître les chiffres qui restent, dans l'ordre qu'il veut ; vous pourrez alors, grâce à la connaissance des propriétés ci-dessus du 9, déclarer facilement le nombre qui a été effacé. Supposons donc que 365 472 soient les nombres choisis et que le multiplicateur soit de six ; si alors, 8 est collé, les chiffres qui vous seront renvoyés seront

<pre>
                    } 2

                    } 1

        365472 }   9

             6 }   2

        ——————— }   3

        219232 }   2

                } —

                } 19
</pre>

Le montant de ces nombres est de 19 ; mais 19 divisé par 9 laisse un reste de 1 ; vous voulez donc que 8 complète un autre 9 : 8, alors le nombre est effacé.

Les figures composantes du produit obtenu par la multiplication de chaque chiffre par le nombre 9, une fois additionnées, donnent N INE .

L'ordre de ces chiffres composants est inversé après que ledit nombre ait été multiplié par 5.

Les chiffres composant le montant des multiplicateurs (à savoir 45,) lorsqu'ils sont additionnés, donnent N INE .

Le montant par les différents produits, ou multiples de 9 (à savoir 405), lorsqu'il est divisé par 9, donne un quotient de 45 ; c'est-à-dire 4 + 5 = N INE .

La quantité du premier produit (à savoir 9), lorsqu'il est ajouté à l'autre produit, dont les chiffres respectifs des composants font 9, est de 81 ; qui est le carré de N INE .

Ledit nombre 81, lorsqu'il est ajouté à la quantité mentionnée ci-dessus des différents produits, ou multiples de 9 (à savoir 405), donne 486, qui, s'il est divisé par 9, donne un quotient de 54 : c'est-à-dire 5 + 4 = N. INE .

On observe aussi que le nombre de changements qui peuvent être sonnés sur neuf cloches est de 362,880 ; quels chiffres, additionnés, font 27 ; c'est-à-dire 2 + 7 = N INE .

Et le quotient de 362 880, divisé par 9, sera 40 320 ; soit 4 + 0 + 3 + 2 + 0 = N INE .

Si le nombre 37 est multiplié par l'un des nombres progressifs résultant de la multiplication de 3 avec l'une des unités, les chiffres du quotient seront similaires et le résultat pourra être connu à l'avance en inspectant simplement les nombres progressifs, ainsi, 3, 6, 9, 12, 15, 18, 21, 24, 27, etc., sont les nombres progressifs formés par 3 multiplié par les unités 1 à 9 ; et le résultat de la multiplication de l'un de ces nombres par 37 peut être vu dans les exemples suivants : — $37 \times 3 = 111$; $37 \times 6 = 222$; $37 \times 12 = 444$; $37 \times 24 = 888$; par lequel il apparaît que les nombres dont le quotient est formé sont les mêmes que les unités par lesquelles le nombre 3 a été multiplié pour obtenir les nombres progressifs respectifs. Ainsi : 3 multiplié par 2 est égal à 6, et 37 multiplié par 9 est égal à 222 ; ainsi, encore une fois, 4 multiplié par 3 produit 12, et 37 multiplié par 12 est égal à 444, et ainsi de suite.

LA GRENOUILLE INDUSTRIELLE.

Il y avait un puits de 30 pieds de profondeur et au fond une grenouille impatiente de sortir. Il se levait de 3 pieds par jour, mais retombait régulièrement de 2 pieds la nuit. Faut-il le nombre de jours nécessaires pour lui permettre de sortir ?

La grenouille semble avoir franchi un pied par jour, et au bout de 27 jours, elle se trouverait à 27 pieds de hauteur, soit à moins de 3 pieds du sommet, et le lendemain, elle sortirait. Il lui faudrait donc 28 jours pour sortir.

LE CONSEIL DES DIX.

Dix cartes ou pions, numérotés de un à dix, ou les dix premières cartes à jouer de n'importe quelle couleur disposées sous forme circulaire peuvent être employés avec une grande commodité pour accomplir cet exploit. La figure ci-jointe montre les cartes ainsi disposées, le numéro un, ou l'as, désigné par A, et le dix par K.

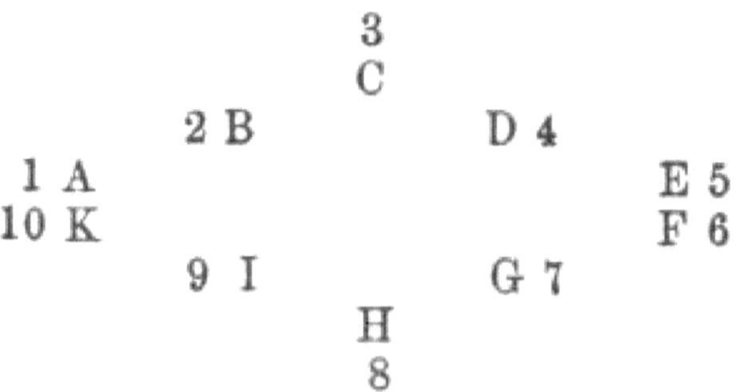

Après avoir placé les cartes dans l'ordre ci-dessus, demandez à un spectateur de penser à une carte ou à un numéro et, lorsqu'il l'a fait, de toucher n'importe quelle autre carte ou numéro. Demandez-lui ensuite d'ajouter au numéro de la carte touchée le nombre des cartes employées, qui dans ce cas est dix. Demandez-lui ensuite de compter la somme dans un ordre contraire à celui des nombres naturels, en commençant par la carte qu'il a touchée, et en lui attribuant le numéro de la carte à laquelle il a pensé. En comptant de cette manière, il arrivera au numéro ou à la carte auquel il a pensé, et par conséquent vous le saurez immédiatement.

Ainsi, par exemple, supposons que la personne ait pensé à 3 C et ait touché 6 F ; alors, si on ajoute 10 à 6, la somme sera 16 ; et si ce nombre est compté depuis F, le nombre touché, vers EDBCA, et ainsi de suite, dans l'ordre rétrograde, en comptant F trois, le nombre pensé, E cinq, D six, et ainsi de suite jusqu'à seize, ce nombre se terminera en C, montrant que la personne a pensé à 3, le nombre qui correspond à C.

On peut employer à volonté un plus ou moins grand nombre de cartes ou de jetons ; mais dans tous les cas, le nombre entier de cartes doit être ajouté au numéro de la carte touchée.

LES DEUX VOYAGEURS.

Deux voyageurs marchaient ensemble sur la route,

Parler, comme le font les Yankees, de la météo ;

Quand, eh bien ! à côté de leur chemin les principaux espions

Trois tonneaux et un cri fort : « Un prix, un prix ! »

Un grand, deux petits, mais tous de tailles différentes.

Par ici et par là ils regardaient, et tout autour,

Chacun se demandant si un propriétaire pourrait être trouvé :

Mais il n'y avait personne – la voie était libre,

Alors ils s'approchèrent aussitôt des tonneaux,

Et les deux sont d'accord quoi qu'il en soit

Dans un partenariat amical, ils partageront équitablement.

Ils en trouvent deux vides, mais l'autre plein,

Et aussitôt on sort de sa poche

Un grand couteau à fermoir. Une lourde pierre était à portée de main,

Et ainsi, avec le temps, ils découvrirent que leur prix était le brandy.

C'est goûté et approuvé : ils claquent leurs lèvres,

Et chacun prononce que c'est le fameux Cognac.

« Ne passerons-nous pas de nombreuses et joyeuses nuits, mon garçon !

Qu'aucune malchance ne détruise nos espoirs actuels ! »

"C'était une chance qu'on connaisse les mathématiques,

Et il y avait un peu d'hydrostatique ;

Puis il mesura les fûts et dit : "Je vois

Cela fait huit gallons, ceux-là font cinq et trois. »

La question était alors de savoir comment ils pourraient diviser

L'eau-de-vie, pour que chacun soit approvisionné

Avec seulement quatre gallons, ni moins ni plus.

Avec huit, cinq et trois, ils ont mal au casse-tête,

J'ai rempli les cinq, j'ai rempli les trois, en vain ;

Finalement, une pensée heureuse vint au cerveau

D'un : ce fut fait, et chacun rentra chez lui content,

Et leurs bonnes dames déclarèrent que c'était excellent.

Avec ces trois tonneaux, ils ont rendu la division vraie ;

J'ai trouvé le puzzle, disons, mon ami, tu peux ?

Le baril de cinq gallons a été rempli en premier, puis le baril de trois gallons, laissant ainsi deux gallons dans le baril de cinq gallons ; le baril de trois gallons était ensuite vidé dans le baril de huit gallons, et les deux gallons étaient versés du baril de cinq gallons dans le baril vide de trois gallons ; le baril de cinq gallons a ensuite été rempli et un gallon a été versé dans le baril de trois gallons, laissant ainsi quatre gallons dans le baril de cinq gallons, un gallon dans le baril de huit gallons et trois gallons dans le baril de trois gallons, qui a ensuite été vidé dans le baril de huit gallons. Ainsi, chaque personne disposait respectivement de quatre gallons de cognac dans des barils de huit et cinq gallons.

PUZZLE ARITHMÉTIQUE.

Si à partir de 6 vous en prenez 9, et à partir de 9 vous en prenez 10 ; et si l'on prend 50 sur 40, il n'en restera qu'une demi-douzaine.

RÉPONDRE.

Depuis SIX Depuis IX Depuis XL

Prendre   IX Prendre   X Prendre   L

———   ———   ———

S   je   X Restes.

LE JEU D'ARGENT.

Une personne ayant dans une main une pièce d'or et dans l'autre une pièce d'argent, vous pouvez dire dans quelle main il a l'or et dans quelle main l'argent, par la méthode suivante : Une valeur, représentée par un nombre pair. , tel que 8, doit être attribué à l'or ; et une valeur représentée par un nombre impair, tel que trois, doit être attribuée à l'argent ; après quoi, demandez à la personne de multiplier le nombre de la main droite par n'importe quel nombre pair, tel que 2, et celui de gauche par un nombre impair, comme 3 ; puis dites-lui d'additionner les deux produits, et si la somme totale est impaire, l'or sera dans la main droite et l'argent dans la gauche ; si la somme est paire, ce sera le contraire.

Pour mieux dissimuler l'artifice, il suffira de se demander si la somme des deux produits peut être divisée par deux sans reste ; car dans ce cas le total sera pair, et dans le cas contraire impair.

On voit facilement que les pièces, au lieu d'être entre les deux mains de la même personne, peuvent être supposées être entre les mains de deux personnes, dont l'une a le nombre pair ou la pièce d'or, et l'autre le nombre impair ou la pièce d'argent. On peut alors faire à l'égard de ces deux personnes les mêmes opérations qu'à l'égard des deux mains d'une même personne, en appelant en privé l'une la droite et l'autre la gauche.

LES ÉLÈVES DU PHILOSOPHE.

Trouver un nombre dont la moitié, le quatrième et le septième ajoutés à trois seront égaux à lui-même.

C'était un problème favori des arithmétiques grecs anciens, qui posaient la question de la manière suivante : « Dites-nous, illustre Pythagore, combien d'élèves fréquentent votre école ? "La moitié," répondit le philosophe, "étudie les mathématiques, un quart la philosophie naturelle, un septième observe le silence, et il y a encore trois femmes."

La réponse est 28 : 14 + 7 + 4 + 3 = 28.

POUR DÉCOUVRIR UN NOMBRE CARRÉ.

Un nombre carré est un nombre produit par la multiplication d'un nombre quelconque par lui-même ; ainsi, 4 multiplié par 4 est égal à 16, et 16 est par conséquent un nombre carré, 4 étant la racine carrée d'où il est issu. L'extraction de la racine carrée d'un nombre quelconque prend un certain temps ; et après tout votre travail, vous découvrirez peut-être que ce nombre n'est pas un nombre carré. Pour éviter ce problème, il faut savoir que chaque nombre carré se termine soit par un 1, 4, 5, 6 ou 9, soit par deux chiffres, précédés de l'un de ces nombres.

Une autre propriété d'un nombre carré est que s'il est divisé par 4, le reste, s'il y en a, sera 1 ; ainsi, le carré de 5 est 25, et 25 divisé par 4 laisse un reste de 1 ; et encore, 16, étant un nombre carré, peut être divisé par 4 sans laisser de reste.

La bergerie.

Un agriculteur possédait un enclos composé de 50 claies, capable de contenir 100 moutons seulement ; en supposant qu'il veuille le rendre suffisamment grand pour contenir le double de ce nombre, combien d'obstacles supplémentaires aurait-il besoin de franchir ?

Répondre. — Deux. Il y avait 24 haies de chaque côté de l'enclos ; un obstacle en haut et un autre en bas ; de sorte qu'en reculant un peu l'un des côtés et en plaçant une claie supplémentaire en haut et en bas, la dimension de l'enclos serait exactement doublée.

CAMPAGNE ET OEUFS.

Une paysanne portait des œufs à une garnison, où elle avait trois gardes à passer, vendait à la première garde la moitié du nombre qu'elle avait et un demi œuf de plus ; au second, la moitié de ce qui restait, et la moitié d'un œuf en plus ; et au troisième garde elle vendit la moitié du reste, et la moitié d'un autre œuf. Lorsqu'elle arriva au marché, il lui en restait trois douzaines à vendre ; comment était-ce possible, sans casser aucun œuf ? Il semblerait à première vue que cela soit impossible, car comment vendre la moitié d'un œuf sans casser aucun œuf ? La possibilité de cette apparente impossibilité deviendra évidente lorsqu'on considérera qu'en prenant la plus grande moitié d'un nombre impair, on prend la moitié exacte + 1/2. Lorsque la paysanne passa la première garde, elle avait 295 œufs ; en vendant à ce garde 148, ce qui est la moitié + 1/2, il lui restait 147 ; à la deuxième garde, elle en a disposé de 74, ce qui est la moitié majeure de 147 ; et bien sûr, après en avoir vendu 37 sur 74 au dernier garde, il lui en restait encore trois douzaines.

Comment effacer vingt craies à cinq fois, en effaçant à chaque fois une craie impaire.

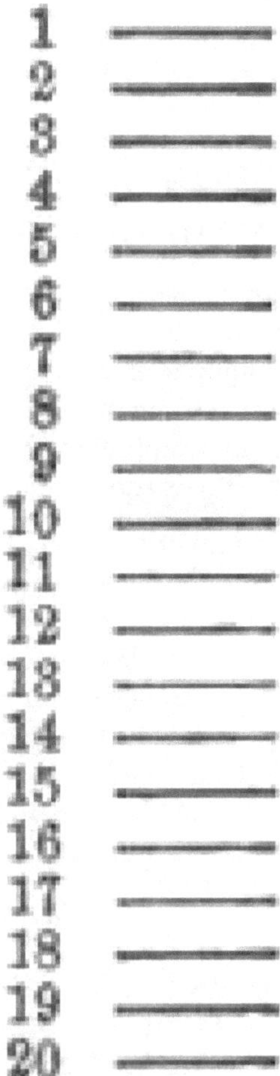

Pour faire ce tour, vous devez faire vingt craies, ou traits longs, sur une planche, comme dans la marge :

Commencez ensuite à compter à rebours, comme 20, 19, 18, 17, effacez ces quatre ; puis continuez en disant : 16, 15, 14, 13, effacez ces quatre ; et recommencez, 12, 11, 10, 9, et effacez-les ; et recommencez, 8, 7, 6, 5, puis effacez-les ; et enfin dire 4, 3, 2, 1, quand ces quatre seront effacés. Les vingt au total sont effacés cinq fois, et chaque fois une fois impaire, c'est-à-dire le 17, le 13, le 9, le 5 et le 1.

C'est une astuce qui, une fois vue, peut être facilement retenue ; et l'énigme au début est qu'il ne vient pas immédiatement à l'esprit de commencer à les effacer à l'envers. C'est aussi simple que tout peut l'être.

LE TRIANGLE IMPOSSIBLE.

Le côté le plus long d'un triangle mesure 100 bâtonnets ; et chacun des autres côtés 50. Exigait la valeur de l'herbe à 5 $ l'acre.

Il s'agit d'une question piège, car un triangle ne peut être formé que si deux lignes sont plus longues que la troisième.

IMPAIR OU PAIR.

Chaque nombre impair multiplié par un nombre impair produit un nombre impair ; tout nombre impair multiplié par un nombre pair produit un nombre pair ; et tout nombre pair multiplié par un nombre pair produit aussi un nombre pair. Ainsi, encore une fois, un nombre pair ajouté à un nombre pair, et un nombre impair ajouté à un nombre impair, produisent un nombre pair ; tandis qu'un nombre impair et pair additionné produit un nombre impair.

Si quelqu'un tient un nombre impair de jetons dans une main et un nombre pair dans l'autre, il n'est pas difficile de découvrir dans quelle main se trouve le nombre impair ou pair. Désirez que l'on multiplie le nombre de la main droite par un nombre pair, et celui de la main gauche par un nombre impair, puis qu'on additionne les deux sommes ensemble, et qu'on vous indique le dernier chiffre du produit ; s'il est pair, le nombre impair sera dans la main droite ; et si impair, dans la main gauche ; ainsi, en supposant qu'il y ait 5 jetons dans la main droite et 4 dans la main gauche, multipliez 5 par 2 et 4 par 3, ainsi : $5 \times 2 = 10$, $4 \times 3 = 12$, puis ajoutez 10 à 12, vous avez $10 + 12 = 22$ dont le dernier chiffre, 2, est pair, et le nombre impair sera par conséquent dans la main droite.

LES CHIFFRES, JUSQU'À 100, DISPOSÉS DE MANIÈRE À FAIRE 505 DANS CHAQUE COLONNE, LORSQU'ILS COMPTENT DANS DIX COLONNES PERPENDICULAIREMENT, ET LES MÊMES LORSQU'ILS COMPTENT EN DIX FICHIERS HORIZONTALEMENT.

dix	92	93	7	5	96	4	98	99	1

11	19	18	84	85	86	87	13	12	90
71	29	28	77	76	75	24	23	22	80
70	62	63	37	36	35	34	68	69	31
41	52	53	44	46	45	47	58	59	60
51	42	43	54	56	55	57	48	49	50
40	32	33	67	65	66	64	38	39	61
30	79	78	27	26	25	74	73	72	21
81	89	88	14	15	16	17	83	82	20
100	9	8	94	95	6	97	3	2	91

Chacun de ces fichiers, une fois additionnés, fait 505.

Chacune de ces dix colonnes, une fois additionnées, fait 505.

LA VIEILLE FEMME ET SES OEUFS.

A une époque où les œufs étaient rares, une vieille femme qui possédait des poules pondeuses remarquablement bonnes, voulant obliger ses voisins, envoya sa fille avec un panier d'œufs à trois d'entre eux ; dans la première maison, qui était celle du châtelain, elle laissa la moitié du nombre d'œufs qu'elle avait et la moitié d'un de plus ; à la seconde, elle a laissé la moitié de ce qui restait et la moitié d'un œuf par-dessus ; et à la troisième, elle laissa encore la moitié du reste et la moitié de plus ; elle revint avec un œuf dans son panier, sans en avoir cassé aucun. Obligatoire : le numéro avec lequel elle est partie. *Rép.* 15 œufs.

La diseuse de bonne aventure mathématique.

Procurez-vous six cartes, et après les avoir réglées de la même manière que les diagrammes suivants, écrivez les chiffres proprement et lisiblement.

Il est nécessaire de dire le nombre pensé par toute personne, les nombres étant contenus dans les cartes, et ces nombres ne doivent pas dépasser 60. Comment cela se fait-il ?

3	5	7	9	11	1
13	15	17	19	21	23
25	27	29	31	33	35
37	39	41	43	45	47
49	51	53	55	57	59

5	6	7	13	12	4
14	15	20	21	22	23
28	29	30	31	36	37
52	38	39	44	45	46
47	53	54	55	60	13

9	10	11	12	13	8
14	15	24	25	26	27
28	29	30	31	40	41
42	43	44	45	46	47
56	57	58	59	60	13

3	6	7	10	11	2
14	15	18	19	22	23
26	27	30	31	34	35
38	39	42	43	46	47
50	51	54	55	58	59

17	18	19	20	21	16
22	23	24	25	26	27
28	29	30	31	48	49
50	51	52	53	54	55
56	57	58	59	30	60

33	34	35	36	37	32
38	39	40	41	42	43
44	45	46	47	48	49
50	51	52	53	54	55
56	57	58	59	60	41

Demandez à la personne de vous donner les cartes contenant le numéro, puis additionnez les chiffres du coin supérieur droit ensemble, ce qui donnera la bonne réponse. Par exemple : supposons que 10 soit le nombre pensé, on donnera les cartes avec 2 et 8 dans les coins, ce qui donne la réponse 10, et ainsi de suite avec les autres.

LES DÉS DEVINÉS INVISIBLES.

Une paire de dés étant lancée, pour trouver le nombre de points sur chaque dé sans les voir. Dites à la personne qui a lancé les dés de doubler le nombre de points sur l'un d'eux et d'y ajouter 5 ; puis multiplier la somme produite par 5, et ajouter au produit le nombre de points sur l'autre dé. Cela étant fait, demandez-lui de vous dire le montant, et, ayant jeté 25, le reste sera un nombre composé de deux chiffres, dont le premier, à gauche, est le nombre de points du premier dé, et le deuxième chiffre, à droite, le numéro de l'autre. Ainsi:

Supposons que le nombre de points du premier dé qui revient soit de 2, et celui de l'autre de 3 ; alors, si à quatre, le double des points du premier, on ajoute 5, et la somme produite, 9, est multipliée par 5, le produit sera 45 ; auquel, si l'on ajoute 3, le nombre de points de l'autre dé, on en produira 48, auxquels, si l'on soustrait 25, il en restera 23 ; dont le premier chiffre est 2, le nombre de points sur le premier dé, et le deuxième chiffre 3, le nombre sur l'autre.

LE SOUVERAIN ET LE SAGE.

Un souverain désireux de conférer une généreuse récompense à un de ses courtisans, qui avait rendu quelque service très important, lui demanda de demander tout ce qu'il jugerait à propos, en l'assurant qu'on l'accorderait. Le courtisan, qui connaissait bien la science des nombres, demanda seulement au monarque de lui donner une quantité de blé égale à celle qui résulterait d'un grain doublé soixante-trois fois successivement. La valeur de la récompense était immense ; car on trouvera par calcul que le soixante-quatrième terme de la double progression divisé par 1, 2, 4, 8, 16, 32, etc., est 9223372036854775808. Mais la somme de tous les termes d'une double progression, commençant avec 1, peut être obtenu en doublant le dernier terme et en lui soustrayant 1. Le nombre de grains de blé sera donc, dans le cas présent, 18446744073709551615. Or, si une pinte contient 9216 grains de blé, un gallon contiendra 73728 ; et, comme huit gallons font un boisseau, si nous divisons le résultat ci-dessus par huit fois 73728, nous aurons 31274997411295 pour le nombre de boisseaux de blé égal au nombre de grains ci-dessus, quantité supérieure à celle de toute la surface de la terre. pourrait produire en plusieurs années, et qui en valeur dépasserait peut-être toutes les richesses du globe.

LE BERGER CONNAISSANT.

Un berger allait au marché avec des moutons, lorsqu'il rencontra un homme qui lui dit : "Bonjour, mon ami, avec tes comptes". "Non," dit le berger, "je n'en ai pas une vingtaine ; mais si j'en avais autant, la moitié de plus, et deux moutons et demi, j'en aurais juste une vingtaine." Combien de moutons avait-il ?

Il avait 7 moutons : autant de 7 ; moitié moins, 3 $\frac{1}{2}$; et 2 $\frac{1}{2}$; faisant en tout 20.

LE CERTAIN JEU.

Deux personnes conviennent de prendre alternativement des nombres inférieurs à un nombre donné, par exemple 11, et de les additionner jusqu'à ce que l'une d'elles atteigne une certaine somme, par exemple 100. Par quel moyen l'une d'elles peut-elle infailliblement y parvenir ? le numéro avant l'autre ?

Tout l'artifice consiste à faire immédiatement un choix entre les nombres 1, 12, 23, 34, etc., ou bien avec une série qui augmente continuellement de 11, jusqu'à 100. Supposons que la première personne, qui connaît le jeu, fait le choix de 1 ; il est évident que son adversaire, comme il doit compter moins de 11, peut tout au plus atteindre 11, en y ajoutant 10. Le premier prendra alors 1, ce qui fera 12 ; et quel que soit le nombre que le second ajoutera, le premier l'emportera certainement, pourvu qu'il ajoute continuellement à 11 le nombre qui forme le complément de celui de son adversaire ; c'est-à-dire que si celui-ci en prend 8, il doit en prendre 3 ; si 9, il doit en prendre 2 ; et ainsi de suite. En suivant cette méthode, il atteindra infailliblement à 89, et il sera alors impossible au second de l'empêcher d'arriver le premier à 100 ; car quel que soit le nombre que prend le second, il ne peut atteindre que 99 ; après quoi le premier peut dire : « et 1 fait 100 ». Si le second prenait 1 après 89, cela ferait 90, et son adversaire finirait par dire : « et 10 font 100 ». Entre deux personnes également familiarisées avec le jeu, celui qui commence doit nécessairement gagner.

LE FERMIER ÉTONNÉ.

A et B ont amené chacun 30 porcs au marché, A a vendu le sien à 3 pour un dollar, B à 2 pour un dollar, et ensemble, ils ont reçu 25 $. A en prit ensuite 60 seuls, qu'il vendit *comme auparavant* , à 5 pour 2 $, et n'en reçut que 24 $; qu'est devenu l'autre dollar ?

Il s'agit plutôt d'une question piège, l'insinuation selon laquelle les premiers lots ont été vendus au prix de cinq pour 2 $ n'est vraie qu'en partie. Ils commencent à vendre à ce rythme, mais après dix ventes, les porcs de A sont épuisés et ils ont reçu 20 $: B en a encore 10 qu'il vend à « 2 pour un dollar » et reçoit bien sûr 5 $; alors que s'il les avait vendus au tarif de 5 pour 2 dollars, il n'aurait reçu que 4 dollars. La difficulté est donc facilement résolue.

SIÈCLE MAGIQUE.

Si le nombre 11 est multiplié par l'un quelconque des neuf chiffres, les deux chiffres du produit seront toujours pareils, comme le montre l' exemple suivant :

11 11 11 11 11 11 11 11 11

$$1 \quad 2 \quad 3 \quad 4 \quad 5 \quad 6 \quad 7 \quad 8 \quad 9$$

$$—\ —\ —\ —\ —\ —\ —\ —\ —$$

$$11 \quad 22 \quad 33 \quad 44 \quad 55 \quad 66 \quad 77 \quad 88 \quad 99$$

$$—\ —\ —\ —\ —\ —\ —\ —\ —$$

Or, si une autre personne et vous-même avez cinquante jetons chacun et conviennent de ne jamais miser plus de dix à la fois, vous pouvez lui dire que s'il vous permet de miser le premier , vous terminez toujours le siècle pair avant lui.

Pour réussir, vous devez d'abord miser 1, et en vous rappelant l'ordre de la série ci-dessus, ajouter constamment à ce qu'il mise autant qu'il en fera un de plus que les nombres 11, 22, 33, etc., dont il est composé. , jusqu'à ce que vous arriviez à 89, après quoi votre adversaire ne peut plus atteindre lui-même le siècle pair, ni vous empêcher de l'atteindre.

Si votre adversaire n'a aucune connaissance des nombres, vous pouvez d'abord miser n'importe quel autre numéro, inférieur à 10, à condition de prendre soin ensuite d'obtenir l'un des derniers termes, 56, 67, 78, etc. ; ou vous pouvez même le laisser miser en premier, si vous prenez soin ensuite de vous assurer de l'un de ces numéros.

Cet exercice peut être réalisé avec d'autres nombres ; mais, pour réussir, vous devez diviser le nombre à atteindre par un nombre qui est d'une unité supérieur à ce que vous pouvez miser à chaque fois, et le reste sera alors le nombre que vous devez d'abord miser. Supposons, par exemple, que le nombre à atteindre soit 52 (en utilisant un jeu de cartes au lieu de jetons), et que vous ne deviez jamais en ajouter plus de 6 ; puis, en divisant 52 par 7, le reste, qui est 3, sera le nombre qu'il faudra d'abord miser ; et quelle que soit la mise de votre adversaire, vous devez y ajouter autant que ce qui la rendra égale à 7, le nombre par lequel vous avez divisé, et ainsi de suite.

LE CHAPELIER MALCHANCEUX.

Un homme de passage dans une ville de l'Ohio a acheté un chapeau pour 8 $ et a remis en paiement une facture de 50 $. Le chapelier a rendu visite à un commerçant des environs , qui a changé le billet pour lui, et le pied noir ayant reçu sa monnaie de 42 $ s'est mis en route. Le lendemain, le marchand découvrit que le billet était contrefait et appela le chapelier, qui fut obligé d'emprunter immédiatement 50 $ à un autre ami pour le racheter ; mais en se retournant pour chercher la jambe noire, il avait quitté la ville, de sorte que le billet était inutile entre les mains du chapelier. La question est : qu'a-t-il perdu : est-ce 50 $ en plus du chapeau, ou 50 $, chapeau compris ?

Cette question est généralement posée avec des noms et des circonstances comme une transaction réelle, et si la société connaît ces personnes d'autant mieux, car cela sert à détourner l'attention de la question ; et dans presque tous les cas, la première impression est que le chapelier a perdu 50 $ en plus du chapeau, bien qu'il soit évident qu'il a été payé pour le chapeau, et s'il avait gardé les 8 $, il n'aurait eu besoin que d'emprunter 42 $ supplémentaires pour racheter le billet.

LE PANIER DE NOIX.

Une personne remarqua que lorsqu'il comptait son panier de noix, deux par deux, trois par trois, quatre par quatre, cinq par cinq ou six par six, il en restait une ; mais quand il les comptait par sept, il n'y avait pas de reste. Combien en avait-il ?

Le plus petit commun multiple de 2, 3, 4, 5 et 6 étant 60, il est évident que si 61 était divisible par 7, il répondrait aux conditions de la question. Ceci n'étant pas le cas, cependant, essayons successivement $60 \times 2 + 1$, $60 \times 3 + 1$, $60 \times 4 + 1$, etc., et on trouvera que $301 = 60 \times 5 + 1$, est divisible. à 7 heures ; et par conséquent ce nombre répond aux conditions de la question. Si à cela on ajoute 420, le plus petit commun multiple de 2, 3, 4, 5, 6 et 7, la somme 721 sera une autre réponse ; et en ajoutant perpétuellement 420, nous pouvons trouver autant de réponses que nous le souhaitons.

LES CHIFFRES UNIS.

Disposez les chiffres de 1 à 9 dans cet ordre pour qu'en les additionnant, ils donnent 100.

15
36 47 — 98 2——100

DÉCEMBRE ET MAI.

Un vieil homme épousa une jeune femme ; leurs âges réunis s'élevaient à C. L'âge de l'homme multiplié par 4 et divisé par 9 donne l'âge de la femme. Quels étaient leurs âges respectifs ?

RÉPONSE.— L'âge de l' homme, 60 ans 12 semaines ; l'âge de la femme, 30 ans 40 semaines.

LES DEUX CONDUCTEURS.

Deux bouviers, A et B, se rencontrant sur la route, commencèrent à discuter du nombre de moutons qu'ils possédaient chacun. Dit B à A : "Donnez-moi, s'il vous plaît, un de vos moutons et j'en aurai autant que vous." "Non", répondit A, "mais donnez-moi un de vos moutons et j'en aurai encore autant que vous." Faut-il connaître le nombre de moutons qu'ils possédaient chacun ?

A en avait sept et B avait cinq moutons.

LE PANIER ET LES PIERRES.

Si cent pierres sont placées en ligne droite, à la distance d'un mètre les unes des autres, la première étant à la même distance d'un panier, de combien de mètres doit marcher celui qui s'engage à les ramasser, une à une, et les mettre dans le panier ? Il est évident que, pour ramasser la première pierre et la mettre dans le panier, il faut marcher deux mètres ; pour le second, il doit marcher quatre ; pour le troisième, six : et ainsi de suite en augmentant de deux, jusqu'au centième.

Le nombre de mètres que la personne devra parcourir sera donc égal à la somme des progressions 2, 4, 6, etc., dont le dernier terme est 200 (22). Mais la somme de la progression est égale à 202, somme des deux extrêmes, multipliée par 50, ou la moitié du nombre des termes : soit 10 100 yards, ce qui fait plus de 5 1 ⁄ 2 ₘᵢₗₗₑₛ .

LES CÉLÈBRES QUARANTE-CINQ.

Comment le nombre 45 peut-il être divisé en quatre parties telles que, si à la première partie vous ajoutez 2, de la deuxième partie vous soustrayez 2, de la troisième partie vous multipliez par 2, et de la quatrième partie vous divisez par 2, la somme des l'addition, le reste de la soustraction, le produit de la multiplication et le quotient de la division sont-ils tous égaux ?

Le 1er est   8 ; auquel ajouter 2, la somme est   dix

Le 2ème est 12 ; soustraire   2, le reste est   dix

Le 3ème est 5 ; multiplié par   2, le produit est dix

Le 4ème est 20 ; divisé par   2, le quotient est dix

45

Faut-il soustraire 45 de 45 et laisser 45 comme reste ?

Solution.— 9 + 8 + 7 + 6 + 5 + 4 + 3 + 2 + 1 = 45
1 + 2 + 3 + 4 + 5 + 6 + 7 + 8 + 9 = 45

8 + 6 + 4 + 1 + 9 + 7 + 5 + 3 + 2 = 45

SOUSTRACTION.

De 1 mile, soustrayez 7 stades, 39 tiges, 5 yards, 1 pied, 5 pouces.

kilomètres des stades, des tiges, mètres, pieds, pouces.

Depuis	1	0	0	0	0	0
Prendre	0	7	39	5	1	5
	0	0	0	0	0	1

problème, au lieu d'emprunter 1 pied, on emprunte $1/2$ pied = 6 pouces, dont on prend 5 pouces, et 1 reste ; nous portons alors $1/2$ à 1, et empruntant $1/2$ par mètre = 1 $1/2$ pieds, nous avons 1 $1/2$ de 1 $1/2$ = 0, et procédons ensuite comme d' habitude.

LA FIGURINE SUPPRIMÉE.

En premier lieu, désirons qu'une personne écrive secrètement, sur une ligne, le nombre de chiffres qu'elle choisit, et les additionne comme unités ; ceci fait, dites-lui de soustraire cette somme de la ligne de chiffres initialement fixée ; demandez-lui ensuite de biffer le chiffre qu'il veut, d'additionner les chiffres restants de la ligne comme unités (comme dans le premier cas) et de vous informer du résultat, lorsque vous lui direz le chiffre qu'il a barré.

76542-24
  24
————76518

Supposons, par exemple, que les chiffres inscrits soient 76 542 ; ceux-ci, additionnés comme unités, font un total de 24 : soustrayez 24 de la première ligne, et il reste 76 518 ; si 5, le chiffre du centre est biffé, le total sera de 22. Si 8, le premier chiffre est biffé, 19 sera le total.

Afin de savoir quel chiffre a été barré, vous faites mentalement une somme supérieure d'un multiple de 9 au total indiqué. Si 22 est donné comme total, alors 3 fois 9 font 27, et 22 sur 27 montrent que 5 a été supprimé. Si 19 est donné, cette somme déduite de 27 donne 8.

Si le total est égal à 9, comme 18, 27, 36, alors 9 a été effacé.

Avec très peu de pratique, n'importe qui peut réaliser cette opération rapidement ; il est donc inutile de donner d'autres exemples. La seule manière pour une personne d'échouer dans la résolution de cette énigme est lorsque le chiffre 9 ou un chiffre est barré, car il devient alors impossible de dire lequel des deux il s'agit, la somme des chiffres dans la ligne étant un nombre pair de neuf dans les deux cas.

L'AJOUT MYSTÉRIEUX.

Il est nécessaire de nommer le quotient de cinq ou trois lignes de chiffres — chaque ligne étant composée de cinq chiffres ou plus — en voyant seulement la première ligne avant même que les autres lignes ne soient écrites. N'importe qui peut écrire la première ligne de chiffres pour vous. Comment trouve-t-on le quotient ?

E XEMPLE.— Lorsque la première ligne de chiffres est posée, soustrayez 2 du dernier chiffre de droite et placez-le avant le premier chiffre de la ligne, et c'est le quotient de cinq lignes . Par exemple, supposons que les chiffres donnés soient 86 214, le quotient sera de 286 212. Vous pouvez autoriser n'importe qui à inscrire les deux première et quatrième lignes, mais vous devez toujours inscrire les troisième et cinquième lignes, et ce faisant, toujours faire 9 avec la ligne du dessus, comme dans l'exemple suivant :

Donc sur le schéma annexé vous verrez que vous avez fait 9 dans les troisième et cinquième lignes avec les lignes au dessus d'elles. Si la personne qui désire inscrire les chiffres doit inscrire un 1 ou un 0 pour le dernier chiffre, il faudra dire que nous aurons un autre chiffre, et un autre, et ainsi de suite jusqu'à ce qu'elle écrive quelque chose au-dessus de 1 ou 2.

86	214
42	680
57	319
62	854
37	145

Qt. 268 212

En résolvant le puzzle avec trois lignes, vous soustrayez 1 du dernier chiffre, vous le placez avant le premier chiffre et vous composez vous-même la troisième ligne jusqu'à 9. Par exemple : 67 856 est donné, et le quotient sera 167 855, comme indiqué dans le diagramme ci-dessus.

67	856
47	218
52	781

Qt. 167 855

POUR DIRE À QUELLE HEURE UNE PERSONNE A L'INTENTION DE SE LEVER.

Laissez la personne régler l'aiguille du cadran d'une montre à l'heure qu'elle veut, et vous dire quelle heure c'est ; et au nombre de cette heure vous ajoutez dans votre esprit 12 ; puis dites-lui de compter en privé le chiffre de cette somme sur le cadran, en commençant par l'heure suivante jusqu'à celle à laquelle il se propose de se lever, et en comptant à rebours, en comptant d'abord le chiffre de l'heure à laquelle il a posé l'aiguille. Par exemple:

Supposons que l'heure à laquelle il compte se lever soit à 8 heures, et qu'il ait placé la main à 5 heures ; vous ajouterez 12 à 5, et lui direz de compter 17 sur le cadran, en comptant d'abord 5, l'heure à laquelle se trouve l'index, et en comptant à rebours à partir de l' heure à laquelle il compte se lever ; et le nombre 17 se terminera nécessairement par 8, ce qui montre que c'est l'heure qu'il a choisie.

POUR TROUVER LA DIFFÉRENCE ENTRE DEUX NOMBRES DONT LE PLUS GRAND EST INCONNU.

Prenez autant de neuf qu'il y a de chiffres dans le plus petit nombre et soustrayez cette somme du nombre de neuf. Laissez une autre personne ajouter la différence au plus grand nombre, et en parlant du premier chiffre du montant, ajoutez-le au dernier chiffre, et cette somme sera la différence des deux nombres.

Par exemple : John, 22 ans, dit à Thomas, plus âgé, qu'il peut découvrir la différence de leurs âges ; il déduit donc en privé 22 de 99 (son âge étant constitué de deux chiffres, il prend bien sûr deux neuf) ; la différence, qui est de 77, il dit à Thomas d'ajouter à son âge, et de soustraire le premier chiffre du montant, et de l'ajouter au dernier chiffre et ce sera la différence de leurs âges ; ainsi,

La différence entre l'âge de John et 99 ans est 77
auquel Thomas ajoutant son âge 35

———

 La somme est 112
Puis en enlevant le premier chiffre 1, et en l'ajoutant au chiffre 2, la somme est 13
Ce qui ajoute à l'âge de John 22

———

Donne l'âge de Thomas 35

LE RESTE.

Une façon très agréable d'arriver à une somme arithmétique, sans utiliser ni ardoise ni crayon, est de demander à une personne de penser à un chiffre, puis de le doubler, puis d'y ajouter un certain chiffre, puis de diviser par deux la somme totale, et enfin de soustraire de cela le chiffre auquel j'ai d'abord pensé. Vous devez alors dire au penseur quel est le reste.

La clé de ce verrou de chiffres est que la MOITIÉ de la somme que vous demandez à ajouter pendant le traitement de la somme est LE RESTE . Dans l'exemple donné, cinq est la moitié de dix, le nombre qu'il est demandé d'ajouter. N'importe quel montant peut être ajouté, mais l'opération est simplifiée en ne donnant que des nombres pairs, car ils diviseront sans fractions.

Exemple.

Pensez à 7
Doublez-le 14
Ajoutez-y 10 dix

―――

Réduisez-le de moitié 2)24

―――

Ce qui partira 12
Soustrayez le nombre auquel vous avez pensé 7

―――

L E RESTANT sera _ 5

PERSONNE AYANT UN NOMBRE ÉGAL DE PIONS OU DE PIÈCES D'ARGENT DANS CHAQUE MAIN, POUR TROUVER COMBIEN ELLE EN A AU TOTAL.

Demandez à la personne de transmettre n'importe quel nombre, comme 4, par exemple, d'une main à l'autre, puis demandez-lui combien de fois le plus petit nombre est contenu dans le plus grand. Supposons qu'il dise que l'un est le triple de l'autre ; et, dans ce cas, multipliez 4, le nombre des jetons transportés, par 3, et ajoutez au produit le même nombre, ce qui fera 16. Enfin, prenez 1 sur 3, et si 16 est divisé par le reste 2, le quotient sera le nombre contenu dans chaque main, et par conséquent le nombre entier est 16.

Ce curieux problème mérite un autre exemple. Supposons à nouveau que 4 jetons passent d'une main à l'autre et que le plus petit nombre soit contenu dans le plus grand $2 \, {}^{1}/_{3}$ ^{fois} . Dans ce cas, il faut, comme précédemment, multiplier 4 par $2 \, {}^{1}/_{3}$, ce qui donnera $9 \, {}^{1}/_{3}$; auquel, si l'on ajoute 4, nous aurons $13 \, {}^{1}/_{3}$, ou ${}^{40}/_{3}$; si 1 est alors pris dans $2 \, {}^{1}/_{3}$, le reste sera $1 \, {}^{1}/_{3}$, ou ${}^{4}/_{3}$, par lequel, si ${}^{40}/_{3}$ est divisé, le quotient 10 sera le nombre de jetons dans chaque main.

LES TROIS MARIS JALOUS.

Trois maris jaloux, A, B et C, avec leurs femmes, étant prêts à passer la nuit sur une rivière, trouvent au bord de l'eau un bateau qui ne peut en transporter que deux à la fois, et faute de batelier, ils sont obligés ramer sur la rivière à plusieurs reprises. La question est de savoir comment ces six personnes passeront, deux à la fois, afin qu'aucune des trois femmes ne se retrouve en compagnie d'un ou deux hommes, à moins que son mari ne soit présent ?

Cela peut être effectué de deux ou trois manières ; ce qui suit peut être aussi bon que n'importe quel autre : laissez A et sa femme passer - laisser A revenir - laisser les femmes de B et C passer - la femme de A revient - B et C passer - B et sa femme reviennent, A et B passer - C la femme revient, et les femmes de A et de B y vont, puis C revient chercher sa femme. Aussi simple que cette question puisse paraître, elle se retrouve dans les œuvres d'Alcuin, qui prospéra il y a mille ans, des centaines d'années avant l'invention de l'art de l'imprimerie.

LES FAUSSES BALANCES.

Un fromage placé dans l'une des balances d'une fausse balance pesait 16 livres, et lorsqu'il était placé dans l'autre, seulement 9 livres. Quel est le vrai poids ?

Le vrai poids est une moyenne proportionnelle entre les deux faux, et se trouve en extrayant la racine carrée de leur produit. Ainsi $16 \times 9 = 144$; et racine carrée $144 = 12$ livres, le poids requis.

LA FEMME POMME.

Une pauvre femme, portant un panier de pommes, fut accueillie par trois garçons, dont le premier acheta la moitié de ce qu'elle avait, puis lui en rendit 10 ; le deuxième garçon acheta un tiers de ce qui restait et lui en rendit 2 ; et la troisième acheta la moitié de ce qui lui restait et lui rendit 1 ; après quoi elle a découvert qu'il lui restait 12 pommes. Quel numéro avait-elle au début ?

Des 12 restants, soustrayez 1, et 11 est le numéro qu'elle a vendu au dernier garçon, qui était la moitié qu'elle avait ; son numéro à ce moment-là était donc 22. De 22, soustrayez deux, et les 20 restants représentaient les 2/3 de son stock antérieur, qui était donc 30. De 30, soustrayez 10, et les 20 restants représentent la moitié de son stock initial ; par conséquent, elle avait d'abord 40 pommes.

LES GRÂCES ET LES MUSES.

Les trois Grâces, portant chacune un nombre égal d'oranges, furent accueillies par les neuf Muses, qui en demandèrent quelques-unes ; et chaque Grâce ayant donné à chaque Muse le même numéro, on trouva alors qu'elles avaient toutes des parts égales. Combien ont eu les Grâces au début ?

Le plus petit nombre qui répondra à cette question est douze ; car si l'on suppose que chaque Grâce en donnait un à chaque Muse, celles-ci en auraient chacune trois, et il en resterait trois pour chaque Grâce. (Tout multiple de 12 répondra aux conditions de la question.)

LE PROFESSEUR JÉSUITE.

Une institutrice, ayant sous sa garde quinze jeunes filles, leur souhaitait de se promener chaque jour de la semaine. Ils devaient marcher en cinq divisions de trois dames chacune, mais aucune femme ne devait être autorisée à marcher ensemble deux fois au cours de la semaine. Comment pourraient-ils être organisés pour répondre aux conditions ci-dessus ?

SUN.			MON.			TUES.			WEDN.			THURS.			FRID.			SAT.		
a	b	c	a	d	g	a	k	n	a	e	l	a	h	o	a	f	p	a	i	m
d	e	f	b	e	h	b	l	o	b	f	m	b	i	p	b	d	n	b	g	k
g	h	i	c	m	p	c	f	i	c	g	n	c	d	k	c	h	l	c	e	o
k	l	m	f	k	o	d	h	m	d	i	o	e	m	n	e	i	k	d	l	p
n	o	p	:	l	n	e	g	p	h	k	p	f	g	l	g	m	o	h	f	n

QUESTIONS BRICOLÉES.

Quelle est la différence entre des bouteilles de vingt-quatre litres et des bouteilles de quatre et vingt litres ?

Rép. —56 litres de différence.

Quels trois chiffres, multipliés par 4, feront précisément 5 ?

Rép. —1 $^1/_4$, soit 1·25.

Quelle est la différence entre six douzaines et une demi-douzaine ?

Rép. —792 : Six douzaines douzaines faisant 864, et une demi-douzaine, 72.

Placez trois six ensemble, de manière à faire sept.

Rép. —6 $^6/_6$.

Ajoutez un à neuf et faites-en vingt.

Rép. IX — franchissez le *1*, cela fait XX.

Placez quatre cinq de manière à faire six et demi. *Rép.* —5 $^5/_5$ ·5.

Une pièce à huit coins avait un chat dans chaque coin, sept chats devant chaque chat et un chat sur la queue de chaque chat. Quel était le nombre total de chats ? *Rép.* —Huit chats.

Montrer que sept est la moitié de douze. *Rép.* —Placez les chiffres romains sur une feuille de papier et tracez une ligne au milieu de celle-ci, la partie supérieure sera VII.

LE RENARD, L'OIE ET LE MAÏS.

Un compatriote ayant un renard, une oie et un morceau de maïs arriva près d'une rivière, où il se trouva qu'il ne pouvait en transporter qu'un à la fois.

Or, comme il ne fallait pas en laisser deux ensemble qui pourraient se détruire l'un l'autre, il était à bout de nerfs, car il dit : « Bien que le maïs ne puisse pas manger l'oie, ni l'oie ne mange le renard, le renard peut pourtant manger l'oie. , et l'oie mange le maïs. Comment les emportera-t-il, afin qu'ils ne se détruisent pas les uns les autres ?

Qu'il s'empare d'abord de l'Oie, laissant le Renard et le Maïs ; puis laissez-le reprendre le Renard et ramener l'Oie ; puis reprenez le maïs ; et enfin reprendre l'Oie.

MULTIPLIER L'ARGENT PAR L'ARGENT.

Parmi les diverses questions qui sont posées dans le but d'intriguer l'arithméticien imprudent, la multiplication de l'argent par l'argent est l'une des plus curieuses : prenons par exemple les problèmes suivants :

Multipliez 99 £ par 19 *s.* 11 $^{3/4}$ d . par 99 £ 19 *s.* 11 $^{3/4}$ d . Multipliez 11 £ par 11 *s.* 11 *j.* par 11 £ 11 *s.* 11 *j.*

Pour le non-initié, ces questions semblent généralement faciles à résoudre, mais les différentes manières de les résoudre et les différents résultats obtenus prouvent qu'il y a quelque chose d'absurde et de faux dans les questions elles-mêmes. Certains réduisent tout à des liards, et après avoir multiplié un terme par l'autre, rendent le produit en livres, shillings et pence. D'autres les convertissent en décimales ; tandis que certains traitent le problème dans le style des duodécimaux.

Ayant suffisamment intrigué les débutants, le chercheur remarque : « Le problème lui-même est absurde, il est incapable de solution ; car quelle est la nature du produit des livres, shillings et pence multiplié par les livres, shillings et pence ? Nous savons qu'un Un mètre multiplié par un mètre donne un mètre carré, mais qui peut dire ce qu'est un centime multiplié par un centime, ou un centime par une livre ? »

Or, tout cela est tout à fait exact, pourvu que la question se limite, comme ci-dessus, au produit des livres, shillings et deniers, en livres, shillings et deniers ; butsupposons que le problème soit posé sous cette forme : si un capital de 1 £ produit par intérêts composés, dans un certain temps, 99 £ 19 *s.* 11 $^{3/4}$ d . , combien serait produit par un capital de 99 £ 19 *s.* 11 $^{3/4}$ j .? Il est évident que, pour répondre à cette question, il faut multiplier £99 par 19 *s.* 11 $^{3/4}$ d . par 99 £ 19 *s.* 11 $^{3/4}$ d . : ce sont en fait les deuxième et troisième termes d'une « règle de trois » ordinaire ; et bien que l'un des termes soit une quantité « concrète » de livres, de shillings et de pence, l'autre doit être considéré comme une quantité mathématique « abstraite », étant 99 et une fraction, dont le nombre de sou dans une livre est le le dénominateur est 960, et le nombre de liards dans le troisième terme est le numérateur 959 ; ou, au lieu de cela, les shillings et les pence pourraient être convertis en décimales d'une livre, ou en parties aliquotes. Le produit de la multiplication de 99 £ 19 s. 11 $^{3/4}$ d. par 99 ^{959}/960, c'est 9 999 £ 15 s. 10 ^{1}/3840d. ; le moyen le plus rapide d'y parvenir est de multiplier par 100 et de soustraire du produit la 960ème partie du multiplicande.

Dans l'autre question proposée, le produit de £11 11 s. 11 j. en 11 £ 11 s. 11 j. , ou 11 ^{143}/240 , est de 134 £ 9 s. 3 ^{493}/240d .

Le nombre et la valeur sont des idées abstraites distinctes et ne peuvent, sans commettre une absurdité logique, être confondues. Multiplier, c'est répéter un certain nombre de *fois* , et il est évidemment impossible d'apporter *de la valeur* à la question. La valeur est arbitraire ; le numéro est fixe. Exprimé de cette manière, l'absurdité est évidente : une livre équivaut à 20 shillings, ou 240 pence, ou 960 farthings. En valeur, il n'y a aucune différence ; mais quelle énorme différence entre multiplier par 1, 20, 240 ou 960 !

LA DIVISION INJUSTE.

Un gentilhomme louait une ferme et s'engageait à donner à son propriétaire les 2/5 ^{de} la production ; butavant le moment de diviser le maïs, le locataire a utilisé 45 boisseaux. Lorsque le partage général fut fait, il fut proposé de donner au propriétaire 18 boisseaux du tas, au lieu de sa part des 45 boisseaux que le locataire avait utilisés, puis de commencer et de diviser le reste comme si aucun boisseau n'avait été utilisé. . Cette méthode aurait-elle été correcte ?

Le propriétaire perdrait 7 $^{1/5}$ boisseaux par un tel arrangement, puisque le loyer lui donnerait droit aux $^{2/5}$ des 18. Le locataire devrait lui donner 18 boisseaux de sa propre part après la division, sinon le propriétaire recevrait mais $^{2/7}$ des 63 premiers boisseaux .

Une erreur populaire.

On suggère souvent, du haut de la chaire et ailleurs, qu'un nombre suffisant de personnes ont vécu et sont mortes dans le monde pour en couvrir toute la surface de corps ; et même deux ou trois strates de profondeur. Est-ce probable ?

Supposons que la terre existe depuis 6 000 ans, que la population ait toujours été de 800 000 000 d'habitants et que la vie moyenne de l'homme soit de 30 ans ; c'est le maximum qu'on puisse prétendre. Permettez donc à l'État de Virginie de contenir 70 000 milles carrés et que chaque tombe occupe un espace de 6 pieds sur 2; le territoire de l'État en contiendrait 162.624.000.000 ; tandis que la puissante armée des morts ne compterait que 160 000 000 000 ; laissant 2 624 000 000 de tombes encore inoccupées.

Quelle est donc l'ampleur de la vérité dans la position souvent exposée de manière si positive !

DES ASTUCES EN GÉOMÉTRIE.

"Laissez les jeunes débutants venir essayer

Leurs mains s'attaquent à notre géométrie."

Le mot géométrie vient du grec et signifie l'art de mesurer la terre. Son invention en est attribuée par les uns aux Chaldéens et aux Babyloniens, par d'autres aux Égyptiens, qui furent obligés de déterminer les limites de leurs champs, après l'inondation du Nil, par des mesures géométriques. Selon Cassiodore, les Égyptiens ont dérivé cet art des Babyloniens ou l'ont inventé après qu'ils l'aient connu. Thalès, un Phénicien , mort 548 ans avant JC , et Pythagore de Samos, qui prospéra vers 520 avant JC , l'introduisirent d'Egypte en Grèce. En géométrie élémentaire, Euclide d'Alexandrie, comme chacun le sait, se distingue particulièrement. Archimède mesura la sphère, et après lui d'autres philosophes poursuivirent la science avec la plus grande assiduité. En Italie, où les sciences ont connu un premier renouveau après l'âge des ténèbres, plusieurs mathématiciens se sont distingués au XVIe siècle. Les Français, puis les Allemands, suivirent ; tandis qu'en Angleterre, Hook, Newton et d'autres portèrent la science au plus haut degré d'utilité et, grâce à son aide, firent les découvertes les plus prodigieuses. Il ne nous appartient pas cependant d'entrer dans une longue discussion sur le sujet, mais simplement de présenter au jeune lecteur quelques-unes des propriétés les plus curieuses de la science, afin qu'il soit excité à l'étudier par lui-même ; et nous lui promettons que s'il consacre son esprit à son étude, il sera largement récompensé pour toute quantité de travail qu'il pourra y consacrer.

DÉFINITIONS GÉOMÉTRIQUES.

En géométrie, on dit qu'un *point* n'a ni largeur, ni longueur, ni épaisseur. Une *ligne* est la distance entre deux points ; les lignes parallèles restent toujours à la même distance les unes des autres. Une ligne *droite* est ce qu'on appelle communément une ligne droite. Une *courbe* est une ligne qui change continuellement de direction. Un *angle* est l'inclinaison ou l'ouverture de deux lignes se rencontrant en un point. Une *figure* est un espace délimité, et est soit une surface, soit un solide. Un *triangle* est une figure qui a trois côtés et trois angles. Un *carré* a quatre côtés égaux et quatre angles droits. Un *cercle* est une figure plane délimitée par une ligne courbe se prolongeant sur elle-même. Son diamètre est une ligne droite tirée d'une extrémité de sa circonférence à l'autre, et son centre est également éloigné de toutes les parties de la circonférence. Un *solide* est tout corps qui a une longueur, une largeur et une épaisseur ; et une sphère est un solide terminé par une surface convexe, dont chaque partie est à égale distance d'un point intérieur, appelé son centre.

LES CINQ SOLIDES GÉOMÉTRIQUES.

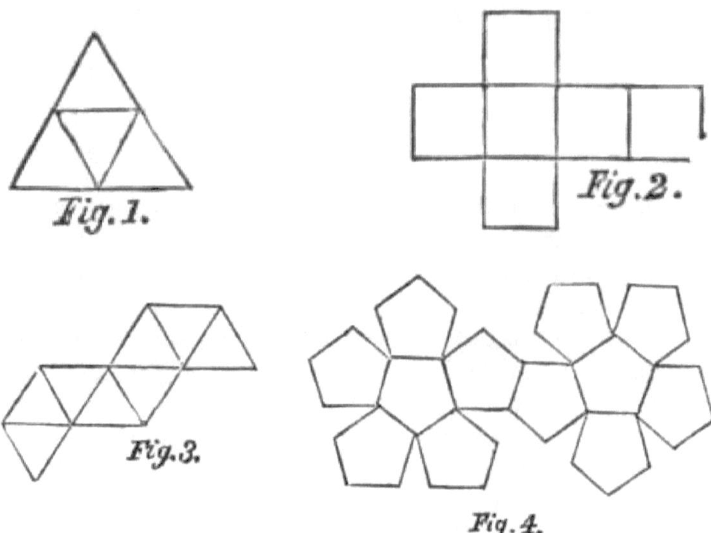

Les figures suivantes montrent comment les cinq solides géométriques peuvent être découpés dans un morceau de carton. Là où les lignes sont tracées, la planche doit être partiellement découpée avec un canif, de manière à rendre les angles des modèles aussi aigus et aussi droits que possible. Les bords qui doivent être assemblés doivent être fixés ensemble avec un morceau de papier fin et de la gomme dissoute dans juste assez d'eau pour lui donner la consistance d'une mélasse. La figure 1 formera un tétraèdre, une figure à quatre côtés, chacun en forme de triangle équilatéral. La figure 2 forme un cube ou un hexaèdre. Fig. 3 un octoèdre , à huit côtés triangulaires. Fig. 4, un dodécaèdre, à douze côtés en forme de pentagones, à cinq côtés égaux. Fig. 5, un isocaèdre , à vingt côtés, formé de triangles équilatéraux.

Figure 5.

COMMENT FAIRE DE CINQ CARRÉS UN GRAND SANS GASPILLAGE.

Supposons que vous ayez cinq carrés de tissu, ou autre chose, comme sur la figure 7 ; trouvez le centre d'un côté de quatre de ces carrés et coupez-les de ce point jusqu'au coin opposé, puis placez le carré parfait au centre et les autres morceaux autour, comme le montre la figure 8.

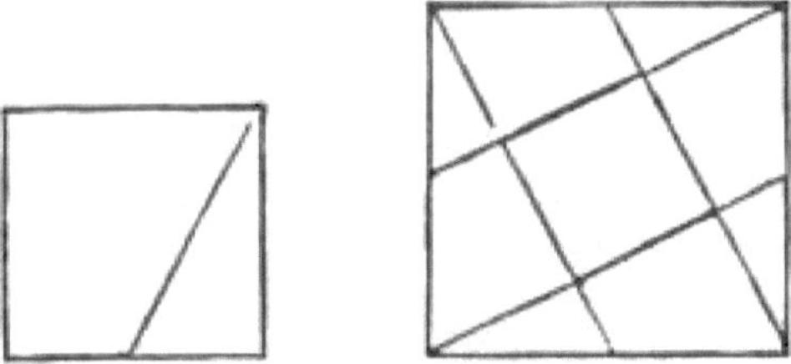

Figure 7. Figure 8.

VISION TROMPEUR.

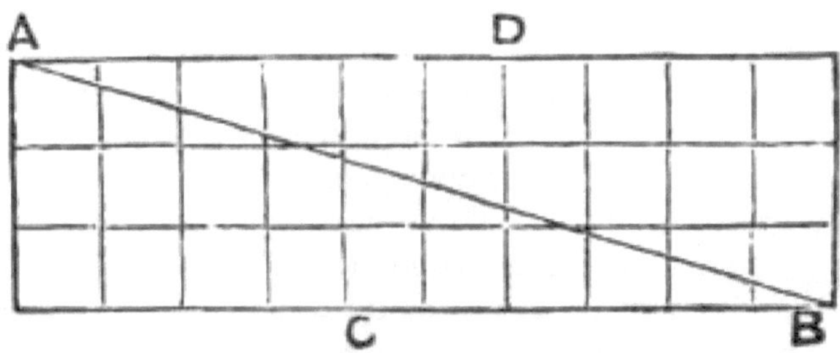

Le tour de passe-passe suivant montre avec quelle facilité l'œil peut être trompé. Prenez un morceau de carton d'un pouce et demi de largeur et cinq pouces de longueur, et divisez-le par des lignes à l'encre en trente carrés, puis coupez-le d'un coin à l'autre, de manière à former deux triangles. Après cela, coupez le haut de ces triangles en C et D , [13] et disposez les morceaux de cette manière : -

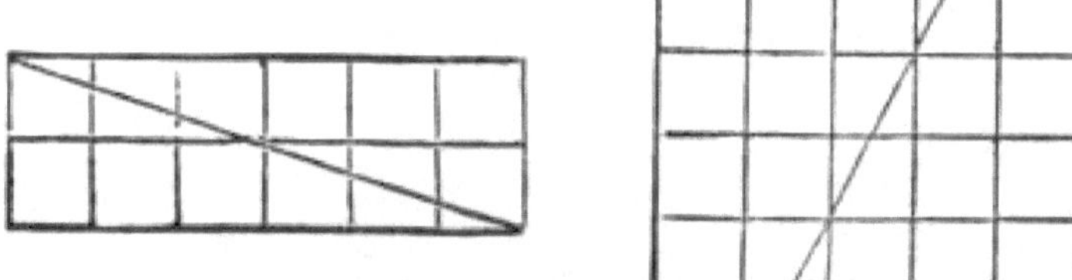

En comptant les carrés de la première figure, il semble y en avoir trente, mais l'autre disposition de la même carte semble en contenir trente-deux. Il ne le fait pourtant qu'en apparence, mais seul un œil très correct peut déceler l'imperfection.

LE CHARPENTIER PERTINÉ.

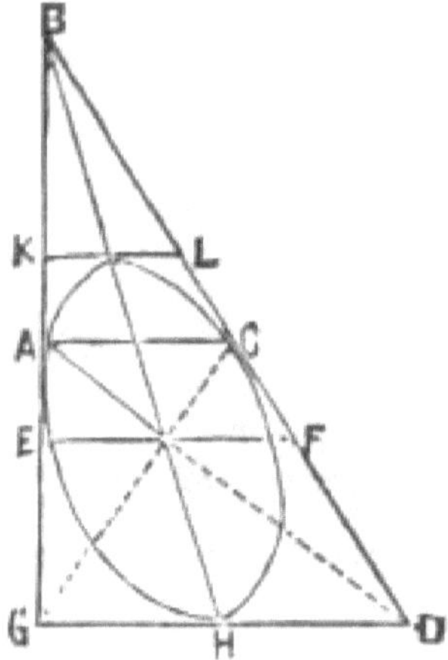

Un charpentier possédant un morceau d'acajou de forme triangulaire (voir fig.) désirait savoir comment il pourrait le fabriquer au mieux. Sa première idée fut d'en faire une table carrée oblongue, mais il se rendit compte que s'il le faisait, le gaspillage de bois serait très important. Après réflexion, il découvrit que la méthode la plus économique d'utilisation du bois serait de lui donner une forme ovale. Pour que cet ovale contienne le plus de bois possible, il a procédé de la manière suivante : Soit BGD le morceau de bois triangulaire ; prenez GH la moitié de la base et divisez le triangle en traçant une ligne de H à B . Prenez GH au compas, et placez-le sur un des côtés de G à E , tracez la ligne EF , et le point I sera le centre de l'ovale ; tracer KL parallèlement à EF , et à la même distance du centre que la base G . Les points A et C se trouvent en divisant la ligne de E à K et en traçant AC , ou en traçant les lignes pointillées DA et GC passant par le centre en I . Ces points étant trouvés, l'ovale doit être complété par l'oeil du dessinateur.

LE MAÇON PUZZLE.

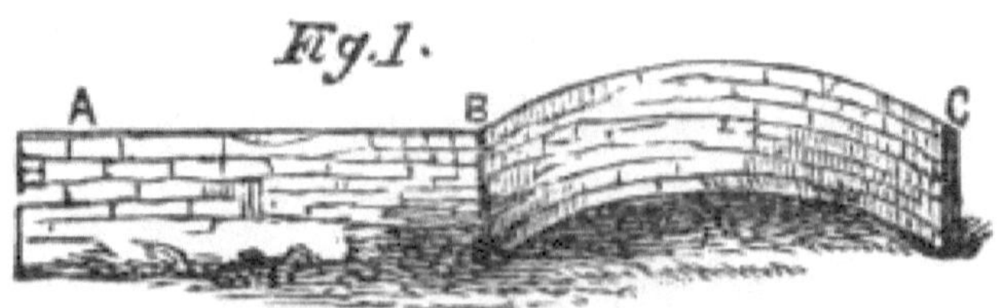

Un maçon devait construire un mur dont la longueur dans la direction ABC était de vingt-quatre pieds. La moitié de ce mur, c'est-à-dire de B à C , devait être bâtie sur un terrain ascendant, de sorte que la base de cette partie du mur devait nécessairement avoir plus de douze pieds. En établissant son compte, il factura plus pour cette moitié du mur que pour celle qui était construite sur un terrain plat de A à B . Un géomètre lui assura que le contenu carré des deux parties du mur était exactement le même ; ce qui peut être prouvé de la manière suivante :

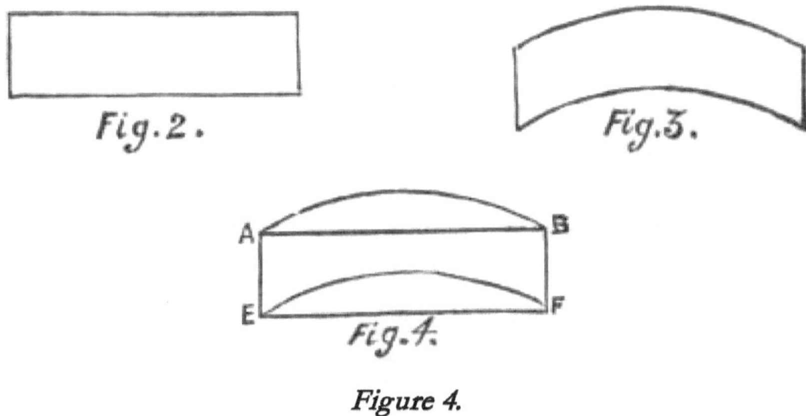

Figure 4.

Coupez deux morceaux de carton, sous la forme illustrée aux Fig. 2 et 3, pour représenter les deux parties du mur ; posez la pièce représentant le mur droit sur la pièce courbe, et on constatera que les angles qui se projettent en A et B rempliront exactement les espaces en E et F . Le morceau de planche représentant le mur droit peut ainsi s'avérer exactement suffisant pour former un morceau égal à celui représentant le mur courbe. Vous pouvez alors poser la pièce courbe sur la pièce droite, et en inversant l'expérience prouver que la pièce courbe est capable de former une pièce rectangulaire égale à l'autre.

PROBLEME TRIANGULAIRE.

Prenez quatre morceaux carrés de carton de mêmes dimensions, et divisez-les en diagonale, c'est-à-dire en traçant une ligne partant de deux angles opposés, comme dans les figures, en huit triangles. Peignez sept de ces triangles avec les couleurs prismatiques, rouge, orange, jaune, vert, bleu, indigo, violet, et que le huitième soit blanc. Pour savoir combien de pions ou de figures régulières à quatre faces, différentes soit par leur forme, soit par leur couleur, peuvent être constitués de ces huit triangles.

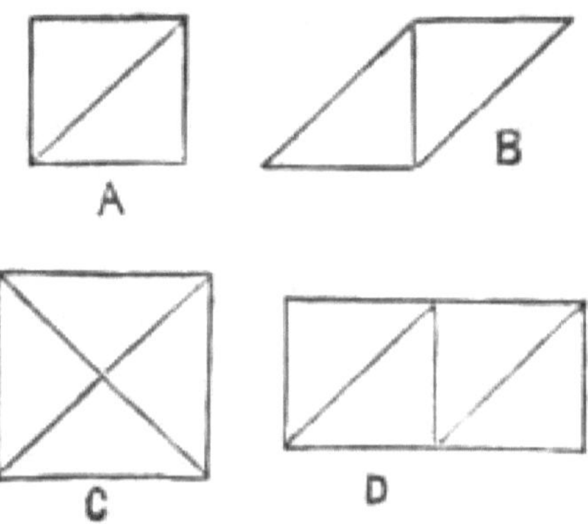

Premièrement, en combinant deux de ces triangles, on peut former soit le carré triangulaire A , soit le carré incliné B , appelé losange. Deuxièmement, en combinant quatre des triangles, le grand carré C peut être formé, ou le long carré D , appelé parallélogramme. Or les deux premiers carrés, constitués de deux parties sur huit, peuvent chacun d'eux, par le huitième rang du triangle, être pris de vingt-huit directions différentes, ce qui fait cinquante-six. Et les deux derniers carrés, composés de quatre parties, peuvent chacun être pris soixante-dix fois par le même rang du triangle, ce qui fait 140.

POUR FORMER UN CARRÉ.

Prenez un morceau de carton de la forme et de la taille ou des proportions de celui ci-joint, et coupez-le en trois parties, et avec ces trois, formez un carré parfait.

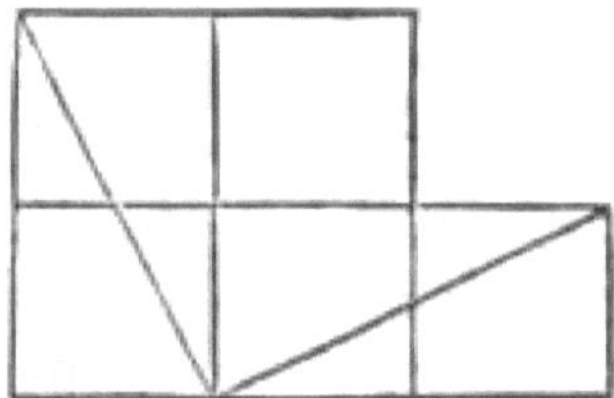

Pour cela, coupez-le dans le sens des pointillés, et il sera alors facile de disposer les morceaux pour former un carré parfait.

LA CARRÉ DU CERCLE.

La « quadrature du cercle », comme on l'appelle, est l'énigme des énigmes, et nombreux sont ceux qui croient pouvoir y parvenir, tout comme nombreux sont ceux qui croient pouvoir découvrir le « mouvement perpétuel ».

Le sens de cette expression *quadrature* est scientifiquement exprimé par le terme trouver la quadrature du cercle ; c'est-à-dire l'acte de produire un carré égal à un cercle donné ; et beaucoup de personnes peu au courant des mathématiques se sont intriguées pour réaliser cet objet. Le cardinal de Cusa fit rouler un cylindre sur un avion, jusqu'à ce que le point qui était le premier en contact avec l'avion le touchât de nouveau ; puis, par un raisonnement très peu mathématique, il s'efforça de déterminer la longueur de la ligne ainsi décrite. Oliver de Serras a travaillé un cercle, ainsi qu'un triangle égal à un triangle équilatéral, inscrit dans le cercle, et s'est imaginé que le premier était exactement égal à deux du second, oubliant que le double de ce triangle est égal à l'hexagone inscrit à l'intérieur. le cercle, et donc plus petit que le cercle lui-même. Un Français a défié le monde et a déposé 10 000 livres en gage pour pouvoir accomplir l'exploit. Il réduisit le problème au processus mécanique consistant à diviser un cercle en quatre quarts, puis à les tourner avec leurs angles vers l'extérieur, de manière à former un carré, qu'il affirmait être égal au cercle ; mais cela s'est vite révélé ridicule.

Certaines personnes ont pris un morceau de carton et l'ont découpé en forme circulaire, et en coupant ce disque circulaire en morceaux de forme carrée et de dimensions définies, et en emboîtant les mêmes morceaux tournés les uns dans les autres, elles se sont rapprochées *d'* un notion d'aire superficielle d'un cercle. Mais ce genre de démonstration est purement mécanique, et n'est ni géométrique ni scientifique, et n'est en fait aucune démonstration selon les mathématiques. Car si nous prenons les morceaux de carton, quelle que soit leur forme exacte, et les examinons au microscope, nous découvrirons bientôt qu'aucun d'entre eux n'est géométriquement vrai, ni de la même longueur ou de la même largeur, et c'est pourquoi la conclusion est arrivée c'est un faux.

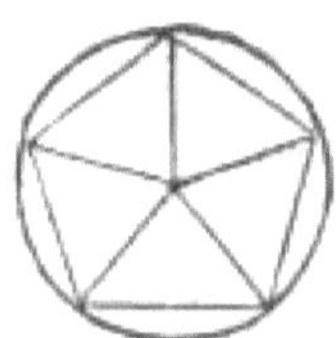 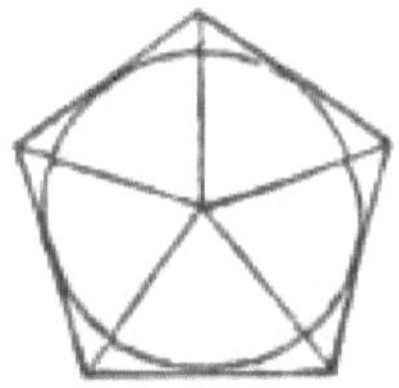 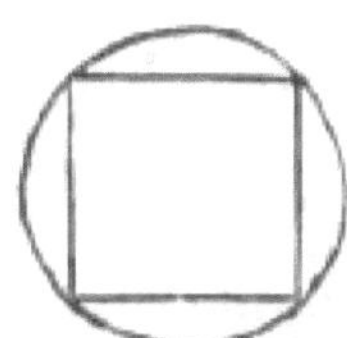 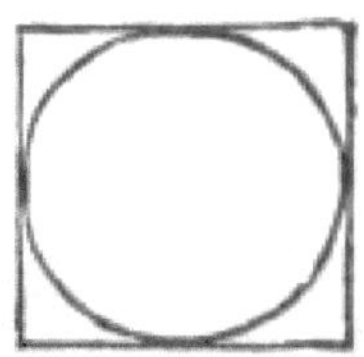

Les premiers mathématiciens, dans leurs tentatives pour résoudre ce problème, procédaient généralement selon le plan suivant. Si l'on dessine un carré extérieur à un cercle, c'est-à-dire en touchant le carré en quatre points, chaque côté du carré étant égal au diamètre du cercle, on pourra bientôt se convaincre que la limite du carré sera plus grande que la limite du cercle. circonférence du cercle, et l'aire du premier plus grande que celle du second. Mais si le carré est tracé à l'intérieur du cercle, de telle sorte que seuls les quatre coins le touchent, alors il est également évident que le cercle est plus grand, tant en termes de limites qu'en superficie, que le carré. Par ce procédé, nous arrivons à la conclusion qu'un cercle est *plus petit* qu'un carré qui lui est *extérieur*, *et plus grand* qu'un carré qui lui est *intérieur*. Supposons ensuite que l'on dessine un pentagone régulier, c'est-à-dire une figure à cinq côtés égaux, extérieur au cercle et le touchant sur cinq points ; alors il est évident que comme le cercle est tout entier contenu dans le pentagone, il doit être plus petit que celui qui le contient. Mais si le pentagone est décrit à l'intérieur du cercle, en le touchant aux cinq points angulaires, alors bien sûr le cercle est plus grand que le pentagone qu'il contient.

Or, en géométrie, mes jeunes lecteurs doivent garder à l'esprit que la périphérie ou circonférence exacte, et l'aire exacte de toute figure délimitée par des lignes droites, peuvent être déterminées avec une exactitude rigoureuse ; et si nous dessinons deux polygones, disons de cent côtés, un à l'intérieur et un à l'extérieur du cercle, nous pouvons déterminer l'aire exacte de ces polygones et affirmer que l'aire d'un cercle est plus grande qu'une certaine quantité et inférieure à une autre. un certain montant. Ces deux quantités, si le nombre des côtés du polygone est si grand que nous le supposons ici, peuvent être si semblables, que l'une ou l'autre donnera l'aire du cercle avec une grande proximité.

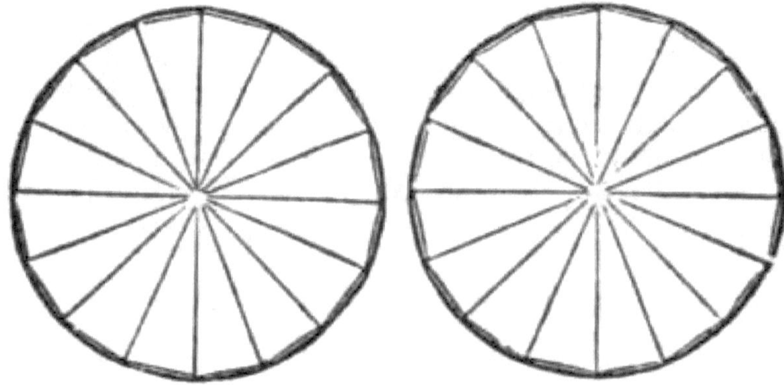

Par des moyens tels que ceux-ci, Archimède découvrit que si le diamètre d'un cercle est appelé 7, alors la circonférence sera d'environ 22 ; et que si le carré du diamètre est de 14, alors l'aire du cercle sera égale à environ 11 ; mais ce calcul était légèrement erroné, et donnait à l'aire du cercle une mesure trop grande d'environ un trois millième de la totalité. Plus tard, cependant, un mathématicien européen, nommé Metius , découvrit une méthode qui permet une approche extraordinaire de l'exactitude et qui est en même temps facile à retenir. Il a constaté que si le diamètre était considéré comme égal à 113, alors la circonférence serait égale à 355 ; ou si nous multiplions le carré du rayon par 355 et le divisons par 113, l'aire sera donnée. Or, cette méthode est tellement exacte que l'aire d'un cercle d'un pied de diamètre est donnée à la cinquante millième partie d'un pouce carré.

D'autres mathématiciens ont poussé l'approximation encore plus loin. Ludolph Van Ceulen l'a calculé à 36 endroits de chiffres, montrant que si le diamètre est de 1, la circonférence sera

3.14 159 265 358 979 323 846 264 338 327 950 288.

ou que si le dernier chiffre est 8, le résultat sera un peu au-dessous de la vérité, et si 9, un peu au-dessus.

Depuis lors, M. Sharp, mathématicien anglais, a effectué l'approximation de 72 places de chiffres ; M. John Machin à 100 chiffres, et a éclipsé tous les autres. M. de Lagny l'a calculé à 128 places de figures, et du degré de *proximité* auquel ce calcul amène la proportion, Montucla dit : « Si l'on suppose un cercle dont le *diamètre* est mille millions de fois plus grand que la distance entre le soleil et la terre, l'erreur dans la proportion de la circonférence serait mille millions de fois moindre que l'épaisseur d'un cheveu. »

Mais après tout, aucun de ces calculs n'est tout à fait correct ; ils s'écartent tous de la vérité et nous amènent à la conclusion qu'il n'existe aucun nombre ni ensemble de nombres qui donneraient le rapport exact de la circonférence ou de l'aire d'un cercle à son diamètre. Nous proposons cette explication à ce sujet à nos jeunes amis afin qu'ils ne soient pas intrigués par la question ; et que si on leur demande de résoudre la quadrature du cercle, ou si l'on entend quelqu'un affirmer qu'il peut le faire, ils pourront peut-être montrer qu'ils sont « éveillés » à la question et qu'ils savent comment l'expliquer.

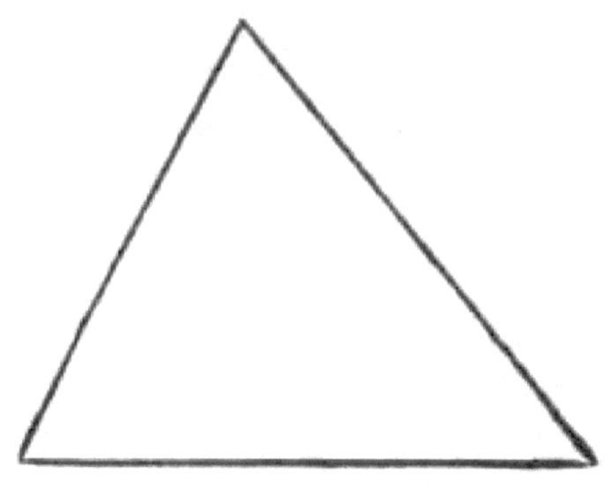

PARADOXES ET PUZZLES PRATIQUES.

Une énigme n'est pas résolue, messieurs impatients,

En jetant un coup d'œil à sa réponse, en un clin d'œil...

Quand Gordius, le garçon laboureur, roi de Phrygie,

Attaché ses outils agricoles

Dans le nœud célèbre, téméraire Alexander

Je ne l'ai pas défait, en le coupant en deux.

Les paradoxes et les énigmes, bien que beaucoup de gens les considèrent comme de simples bagatelles, ont, dans de nombreux cas, coûté un temps considérable à leurs inventeurs et font preuve d'un grand degré d'ingéniosité. Nous pouvons facilement imaginer que certaines des énigmes compliquées des pages suivantes peuvent avoir été construites à l'origine par des captifs, pour passer les heures d'un long et morne emprisonnement ; ainsi la misère de quelques-uns conduit-elle souvent à l'amusement de beaucoup. Nous considérons le paradoxe comme une sorte d'énigme supérieure, et une énigme tolérable, à notre avis, prime sur un rébus de premier ordre. Il faut souvent beaucoup de réflexion, de calcul, de patience et de gestion pour résoudre certaines de ces étranges énigmes ; et nous avons, jusqu'à présent, suivi les dédales d'un puzzle avec si ardeur, que nous avons été entièrement absorbés par la conception de moyens pour nous sortir de ses difficultés ahurissantes ; et nous éprouvions presque autant de plaisir à remporter finalement la victoire, qu'à vaincre un adversaire dans un jeu d'adresse supérieur. C'est « en toute vérité, un passe-temps délicat et agréable », d'observer les errances d'une autre personne tentant d'élucider un paradoxe, ou de réaliser un puzzle, avec lequel on est déjà familier. Il est risible de le voir exalté d'espérance devant la fin apparemment rapide de ses ennuis, quand on sait qu'à ce moment il est en réalité plus loin de son but qu'il ne l'était au début ; et il n'est pas moins amusant d'observer son désespoir croissant, à mesure qu'il se croit de plus en plus impliqué, quand on sait bien qu'il est à un seul tour d'une heureuse fin de ses travaux ; mais quel moment de gaieté c'est que, alors qu'il n'y a que deux façons de se tourner, l'une bonne et l'autre mauvaise, comme c'est habituellement le cas, il choisit la dernière et devient plus que jamais

" Posé , perplexe et perplexe. »

Les puzzles ne sont en aucun cas d'origine moderne ; le Sphynx a intrigué certains des héros de l'antiquité, et même Alexandre le Grand, comme il est écrit, a fait plusieurs essais pour dénouer le nœud avec lequel Gordius, le roi phrygien, élevé de la charrue au trône, il attacha ses instruments de culture dans le temple d'une manière si complexe que la monarchie universelle était promise à l'homme qui pourrait la défaire : après avoir été déconcerté à plusieurs reprises, il tira enfin son épée, estimant qu'il avait droit à l'accomplissement de la promesse, en coupant le nœud gordien.

1. LA CROIX CHINOIS.

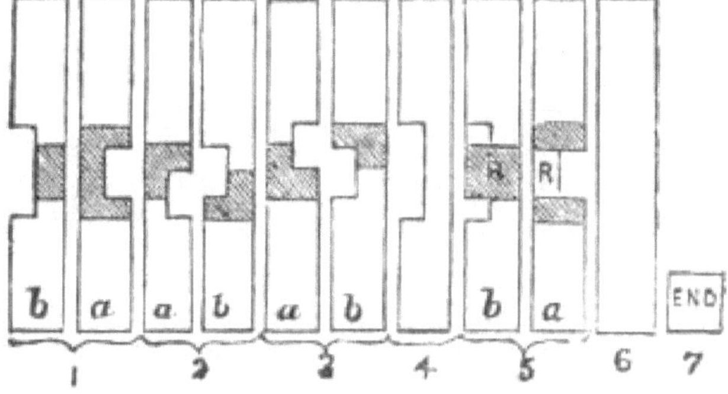

Ayez six morceaux de bois, d'os ou de métal, faits de la même longueur que le n° 6, dans les figures ci-dessus, et chaque morceau de la même taille que le n° 7. Il est nécessaire de construire une croix, à six bras, de ces pièces, et de telle manière qu'il ne soit pas déplacé lorsqu'il est jeté sur le sol.

Les parties grisées de chaque figure représentent les parties découpées *dans* le bois, et chaque pièce marquée *a* est censée être face au lecteur, tandis que les pièces marquées *b* sont le côté *droit* de chaque pièce retourné *vers* la gauche, de manière à ce que faire face au lecteur. Le numéro 7 représente l'extrémité de chaque morceau de bois, etc., et est donné pour montrer les dimensions.

2. LE PARALLÉLOGRAMME.

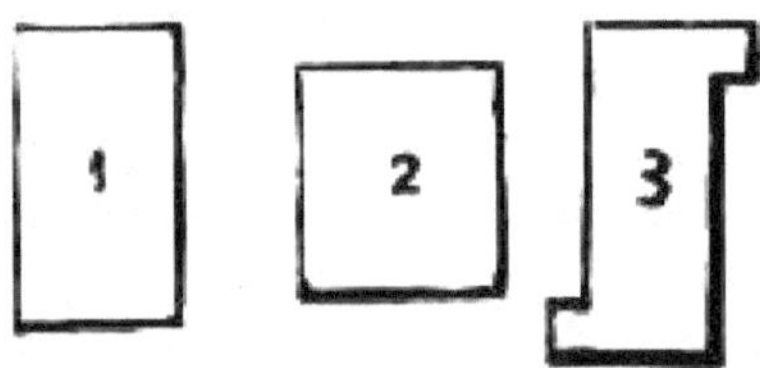

Un parallélogramme, comme sur l'illustration fig. 1, peut être découpé en deux morceaux, de sorte qu'en déplaçant la position des morceaux, deux autres figures peuvent être formées, comme le montrent les fig. 2 et 3.

3. LE JARDIN DIVISÉ.

Une personne louait sa maison à plusieurs détenus, qui occupaient des étages différents, et ayant un jardin attenant à la maison, il désirait le partager entre eux. Il y avait dix arbres dans le jardin et il souhaitait le diviser de manière à ce que chacun des cinq détenus ait une part égale du jardin et deux arbres. Comment a-t-il fait?

4. LA CHAÎNE SANS FIN.

Maintenant, monsieur, votre manteau est enlevé !

Et voyez...

Votre main droite empochée !

Qu'il en soit ainsi:

Pendant que tu es sur ton bras

Une chaîne sans fin—

Environ trois mètres à la ronde...

S'accroche comme une écharpe.

Enlevez la ficelle...

Mais juste pour m'amuser,

Il faut le faire

En gardant votre main droite à sa place,

Et pas un sourire ne doit égayer votre visage.

Jusqu'à ce que vous trouviez cette énigme,

Aucun manteau ne vous enveloppera le dos.

5. LABYRINTHE CHINOIS. L'ASSIETTE MOTIF SAULE.

Vous les beaux qui, sur un continent ou une île,

Aspirez aux délices que seul l'amour peut apporter ;

Tandis que les lèvres rubis affichent un sourire d'affection,

Dépêchez-vous à travers le labyrinthe et atteignez "l'alliance"

Le doux Koong-see, dont l'esprit plane à proximité ,

Je te regarderai errer sur le chemin douteux ;

Et quand tu montres quelque chose d'espoir ou de peur,

Je te murmurerai, tandis que tes pas s'égarent !

6. LE PUZZLE DE LIGNE VERTICALE.

Tracez six lignes verticales, comme ci-dessous, et, en y ajoutant cinq autres lignes, laissez le tout former neuf.

7. LES TROIS LAPIN.

Dessinez trois lapins, de sorte que chacun semble avoir deux oreilles, alors qu'en réalité ils n'ont que trois oreilles entre eux.

8. LA PLACE D'ACCUEIL.

Faites huit carrés de carton, puis divisez-en quatre d'un coin à l'autre, de sorte que vous aurez maintenant douze morceaux. Formez un carré avec eux.

9. LE PUZZLE DU CERCLE.

Dessinez un cercle sur un morceau de papier et insérez une épingle à travers celui-ci sans traverser le cercle ni le pousser vers le bas à travers le centre.

10. LE PUZZLE EN CARTON.

Prenez un morceau de carton ou de cuir, de la forme et des dimensions indiquées sur le schéma, coupez-le de manière à pouvoir passer vous-même à travers, tout en le gardant en un seul morceau.

11. LE PUZZLE DES BOUTONS.

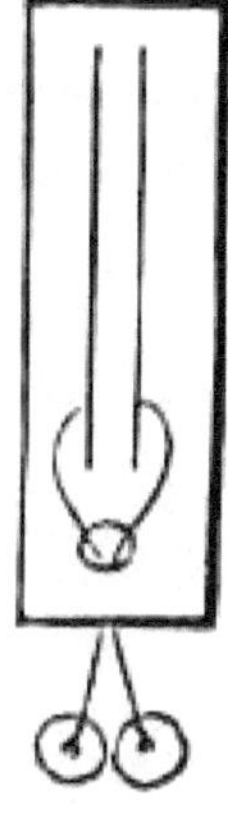

Au centre d'un morceau de cuir faites deux coupes parallèles avec un canif, et juste en dessous un petit trou de même largeur ; passez ensuite un morceau de ficelle sous la fente et dans le trou, comme sur la figure, et nouez aux extrémités de la ficelle deux boutons beaucoup plus gros que le trou. Le casse-tête est de retirer la ficelle sans enlever les boutons.

12. LE PUZZLE QUARTO.

Divisez ce chiffre en quatre parties égales, chacune du même chiffre.

13. LE PUZZLE DE QUATORZE.

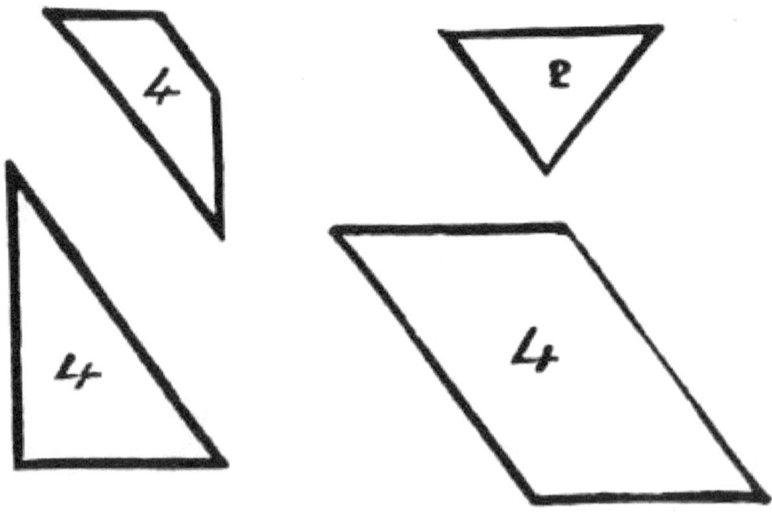

Découpez quatorze morceaux de papier, de carton ou de bois, de la même taille et de la même forme que ceux indiqués sur le schéma, puis formez un oblong avec eux.

14. LE PUZZLE CARRÉ ET CERCLE.

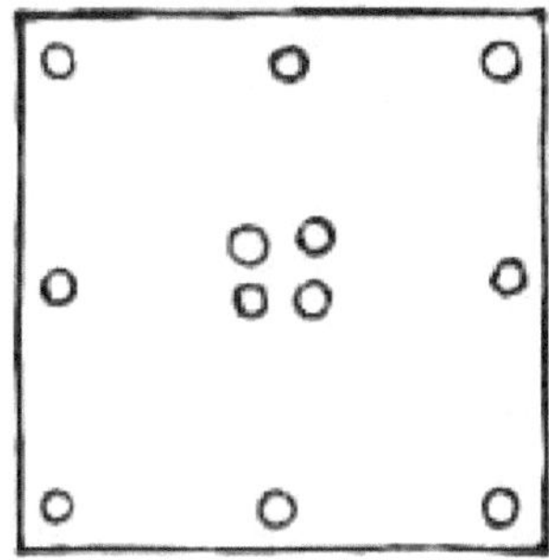

Prenez un morceau de carton de la taille et de la forme du schéma et percez-y douze cercles ou trous dans la position indiquée. Le puzzle consiste à découper le carton en quatre morceaux de taille égale, chaque morceau devant avoir la même forme et contenir trois cercles, sans en découper aucun.

15. LE PUZZLE BALANCE ET ANNEAU.

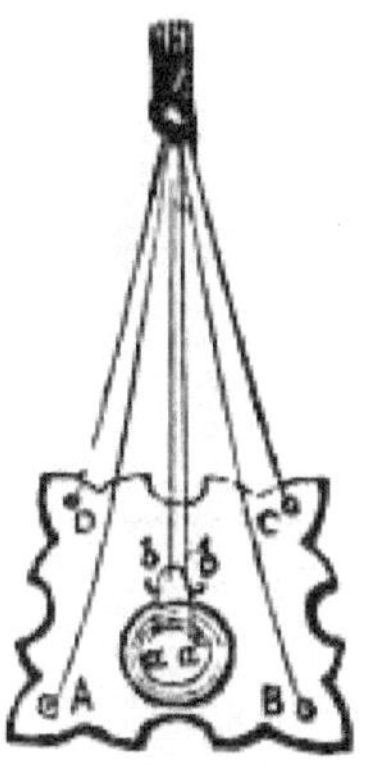

Fournir un mince morceau de bois d'environ deux pouces et demi carrés ; faites un trou rond à chaque coin, suffisamment grand pour laisser entrer trois ou quatre fois l'épaisseur de la corde que vous utiliserez ensuite, et au milieu de la planche faites quatre petits trous ronds en forme de carré et d'environ un demi-pouce. entre chacun. Ensuite, prenez quatre morceaux de cordon de soie mince, chacun d'environ six pouces de long, passez-en un dans chacun des quatre trous de coin, en faisant un nœud en dessous à l'extrémité, ou en y apposant une petite boule ou une petite perle pour empêcher qu'elle ne passe à travers ; prenez une autre corde qui, une fois doublée, mesurera environ sept pouces de long, et passez les deux extrémités dans les trous du milieu *a a* , de l'avant vers l'arrière de la planche (une corde dans chaque trou) et de nouveau depuis l'arrière. passer par les autres trous *b b* ; attachez les six extrémités ensemble en faisant un nœud, de manière à former une petite écaille, et en proportionnant la longueur des cordes, de manière que lorsque vous tenez la balance suspendue, la corde du milieu, en plus de passer par les quatre trous centraux, puisse être tracé en boucle à environ un demi-pouce de la surface de la balance ; munissez-vous d'un anneau de métal ou d'os, d'environ trois quarts de pouce de diamètre, et placez-le sur la balance, en amenant la boucle par son milieu ; puis, en tirant un peu vers vous la boucle à travers l'échelle, passez-la, en double, par le trou du coin A, par-dessus le nœud du dessous, et tirez-la en arrière ; passez-le ensuite de la même manière dans le trou du coin B, par-dessus le nœud, et tirez-le vers l'arrière ; puis, en remontant un peu plus la boucle, passez-la par-dessus le nœud du haut, puis dans les trous C et D successivement, comme les autres, et l'anneau sera fixé.

16. LE PUZZLE DU COEUR.

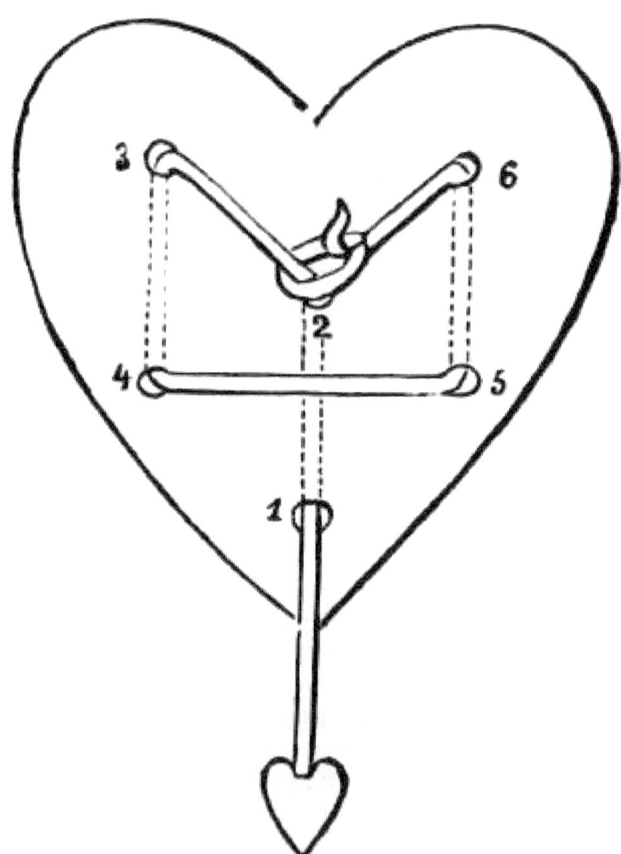

Coupez un morceau de bois fin de la forme indiquée par le schéma, et après l'avoir perforé comme ci-dessus, passez un morceau de ficelle, avec un cœur plus petit attaché à l'extrémité, par le n° 1, passez-le derrière, et faites-le passer par le 2 avant. , et jusqu'à 3, et ainsi de suite jusqu'à 6, lorsqu'une boucle doit être faite de manière à enfermer la partie de la ficelle qui va de 2 à 3. Le casse-tête consiste à retirer complètement la ficelle du grand cœur, sans détacher la boucle. .

Des précautions doivent être prises pour éviter de tordre ou d'emmêler la corde. La longueur de la ficelle doit être proportionnelle à la taille du cœur ; si vous faites un cœur de deux pouces et demi de haut, la ficelle une fois doublée devrait avoir environ neuf pouces de long.

17. LE PUZZLE DE LA CROIX.

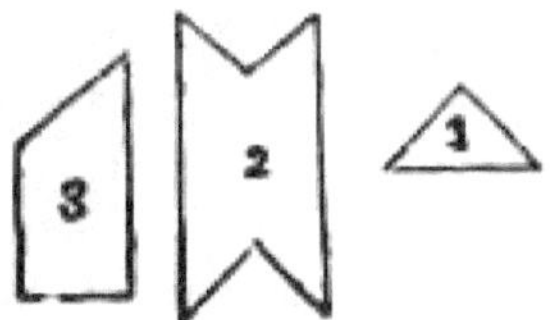

Coupez trois morceaux de papier à la forme du n° 1, un à la forme du n° 2 et un à celle du n° 3. Qu'ils soient de tailles proportionnelles. Placez ensuite les morceaux ensemble de manière à former une croix.

18. LA PLACE YANKEE.

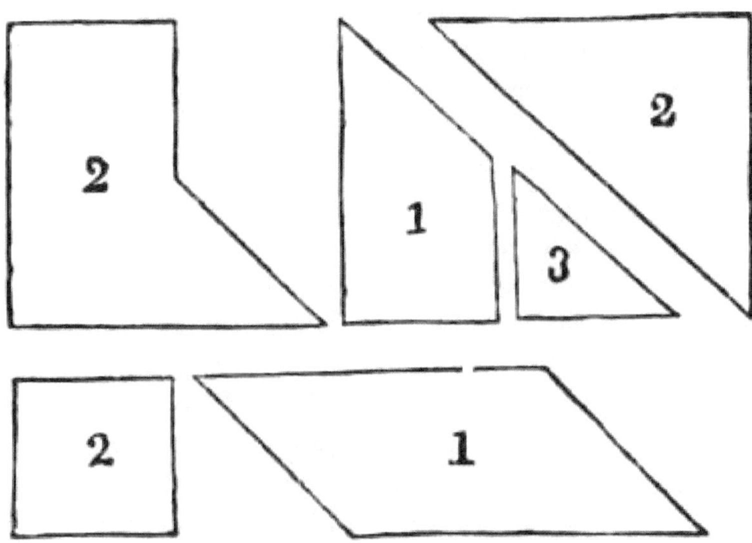

Découpez autant de morceaux de chaque figurine dans du carton qu'il y a de numéros marqués sur chacun ; font alors la fierté de l'armée américaine.

19. LE PUZZLE DE CARTES.

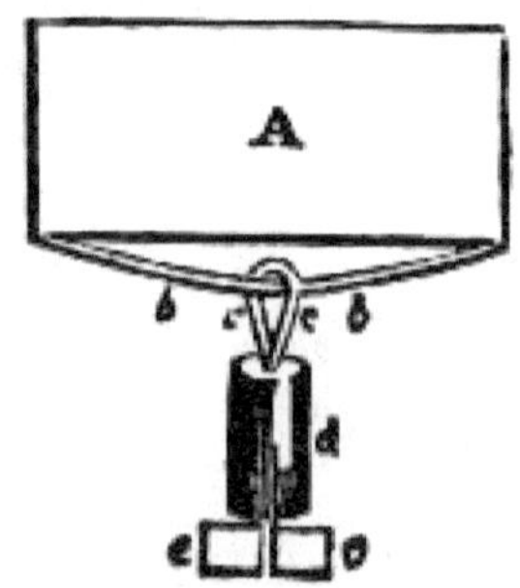

L'un des meilleurs puzzles réalisés jusqu'à présent est représenté dans la coupe annexée. A est un morceau de carte ; *b b* un feuillet étroit divisé à partir de son bord inférieur sur toute la largeur de la carte, sauf juste assez pour la maintenir de chaque côté ; *c c* est un autre petit bout de carte avec deux grandes extrémités carrées, *e e* ; *d* est un bout de pipe à tabac, à travers lequel on passe *c c*, et qui est maintenu par les deux extrémités *e e*. Le puzzle consiste à retirer le tuyau sans le casser ni blesser aucune autre partie du puzzle. Ceci, qui semble impossible, se fait de la manière la plus simple . En y réfléchissant un instant, il apparaîtra clairement qu'il doit y avoir autant de difficultés à obtenir le tuyau dans sa situation actuelle qu'à l'enlever. La façon d'assembler le puzzle est la suivante : Le feuillet *c c e e* est découpé dans un morceau de carton ayant la forme représentée sur la figure 3. La carte de la première figure doit ensuite être légèrement pliée en A, de manière à ce que pour permettre à la barbotine au bas d'être également suffisamment pliée pour passer en double à travers le tuyau, comme sur la Fig. 2. La barbotine détachée avec les extrémités carrées (Fig. 3) doit ensuite être passée à mi-chemin dans la boucle *f* au fond du tuyau ; il doit ensuite être doublé au centre en *a* et tiré à travers le tuyau, double ; au moyen de la boucle du coupon à la carte. Une fois la carte dépliée , le puzzle sera terminé et apparaîtra comme représenté sur la figure 1.

20. PUZZLE À TROIS CARRÉS.

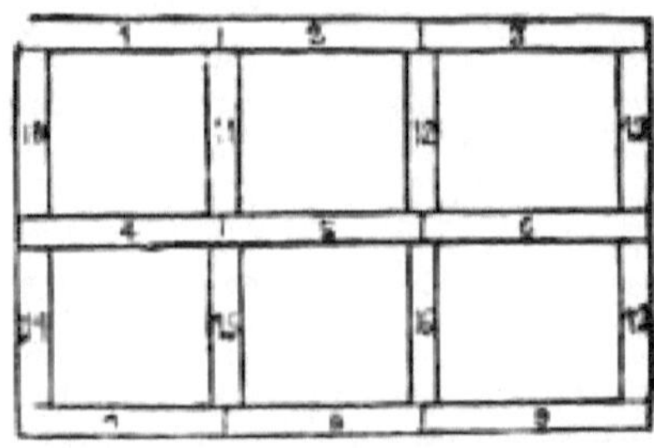

Découpez dix-sept morceaux de carton de longueurs égales et placez-les sur une table pour former six carrés, comme sur le schéma. Il faut maintenant retirer cinq des pièces, pour ne laisser que trois carrés parfaits.

21. LE PUZZLE DU CYLINDRE.

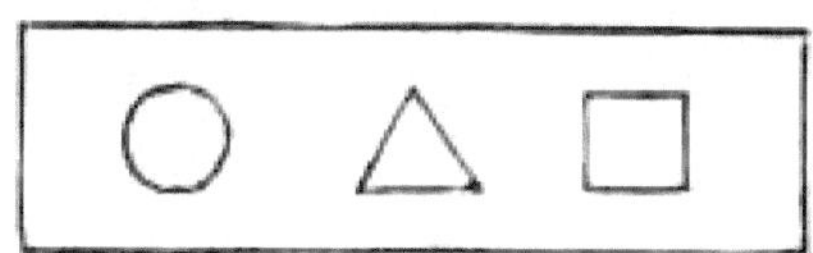

Découpez un morceau de carton d'environ quatre pouces de long, de la forme du diagramme, et faites-y trois trous, comme représenté. Le puzzle consiste à fabriquer un morceau de bois à travers lequel passer et à remplir exactement chacun des trois trous.

22. PUZZLE DES QUATRE LOCATAIRES.

J'ai un terrain carré sur un quart duquel j'ai bâti une maison que j'ai louée à quatre locataires. Je leur dis que s'ils peuvent diviser le terrain restant en quatre parcelles égales, de même forme, et contenant chacune un des quatre pommiers que j'ai plantés, ils l'auront sans aucune augmentation de fermage. Comment peuvent-ils réussir ?

23. LE MUR DU PUZZLE.

Supposons qu'il y ait un étang autour duquel quatre pauvres hommes construisent leurs maisons, ainsi :

Supposons que quatre hommes riches mal intentionnés construisent ensuite des maisons autour des pauvres, ainsi :

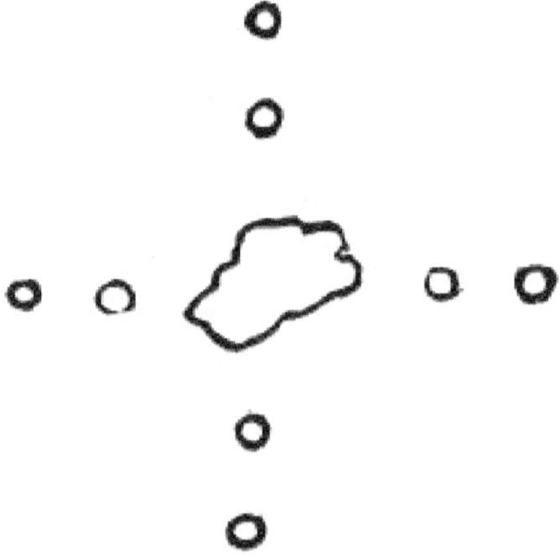

et souhaitaient avoir toute l'eau de l'étang pour eux seuls. Comment ont-ils pu construire un haut mur pour exclure les pauvres de l'étang ?

24. LES NONES.

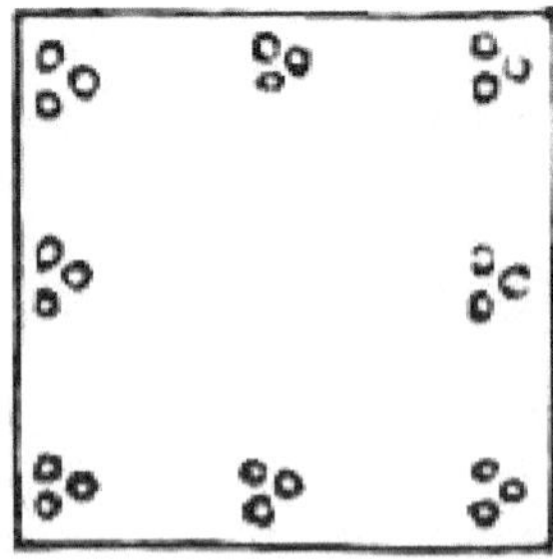

Vingt-quatre religieuses étaient disposées la nuit dans un couvent, par une sœur, pour en compter neuf dans chaque sens, comme sur le schéma. Quatre d'entre eux sont sortis se promener au clair de lune. Comment le reste a-t-il été placé dans le carré de manière à toujours en compter neuf dans chaque sens ? Les quatre qui étaient sortis revinrent, amenant avec eux quatre amis ; comment étaient-ils tous placés encore pour compter neuf dans chaque sens, et tromper ainsi la sœur quant à savoir s'il y en avait 20, 24, 28 ou 82 dans le carré ?

25. LE PUZZLE DU FER À CHEVAL.

Coupez un morceau de pomme ou de navet en forme de fer à cheval, collez-y six épingles pour faire des clous, puis, par deux coupes, divisez-le en six parties, chacune devant contenir une épingle.

26. LE CARRÉ DE LA CARTE.

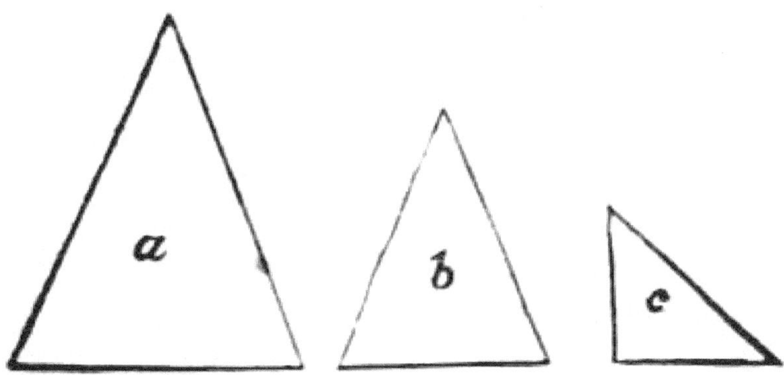

Avec huit morceaux de carton ou de papier, de la forme de la Fig. *a* , quatre de la Fig. *b* et quatre de la Fig. *c* , et de tailles proportionnelles, forment un carré parfait.

27. LE PUZZLE DU CHIEN.

Les chiens doivent, en plaçant deux lignes dessus, être soudainement réveillés et obligés de courir. Requête, Comment et où doivent être placées ces lignes, et quelles doivent être leurs formes ?

28. PUZZLE DES DEUX PÈRES.

Deux pères possèdent chacun un carré de terrain. Un père partage les siens de manière à s'en réserver un quart ; ainsi-

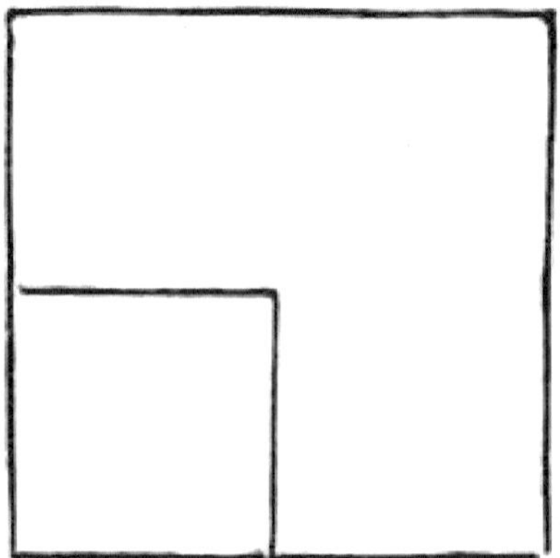

L'autre père divise le sien de manière à s'en réserver un quart en forme de triangle ; ainsi-

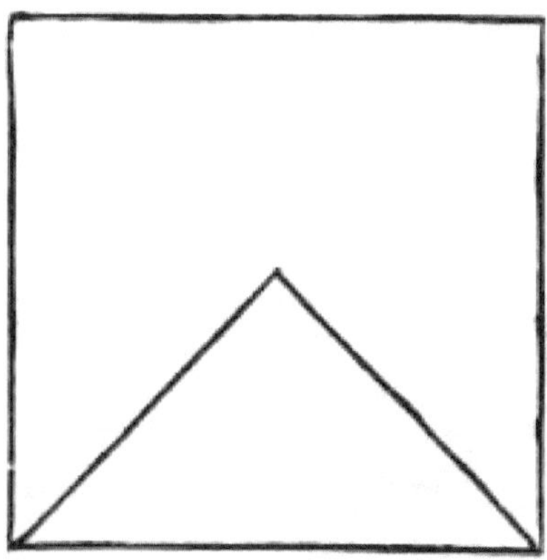

Ils ont chacun quatre fils, et chacun répartit le reste entre ses fils de telle manière que chaque fils partagera également avec son frère et sous une forme similaire. Comment les deux fermes ont-elles été divisées ?

29. LE PUZZLE TRIANGLE.

Découpez vingt triangles dans dix morceaux de bois carrés ; mélangez-les ensemble et demandez à une personne de faire un carré exact avec eux.

30. DÉCOUPER UNE CROIX.

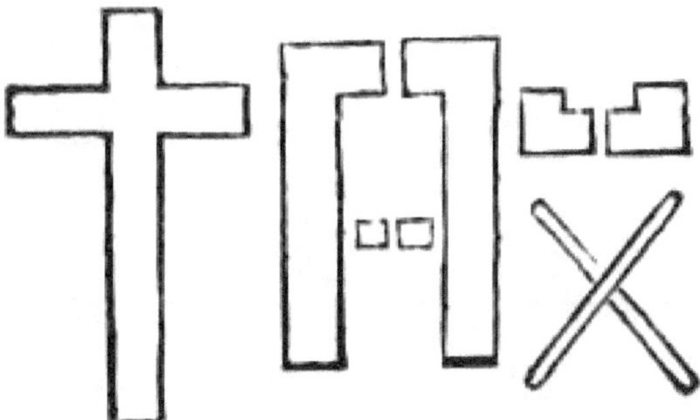

Comment peut-on découper, dans une seule feuille de papier, et d'un seul coup de ciseaux, une croix parfaite et toutes les autres formes indiquées dans les découpes ?

31. UN AUTRE PUZZLE CROISÉ.

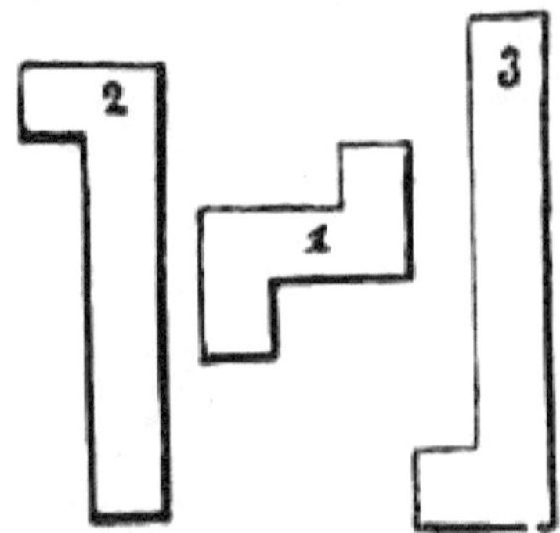

Avec trois morceaux de carton de la forme et de la taille du n° 1, et un de chacun des n° 2 et 3, pour former une croix.

32. LE PUZZLE DE LA FONTAINE.

A est un mur, BCD trois maisons et EFG trois fontaines ou canaux.

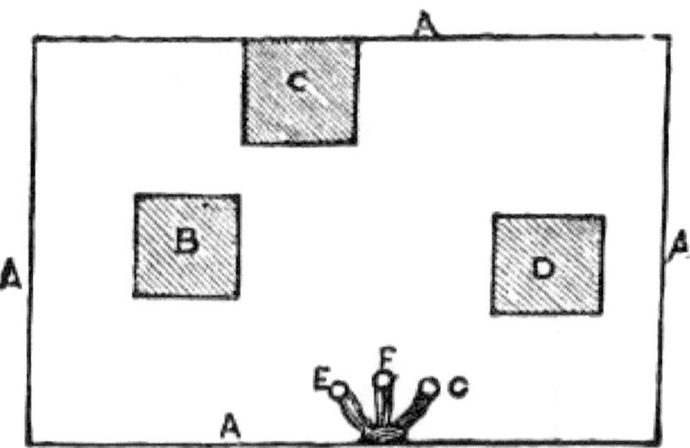

Il faut amener l'eau de E à D , de G à B et de F à C , sans que l'un croise l'autre, ni ne passe hors du mur A .

33. LE PUZZLE DES ÉTOILES.

Amis tous, je prie pour que vous le montriez

Comment vous donneriez *neuf étoiles* ,

Dix rangées à former – dans chaque rangée *trois* –

Dites-moi, petits esprits, comment cela peut-il être ?

34. LE COMPTOIR PUZZLE.

Placez huit jetons ou pièces de monnaie, comme sur le schéma ; il faut ensuite les disposer en quatre couples, en n'en retirant qu'un à la fois, et à chaque retrait en passant celui qu'on a dans la main sur *deux* sur la table.

35. LE PUZZLE PLACE DU JAPON.

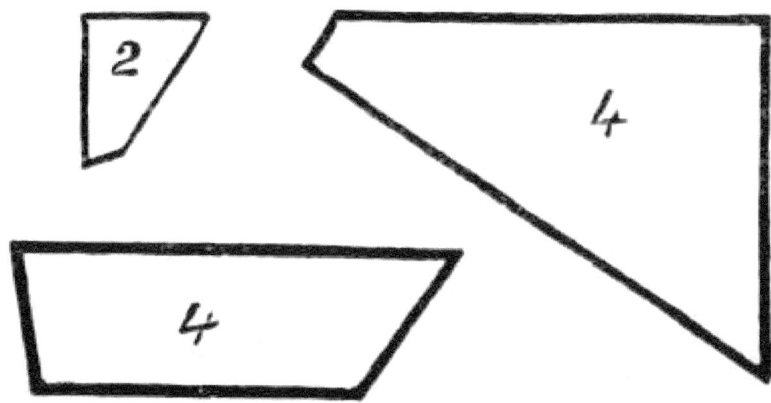

Découpez dix morceaux de carton ou de bois de mêmes tailles et formes que sur le schéma, puis formez un carré avec eux.

36. LE PUZZLE DE L'ÉBÉNISTE.

Un ébéniste dispose d'une pièce de placage circulaire avec laquelle il doit placage le dessus de deux tabourets ovales ; mais il se trouve que la superficie des tabourets, sans compter les trous pour les mains au centre, et celle de la pièce circulaire, sont les mêmes. Comment doit-il couper ses affaires pour qu'elles soient exactement suffisantes pour son usage ?

37. LE PUZZLE FILS ET BALLES.

Prenez une bande oblongue de bois ou d'ivoire et percez-y trois trous, comme indiqué dans la coupe. Prenez ensuite un morceau de ficelle, passez les deux extrémités dans les trous des extrémités, attachez-les avec un nœud, et enfilez dessus deux perles ou anneaux, comme indiqué ci-dessus. Le casse-tête consiste à placer les deux perles du même côté, sans retirer le fil des trous, ni dénouer les nœuds.

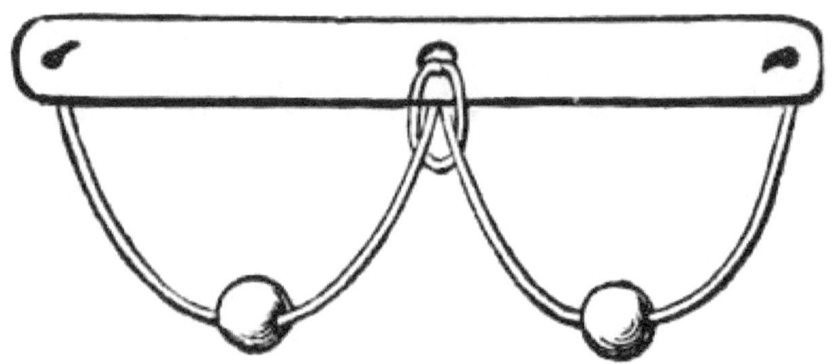

38. LE PUZZLE À DOUBLE TÊTE.

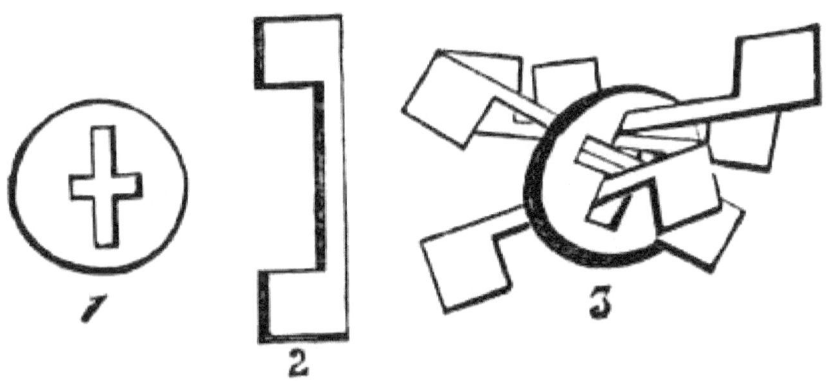

Coupez un morceau de bois circulaire comme dans la coupe n° 1, et quatre autres, comme dans la coupe n° 2. Le puzzle consiste à les introduire tous dans la fente en forme de croix, jusqu'à ce qu'ils ressemblent à la figure 3.

39. PUZZLE ARITHMÉTIQUE.

La somme de quatre chiffres en valeur sera.

Au-dessus de sept mille neuf cent trois ;

Mais quand ils seront réduits de moitié, vous trouverez très juste

La somme ne sera rien, en vérité je le déclare.

40. PUZZLE GRAMMATICAL.

Que les riches, les grands et les nobles banquetent dans les salles des fêtes,

Et passez les heures comme la fête la plus irréfléchie ;

Cherchez ensuite la morne maison du pauvre, dont les murs très crasseux

Proclamez bien à tous combien son rang et son niveau sont bas.

Retirez une lettre d'un mot de la strophe ci-dessus et remplacez-la par une autre, laissant le mot ainsi métamorphosé toujours un mot de la langue anglaise ; et, par ce changement, totalement après la construction syntaxique de la phrase entière, changeant les modes et les temps des verbes, transformant les verbes en noms, les noms en adjectifs et les adjectifs en adverbes, etc., et ainsi faire en sorte que la strophe entière porte toute une importance. une signification différente de celle qu'il a telle qu'elle se trouve au-dessus.

41. LE PUZZLE DE L'ARBRE.

Plantez un verger de vingt et un arbres, de manière à ce qu'il y ait neuf rangées droites, avec cinq arbres dans chaque rangée, le *contour ayant* une figure géométrique régulière, et les arbres tous à des distances inégales les uns des autres.

42. UNE ÉPITAPHE SUR ELLINOR BACHELLOR, UNE VIEILLE FEMME PYE.

Bene A. Thin Thed Ustt HEMO. Uld ouais

PMA RUSTO! Fnel LB

Ach El Lor. Lat. ÉLY,

Wa . S. pousse NW Comment—Cul ! tué INTH

Oreille T. Sofp , moi, Escu Star.

D. San DT Art. San D K. NOUVEL E

Ver——Yus E.—Souvent il ove N W. Poules il

' Dli V'DL. sur géno

Ug HS ourlet ADE he R. la Stp . Uf ——fap

Euh . F. PAR lui. R hu

S. Ban DM

Euh pra est 'D. Non. Où Hédot

HL. je . e. À M. Un kead IRTP Yein hop Esthathe

RC RUSTWI,

L L B. L'ère est '——D !

43. UNE CURIELLE LETTRE.

Amis Monsieur   , amis,
restez   fidèle   à   votre   disposition   ;
je   porte
un   homme le   monde
est tandis   que   le
mépris,
ridicule.
sont
ambitieux.

44. UNE INSCRIPTION DÉTERMINANTE.

PRSVRYPRFCTMN
VRKPTHSPRCPTST N.

Les deux lignes ci-dessus ont été apposées sur la table de communion d'une petite église du Pays de Galles et ont continué à intriguer la congrégation savante pendant plusieurs siècles, mais l'inscription a finalement été déchiffrée. Qu'est-ce que c'était?

45. LES ANNEAUX PUZZLE.

Cette invention déconcertante est d'une grande antiquité et a été traitée par le mathématicien Cardan au début du seizième siècle. Il se compose d'un morceau plat de métal mince ou d'os, percé de dix trous ; dans chaque trou, un fil est fixé sans serrer, enfoncé à une extrémité en forme de tête pour l'empêcher de glisser, et l'autre est attachée à un anneau, également lâche. Chaque fil a été passé à travers l'anneau du fil suivant, avant d'être fixé sur son propre anneau ; et à travers l'ensemble des anneaux passe une boucle ou un arc en fil de fer, qui contient également, dans son espace oblong, tous les fils auxquels les anneaux sont attachés ; le tout présentait une apparence si compliquée, qu'il paraissait impossible de détacher les anneaux de l'arc. Sa construction serait plutôt gênante pour l'amateur, mais il peut être acheté dans la plupart des magasins de jouets avec une fabrication très légère et élégante. Il existe également dans diverses régions du pays, forgé dans le fer, peut-être par un ingénieux mécanicien de village, et bien nommé « Les fers fatigants ». Les instructions suivantes montreront le principe sur lequel le puzzle est construit et constitueront la clé de sa solution.

Prenez la boucle dans votre main gauche, en la tenant par l'extrémité B, et considérez les anneaux comme étant numérotés de 1er à 10e. Le 1er sera l'anneau le plus à droite et le 10ème celui le plus proche de votre main gauche.

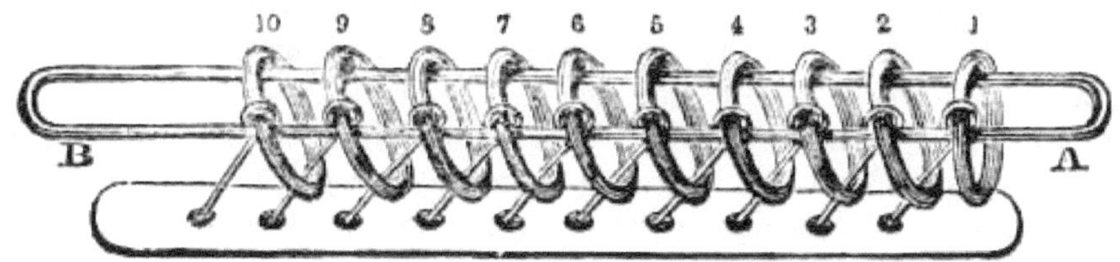

On voit que la difficulté vient du fait que chaque anneau passe autour du fil de son voisin de droite. Bien entendu, l'anneau extrême de la main droite, n'étant relié à aucun autre fil que le sien, peut à tout moment être retiré de l'extrémité de l'arc en A, relevé, laissé tomber à travers l'arc et finalement relâché. Après cela, essayez de passer le deuxième anneau de la même manière, et vous n'y arriverez pas, car il est obstrué par le fil du premier anneau ; mais si vous remettez le premier anneau en inversant le processus par lequel vous l'avez enlevé, c'est-à-dire en le passant à travers l'arc et jusqu'au bout, vous constaterez alors qu'en prenant le premier et deuxièmes anneaux ensemble, ils se retireront tous les deux, se soulèveront et tomberont à travers l'arc. Cela fait, essayez de faire passer la troisième sonnerie, et vous n'y arriverez pas ; parce qu'il est attaché d'un côté à son propre fil, qui est à l'intérieur de l'arc, et de l'autre côté au second anneau, qui est hors de l'arc. Donc, laissant le troisième anneau pour le moment, essayez le quatrième anneau, qui est maintenant à l'extrémité tous sauf un, et les deux fils qui l'affectent étant dans l'arc, vous le retirerez sans obstruction ; et, ce faisant, vous devrez retirer le troisième anneau, qui ne passera pas pour les raisons indiquées ci-dessus ; ainsi, après avoir laissé passer le quatrième anneau, vous ne pouvez que remettre en place le troisième anneau. Vous comprendrez maintenant que (à l'exception du premier anneau) le seul anneau qui puisse à tout moment être lâché est celui qui se trouve être le deuxième sur l'arc, à l'extrémité droite ; étant donné que les deux fils qui l'affectent se trouvent à l'intérieur de l'arc, il n'y aura aucun obstacle à son passage. Vous avez maintenant les premier et deuxième anneaux libérés, ainsi que le quatrième, le troisième étant encore fixé ; pour le relâcher, nous devons le faire en dernier mais un sur l'arc, et pour faire passer le premier et le deuxième anneaux ensemble à travers l'arc, et dessus ; puis relâchez à nouveau le premier anneau en le faisant glisser et en le laissant passer à travers, et le troisième anneau se tiendra comme deuxième sur l'arc, dans sa position appropriée pour le relâchement, en tirant le deuxième et le troisième ensemble, en laissant tomber le troisième à travers et en glissant. le deuxième à nouveau. Maintenant, pour libérer le second, placez le premier vers le haut, à travers et sur l'arc ; puis glissez les deux ensemble, soulevez-les et laissez-les passer. Le sixième sera désormais deuxième, par conséquent à sa place pour être libéré ; tirez-le donc vers l'extrémité A, enlevez le cinquième, puis le sixième, et laissez-le passer ; puis remplacez le cinquième, car vous ne pouvez le relâcher que lorsqu'il se trouve dans la position d'un deuxième anneau ; pour ce faire, vous devez rapprocher le premier et le deuxième anneaux, à travers et jusqu'à l'arc ; puis, pour enfiler le troisième, faites glisser le premier vers le bas à travers l'arc ; puis faites monter le troisième, de part en part, jusqu'à l'arc ; puis remontez et remontez le premier anneau, et, en relâchant le premier et le deuxième ensemble, amenez le quatrième de part en part jusqu'à l'arc, en remplaçant le troisième ; puis rapprochez le premier et le deuxième, déposez le premier de part en part, puis le troisième de même, replacez le premier sur l'arc, enlevez le premier et le deuxième ensemble, et le cinquième se tiendra alors deuxième, comme vous le désirez ; tirez-le vers le bout, enfilez-le, replacez le quatrième, rapprochez le premier et le deuxième vers le haut et remettez-le, relâchez le premier, amenez le troisième, repassez le deuxième anneau sur l'arc, replacez le premier, afin de libérer le premier et le deuxième ensemble ; puis amenez le quatrième vers le bout en le glissant de haut en bas, replacez le troisième, rapprochez le premier et le deuxième de haut en bas, relâchez le premier, puis le troisième en remplaçant le deuxième, remontez et remontez le premier, afin pour libérer le premier et le deuxième ensemble, ce qui étant fait, votre huitième anneau sera alors le deuxième, par conséquent vous pourrez le libérer en remettant le septième. Ensuite, pour libérer le septième, vous devez commencer par assembler le premier et le deuxième, et effectuer les mouvements dans la même succession que précédemment, jusqu'à ce que vous trouviez que vous n'avez que le dixième et le neuvième sur l'arc ; puis glissez le dixième à travers l'arc et remplacez le neuvième. Cette chute du dixième anneau est le premier mouvement efficace pour retirer les anneaux, car tous les changements que vous avez traversés n'avaient pour but que de vous permettre d'atteindre le dixième anneau. Vous constaterez alors qu'il ne vous reste que la neuvième sur l'arc, et il ne faut pas vous décourager en apprenant que pour enlever cette bague, il faut remettre toutes les autres de la main droite, en commençant par mettre la bague. premier et deuxième ensemble, et travaillez comme avant, jusqu'à ce que vous trouviez que le neuvième se trouve en deuxième position sur l'arc, moment auquel vous pouvez le relâcher. Il ne vous restera alors plus que la huitième sur l'arc ; vous devez de nouveau remettre tous les anneaux à la main droite, en commençant par assembler le premier et le deuxième, jusqu'à ce que vous trouviez le huitième debout comme second sur l'arc, ou dans sa position appropriée pour le relâcher ; et ainsi de suite jusqu'à ce que vous trouviez tous les anneaux enfin libérés. Lorsque vous commencerez vos opérations avec tous les anneaux déjà fixés sur l'arc, vous lâcherez le dixième anneau en cent soixante-dix coups ; mais comme vous n'avez alors que le neuvième, et qu'il faut rappeler tous les anneaux jusqu'au neuvième, pour libérer le neuvième, et ce qui demande quinze coups de plus, vous allez donc relâcher le neuvième anneau. en deux cent cinquante-six coups ; et, pour votre encouragement, votre travail diminuera de moitié à chaque anneau suivant qui sera finalement libéré. Le huitième se déroule en cent vingt-huit coups, le septième en soixante-quatre coups, et ainsi de suite, jusqu'à arriver au deuxième et au premier anneaux, qui se détachent ensemble, faisant six cent quatre-vingt-un coups, ce qui sont nécessaires pour enlever tous les anneaux. Avec l'expérience que vous aurez désormais acquise, il suffit de dire que pour remplacer les anneaux, on commence par assembler le premier et le second, et on suit exactement le même système que précédemment.

46. DÉPLACER LE CHEVALIER SUR TOUTES LES CARRÉS ALTERNEMENT.

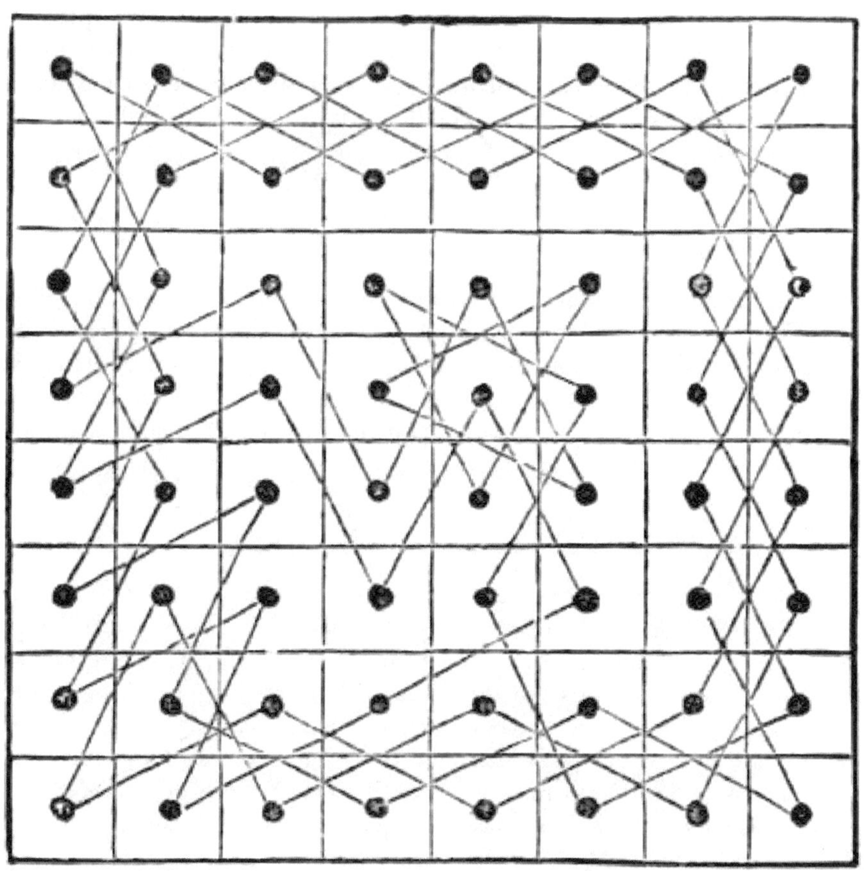

MÉTHODE D'EULER.

Le problème de placer le chevalier sur une case donnée et de le déplacer de cette case vers n'importe quelle maison de l'échiquier n'a pas été jugé indigne de l'attention des premiers mathématiciens. Euler, Ozanam, De Montmart ,

De Moivre , De Majron et d'autres ont tous donné des méthodes permettant d'accomplir cet exploit. Il était cependant réservé au siècle présent de poser cela sur un plan général ; et le seul écrivain anglais qui l'a remarqué est M. George Walker, dans son *Traité des Échecs* . Le plan est le suivant : placez le chevalier sur n'importe quelle case et déplacez-le de case en case, selon le principe de toujours le jouer jusqu'au point à partir duquel, dans le jeu réel, il commanderait le moins d'autres cases ; observant qu'en comptant les carrés commandés par lui, vous devez omettre ceux qu'il a déjà parcourus. S'il y a également deux cases sur lesquelles ses forces sont égales, vous pouvez le déplacer vers l'une ou l'autre. Essayez ceci sur le plateau, avec quelques jetons ou plaquettes, en plaçant un sur chaque carré ; et, quand tuclearly Comprenez-le, vous pouvez étonner vos amis en les invitant à placer le chevalier sur n'importe quelle case de leur choix, et en vous engageant à le jouer, à partir de cette case, pendant les soixante-trois restants en soixante-trois coups. Lorsque l'automate Chessplayer fut exposé pour la dernière fois en Angleterre, cela faisait partie des merveilles qu'il avait accomplies, bien que comme le plan ci-dessus n'était pas alors connu ici, il ne put l'adopter, mais utilisa quelque chose comme la méthode établie par Euler, et qui nous nous joignons.

Nos jeunes joueurs d'échecs doivent se rappeler que la case sur laquelle le chevalier est placé au départ n'a pas d'importance ; car, en acquérant le plan par cœur, ce qui est bientôt fait, il peut le jouer sur toutes les cases d'un point donné, sa dernière case étant à la distance d'un coup de chevalier de la première. Il est évident que ce parcours peut être varié de bien des manières, et nous nous sommes souvent amusés à essayer de le travailler sur une ardoise.

UNE AUTRE MÉTHODE.

Le problème du cavalier couvrant successivement chaque case de l'échiquier a, de tous temps, attiré l'attention des premiers mathématiciens ; ce n'est que récemment, cependant, que ce système très ingénieux permettant d'accomplir l'exploit sans voir l'échiquier a été inventé par un gentleman d'Édimbourg. Nous nous souvenons bien de la surprise provoquée parmi les amateurs d'échecs lors de sa première représentation ; en effet , cela était généralement considéré comme un effort mental plus important que celui de jouer trois parties d'échecs en même temps, sans voir l'échiquier.

La règle générale pour déplacer le chevalier sur toutes les cases de l'échiquier, est de commencer par le déplacer vers la case qui commande le moins de points d'attaque, et en continuant ce principe il occupera toutes les cases en rotation, en observant que si sur deux cases ou plus, sa puissance serait égale, il peut être placé indifféremment sur l'une ou l'autre de ces cases. Nous voyons ainsi qu'il y a différentes routes que le chevalier errant peut emprunter dans sa progression sur tout le plateau ; cependant, quel que soit celui de ces itinéraires pour parcourir les soixante-quatre cases qui peut être adapté, chaque mouvement forme, si l'on peut s'exprimer ainsi, un maillon dans une chaîne sans fin, de sorte que quelle que soit la case d'où nous partons, en empruntant un itinéraire connu, nous sommes sûrs d'arriver sur une case, dernier maillon de la chaîne, à un coup de chevalier éloigné de la case de notre départ. Par conséquent, si quelqu'un pouvait mémoriser les mouvements consécutifs d'un itinéraire donné sur le plateau, il serait capable de partir de n'importe quelle case de cet itinéraire, de la même manière que n'importe lequel d'entre nous, s'il lui était demandé de mentionner les chiffres en haut du plateau. à soixante-quatre ans, pourrait tout aussi bien commencer à trente et finir à vingt-neuf ans, que si nous commencions à une heure et terminions à soixante-quatre ans.

Met.	Let.	Ket.	Het.	Get.	Fet.	Det.	Bet.
Men.	Len.	Ken.	Hen.	Gen.	Fen.	Den.	Ben.
Mix.	Lix.	Kix.	Hix.	Gix.	Fix.	Dix.	Bix.
Miv.	Liv.	Kiv.	Hiv.	Giv.	Fiv.	Div.	Biv.
Mor.	Lor.	Kor.	Hor.	Gor.	For.	Dor.	Bor.
Mee.	Lee.	Kee.	Hee.	Gee.	Fee.	Dee.	Bee.
Moo.	Loo.	Koo.	Hoo.	Goo.	Foo.	Doo.	Boo.
Mun.	Lun.	Kun.	Hun.	Gun.	Fun.	Dun.	Bun.
M	**L**	**K**	**H**	**G**	**F**	**D**	**B**

Ces considérations réduisent considérablement l'apparente impossibilité de réaliser l'exploit ; mais le lecteur s'écriera : « Quelle entreprise immense ce serait de mémoriser les mouvements formant la route d'un chevalier sur les soixante-quatre cases ! » et nous répondons : « Cela le serait certainement si nous utilisions le langage des échecs pour désigner les cases ; » et c'est là que réside la beauté de l'invention. Un ensemble de noms, dont l'application peut être comprise d'un seul coup d'œil, sont inventés pour les carrés, et l'exécuteur de l'exploit, ayant appris un itinéraire du Chevalier, exprimé par ces noms inventés, pense dans la nouvelle langue qu'il dirige se déplace en termes d'échecs - tout comme beaucoup d'entre nous *le pensent* en anglais, lorsque nous écrivons ou parlons français.

Le diagramme ci-dessus représente l'échiquier ; la distinction des carrés blancs et noirs n'est pas nécessaire pour notre propos. Les files, commençant à partir de la main droite, se distinguent par les consonnes successives alphabétiques (C et J sont, pour des raisons évidentes, omis). Ainsi, la file de la tour du roi est connue sous le nom de B, celle du chevalier du roi sous le nom de D, celle des fous du roi sous le nom de F, le roi comme G, la reine comme H, le fou de la reine comme K, le chevalier de la reine comme L et la tour de la reine comme M. C'est tout ce qu'il faut apprendre dans ce système de notation des échecs ; car les lignes de carrés indiquent leurs propres nombres - un étant *un*, deux *oo*, trois *ee*, quatre *ou*, six *ix*, sept *en*, huit *et* - étant, en fait, les sons terminaux des huit premiers chiffres. Bun étant B *un*, ou le carré de King's Rook ; Gix, G *six* ou sixième carré du Roi. Nous considérons qu'il est tout à fait inutile de dire un mot supplémentaire pour expliquer ce système ; sa simplicité ingénieuse permet de le comprendre et de l'apprendre d'un seul coup d'œil. Il ne reste plus qu'à sélectionner le parcours d'un chevalier sur toutes les cases de l'échiquier et à le mémoriser, non pas dans les termes compliqués des échecs , mais dans ces simples équivalents. Supposons que nous partions de la septième place des Chevaliers de la Reine, *len*, l'itinéraire sera le suivant :

Len	het	fen	parie.	Dix	bor	doo	gun
Koo	mun	lee	kun	.	Moo	kee	goo	dun.
Abeille	div	ben	fet	.	Poule,	laissez	mélanger.
Hé	kiv	gor	salut	.	Liv	men	ket	gen.
Kix	donne	des	frais	hor.	Gix	pour	le	VIH,	bon	sang.
Cinq	den	biv	dee.	Bun	foo	hun	loo.
Mor	Lix	a	rencontré	Ken.	Obtenez	le	correctif	det	bix	.
Dor boo, amusant hoo . Lun mee kor miv

Le seul problème est de mémoriser ce tableau d'aspect cabalistique, ce qui peut être accompli en une demi-heure ; le processus sera grandement facilité par le fait que l'apprenant joue fréquemment le parcours sur l'échiquier. Il sera largement récompensé par l'étonnement qu'il causera aux *indigènes* de sa localité, qui auront peut-être le grand malheur de ne pas connaître les pages éclairantes de notre livre ; et, s'il n'est pas tout à fait un joueur de premier ordre, il acquerra une connaissance intime des pouvoirs particuliers et des pérégrinations déroutantes des excentriques *Caballeros* , qui

"———guide des coursiers enflammés

Avec une vitesse vertigineuse, les guerres ont embourbé la marée ;

Alertes et courageux, ils sautent au milieu du combat,

Du blanc au noir, du noir au blanc candide. »

1	2	3	4	5	6	7	8
9	10	11	12	13	14	15	16
17	18	19	20	21	22	23	24
25	26	27	28	29	30	31	32
33	34	35	36	37	38	39	40
41	42	43	44	45	46	47	48
49	50	51	52	53	54	55	56
57	58	59	60	61	62	63	64

UNE AUTRE MÉTHODE.

Laissez la Place de la Tour de la Reine Noire compter 1, (comme dans le diagramme), la Tour du Roi Noir 8, et comptez tous les autres carrés de la même manière de 9 à 64. Placez le chevalier sur la case de la Tour du Roi Noir, 8, et déplacez-vous comme suit. : 23, 40, 55, 61, 51, 57, 42, 25, 10, 4, 14, 24, 39, 56, 62, 52, 58, 41, 26, 9, 3, 13, 7, 22, 32 , 47, 64, 54, 60, 50, 33, 18, 1, 11, 5, 15, 21, 6, 16, 31, 48, 63, 53, 59, 49, 34, 17, 2, 12, 27 , 44, 38, 28, 43,

37, 20, 35, 45, 30, 36, 18, 29 et 46. Il peut être bon de noter les chiffres au tableau, à titre indicatif, jusqu'à ce que l'exploit soit bien compris. .

47. BOWER DE ROSAMOND.

La coupe ci-jointe représente, dit-on, le labyrinthe de Woodstock, dans lequel le roi Henri plaça la belle Rosemonde pour la protéger de la reine. Il s'agit certainement d'un dispositif des plus ingénieux, qui peut être très amusant. Le casse-tête consiste à arriver, depuis l'un des nombreux débouchés, jusqu'au berceau central, sans franchir aucune des lignes.

La tonnelle de Rosamond.

48. UN LABYRINTHE OU LABYRINTH.

Ce labyrinthe est un plan exact de celui des jardins du palais de Hampton Court. Aucun conte légendaire ne lui est attaché, à notre connaissance, mais ses promenades labyrinthiques procurent beaucoup d'amusement aux nombreuses fêtes qui fréquentent le parc du palais. Le casse-tête consiste à arriver au centre, où les sièges sont placés sous deux grands arbres ; et nombreuses sont les déceptions éprouvées avant que la fin ne soit atteinte ; et même alors, les ennuis ne sont pas terminés, car il est tout aussi difficile d'en sortir *que d'y entrer*.

49. LE PUZZLE CHINOIS.

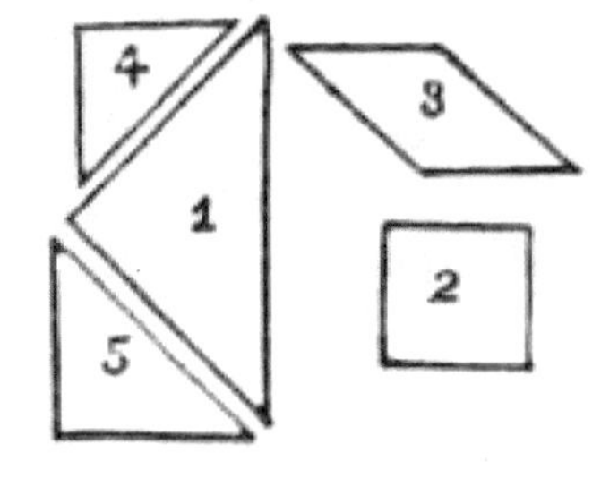

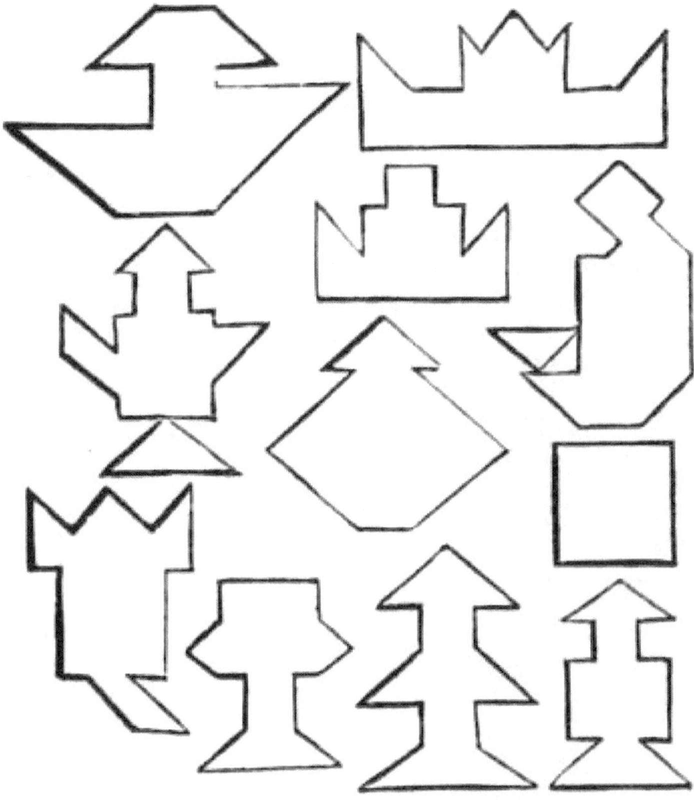

Ce puzzle, dont le but est de construire différentes figures en disposant des morceaux de carton ou de bois de formes diverses d'une certaine manière, ne nécessite aucune explication distincte. Découpés dans du carton très rigide, ou dans de l'acajou mince, ce qui est décidément préférable, sept pièces, en forme comme les figures annexées et ayant la même proportion les unes par rapport aux autres ; une pièce doit avoir la forme de la figure 1, une de la figure 2 et une de la figure 3, et deux de chacune des autres figures. Les combinaisons dont ces figures sont susceptibles sont presque infinies ; et nous joignons une représentation de quelques-uns des plus curieux. Il ne faut pas oublier que toutes les pièces qui composent le puzzle doivent être employées pour former chaque figure.

50. TROUBLES D'ESPRIT.

Prenez une feuille de papier rigide, pliez-la au milieu de la feuille, dans le sens de la longueur ; puis rabattez le bord de chaque pli vers l'extérieur, sur la largeur d'un sou ; mesurez-le tel qu'il est plié, en trois parties égales, avec des compas, qui font six divisions dans la feuille ; que chaque tiers soit tourné vers l'extérieur, et l'autre, bien sûr, tombera droit ; puis pincez-le sur un quart de pouce de profondeur, en tresses, comme une fraise, de sorte que, lorsque le papier est pincé dans sa forme, il soit de la manière représentée par A ; une fois fermé, ce sera comme B ; ouvrez-le de nouveau, mélangez-le avec chaque main, et cela ressemblera au mélange d'un jeu de cartes ; fermez-le et tournez chaque coin vers l'intérieur avec votre avant-index et votre pouce, il apparaîtra comme une rosace pour une chaussure de dame, comme C ; étendez-le, et il ressemblera à une couverture pour un canapé italien, comme D ; lâchez votre index à l'extrémité inférieure, et il ressemblera à un guichet, comme E ; refermez-le, et pincez-le par le bas, en écartant le haut, et il représentera un éventail, comme F ; pincez-le à moitié et ouvrez le haut, et il apparaîtra sous la forme indiquée par G ; tenez-le sous cette forme, et avec le pouce de votre main gauche, déroulez le pli suivant, et ce sera comme H.

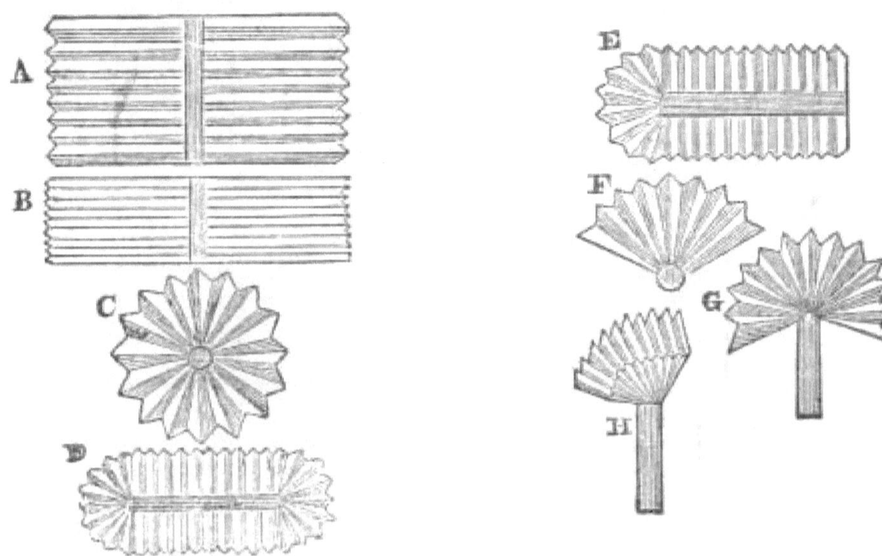

En fait, avec un peu d'ingéniosité et de pratique, l'esprit trouble peut prendre une infinité de formes et produire un amusement très considérable.

RÉPONSES À DES PUZZLES PRATIQUES.

1. LA RÉPONSE DE LA CROIX CHINOIS.

Placez les numéros 1 et 2 rapprochés , comme sur la figure 1 ; puis maintenez-les ensemble avec le doigt et le pouce de la main gauche horizontalement et avec le trou carré à droite. Poussez le n° 3 — placé dans la même position *face à vous* (*a*) dans le n° 4 — à travers l'ouverture en K, et faites-le glisser vers la gauche en A, de manière que le profil des pièces soit comme dans la figure 2. Poussez maintenant le n° 4 *partiellement* à travers l'espace de bas en haut, comme on le voit en f, fig. 2. Placez le n° 5 en croix sur la partie Y, de manière que le point R soit dirigé vers le haut vers le côté droit ; puis poussez le n° 4 jusqu'au bout, et il sera dans la position indiquée par les lignes pointillées sur la figure 2. Il ne reste plus qu'à pousser le n° 6 — qui est la clé — à travers l'ouverture M et la croix est terminée. comme sur la figure 3.

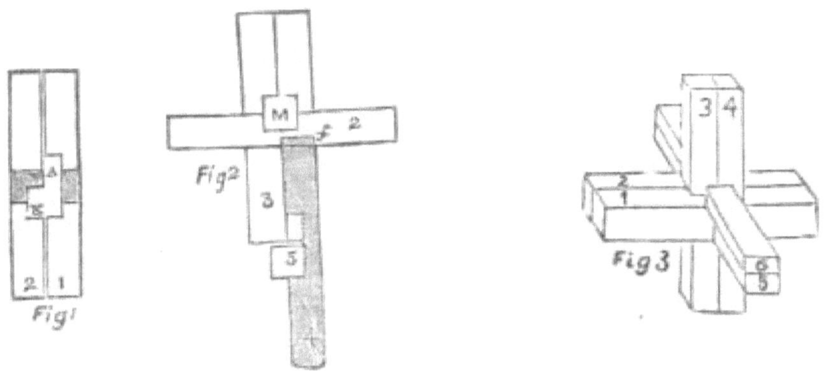

2. RÉPONSE AU « PARALLÉLOGRAMME ».

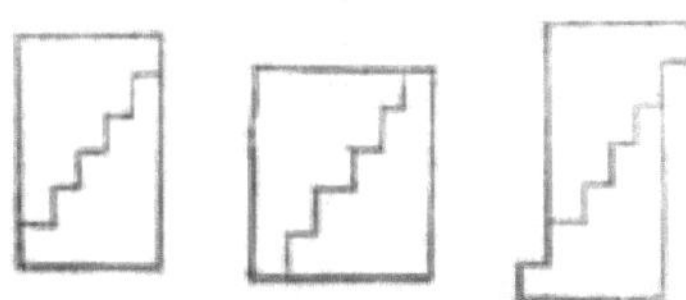

Divisez le morceau de carte en cinq étapes et, en décalant la position des pièces, vous pourrez obtenir les chiffres souhaités.

3. LA RÉPONSE DU JARDIN DIVISÉ.

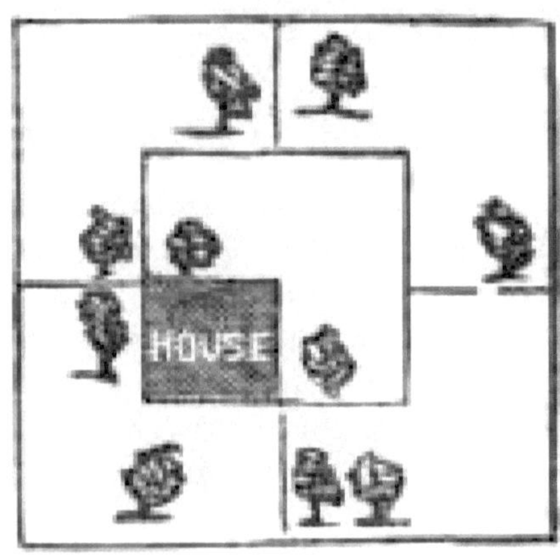

4. RÉPONSE À LA CHAÎNE SANS FIN.

Le cordon doit être passé par l'emmanchure, et par-dessus la tête, puis par l'emmanchure opposée ; puis la main doit être placée sous le gilet et la ficelle tirée autour du corps jusqu'à ce que la première descende autour de la taille, lorsque l'expérimentateur peut sauter hors du gilet et récupérer son manteau.

5. RÉPONSE AU LABYRINTHE CHINOIS.

LES CHUMCHURES DE K OONG-SEE .

A Pourquoi s'attarder près de la clôture ? un mot ou deux

Allumerait une flamme toujours vraie.

B Méfiez-vous des rivaux : les méfaits planent à proximité ;

Ou, pire malheur, les parents froncent les sourcils.

C Favorisé en effet, la porte ouverte pour gagner—

Ne laissez pas le déshonneur tacher votre conduite.

E Le terrain est accidenté et la route difficile ;

Mais ne t'évanouis pas, tu atteindras la demeure de ton amour !

F Contre ta route court la marée opposée,

Et des vagues de troubles ont anéanti tes espoirs.

Une compétence modeste sera ton sort ;

Mais des joies plus riches que la richesse te sont réservées.

A Attention ! prenez garde! un étrange destin transformateur

Puisse réparer ton amour, mais ne le laisse jamais fleurir.

Ne soyez pas trop téméraire et ne sautez pas le Pont de l'Amour,

Laissant des paupières tendres, humides de larmes, au-dessus.

K Que fais-tu sur le toit de la maison ? ne pas voler

Ton amour, mais gagne par un appel respectueux !

C'est un chemin aride que tes pas parcourent ;

Ton cœur va bientôt se refroidir, ton amour s'enfuir.

M Tu as un ami qui peut t'aider à avancer...

Et un tel ami ne trahira jamais ta confiance.

D Joie ! tu as enfin atteint l'alliance ;

Que les jeunes filles en robe blanche apportent les fleurs d'oranger ;

Oh que tes années de mariage heureux soient

Brillant comme vos espoirs, et libre de tout doute.

6. RÉPONSE AU PUZZLE DE LIGNE VERTICALE.

NINE

7. LES TROIS LAPIN, RÉPONDEZ.

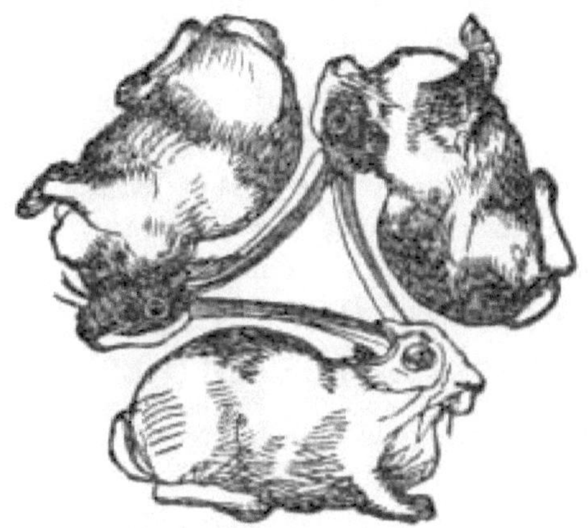

8. LA PLACE D'ACCUEIL.

9. RÉPONSE AU PUZZLE DU CERCLE.

Poussez-le vers le haut de l'autre côté.

10. RÉPONSE AU PUZZLE DE CARTES COUPÉES.

Doublez le carton ou le cuir dans le sens de la longueur au milieu, puis coupez d'abord vers la droite, presque jusqu'au bout (le chemin étroit), puis vers la gauche, et ainsi de suite jusqu'au bout de la carte ; puis ouvrez-le et coupez le milieu, sauf les deux extrémités. Le diagramme montre les boutures appropriées. En ouvrant la carte ou le cuir, une personne peut y passer. Une feuille de laurier peut être traitée de la même manière.

11. RÉPONSE AU PUZZLE DU BOUTON.

Faites passer l'étroit morceau de cuir à travers le trou et la ficelle et les boutons pourront être facilement libérés.

12. RÉPONSE AU PUZZLE QUARTO.

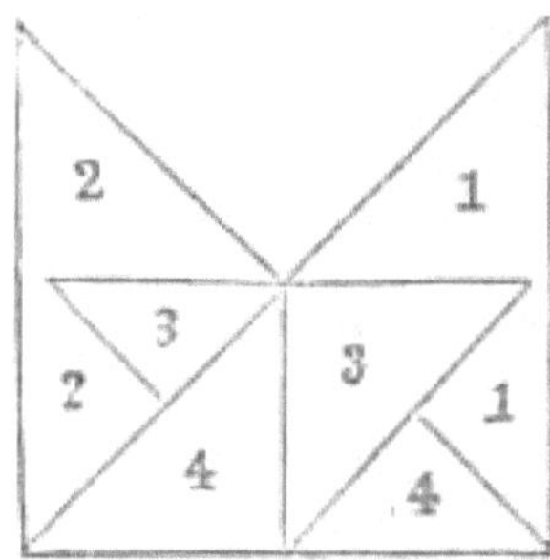

Divisez la figure dans la direction indiquée par les lignes et vous obtiendrez quatre pièces de même taille et forme.

13. RÉPONSE AU PUZZLE DE QUATORZE.

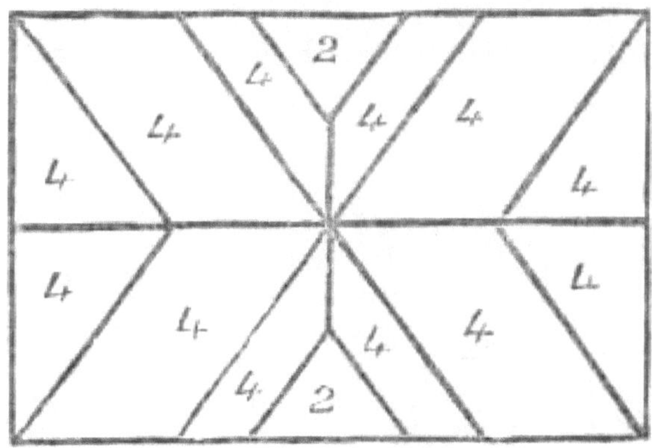

14. RÉPONSE AU PUZZLE CARRÉ ET CERCLE.

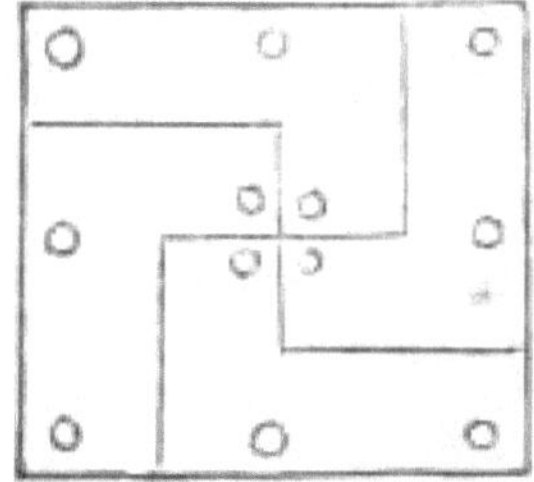

15. LE PUZZLE BALANCE ET ANNEAU.

Le puzzle consiste à libérer l'anneau ; pour ce faire, il suffit d'inverser le premier processus, en faisant passer la boucle à travers les trous D, C, B et A, de la manière décrite ci-dessus.

16. RÉPONSE AU PUZZLE DU COEUR.

Desserrez la ficelle et passez la boucle à travers le trou n°2 ; passez-lê derrière, faites-le passer par le n° 1, et glissez-le sur le petit cœur ; alors la ficelle peut être facilement tirée.

17. RÉPONSE AU PUZZLE DE LA CROIX.

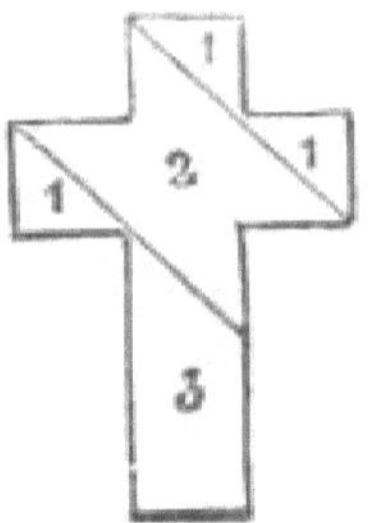

18. RÉPONSE 10 LA PLACE YANKEE.

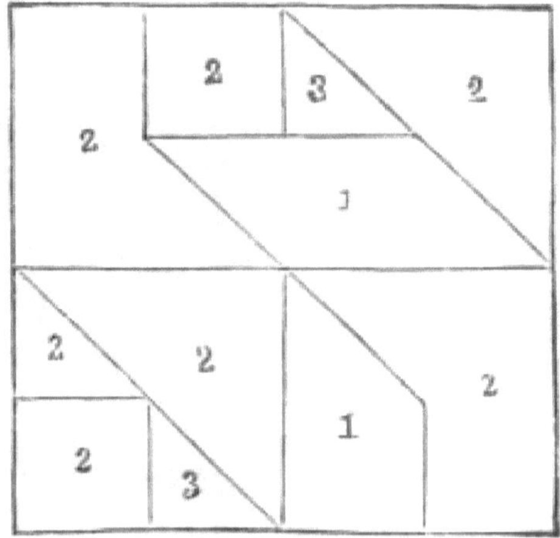

Disposez les pièces comme indiqué sur la figure ci-dessus.

19. RÉPONSE AU PUZZLE DE CARTES.

Pour retirer le tuyau, il faut doubler la carte (comme sur la Fig. 2), en passant la barbotine à travers elle, jusqu'à ce qu'il y ait suffisamment de boucle sous le tuyau pour permettre à l'une des extrémités carrées de la barbotine (Fig. 3) être passé à travers lui. La figure 3 doit alors être enlevée et le tuyau a glissé. La carte de ce puzzle doit être découpée très soigneusement, le puzzle manipulé avec douceur et il faut faire très attention à ce qu'en doublant la carte pour la mettre sur le tuyau, aucun pli ne soit fait, car ils gâcheraient selon toute probabilité votre puzzle, en trahissant . à un spectateur attentif le mode de fonctionnement.

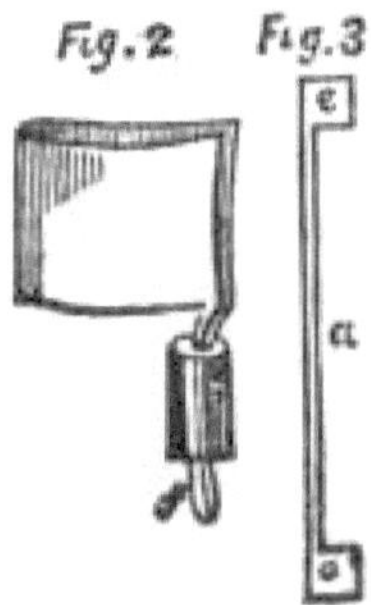

20. RÉPONSE AU PUZZLE DES TROIS CARRÉS .

À emporter, il ne restera que les pièces numérotées 8, 10, 1, 3, 13 et trois carrés.

21. RÉPONSE AU PUZZLE DU CYLINDRE.

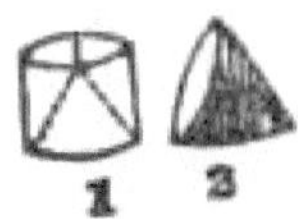

Prenez un cylindre rond du diamètre du trou circulaire et de la hauteur du trou carré. Après avoir tracé une ligne droite à travers l'extrémité, la divisant en deux parties égales, coupé une section égale de chaque côté jusqu'au bord de la base circulaire, on obtiendrait alors une figure comme celle représentée par la gravure sur bois dans la marge, qui remplirait les conditions requises.

22. RÉPONSE AUX QUATRE LOCATAIRES.

Mon terrain est divisé,

Mes locataires au travail,

Et c'est lui qui en profitera le plus

Qui ne travaille pas au shirk

Alors laisse-les travailler dur

Jusqu'à ce que les choux lèvent,

Et des carottes et des navets

Pour réjouir leurs yeux.

Groseilles et groseilles,

Et des framboises aussi,

Doit largement rembourser

Le travail qu'ils peuvent faire.

23. LE MUR DU PUZZLE.

24. RÉPONSE AU PUZZLE DE LA NONNE.

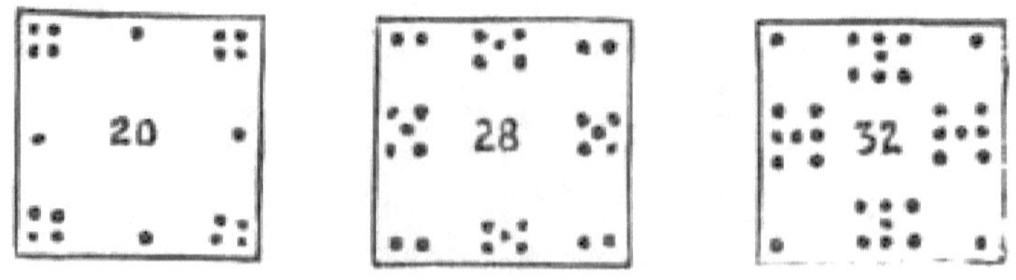

25. PUZZLE EN FER À CHEVAL.

En coupant la partie circulaire supérieure contenant deux des épingles, et en changeant la position des pièces, une autre coupe divisera le fer à cheval en six parties contenant chacune une épingle.

26. RÉPONSE AU PUZZLE CARRÉ CARRÉ.

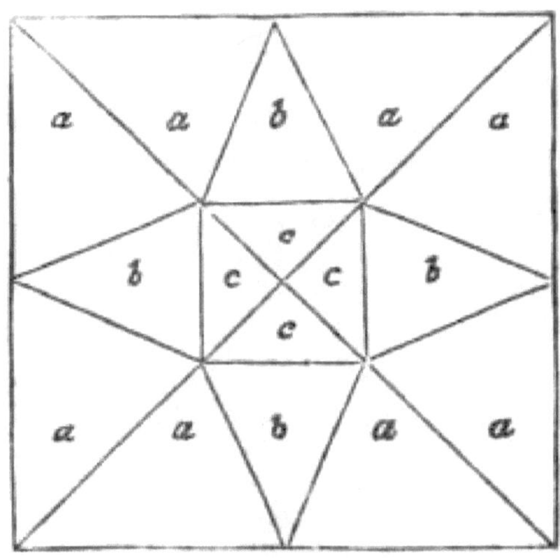

27. RÉPONSE AU PUZZLE DES CHIENS VOIR LIGNES POINTILLÉES.

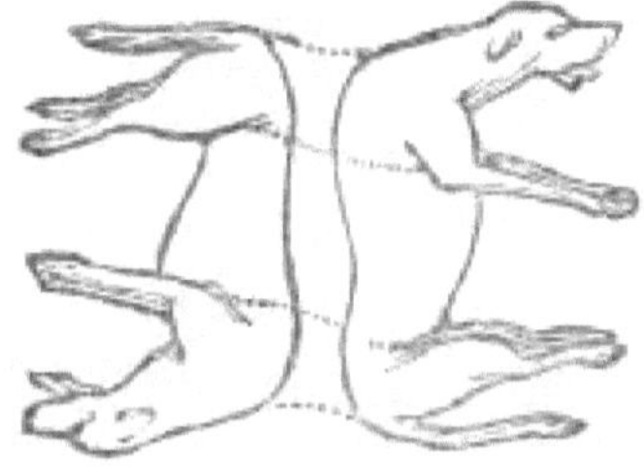

28. PUZZLE DES DEUX PÈRES.

Le premier père partagea ainsi la terre :

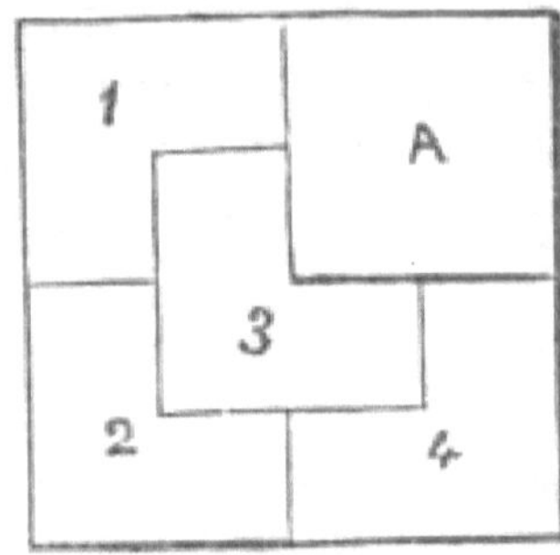

Le deuxième père partagea les terres de la manière suivante :

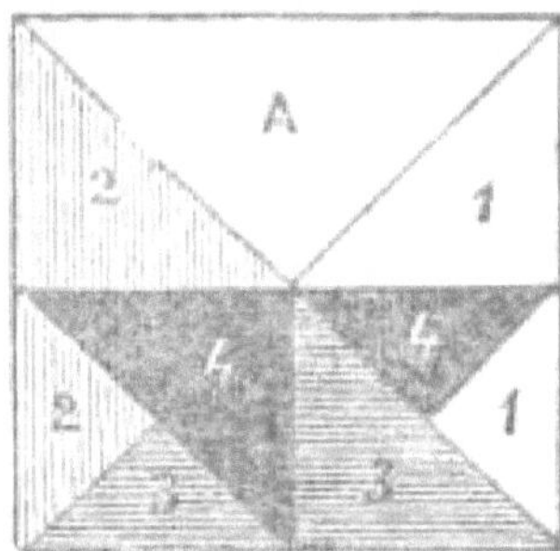

Les différentes couleurs représentent les portions des différents fils.

29. LE PUZZLE TRIANGLE.

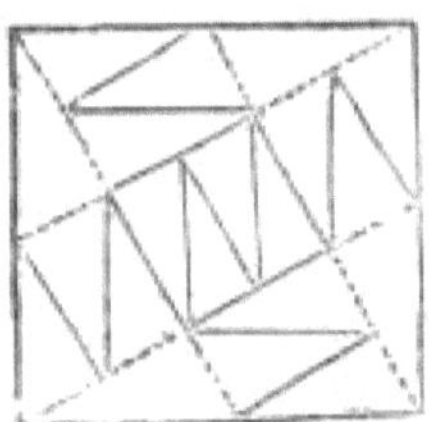

La solution de cette énigme peut être facilement acquise en observant les lignes pointillées dans la gravure ; par lequel on verra que quatre triangles doivent être placés aux coins, et un petit carré fait au centre. Lorsque cela est fait, le reste du carré peut être rapidement formé.

30. RÉPONSE À LA DÉCOUPAGE D'UN PUZZLE CROIX.

Prenez un morceau de papier à lettres environ trois fois plus long que large, disons six pouces de long et deux de large. Pliez le coin supérieur vers le bas, comme indiqué sur la figure 1 ; puis pliez l'autre coin supérieur sur le premier, et il apparaîtra comme sur la figure 2 ; vous pliez ensuite le papier en deux dans le sens de la longueur, et il apparaîtra comme sur la figure 3. Ensuite, le dernier pli est également fait dans le sens de la longueur, au milieu du papier, et il présentera la forme de la figure 4, qui, une fois coupé. à travers avec les ciseaux dans le sens de la ligne pointillée, vous obtiendrez toutes les formes mentionnées.

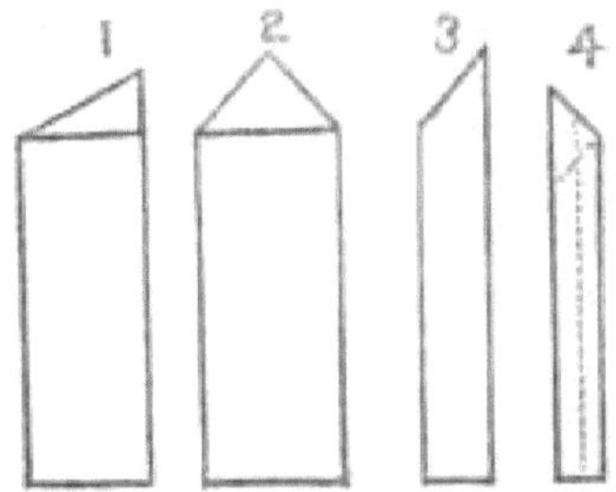

31. RÉPONSE À UN AUTRE PUZZLE CROISÉ.

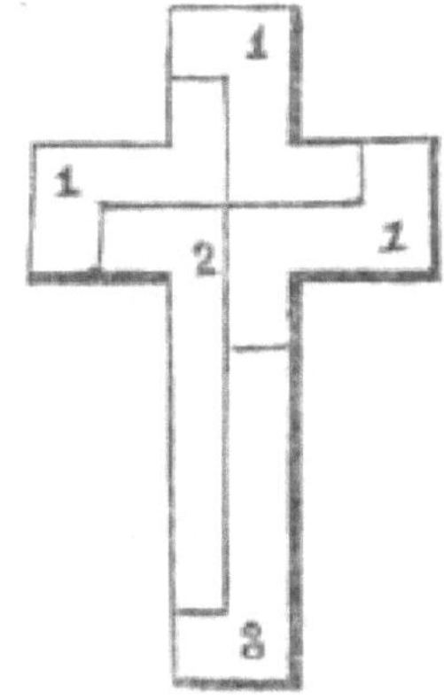

32. RÉPONSE AU PUZZLE DE LA FONTAINE.

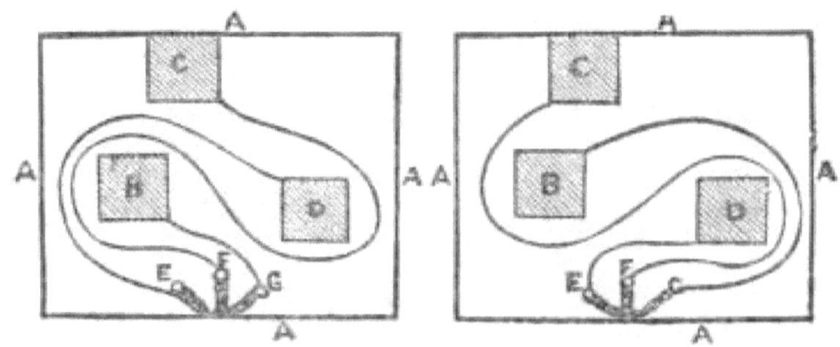

33. RÉPONSE AU PUZZLE ÉTOILES.

Amis de bonne humeur ! voici *neuf* étoiles voir :

dix rangées, dans chaque rangée *trois !*

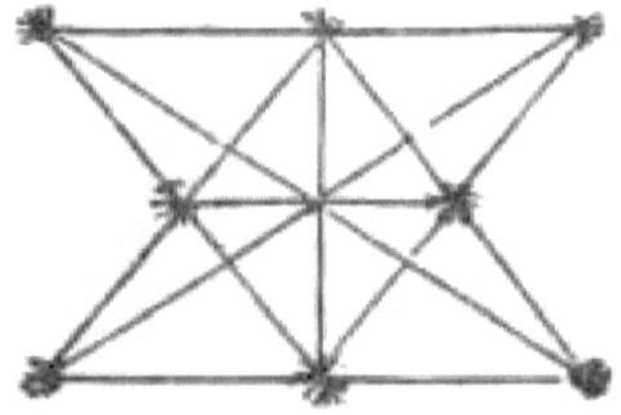

34. LA RÉPONSE DU CONTRE-PUZZLE.

Placez 4 sur 7, 6 sur 2, 1 sur 3 et 8 sur 5 ; *ou* , 5 sur 2, 3 sur 7, 8 sur 6, 4 sur 1, etc.

35. RÉPONSE À LA PLACE DU JAPON.

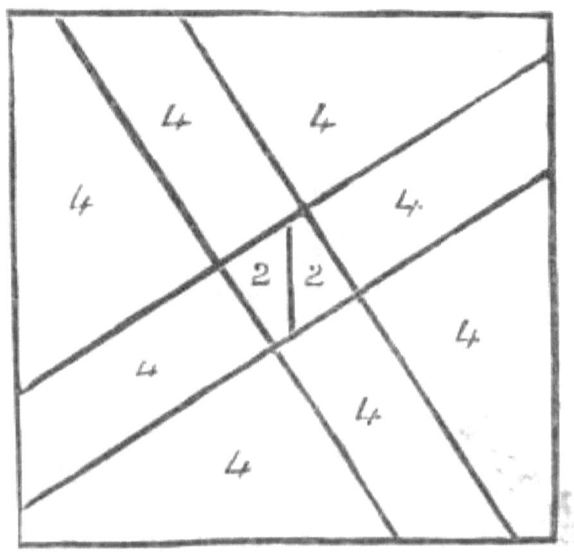

36. RÉPONSE AU PUZZLE DES ÉBÉNIERS.

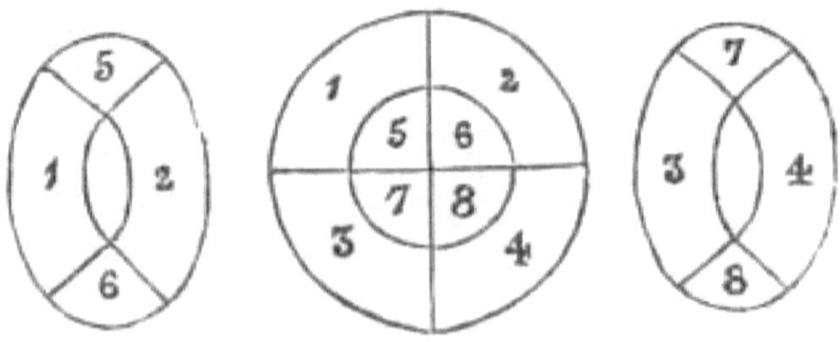

L'ébéniste doit trouver le centre du cercle, et en frapper un autre, ayant la moitié du diamètre du premier, et ayant le même centre. Coupez ensuite le tout en quatre parties, au moyen de deux lignes tracées à angle droit l'une par rapport à l'autre, puis coupez le long du cercle intérieur et assemblez les morceaux comme sur le schéma ci-dessus.

37. RÉPONSE AU PUZZLE FILS ET BALLES.

Tirez la boucle bien vers le bas, en y glissant l'une ou l'autre balle. Passez-le dans le trou aux extrémités, passez-le sur le nœud et repassez-le. Le même processus doit être répété avec l'autre balle ; la boucle peut ensuite être tirée à travers le trou au centre et la balle glissera le long du cordon jusqu'à ce qu'elle atteigne l'autre côté. La corde est ensuite remplacée, les deux boules étant du même côté.

Il existe une autre manière, peut-être plus soignée, d'effectuer cette astuce. Passez la boucle à travers le trou central et amenez-la suffisamment loin pour y faire passer l'une des balles. Cela fait, tirez la ficelle vers l'arrière et les deux boules se retrouveront du même côté.

38. RÉPONSE AU PUZZLE À DOUBLE TÊTE.

Disposez-les côte à côte dans les bras courts de la croix, retirez la pièce centrale et le reste suivra facilement. L'inversion du même processus les fera reculer.

39. PUZZLE ARITHMÉTIQUE.

Les quatre chiffres sont 8888, qui, divisés par une ligne tracée au milieu, deviennent $^{0000}/_{0000}$, dont la somme est de huit 0, ou rien.

40. PUZZLE GRAMMATICAL.

Supprimez L du subjonctif « Let » au début de la première ligne, et remplacez S, et transformez-le ainsi en l'impératif « Set », lorsque les changements qui suivent nécessairement seront immédiatement apparents.

41. RÉPONSE AU PUZZLE DE L'ARBRE.

42. RÉPONSE À UNE ÉPITAPHE SUR ELLINOR BACHELLOR, UNE VIEILLE FEMME À TARTE.

Sous la poussière

La vieille croûte moisie

De Nell Bachellor a été récemment bousculée :

Qui était doué dans les arts

Des tartes, des crèmes et des tartelettes,

Et connaissait chaque utilisation du four.

Quand elle aurait vécu assez longtemps,

Elle a fait sa dernière bouffée,

Une bouffée de son mari très louée :

Maintenant, elle repose ici,

Pour faire une tarte à la terre,

Dans l'espoir que sa croûte sera relevée .

43. RÉPONSE À UNE LETTRE CURIUSE.

"Monsieur, entre amis, je comprends votre caractère autoritaire ; un homme, même avec le monde, est au-dessus du mépris, tandis que les ambitieux sont au-dessous du ridicule."

44. RÉPONSE À L'INSCRIPTION DU PUZZLE.

En utilisant la voyelle unique E, le distique suivant a été formé :

PERSÉVÉREZ, HOMMES PARFAITS,

GARDEZ JAMAIS CES DIX PRÉCEPTES.

LA MAGIE DE L'ART.

" Fatigué à première vue de ce que raconte la Muse,

Dans une jeunesse intrépide, nous tentons le summum des arts. »

Une source presque infinie de divertissement, combinant en même temps une quantité considérable d'instruction, peut être obtenue de la manière suivante. Prenez une carte ou un morceau de carton, ou même du papier rigide, et dessinez dessus la forme d'un œuf, un contour ovale. Les dimensions de l'ovale sont sans importance, et l'expérimentateur peut suivre son imagination à cet égard. Avec une grosse aiguille ou une pointe à tracer, piquez tout au long du contour pour pouvoir tracer. Certains de nos lecteurs ne connaissent peut-être pas la manière de tracer un plan, et il peut être judicieux de préciser une méthode parmi tant d'autres. Après avoir piqué l'ovale sur la carte, prenez un peu de mine de plomb rouge ou noire, en poudre, et placez la carte sur un morceau de papier à dessin (n'importe quel papier blanc fera cependant l'affaire) et frottez-la sur l'ovale repiqué, qui se révélera être transféré sur le livre blanc ci-dessous, ainsi :

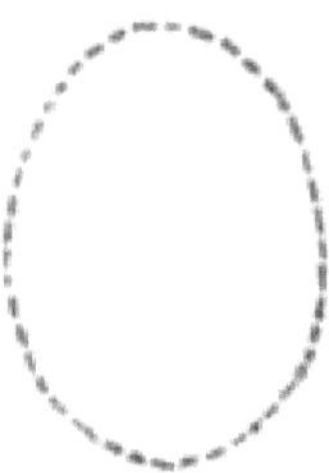

La poudre peut être appliquée soit avec un morceau de laine ou de ouate, soit au moyen d'un crayon sec en poil de chameau ; il faut veiller à ce que la poudre de traçage ne dépasse pas le bord de la carte piquée, car dans ce cas un aspect sale et sale serait donné au traçage. La carte percée servira, si elle est soigneusement réalisée, à des centaines de tracés, et c'est évidemment le meilleur plan de prendre un peu plus de peine dans un premier temps.

Avec cet ovale tracé pour base (nous parlerons un peu plus loin d'autres figures, à utiliser seules ou en combinaison les unes avec les autres), quiconque avec très peu d'habileté pourra former une infinité d'objets.

Le meilleur outil de dessin sera un crayon à mine noire ordinaire.

Figues. 1, 2, 3, 4, 5, 6 sont des résultats très faciles, évocateurs également d'autres. Les règles de procédure sont les mêmes pour tous. Laissant d'abord l'ovale tracé sous sa forme pointillée, vous tracez au crayon une ligne horizontale qui constitue asla base de votre silhouette. Laissez cette ligne et les autres lignes, qui servent simplement d'échafaudage à votre silhouette, être tracées faiblement ou en points. Ensuite, tracez une ligne passant par le centre de l'ovale et perpendiculaire au premier. Ceux-ci garantiront que vous rendrez l'objet carré et correctement équilibré. Après cela, vous pourrez tracer des lignes parallèles aux autres : mais celles-ci ne sont pas si importantes, quoiqu'elles servent de guides.

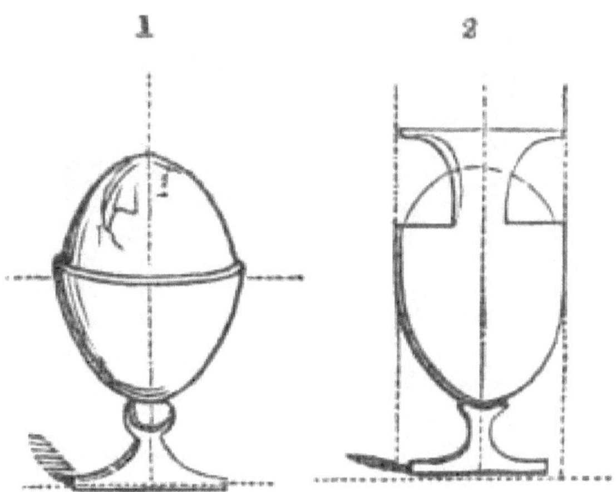

Maintenant, l'imagination et la fantaisie peuvent intervenir pour produire des formes ayant l'ovale pour base ; et non seulement une source d'amusement très rationnelle s'ouvre, mais l'occasion est donnée à la culture du noble art du design, qu'il soit appliqué à l'utilité ou à l'ornement.

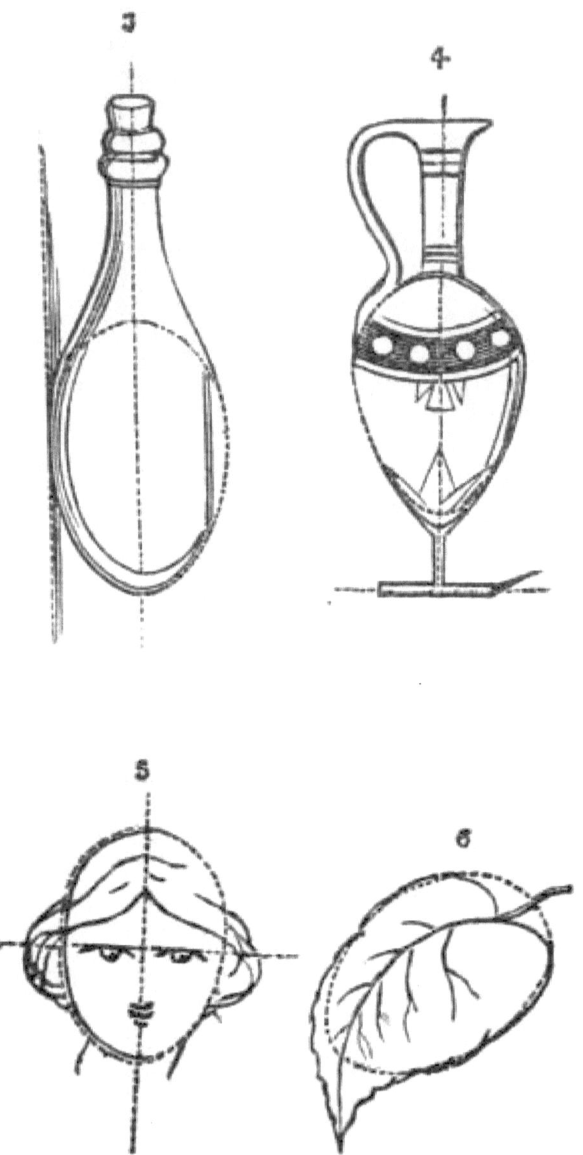

Il est évident de remarquer que la main de bien des artistes amateurs saura readilyformer l'ovale sans avoir recours à la carte percée ; mais comme cette partie de notre travail est destinée à *tous* , nous avons suggéré le mode ci-dessus comme étant sûr de réussir en toutes circonstances.

Suivant le même plan en tous points, nous joignons quelques exemples de ce qu'on peut faire avec le carré.

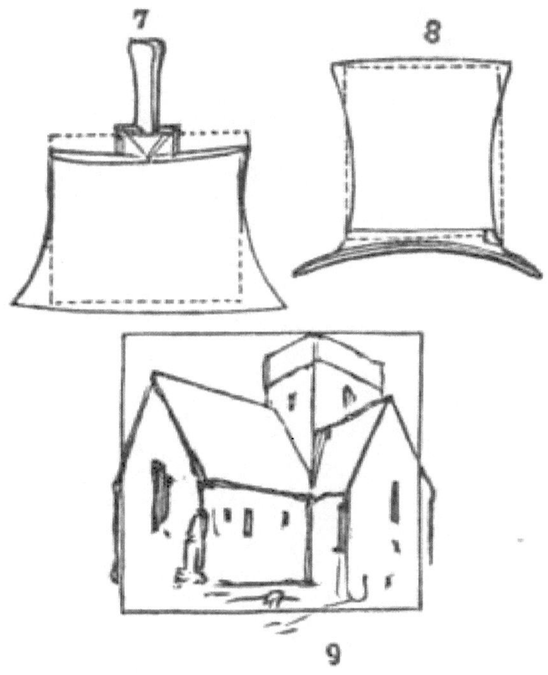

Les lignes pointillées (*fig.* 7, 8) représentent les lignes carrées et en plan tracées ou esquissées ; les lignes plus fermes suggèrent des objets formés sur cette figure. De la même manière, le mince contour carré (*fig.* 9) suggère l'esquisse intérieure d'une église.

J'ai déjà dit que la taille de l'ovale ou du carré fondamental faisait peu de différence ; mais je recommanderais à mes jeunes lecteurs de les rendre aussi grands que possible ou pratiques. Si l'on pouvait se procurer un grand tableau noir, tel qu'on en utilise dans la plupart des écoles, et préparer des tracés proportionnellement grands (de la craie pilée étant utilisée à la place de la poudre noire ou rouge pour transférer les formulaires), et les dessins faits dessus avec theretoun morceau de craie, tant mieux. Mais cela importe peu ; et chacun conviendra à son goût à cet égard. Je vais maintenant soumettre quelques exemples de ce qui peut être fait avec d'autres formes rudimentaires.

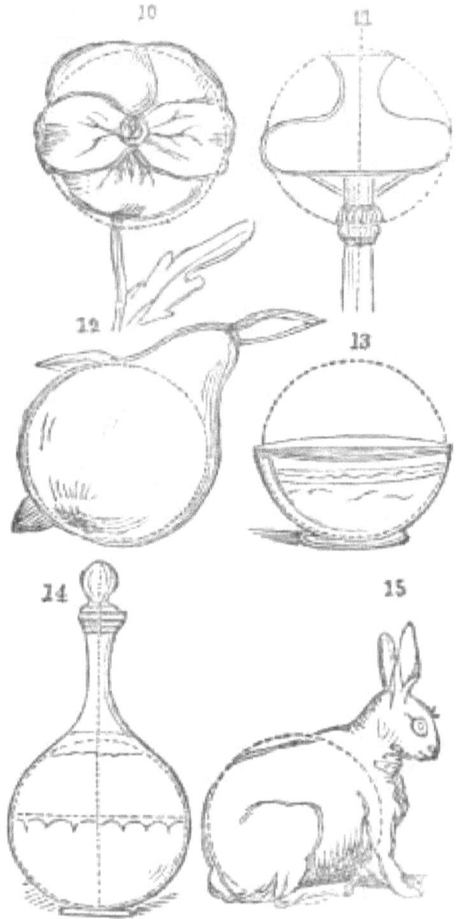

En suivant les instructions données précédemment, à la place du carré suggéré aux Fig. 7, 8, 9, décrivez un cercle. Cela peut être fait avec un compas, ou simplement dessiné ou tracé au moyen de n'importe quel objet rond, comme une pièce de monnaie posée à plat sur le papier. Figs. 10, 11, 12, 13, 14, 15, ne sont donnés qu'à titre de suggestions, le cercle formant une partie importante de leur figure. L'esprit de l'expérimentateur se tournera immédiatement vers d'autres objets — on en rencontre des milliers autour de nous — ayant le cercle ou la sphère pour base. Et ce ne sera pas un mince résultat de mes travaux, si un certain nombre de mes jeunes lecteurs sont ainsi amenés à une habitude d'observation, par laquelle ils ne manqueront pas de remarquer que presque tous les objets naturels ont pour base la ligne courbe, s'ils sont ne se distinguent pas réellement de ceux qui sont artificiels.

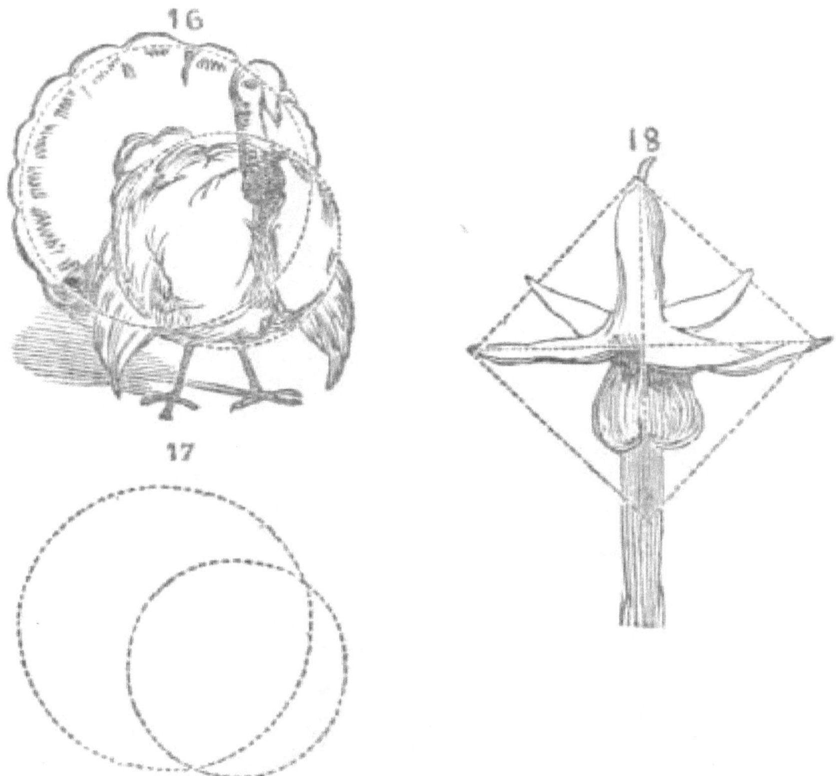

La figure 16 est dessinée sur deux cercles en combinaison l'un avec l'autre. Les lignes pointillées du plan seront facilement perçues ; mais pour éviter toute difficulté, ils ont été dessinés séparément sur la figure 17. Avec cette duplexfigure, il faudra peu d'habileté pour présenter le seigneur de la cour de la ferme. Les trois contours, fig. 18, 19, 20, sont basés sur le carré tourné en losange, et ne nécessiteront aucune autre remarque : les exemples sur ce plan peuvent être multipliés facilement. Ceux donnés serviront d'indices sur directionsles fleurs, le feuillage et les paysages en général.

Avant de montrer ce qui peut être facilement fait par une simple combinaison des figures que nous avons construites, *i . e.* , l'ovale, le carré et le cercle, permettez-moi d'en introduire un autre, qui entre, par une sorte de loi naturelle, dans presque toutes les formes ou groupes de formes, à savoir le triangle. Observez dans la coupe annexée, fig. 21, comment naturellement, bien qu'inconsciemment, la jeune fille s'assied à l'intérieur de l'un d'eux.

Un instant de réflexion montrera que depuis la petite nymphe dans la coupe jusqu'à la grande pyramide, tout ce qui repose solidement sur la terre doit prendre la forme, plus ou moins, de cette large figure effilée. Les toits des maisons, des églises et des tours sont tous de forme triangulaire, comme le sont tous les grands arbres, ne différant les uns des autres que par la largeur de leurs angles.

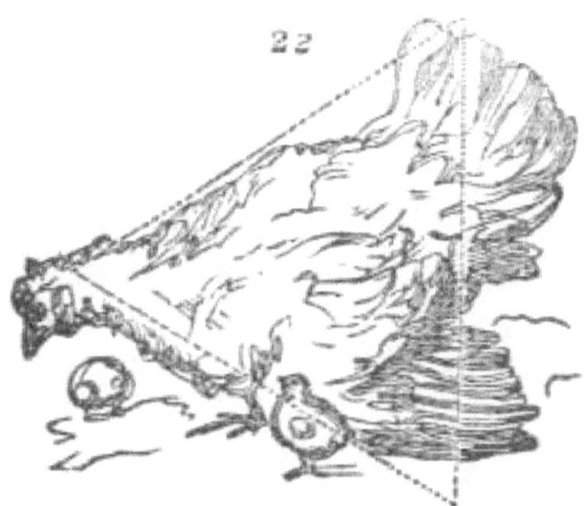

Construisez un triangle [14] et tracez-le selon les directions précédentes, et à partir des exemples, Fig. 22, 23, 24, cherchez les autres autour de vous, et faites divers exercices sur cette base.

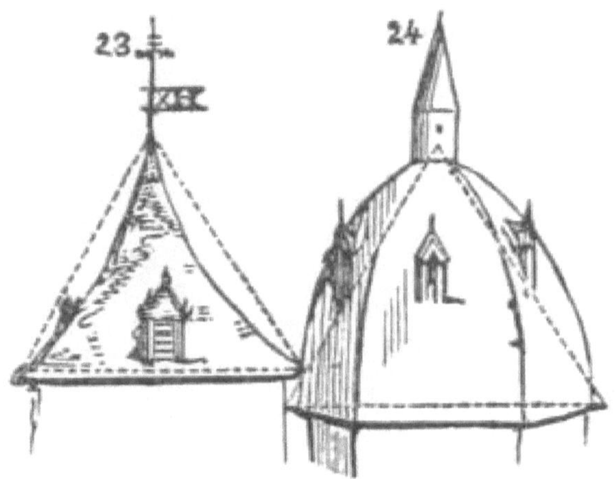

Passons maintenant à quelque chose de plus compliqué. Supposons que vous ayez en tête ou esquissé sur papier le plan d'un jardin ; c'est-à-dire, supposons que vous ayez les dimensions d'un terrain et que vous ayez l'intention de l'aménager en jardin, en accordant tant d'espace à tel et tel lit, tant d'espace aux allées de gravier, et que vous vouliez voir comment un tel agencement regarderait en perspective, c'est-à-dire en réalité, car la perspective, aussi alarmante qu'elle puisse paraître dans les livres, avec son réseau de lignes, croisées et transversales, comme une énigme insoluble ou une toile d'araignée monstrueuse, n'est rien d'autre que le représentation réelle des choses telles qu'elles se présentent à l'œil.

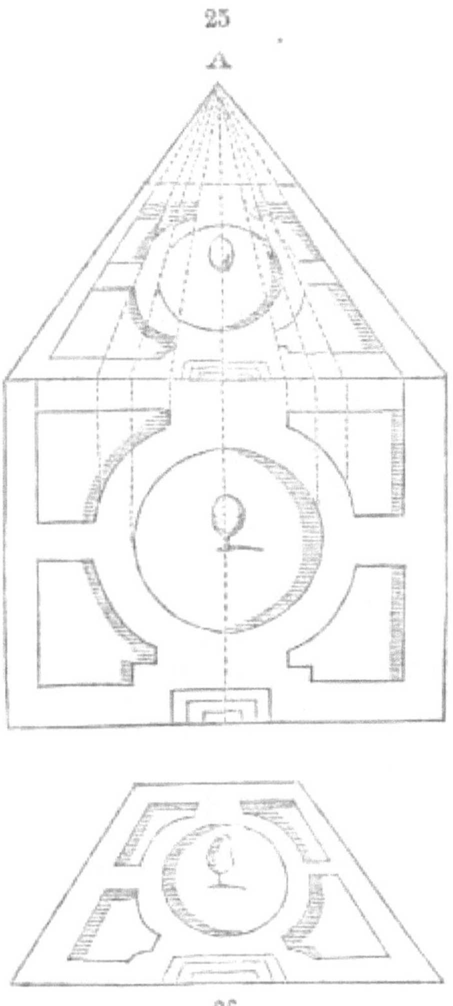

Laissez votre plan être celui montré dans la partie carrée de la figure 25 ; en haut de ce plan placez votre triangle, tracez une ligne passant par le centre du carré vers le haut, jusqu'à ce qu'elle rencontre le haut A du triangle. Tracez ensuite des lignes depuis le coin des lits parallèlement à la ligne centrale jusqu'à ce qu'elles rencontrent la ligne de base du triangle. De là, continuez toutes ces lignes jusqu'au point A. Celles-ci vous donnent la largeur des lits *en perspective* . Les autres côtés de leur figure peuvent être assez facilement trouvés. La figure 26 est la vue en perspective recherchée, et c'est ce que serait votre dessin expérimental si, après avoir fait le plan et les lignes directrices au crayon et le reste à la plume et à l'encre, vous aviez effacé le premier avec un morceau de caoutchouc indien .

27

Je ne sais pas si mes lecteurs voient la question sous le même jour, mais il me semble que cette petite figure — le triangle — est capable de faire des merveilles entre les mains d'un dessinateur amateur, pour peu qu'elle soit utilisée correctement. Il ne s'agit bien sûr pas des artistes régulièrement instruits ou soumis à une longue formation, mais seulement du grand public, c'est-à-dire, soit dit en passant, dix-neuf individus sur vingt. Je demande si la réduction précédente est une exagération sur le type de résultat moyen atteint, non seulement parmi les expérimentateurs très jeunes, mais aussi chez ceux d' âge plus mûr ?

28

Toute personne possédant une vision peut dire, ordinairement, si un bâtiment ou un autre objet est droit, ou dans la position qui lui est propre, ou nécessaire à sa stabilité. En accoutumant la main à former des lignes, des ovales, des cercles, des carrés et des triangles, et en accoutumant l'esprit à faire des comparaisons entre les objets, et ces figures et d'autres, une personne est mise imperceptiblement, pour ainsi dire, dans la manière de les représenter. avec précision.

Pour continuer, prenons la résidence de campagne dénaturée ci-dessus et, en lui appliquant les règles données précédemment, voyons ce que nous pouvons en faire. Nous dessinerions ou tracerions d'abord le parallélogramme représenté en pointillés ; dessus, nous plaçons un triangle ; puis en traçant une ligne verticale passant par le centre des deux, faites-en la base d'un autre triangle allongé, comme indiqué (voir Fig. 28). On obtient ainsi les trois lignes du côté et des toits ; et si nous connaissions la hauteur proportionnelle de la fenêtre latérale, en la marquant en a, b, et en portant les lignes de ces points jusqu'au sommet du triangle, nous obtenions ses véritables dimensions en perspective.

La différence entre les deux résultats est la plus grande possible.

Sur la figure 29, le triangle placé à côté du soldat qui le précède donne la perspective de toute la ligne.

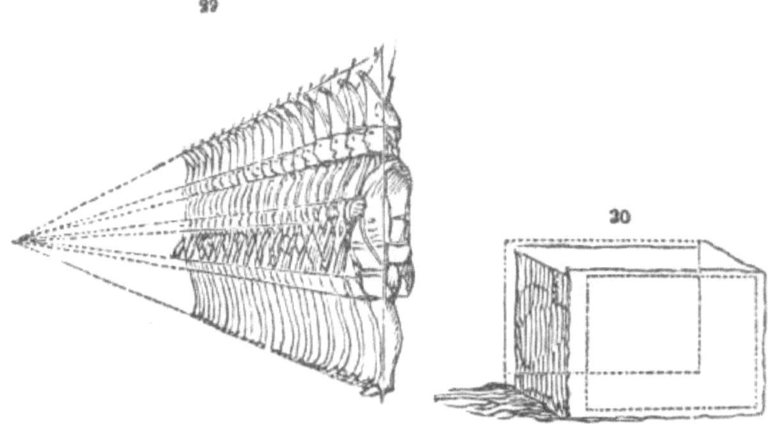

La figure 30 montre comment deux parallélogrammes combinés contribuent à donner la perspective d'un bloc de pierre ou d'une balle de marchandises.

La figure 31 montre le parallélogramme et le triangle en combinaison.

Peut-être que rien n'est plus déroutant pour le débutant en dessin que l'intérieur des pièces et des couloirs. La figure 32 présente une méthode très simple. Tracez le parallélogramme extérieur et, à l'intérieur, un plus petit ; puis reliez les coins des deux comme indiqué dans la coupe.

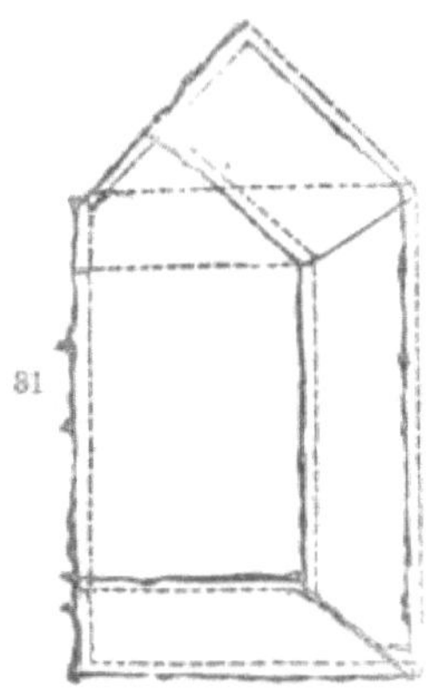

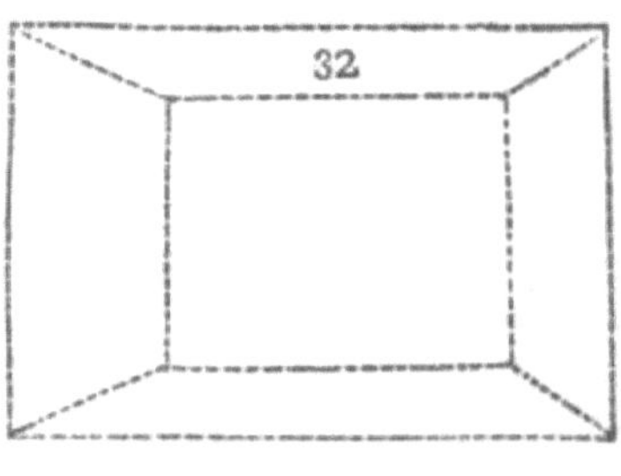

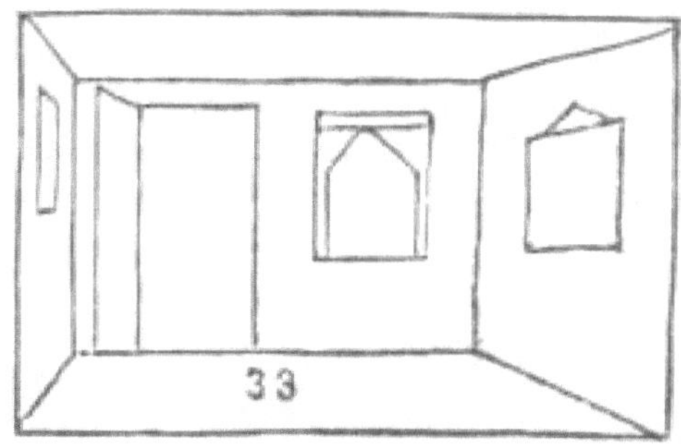

La figure 33 est l'application de ce qui précède.

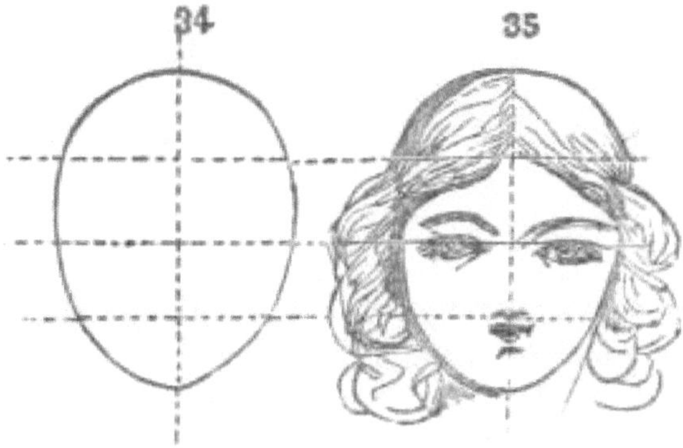

Par le présent article, j'ai l'intention de vous dévoiler un grand secret, celui du dessin comique ou « drôle », méthode qui est en fait à la base de tout dessin humoristique ou caricatural. Ne laissez personne s'alarmer et supposez que le but est de vous inciter à interroger et à caricaturer vos amis. Loin de là.

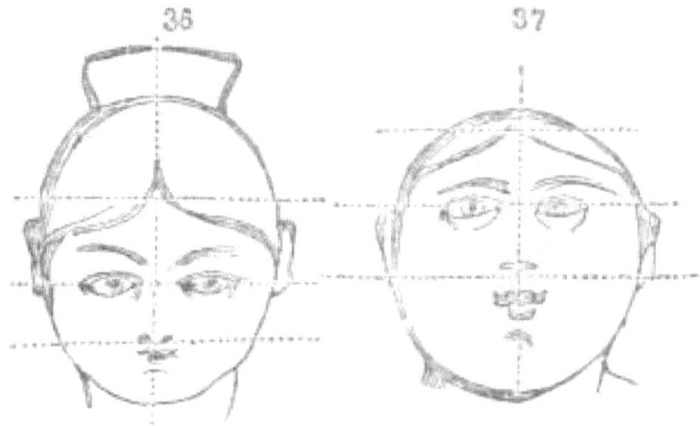

Dessinez l'ovale, fig. 34. Divisez-le par des lignes transversales en portions à peu près égales. Vous avez maintenant la base d'un visage. Laissez la ligne centrale (en travers) marquer la position des yeux, la ligne au-dessus du haut du front, celle en dessous du bas du nez. Sur la figure 35, vous verrez que cela a été résolu et vous aurez ce qui est considéré comme un visage bien proportionné .

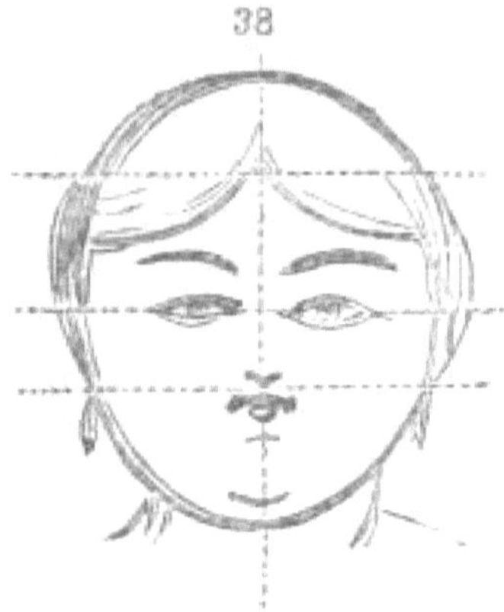

Or, la bizarrerie d'un trait ou d'une expression est simplement le résultat d'un écart par rapport à cette régularité ; et si, comme vous le verrez par les autres figures 36, 37 et 38, ces lignes sont placées plus haut ou plus bas, ou hors de leur place , à proprement parler, *propre* , vous avez, comme résultat nécessaire d'un tel désordre, une bizarrerie. , ou comique, qui est fondé sur l'irrégularité ou l'incongruité des choses.

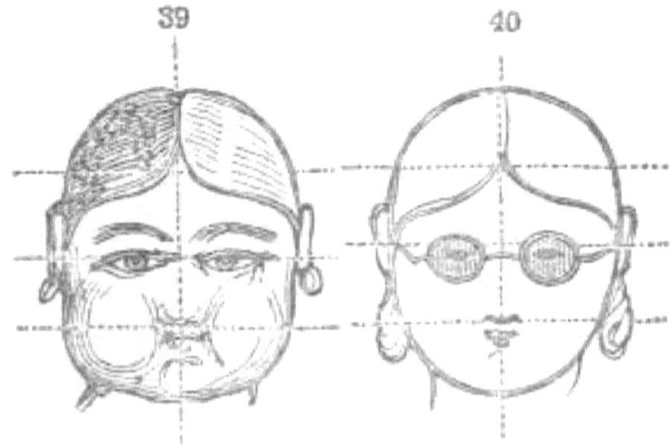

Je vais donner suite à cette suggestion plus complètement, en soulignant simplement, en référence aux deux figures suivantes, comment le but est atteint en plaçant une paire de lunettes noires sur un visage aux traits réguliers, ou en ajoutant un peu de chair au bas du visage. partie de celle de la Fig. 39.

Mais sans oublier l'« Art » du « Sport », permettez-moi d'ajouter qu'en esquissant l'ovale uni et en remarquant où les lignes de leurs traits le couperaient, vous pouvez, sans difficulté, tenter de ressembler à vos amis et compagnons. .

Remplissez maintenant vos ardoises ou vos carnets de croquis d'ovales et essayez les effets dont ceux ci-dessus ne sont que des indications. Votre imagination vous fournira une variété infinie de sujets. L'omission d'un œil, ou le fait qu'il soit couvert par une ombre, ou fermé pendant que l'autre regarde ; le nez légèrement de côté, la bouche un peu plus large que d'habitude, voilà autant de sources de l'humour, qui est cependant loin d'être rehaussé par la *laideur* . En effet, il ne faut pas oublier qu'une grande distorsion ou hideur, loin de contribuer à l'humour, le détruit en faisant naître des images douloureuses dans l'esprit. Le véritable humour est étroitement lié à la gentillesse.

Prenons maintenant les éléments les plus simples du profil ou de la face latérale. Celui-ci se forme également sur l'ovale, avec une légère variation. Et ici il faut aller un peu plus dans l'« Art » qu'à première vue le « Sport » ne semble le justifier. Vous remarquerez par la figure 41 que l'ovale utilisé pour le profil est divisé comme précédemment en quatre portions à peu près égales, qui s'approprient de la même manière. C'est-à-dire que la ligne centrale qui traverse est pour l'œil, et les deux autres pour la limite des cheveux et le bas du nez.

Mais notez que des portions sont coupées, *par exemple* à l'arrière, là où le cou est inséré ; il faut en ajouter un peu pour le front, le menton et les cheveux ; et certaines modifications ont lieu au niveau de la région de l'œil.

Il suffit que l'ovale forme essentiellement la base de la structure d'un visage bien proportionné , comme le montre la figure (41). Dessinez vous-même, ou tracez à partir de la figure 41, une figure pour votre base. Faites ensuite un certain nombre de ces tracés sur une feuille de papier à dessin propre, et en les marquant très légèrement au crayon, procédez comme indiqué dans le cas de la face avant de la dernière leçon ; modifier les lignes des traits, allonger ou raccourcir le menton, le nez et le front selon votre fantaisie. Ceci sera un guide suffisant pour vous, et les illustrations ofsont donc omises ici.

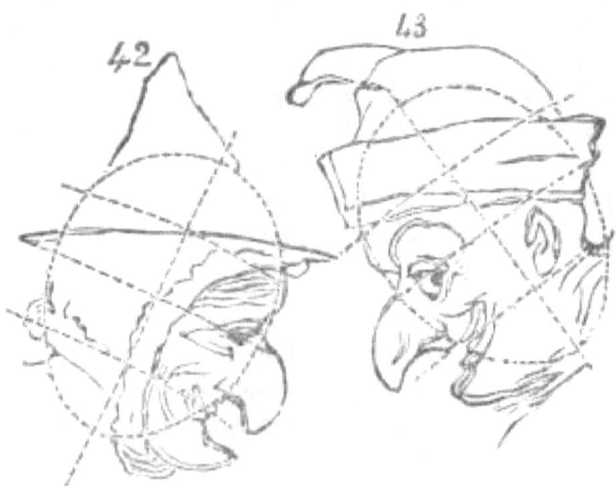

Allons plus loin. Le dernier indice ne concernait que la profondeur relative des différentes parties du visage. Maintenant, quant à leur importance. Avec quelle facilité, au moyen de quelques touches magiques que vous êtes désormais suffisamment magiciens pour transmettre, pourrez-vous faire appel à notre ancienne connaissance, Mère Hubbard, ou au héros moderne Punch. (Voir les figures 42 et 43.)

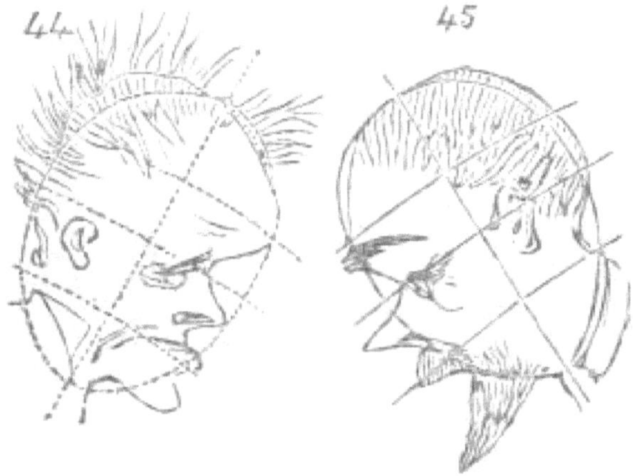

Remarquez que la particularité de ces physionomies comiques consiste simplement dans leur déviation de la tête régulièrement formée de la figure 41. Elles sont construites sur cette figure, qu'on voit au-dessous en pointillés. La variété des manières dont cet exercice peut être réalisé est infinie. En voici quelques-uns. Dans les Fig. 44 et 45, les barbes, les moustaches, les sourcils, les cheveux coupés absurdement courts, ou laissés en surnombre, joints à l'enfoncement de l'angle du visage, produisent l'effet du comique. Dans les Fig. 46, 47, le même but est atteint par les moyens les plus simples et avec encore moins d'exagération. Et ici, je le répète encore une fois, moins il y a d'écart par rapport aux proportions appropriées, mieux c'est.

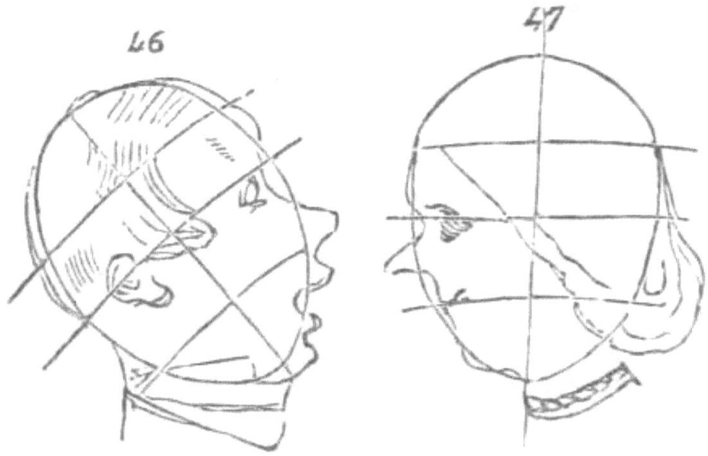

46

En pendant du paysage comique donné n° 27 , je vous donne l'annexe (fig. 48).

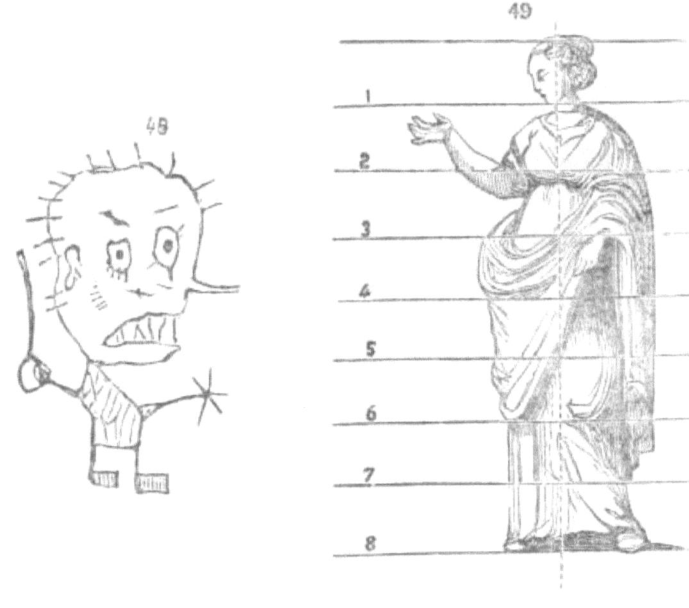

48

Chacun y reconnaîtra un dessin modèle, tel qu'on en trouve sur les murs et parfois en marge des manuels scolaires. C'est ce que l'artiste (!) entend à partir d'un dessin comique. Bien entendu, il n'en est rien.

Nous aborderons à nouveau le plus grand objet d'art : la figure humaine. Dans designingla figure humaine, trois règles principales sont à respecter :

Premièrement, la taille standard du corps humain peut être estimée à huit fois la longueur du visage. En divisant toute la longueur par huit, comme le montre le schéma annexé (fig. 49), on s'aperçoit que le visage comprend l'un des espaces : le deuxième arrivant jusqu'à la poitrine : le troisième, jusqu'au-dessus des hanches ; le quatrième coupe toute la longueur en deux parties égales ; le cinquième s'étend jusqu'au centre de la cuisse : le sixième, jusqu'à l'articulation du genou ; le septième à mi-jambe; et le huitième, à la plante du pied.

La seconde règle est qu'aucune partie du corps, vue latéralement, n'a plus de deux fois l'épaisseur de la tête. Cependant, chez les très jeunes enfants, la règle est que là où va la tête, n'importe quelle partie du corps suivra, comme l'expérience de la plupart des gens l'a prouvé.

La troisième règle concerne le centre de gravité. En référence à la fig. (49), on percevra une ligne verticale, tracée par le centre de la figure. Chaque fois que le corps est au repos sur ses jambes, à l'aise, pour ainsi dire, cette ligne imaginaire doit toujours passer par son centre.

Nous y reviendrons plus en détail ci-après, en nous limitant pour l'instant à l'examen des deux premières règles. Celles-ci doivent être considérées comme seulement généralement vraies.

50

Ils doivent cependant être bien considérés en relation avec notre sujet actuel ; car, comme nous l'avons dit avec le visage, tout écart important par rapport à celui-ci conduit à la bizarrerie et est à l'origine du dessin caricatural.

Tracez ou esquissez les figures de n'importe quelle taille (Fig. 49 et 50), ou toutes autres figures pour vous-mêmes : ou en prenant une figure bien dessinée dans une impression dont l'utilisation peut ne pas être trop coûteuse, dessinez avec un crayon à mine noire. sur l'impression, des lignes semblables à celles des figures, c'est-à-dire diviser sa longueur en huit parties, en laissant tomber d'abord une ligne centrale perpendiculaire au sol.

Vous testerez ainsi l'exactitude de la règle, et vous familiariserez avec les proportions de la figure. Ensuite, dans le cadre du dessin comique, vous varierez ces proportions. Un visage trop long ou trop court, un corps trop grand ou trop petit pour les jambes, ou des jambes disproportionnées par rapport au reste du corps, donneront les résultats souhaités. On le verra par les Figs. 51 et 52 que leur bizarrerie a été obtenue simplement par cette règle, ou par la déviation de la stricte règle de proportion.

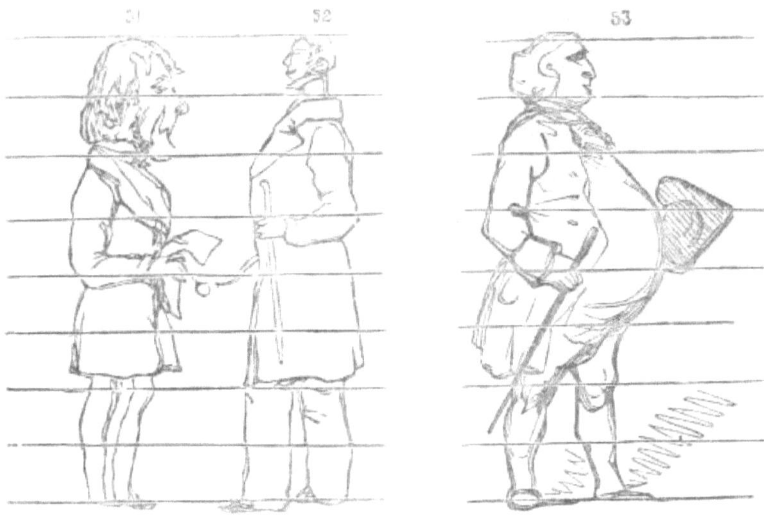

51

La figure 53 est donnée pour illustrer les remarques sur la deuxième règle. La forme est assez correcte en ce qui concerne la hauteur et s'écarte en ce qui concerne les proportions latérales.

Nous arrivons maintenant à considérer le troisième principe, celui du centre de gravité.

Observez dans les figures annexées comment le premier (Fig. 54) étant au repos, se recommande à la raison comme une démonstration mathématique. Le schéma suivant montre une déviation partielle du centre de gravité, est dans une fausse position, et on commence soit à avoir pitié, soit à rire — pauvre schéma ! Les deux figures suivantes sont d'autres cas du même genre — on les ressent instinctivement — ils sont très loin. Essayez cette règle sur vos ardoises ou blocs à dessin ; et après cela nous passerons au sujet suivant. Dans les diagrammes (Figs. 58, 59), le même principe est appliqué. Le premier est au repos, car la ligne passant par le centre de la figure est une ligne verticale. Dans la figure suivante, cette ligne étant hors de la verticale, l'équilibre est rompu et la figure bascule ; donc avec le suivant. C'est si évident qu'il n'est pas nécessaire de le démontrer.

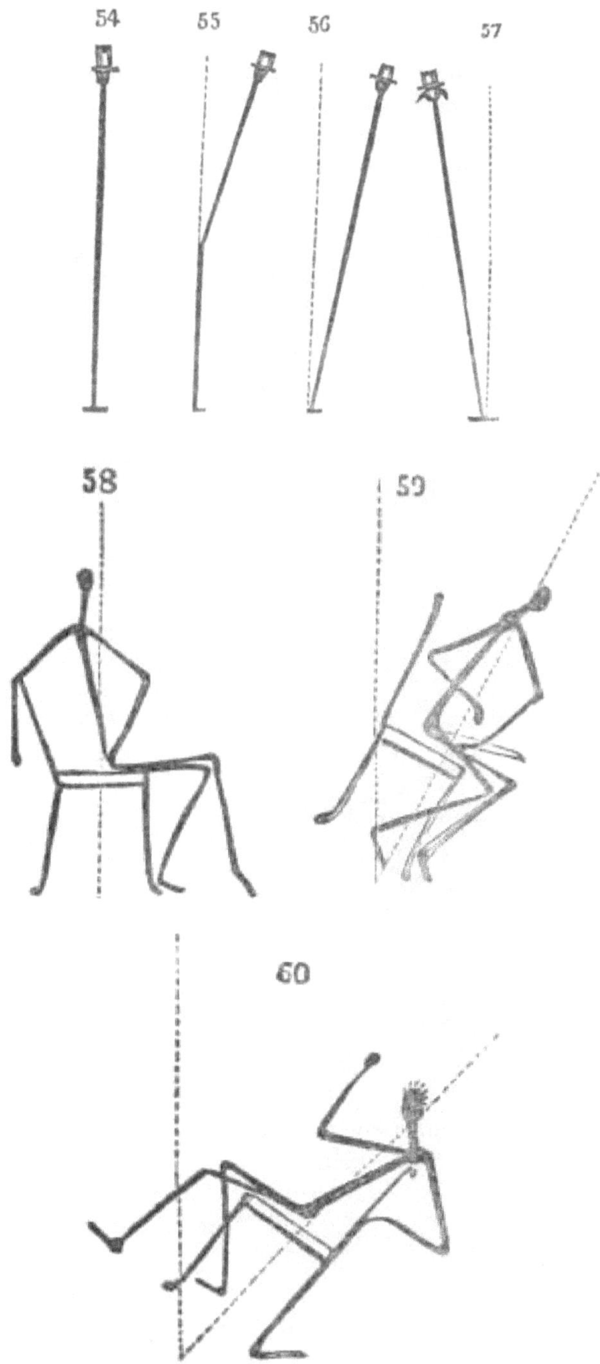

54
55
56
57
58
59
60

Essayez ceci aussi pour vous-mêmes, comme avant. Nous n'avons pas non plus besoin de limiter nos expériences à des figures relativement au repos : les formes dans toutes les variétés d'action sont soumises à la même règle : c'est une loi de la nature. Il y a une ligne centrale tracée à travers tout le système de l'univers, à travers chaque arbre, chaque plante, chaque pierre et tout ce qui est droit, pourrions-nous seulement la voir.

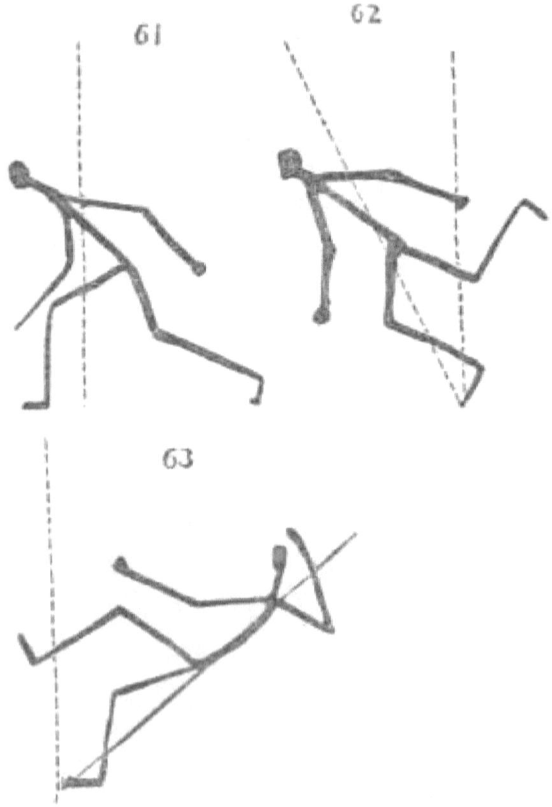

La première des figures suivantes est en pleine action, mais elle peut durer éternellement , tant que son équilibre n'est en aucune façon perturbé. La seconde se précipite rapidement vers sa chute. La troisième est bien plus proche encore de cette consommation.

Il conviendra à tout lecteur d'appliquer la règle à d'autres objets que la figure humaine. Arbres dans les positions des Fig. 64 et 65 ne sont jamais vus que par quelque violent accident ; ils peuvent se plier, se tordre et serpenter, mais en prenant les objets dans leur ensemble, une ligne centrale, verticale par rapport à l'horizon, sera détectée, comme le montre la figure 65.

Si nous tournons notre attention dans une direction quelconque sur les objets naturels, les nuages, la terre, la mer, les fleurs, les arbres ou les corps animaux, nous ne pouvons manquer de voir qu'une ligne courbe se dessine toujours dans leurs *formes* . En effet, dans la mesure où il s'agit d'objets gracieux et agréables à l'œil, cette ligne courbe se distingue. Au contraire, les lignes carrées offensent l'œil lorsqu'elles sont rencontrées dans de telles circonstances. Il est en effet presque impossible d'imaginer un nuage carré, une fleur carrée ou un cheval carré. Quand nous voyons un homme à tête carrée, nous ne sommes pas impressionnés en sa faveur. Nous avons peut-être rencontré des représentations d'objets naturels, tels que des rochers, des sommets de collines, des précipices de montagnes, etc., qui avaient une apparence carrée ou presque carrée ; mais de telles choses nous sont presque toujours présentées comme des *phénomènes* . *e.* les choses qui violent l'ordre régulier ou la règle générale de la nature. Cette ligne courbe, qui est la ligne de la beauté, doit imprégner toute la nature ; c'est la loi naturelle ; et nous ne pouvons pas suffisamment admirer la vérité selon laquelle ce qui est le plus nécessaire est aussi le plus beau.

Est-ce que quelqu'un demandez-vous quelle référence particulière ces observations ont à « l'art dans le sport ? Disons que seuls peuvent bien comprendre ce qui est comique ceux qui ont appris à apprécier ce qui ne l'est *pas* . La distance entre le sublime et le ridicule est, dit-on, très petite : un pas seulement. Quoi qu'il en soit, l'étudiant qui comprend le mieux le premier appréciera le mieux le second. Socrate n'a pas dédaigné d'écrire un essai sur ce sujet, insistant sur le fait que les mêmes qualités étaient essentielles chez l'artiste comique et tragique. Mais c'est dégressif.

67

Reprenons : Sur la figure annexée (67) vous percevez la ligne courbe. Dans la mesure où vous parviendrez à le faire parfaitement, vous réussirez à dessiner avec grâce. Je dois présumer qu'un très grand nombre de mes lecteurs n'auront aucune difficulté à copier les quelques objets naturels suggérés ci-dessous. Entraînez-vous sur votre ardoise ou montez sur la figure (67) jusqu'à ce que vous puissiez le faire facilement. Ensuite, aux fins du « sport », procédez comme suit. Vous souhaitez réaliser un « bout » de paysage cocasse. Prenez n'importe quelle vue simple, telle que celle présentée sur la figure 68.

68

En cela, vous découvrirez facilement, comme je l'ai dit plus haut, les lignes courbes et gracieuses de la beauté – dans les nuages, le contour des collines lointaines, le feuillage, le ruisseau sinueux. Laissez-moi vous conseiller de pratiquer cette leçon avec une certaine persévérance ; outre la nouvelle source d'amusement que ces articles ont pour objet d'ouvrir, une belle leçon pourrait être imprimée dans l'esprit. Rien n'est plus propre à affiner l'esprit, à ennoblir les pensées, que de se retirer du monde artificiel et de contempler le nouveau visage de la nature. Et si nous sommes capables de le faire intelligemment, c'est-à-dire si, après avoir appris l'alphabet, nous sommes capables de parcourir pour ainsi dire le livre de la nature, le plaisir et l'avantage s'en trouvent proportionnellement accrus. Passons maintenant à l'exemple montré sur la figure 69. Que voyons-nous ? Les lignes de la beauté ont cédé la place à d'autres moins agréables à l'œil et (sauf comme source de gaieté) moins agréables à l'esprit. La figure 69 est un paysage comique ; comment cela est devenu ainsi doit être clairement apparent.

Sur la figure 70, le même processus est effectué et le résultat est similaire.

70

J'espère qu'on ne comprendra pas que pour être gracieux tout doit être rond, ou que tout ce qui est rond est gracieux, ou que tout objet carré est disgracieux ; ou encore qu'en transformant n'importe quelle ligne courbe en carré ou en ligne droite, on obtient le but que nous proposons. Sans aucun doute, beaucoup d'objets ronds sont disgracieux, comme beaucoup d'autres composés entièrement de lignes droites formant différents angles les unes par rapport aux autres sont extrêmement gracieux. Mais ce que cela veut dire, c'est que les objets naturels, dans lesquels, livrés à eux-mêmes, la ligne courbe prédomine, deviennent étranges et comiques lorsqu'ils sont dessinés sur le carré.

Sur la figure 71, non seulement les lignes de la forme du berger sont des lignes courbes et, par conséquent, contribuent dans une certaine mesure à son caractère généralement agréable, mais l'attitude *est* formée sur une ligne courbe. Ceci sera perçu plus clairement en se référant à la figure suivante (72) dans laquelle, sans utiliser une seule ligne droite dans les parties de la forme, l'étrangeté est obtenue en rendant l'ensemble rigide et anguleux.

L'étudiant n'aura aucune difficulté à multiplier les exemples pour lui-même : ceux donnés lui suffiront comme indices. Nous devons maintenant montrer comment des dessins de bandes dessinées peuvent être réalisés et appliqués aux diapositives des lanternes magiques. La procédure à suivre est la suivante :

Procurez-vous un morceau de verre à fenêtre commun clair, sans taches ni rayures ; que cela soit parfaitement propre. Préparez votre dessin, qui doit avoir la taille exacte à laquelle vous souhaitez qu'il soit peint sur le verre ; Coloriez le; et lorsqu'il sera bien sec, placez-le sous votre lame de verre, auquel il pourra être fixé aux coins au moyen d'un peu de gomme ou de vernis. Commencez maintenant à peindre sur le verre un fac-similé exact du dessin, que, bien entendu, vous voyez assez clairement à travers le verre.

Les brosses en poils de chameau feront l'affaire ; celles en zibeline sont cependant bien meilleures ; mais le premier suffira aux fins ordinaires.

Les couleurs nécessaires sont ce qu'on appelle les couleurs de silice et peuvent être obtenues auprès de la plupart des créateurs de couleurs.

Il faudra laisser sécher vos premières couleurs avant de mettre vos nuances ; et il est souhaitable de ne pas travailler dans une pièce trop chaude, car la nature du vernis avec lequel on travaille est de sécher très rapidement.

Gardez également à l'esprit que vous ne pouvez pas laver une teinte sur du verre. Les larges surfaces, comme les ciels, doivent être pointillées, comme dans la peinture sur ivoire.

En créant cet article sur "La Magie de l'Art", l'auteur ne s'est pas proposé de donner un traité complet, mais simplement de souligner, par des procédés très simples, source d'amusement et d'instruction, accessible à presque tout lecteur intelligent. . On espère que, sur ce sujet, il n'a pas entièrement échoué, et que tous trouveront quelque divertissement auprès de :

"Art in Sport."

ÉCRITURE SECRÈTE.

L'art de communiquer des informations secrètes au moyen d'un écrit destiné à être illisible sauf par celui à qui elles sont destinées est très ancien. Les anciens rasaient parfois la tête d'un esclave et écrivaient sur la peau avec une matière colorante indélébile, puis l'envoyaient, après que ses cheveux avaient repoussé, au lieu de sa destination. Il ne s'agit cependant pas d'une écriture proprement secrète, mais seulement d'une dissimulation de l'écriture. Une autre espèce, qui correspond mieux à ce nom, est la suivante, utilisée par les anciens. Ils prenaient un petit bâton et enroulaient autour de lui de l'écorce ou du papyrus sur lequel ils écrivaient. L'écorce était ensuite déroulée et envoyée au correspondant, qui était muni d'un bâton de même dimension. Il enroula de nouveau l'écorce autour de celui-ci et put ainsi lire ce qui avait été écrit.

Ce mode de dissimulation est évidemment très imparfait. La cryptographie consiste proprement à écrire avec des signes qui ne sont lisibles que par celui à qui l'écriture est destinée, ou qui possède une clé ou une explication des signes. La méthode la plus simple consiste à choisir pour chaque lettre de l'alphabet un signe ou seulement une autre lettre. Mais ce type de cryptographie (chiffre) est également facile à déchiffrer sans clé. C'est pourquoi de nombreuses illusions sont utilisées. Aucune séparation n'est faite entre les mots, ou des signes dénués de sens sont insérés entre ceux qui ont un sens réel. Diverses clés sont également utilisées selon des règles préalablement convenues. Par ce moyen, le déchiffrement de l'écriture devient difficile pour un tiers non initié, mais il est aussi extrêmement gênant pour les correspondants eux-mêmes, et une légère erreur la rend souvent illisible même pour eux.

Un autre mode de communication secrète des renseignements, à savoir. se mettre d'accord sur un livre imprimé et marquer les mots est également difficile et pas du tout sûr. Méthode consistant à dissimuler les mots qui doivent transmettre des informations destinées à un caractère très différent, dans une longue lettre que le correspondant peut lire en y appliquant un papier, avec des trous correspondant aux endroits des mots significatifs, présente de nombreux inconvénients : le papier peut être perdu, la répétition de certains mots peut conduire à une découverte, et la difficulté de relier l'important au sans importance, de manière à donner à l'ensemble l'apparence d'une lettre ordinaire, est grande. considérable.

Il existe de nombreuses sortes d'encres sympathiques. Ils sont ainsi appelés parce que les écrits ou les dessins qu'ils font sont illisibles, jusqu'à ce que par l'action de certains agents chimiques, tels que la lumière, la chaleur, les acides ou d'autres substances, entrent en contact avec eux, lorsqu'ils apparaissent. Un faible sulfate de fer sera invisible dans l'écriture jusqu'à ce qu'il soit lavé avec une faible solution de prussiate de potasse , qui le rend d'un beau bleu. Si nous écrivons avec du nitro-muriate d'or, et que nous badigeonnons ensuite les lettres avec du muriate d'étain dilué, l'écriture apparaîtra d'un beau pourpre. Si nous écrivons avec une solution diluée de muriate de cuivre, et que, une fois sèche, nous la présentons au feu, elle sera de couleur jaune.

La chimie était également très demandée pour l'écriture secrète, et diverses substances se sont avérées fournir un fluide qui ne laissait aucune marque derrière la plume, jusqu'à ce qu'un agent chimique soit appliqué. Par exemple, si une lettre est écrite avec un stylo trempé dans du jus de citron, les mots seront invisibles jusqu'à ce que le papier soit tenu devant le feu. Ceci est dû à l'action de la chaleur. De plus, si l'on utilise une solution de nitrate de fer, l'écriture ne peut être vue que lorsqu'elle est plongée dans une solution de galles, ou même dans du thé, qui agira sur le fer et deviendra de l'encre. Il a été constaté que si une feuille de papier ordinaire était envoyée et interceptée, le fait même qu'elle soit claire la rendait suspecte, et tous les moyens étaient utilisés pour rendre visible toute écriture qui pourrait y figurer. Une lettre était donc écrite avec une encre ordinaire, sur des sujets indifférents, et entre les lignes les informations requises étaient ajoutées avec une encre sympathique. Mais écrire avec ces encres ou d'autres encres sympathiques est dangereux, parce que les agents employés pour les rendre visibles sont trop généralement connus. C'est pourquoi le chiffre indéchiffrable , comme on l'appelle, est devenu très utilisé, parce qu'il est facile à appliquer, difficile à déchiffrer, et que la clé peut être conservée dans la mémoire et facilement changée. Il se compose d'un tableau dans lequel les lettres de l'alphabet, ou tout autre signe convenu, sont disposées comme suit :

zabcdefgh dans klmnopqrstuvwxyz
abcdefgh dans klmnopqrstuvwxyza
bcdefgh dans klmnopqrstuvwxyzab
cdefgh dans klmnopqrstuvwxyzabc defgh dans klmnopqrstuvwxyzabcd
efgh dans klmnopqrstuvwxyzabcde
fgh dans klmnopqrstuvwxyzabcde
f
gh i klmno pqrstuvwxyzabcdc
fg
h i klmnopqrstuvwxyzabcde fgh
i klmnopqrstuvwxyzabcde fgh i klmnopqrstuvwxyzabcde fgh i
k
lmnopqrstuvwxyzabcdef gh i kl
mnopqrstuvwxyzabcdefg h i klm
nopqrstuvwxyzabcdefgh i klmn opqrstuvwxyzabcdef gh i klmno
pqrstuvwxyzabcdefgh i klmnop
qrstuvwxyzabcdefgh i klmnopq
rstuvwxyzabcdefgh i klmnopqr
stuvwxyzabcdefgh i
klmnopqrs
tuvwxyzabcdefgh i klmnopqrst
uvwxyzabcdefgh i klmnopqrstu
vwxyzabcdefgh i klmnopqrstuv
wxyzabcdefgh i klmnopqrstuvw xyzabcdefgh et klmnopqrstuvwx
yzabcdefgh et klmnopqrstuvwxy
zabcdefgh et klmnopqrstuvwxyz

N'importe quel mot est désormais pris pour une clé. Le mot *Paris* , par exemple. C'est un mot court, et, par souci de secret , il conviendrait de choisir pour clé un ou plusieurs mots moins frappants. Supposons que nous voulions écrire dans ce chiffre avec cette clé la phrase : « Nous avons perdu une bataille », nous devons écrire *Paris* sur la phrase, en la répétant aussi souvent qu'il est nécessaire, ainsi :

Pa risP a risPar
Nous avons perdu une bataille.

Nous prenons maintenant le chiffre pour *w* , la lettre que nous trouvons dans le carré opposé *à w* dans la colonne de marge de gauche, et sous *p* en haut, qui est *m* . Au lieu de *e* on prend la lettre en face *de e* , et sous *a* , qui est *f* ; pour *l* , la lettre en face *de c* , et sous *z* , et ainsi de suite.

En procédant ainsi, nous devrions obtenir la série de lettres suivante :

mf cxli b tkmimw

La personne qui reçoit l'épître écrit la clé sur les lettres

P   ar   i   s   P   ar   i   s   P   ar

mfcxl i btkm i mw

Il descend maintenant dans la ligne perpendiculaire, au sommet de laquelle se trouve p, jusqu'à ce qu'il rencontre m, en face de laquelle, dans la colonne marginale de gauche, il trouve w. Ensuite, en descendant dans la ligne a *jusqu'à* f, il trouve, à gauche, e. De la même manière r donne l, i donne o, et ainsi de suite. Ou vous pouvez inverser le processus ; commencez par p, dans la colonne marginale de gauche, et regardez horizontalement jusqu'à ce que vous trouviez m, sur lequel, dans la ligne supérieure, vous trouverez w. On voit facilement que la même lettre n'est pas toujours désignée par le même chiffre ; ainsi e et a apparaissent deux fois dans la phrase sélectionnée, et ils sont désignés respectivement par les chiffres f et w, b et k. Ainsi, la possibilité de découvrir l'écriture secrète est presque impossible.

La clé peut être changée de temps à autre, et une clé différente peut être utilisée avec chaque correspondant. La plus grande précision est nécessaire, car un caractère accidentellement omis modifie tout le chiffre. La meilleure façon de déterminer le mot clé est de faire en sorte que tout mot qui apparaît à une certaine distance du début ou de la fin soit le mot clé – le dixième depuis le début, par exemple. Le mot clé changera ainsi à chaque fois, et n'importe quelle combinaison de lettres le fera. Il sera alors impossible de le deviner.

La méthode la plus simple pour travailler ce carré est de couper un morceau de bois mince comme une équerre de charpentier, et en l'appliquant à l'alphabet, la lettre est immédiatement vue dans l'angle. Par exemple, en supposant qu'un tel carré soit appliqué de telle sorte qu'un côté soit sur la lettre p en haut, et l'autre sur la lettre w à gauche, la lettre m sera dans l'angle, de sorte que la peine de suivre les rides à l'oeil seront évitées.

Voici un autre spécimen d'écriture secrète.

UNE SERRURE POUR M. HOBBS À CHOISIR.

T:2 21rt:(,)t :2 s21(,)t:2 st1rr6 s,6(,)
 1r2 86p : 2rs wr3t 76 : 1-9 93v3-2(,)
T : 1t : 1-9 w:38: t5-29 t:23r : 1r ? 4-6(,)
 1-9 7192 t:23r v1r 329 . !4r325 s:3-2(:)
3-t:2? 22- :21t:2-s 262 ?16 s22

S6?74!s 3- 5-2 .r1-9 tr3t : 84?75-2(;)
76t 3-t:2 744, 40 744,st:2r2 !32s
1 ,26 34 r219 t:23r ?6st2r32s (.)

T:2- !2t -4t 013t:!2ss t4-.52 19v1-82
 3ts s:1!!4w v15-ts(,)-4r s84002r 91r2
5p4- t:2 71sl2 40 3.-4r1-82
 T4 r13s2 1 str58t5r2 40 92sp13r(!)
T:45.: 044!s ?16 .3v2 t:2 w4r!9s t4 8:1-82(,)
 92s3.- 1-9 pr4v392-82 1r2 t:2r2(.)
 :4w 7!3-929(,)w:4 1t 921t : 1!4-2
 T:23r 922p s3.-30381-86 4w-(!)

VOICI LA RÉPONSE.

Les lettres sont représentées par les chiffres et les symboles situés en dessous.
Avec cette clé, la serrure peut être ouverte.

abcdefgh   et   jklmnouy
1 7 8 9 2 0 . : 3 ; , ! ? - 4 5 6

Les butées mises entre parenthèses, sont utilisées en leur qualité de butées :
ainsi, (,) (;) &c.

La terre, la mer, le ciel étoilé,
 Les chiffres écrits à la main sont-ils divins,
Cette main qui accordait leur harmonie, Et a fait briller leurs gloires variées
;
En eux, l'œil d'un païen peut voir
 Les symboles se combinent dans une grande Vérité ;
 Mais dans le livre des livres se trouve
 Une clé pour lire leurs mystères.

Alors ne laissez pas une langue infidèle avancer
 Ses vantardises superficielles, ni les moqueries n'osent
sur la base de l'ignorance
 Pour élever une structure de désespoir !
Même si les imbéciles peuvent laisser le monde au hasard
 Le Design et la Providence sont là :
 Comme c'est aveuglé, qui est seul à la mort
 Leur signification profonde leur est propre !

LE CHIFFRE CIRCULAIRE.

Entretenir une correspondance sans que la signification de la lettre puisse
être détectée, au cas où elle serait ouverte par une autre personne, a fait appel

à l'ingéniosité de beaucoup. Aucune méthode ne sera trouvée plus efficace à cet effet, ni plus simple que la suivante.

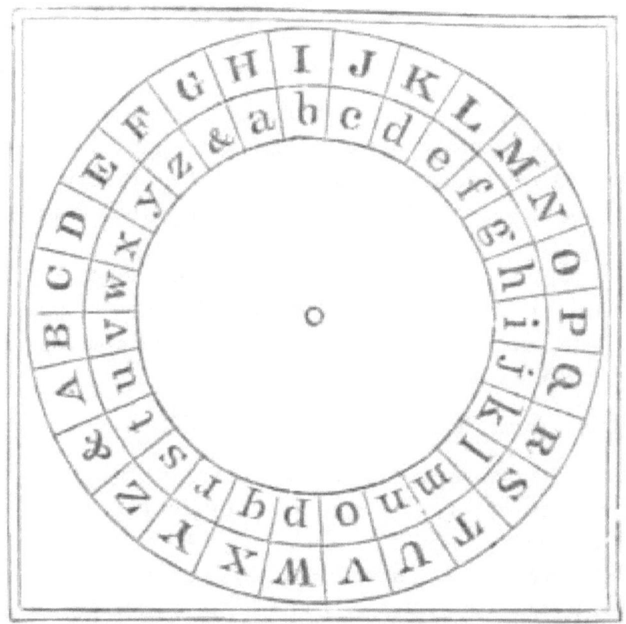

Munissez-vous d'un morceau de carton ou de carton carré et tracez dessus un cercle qui sera divisé en 27 parties égales, dans chacune desquelles doit être écrite *une* des lettres majuscules de l'alphabet et le &, comme dans la figure. Laissez le centre de ce cercle être vide. Dessinez ensuite un autre cercle, également divisé en 27 parties égales, dans chacune desquelles écrivez une des petites lettres de l'alphabet, et le &. Ce cercle doit être découpé et réalisé exactement pour s'adapter à l'espace vide au centre du grand cercle, et doit tourner autour d'un pivot ou d'une broche. La personne avec qui vous correspondez doit avoir un cadran similaire, et au début de votre lettre vous devez mettre la lettre majuscule, et à la fin la lettre minuscule, qui se répondent lorsque vous avez fixé votre cadran.

Supposons que ce que vous souhaitez communiquer soit le suivant :

Je suis tellement surveillé que je ne peux pas te voir comme je l'ai promis ; mais je vous retrouverai demain dans le parc, avec les lettres, etc.

Vous commencez par la lettre T, et vous terminez par la lettre m, qui montre comment vous avez fixé le cadran, et comment votre correspondant doit fixer le sien, pour qu'il puisse déchiffrer votre lettre. Alors, car *je suis*, vous écrivez *b uf*, et ainsi du reste, comme suit :

T buf mdr pumwayx b wugghm ly rhn ul b ikhfblyx vnm bpbee _ fyym rhn mh fhkkhp
bg peut iukd pbma peut eymmykl , tw .

m.

Autrement.

Prenez deux morceaux de carton, de carton ou de papier rigide dans lesquels vous coupez de longs carrés à des distances différentes. Vous en conservez un vous-même et vous donnez l'autre à votre correspondant. Vous posez le carton sur un papier, et, dans les espaces découpés, écrivez ce que vous auriez compris par lui seul ; puis remplissez les espaces intermédiaires avec tous les mots qui relieront le tout et auront un sens différent. Lorsqu'il le reçoit, il pose son carton sur le tout, et ces mots qui sont entre les crochets [ ] forment l'intelligence que vous voulez communiquer. Par exemple : supposons que vous vouliez exprimer ces mots,

" *Ne faites pas confiance à Robert : je l'ai trouvé méchant.* "

"[Ne] manquez pas d'envoyer mes livres. J'espère qu'ils seront prêts lorsque [Robert] vous appellera. [J'ai] entendu dire que vous aviez [trouvé] votre chien. Je le traite de méchant] qui je l'ai volé." Vous pouvez placer un carton de cette espèce de trois autres manières : le bas en haut, le haut en bas, ou en le retournant ; mais dans ce cas, vous devez avertir au préalable votre correspondant, sinon il ne pourra pas déchiffrer votre sens.

CORRESPONDANCE SECRÈTE PAR MUSIQUE.

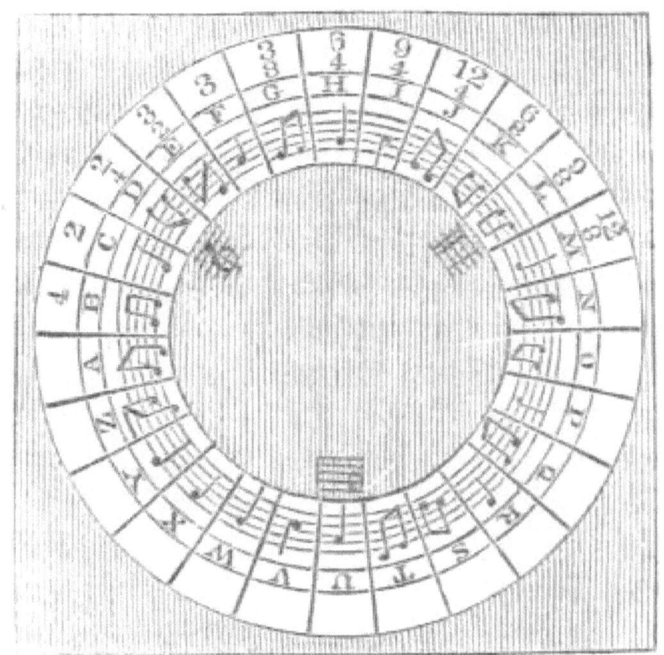

Figure 2.

Formez un cercle comme la figure 2, divisé en vingt-six parties, avec une lettre de l'alphabet écrite dans chacune. L'intérieur du cercle est mobile, comme celui de la figure 1, et la circonférence doit être réglée comme du papier à musique. Placez dans chaque division une note différente en figure ou en position.

Dans les lignes musicales, placez les trois clés et sur le cercle extérieur les chiffres indiquant le temps. Procurez-vous ensuite un papier ligné, et placez une des clés (supposons *ge -re-sol*) contre le temps 2-4èmes, au début du papier, ce qui indiquera à votre correspondant comment placer son cercle. Vous copiez ensuite les notes qui répondent aux lettres des mots que vous comptez écrire, de la manière exprimée ci-dessus.

let me know you
are f ufe and eafe
my tortured mind

LA MAGIE DE LA FORCE.

"Pas deux hommes forts que le poids énorme pourrait soulever,

De tels hommes qui vivent en ces jours dégénérés. » — H OMER DU POPE .

La connaissance mécanique des anciens était principalement théorique ; et bien qu'ils semblent avoir exécuté quelques pièces mineures de mécanisme qui étaient suffisantes pour tromper les ignorants, il n'y a cependant aucune raison de croire qu'ils ont exécuté une machinerie capable d'exciter beaucoup de surprise, soit par son ingéniosité, soit par sa grandeur. Les propriétés des forces mécaniques semblent cependant avoir été utilisées avec succès pour accomplir des exploits de force qui étaient hors de portée même des hommes forts, et qui ne pouvaient manquer de susciter le plus grand étonnement lorsqu'ils étaient démontrés par des personnes de taille ordinaire.

Firmus, originaire de Séleucie, exécuté par l' empereur Aurélien pour avoir épousé la cause de Zénobie, était célèbre pour ses tours de force. Dans son récit de la vie de Firmus, qui vécut au troisième siècle, Vopiscus nous apprend qu'il pouvait laisser le fer être forgé sur une enclume placée sur sa poitrine. Ce faisant, il se couchait sur le dos, et, appuyant ses pieds et ses épaules contre quelque appui, tout son corps formait une voûte, comme nous l'expliquerons plus particulièrement plus tard. Jusqu'à la fin du XVIe siècle, l'exposition de tels exploits ne semble pas avoir été courante. Vers l'année 1703, un natif du Kent, du nom de Joyce, fit de tels exploits de force à Londres et dans d'autres parties de l'Angleterre, qu'il reçut le nom de second Samson. Sa force personnelle était très grande ; mais il avait aussi découvert, sans le secours de la théorie, diverses positions de son corps dans lesquelles des hommes, même de force moyenne, pouvaient accomplir des exploits très surprenants. Il tirait contre des chevaux et soulevait des poids énormes ; mais comme il montrait réellement ses pouvoirs d'une manière qui démontrait l'énorme force de ses propres muscles, tous ses exploits étaient attribués à la même cause. Au cours de huit ou dix ans, cependant, ses méthodes furent découvertes, et de nombreux individus de force ordinaire montrèrent un certain nombre de ses principales performances, bien que d'une manière très inférieure à celle de Joyce.

Quelque temps après, John Charles Van Eckeberg , originaire de Harzgerode , dans l'Anhault , voyagea à travers l'Europe sous le nom de Samson, exposant des exemples très remarquables de sa force. Il s'agit, croyons-nous, de la même personne dont les exploits sont particulièrement décrits par le Dr Desaguliers . C'était un homme de taille moyenne et de force ordinaire ; et comme le Dr Desaguliers était convaincu que ses exploits étaient des démonstrations d'adresse et non de force, il désirait découvrir ses méthodes, et, dans ce but, il alla le voir, accompagné du marquis de Tullibardine, le Dr Alexander Stuart . , le Dr Pringle et son propre opérateur mécanique. Ils se placèrent autour de l'Allemand, de manière à pouvoir observer avec précision tout ce qu'il faisait, et leur succès fut si grand, qu'ils purent accomplir seuls la plupart des exploits le soir même, et presque tout le reste quand ils avait fourni l'appareil approprié. Le Dr Desaguliers a exposé quelques-unes de ces expériences devant la Royal Society, et a donné une explication si distincte des principes dont elles dépendent, que nous essaierons d'en donner un compte rendu populaire.

F IG. 1.

1. L'interprète était assis sur une planche inclinée AB , placée sur un cadre CDE , les pieds appuyés contre la planche verticale C . Autour de ses reins était placée une solide ceinture FG , à l'anneau de fer de laquelle, en G , était attachée une corde au moyen d'un crochet. La corde passait entre ses jambes à travers un trou de la planche C , et plusieurs hommes, ou deux chevaux, tirant à l'autre bout de la corde, ne purent tirer l'artiste de sa place. Ses mains en G semblaient tirer contre les hommes, mais elles ne lui apportaient aucun avantage.

2. Un autre exploit de l'Allemand est montré sur la fig. 2. Après avoir fixé la corde mentionnée ci-dessus à un poteau fort en A , et l'avoir fait passer par un œil de fer fixe en B , jusqu'à l'anneau de sa ceinture, il planta ses pieds contre le poteau en B , et se souleva du sol par la corde, comme le montre la figure. Il étend alors brusquement les jambes et casse la corde, retombant sur un lit de plumes en C , étendu pour le recevoir.

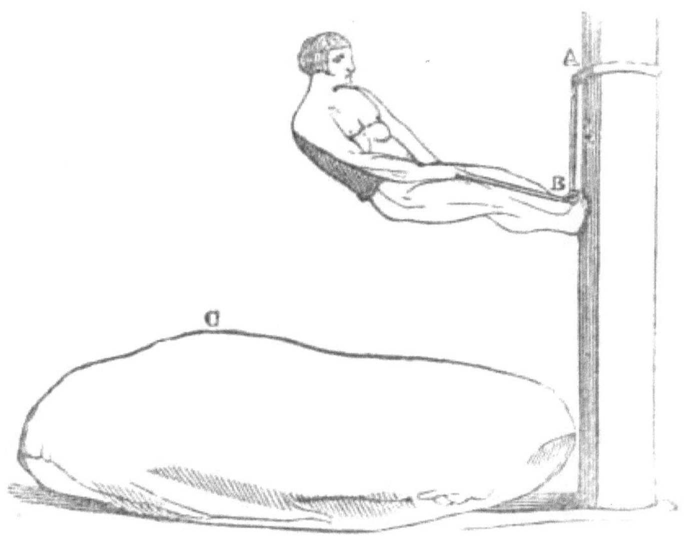

F IG. 2.

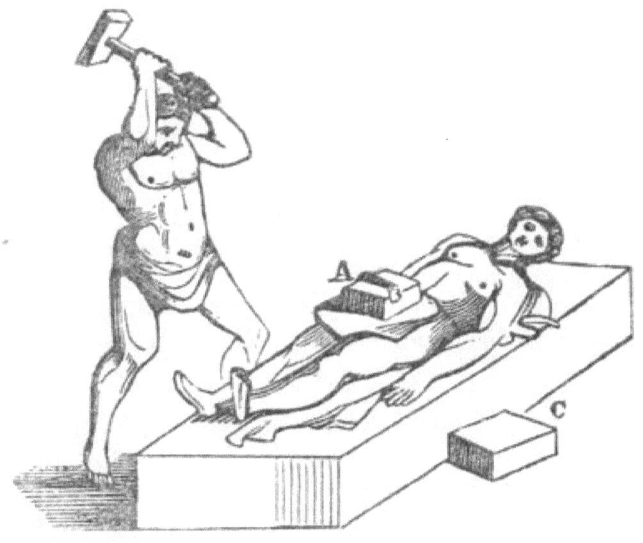

F IG . 3.

3. A l'imitation de Firmus, il se coucha à terre, comme le montre la fig. 3, et lorsqu'on lui plaça une enclume A sur la poitrine, un homme martela de toutes ses forces le morceau de fer B , avec une masse. , et parfois deux forgerons coupaient en deux avec des ciseaux une grande barre de fer froide posée sur l'enclume. D'autres fois, une pierre de dimensions énormes, dont

la moitié est représentée en C , était posée sur son ventre et brisée d'un coup de grand marteau.

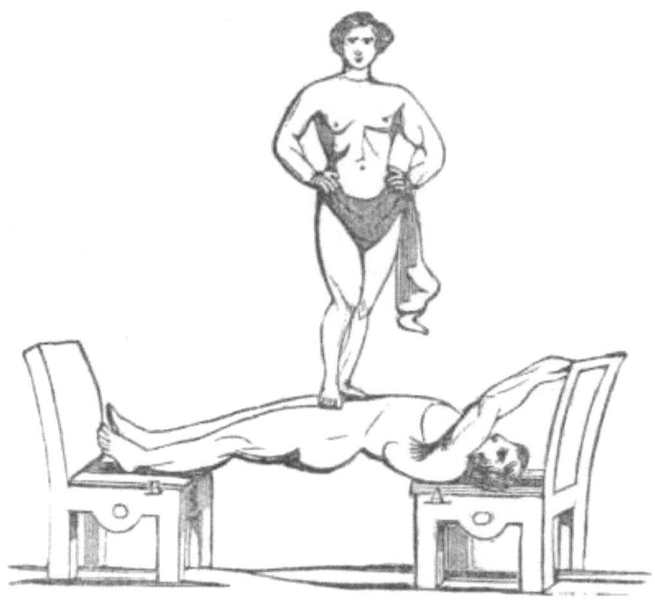

F IG. 4.

chaise et ses talons sur une autre, comme sur la figure 4, formant, avec sa colonne vertébrale, ses cuisses et ses jambes, un arc jaillissant de ses butées en A et B. Un ou deux hommes se tenaient alors sur son ventre, se levant et s'abaissant pendant que l'artiste respirait. Une pierre d'un pied et demi de long, d'un pied de large et d'un demi-pied d'épaisseur fut alors posée sur son ventre et brisée par un marteau, opération qui peut être exécutée avec beaucoup moins de danger que lorsque son dos touchait le sol. , comme sur la figure 3.

5. Son prochain exploit fut de s'allonger sur le sol, comme dans la fig. 5. Un homme étant alors placé sur ses genoux, il tire ses talons vers son corps, et, levant les genoux, il soulève l'homme graduellement, jusqu'à ce que , après avoir ramené ses genoux perpendiculairement sous lui, comme dans la fig. 6, il lève son propre corps, et, plaçant ses bras autour des jambes de l'homme, il se lève avec lui et le dépose sur une table basse ou une éminence du même hauteur que ses genoux. Cet exploit, il l'accomplissait parfois avec deux hommes au lieu d'un.

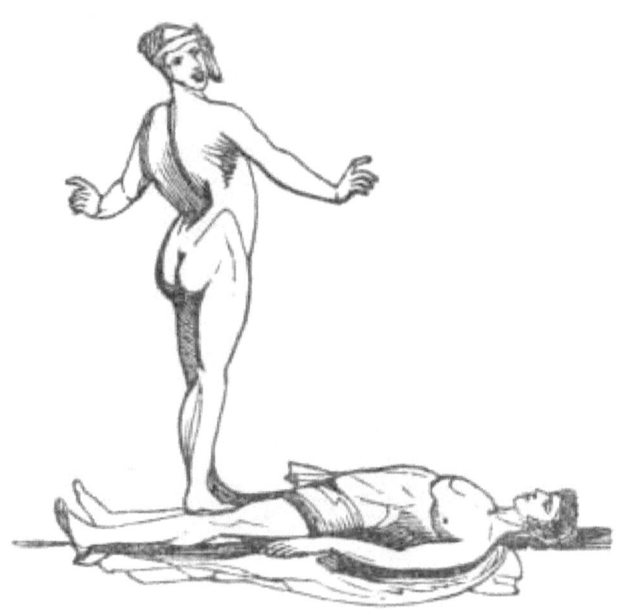

F IG. 5.

F IG. 6.

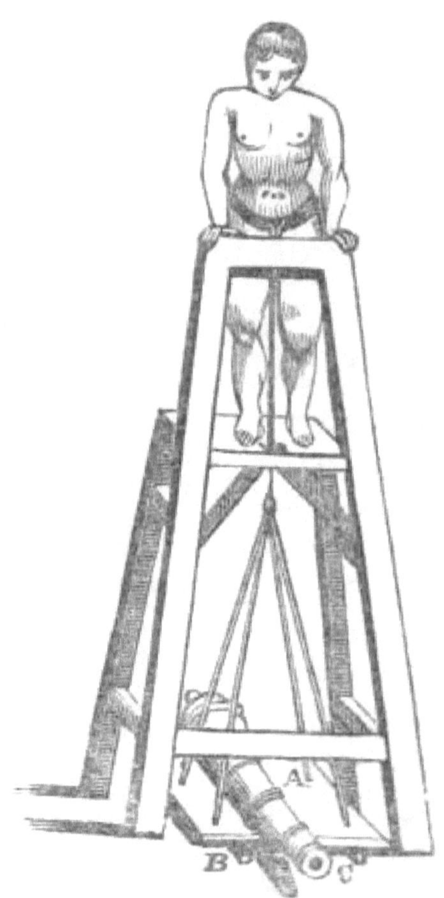

F IG. 7.

6. La dernière performance de l'Allemand, et apparemment la plus merveilleuse, est représentée sur la figure 7, où il semble lever un canon A , placé sur une balance, les quatre cordes de la balance étant fixées à une corde ou à une chaîne. attaché à sa ceinture, de la manière déjà décrite. Avant la fixation des cordes, le canon et la balance reposent sur deux rouleaux BC , mais quand tout est prêt, les deux rouleaux sont renversés sous la balance, et le canon est soutenu par la force de ses reins.

L'Allemand a également montré sa force en tordant en vis un morceau de fer plat comme A , fig. 8. Il a d'abord plié le fer à angle droit, comme en B , puis en enroulant son mouchoir autour de sa large extrémité supérieure, il a tenu cette extrémité dans sa main gauche, et avec sa droite appliquée à l'autre extrémité, tordue autour du point angulaire, comme indiqué en C . Lord Tullibardine réussit à faire la même chose, et détordre même un des fers que l'Allemand avait tordus.

Cela entraînerait des détails peu populaires si je devais donner une explication minutieuse des principes mécaniques dont dépendent ces exploits. Quelques observations générales suffiront peut-être au lecteur ordinaire. Les exploits n° 1, 2 et 7 dépendent entièrement de la force naturelle des os du bassin, qui forment un double arceau, qu'il faudrait une force immense pour briser, par toute pression extérieure dirigée vers le centre du bassin. cambre; et, comme les jambes et les cuisses sont capables de supporter quatre ou cinq mille livres lorsqu'elles sont bien droites, l'interprète n'a aucune difficulté à résister à la force de deux chevaux, ou à soutenir le poids d'un canon pesant deux ou trois mille livres.

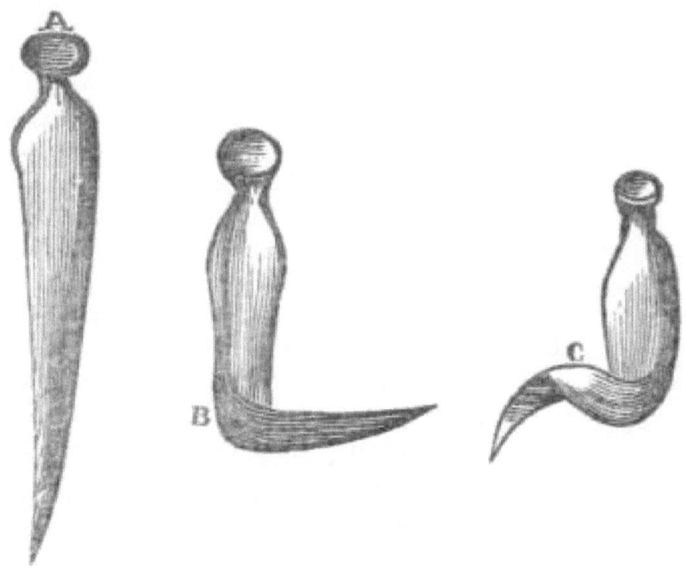

F IG. 8.

La prouesse de l'enclume est certainement très surprenante. Mais la difficulté consiste en réalité à maintenir l'enclume ; car lorsque cela est fait, l'effet du martelage n'est plus rien. Si l'enclume était un mince morceau de fer, ou même deux ou trois fois plus lourd que le marteau, l'interprète serait tué de quelques coups ; mais les coups se font à peine sentir lorsque l'enclume est très lourde, car plus l'enclume a de matière, plus son inertie est grande, et moins elle est susceptible d'être déplacée de sa place ; car lorsqu'il aura reçu par le coup tout l'élan du marteau, sa vitesse sera d'autant moindre que celle du marteau, que sa quantité de matière est plus grande. En effet, quand le coup est porté, l'homme sent moins le poids de l'enclume qu'auparavant, parce que, dans la réaction de la pierre, toutes les parties qui entourent le marteau s'élèvent vers le coup. Cette propriété est illustrée par l' expérience bien connue consistant à poser un bâton avec ses extrémités sur deux verres à boire remplis d'eau et à frapper le bâton vers le bas au milieu avec une barre de fer. Le bâton sera dans ce cas brisé sans casser les verres, ni renverser l'eau. Mais si l'on frappe le bâton vers le haut, comme pour le lancer en l'air, les verres se briseront si le coup est fort, et si le coup n'est pas très vif, l'eau se renversera sans briser les verres.

Lorsque l'artiste soutient un homme sur son ventre, comme dans la figure 4, il le fait au moyen de la forte voûte formée par sa colonne vertébrale et les os de ses jambes et de ses cuisses. S'il y avait de la place pour eux, il pourrait en porter trois ou quatre, ou, à leur place, une grosse pierre à briser d'un seul coup.

Un certain nombre d'exploits d'une force réelle et extraordinaire ont été démontrés il y a environ un siècle, à Londres, par Thomas Topham, qui mesurait cinq pieds dix pouces et avait environ trente et un ans. Il ignorait totalement tous les moyens permettant de rendre sa force plus surprenante ; et il accomplissait souvent, par ses propres forces naturelles, ce qu'il savait avoir été fait par d'autres par des moyens artificiels. Un exemple pénible en est donné par sa tentative d'imiter l'exploit de l'Allemand Samson en tirant contre des chevaux. Ignorant la méthode que nous avons déjà décrite, il s'assit par terre, les pieds appuyés sur deux étriers, et par le poids de son corps il réussit à tirer contre un seul cheval ; mais en voulant tirer contre deux chevaux, il fut soulevé de sa place, et un de ses genoux se brisa contre les étriers, de manière à lui enlever la plus grande partie de la force d'une de ses jambes. Voici les tours de force réels que le docteur Desaguliers le vit accomplir.

1. Après s'être frotté les doigts avec de la cendre de charbon pour les empêcher de glisser, il enroula une grande et très solide assiette d'étain.

2. Ayant posé sept ou huit morceaux de pipe à tabac courts et solides sur l'index et l'annulaire, il les brisa par la force de son majeur.

3. Il a cassé le fourneau d'une forte pipe à tabac placée entre son index et son index, en pressant ses doigts l'un contre l'autre latéralement.

4. Ayant glissé un tel autre bol sous sa jarretière, ses jambes étant pliées, il le brisa en morceaux par les tendons de ses jambons, sans altérer la courbure de sa jambe.

5. Il souleva avec ses dents et maintint en position horizontale pendant un temps considérable une table longue de six pieds, à laquelle pendait au bout une demi-centaine de poids. Les pieds de la table reposaient contre ses genoux.

6. Tenant dans sa main droite un tisonnier en fer de trois pieds de long et trois pouces de diamètre, il frappa son bras gauche nu, entre le coude et le poignet, jusqu'à ce qu'il plie le tisonnier presque à angle droit.

7. Prenant un tisonnier semblable, et en tenant les extrémités dans ses mains et le milieu contre la nuque, il en rapprocha les deux extrémités devant lui, puis il le tira de nouveau presque droit. Cette dernière prouesse fut la plus difficile, car les muscles qui séparent horizontalement les bras les uns des autres ne sont pas aussi forts que ceux qui les rapprochent.

8. Il cassa une corde d'environ deux pouces de circonférence, qui était en partie enroulée autour d'un cylindre de quatre pouces de diamètre, dont l'autre extrémité était attachée à des sangles qui passaient sur son épaule.

9. Le Dr Desaguliers l'a vu soulever avec ses mains seulement une pierre roulante pesant environ 800 livres, se tenant dans un cadre au-dessus d'elle et saisissant un cadre qui y était attaché. Ainsi, le Dr Desaguliers donne la vision relative suivante des forces des individus :

Force des hommes les plus faibles, 125 livres sterling.

Force des hommes très forts,   400

Force de Topham,   800

Le poids de Topham était d'environ 200.

Une des expériences les plus remarquables et les plus inexplicables, relatives à la force du corps humain, que nous ayons nous-mêmes vues et admirées, est celle dans laquelle un homme lourd est soulevé avec la plus grande facilité, lorsqu'il est soulevé à l'instant où ses propres poumons sont soulevés. , et ceux des personnes qui l'élèvent, sont gonflés d'air. Cette expérience a été, je crois, montrée pour la première fois en Angleterre, il y a quelques années, par le major H., qui l'a vue faire lors d'une grande fête à Venise sous la direction d'un officier de la marine américaine. Comme le major H. l'a exécuté plus d'une fois en ma présence, je décrirai, autant que possible, la méthode qu'il a prescrite. La personne la plus lourde du groupe s'allonge sur deux chaises, ses jambes étant soutenues par l'une et son dos par l'autre. Quatre personnes, une à chaque jambe et une à chaque épaule, essayent alors de le soulever, et elles trouvent son poids mort très grand, à cause de la difficulté qu'elles éprouvent à le soutenir. Lorsqu'on le replace sur les chaises, chacune des quatre personnes se saisit du corps comme auparavant, et la personne à soulever donne deux signaux en frappant dans ses mains. Au premier signal, lui-même et les quatre haltérophiles commencent à inspirer longuement et profondément, et lorsque l'inspiration est terminée ou que les poumons sont remplis, le deuxième signal est donné pour lever la personne des chaises. A sa grande surprise et à celle de ses porteurs, il se lève avec la plus grande facilité, comme s'il n'était pas plus lourd qu'une plume. A plusieurs reprises, j'ai observé que lorsqu'un des porteurs remplissait mal son rôle, en faisant l'inspiration hors du temps, la partie du corps qu'il essayait de soulever était pour ainsi dire laissée en arrière. Comme nous avons vu à plusieurs reprises cette expérience, et que nous avons joué le rôle du fardeau et celui du porteur, nous pouvons témoigner combien les effets paraissent remarquables à tous, et combien est complète la conviction, soit que le fardeau a été allégé, soit que le fardeau a été allégé. le porteur renforcé par le processus prescrit.

A Venise, l'expérience fut réalisée d'une manière beaucoup plus imposante. L'homme le plus lourd du groupe était soulevé et soutenu par la pointe des doigts de six personnes. Le major H. déclara que l'expérience ne réussirait pas si la personne soulevée était placée sur une planche et si la force des individus s'appliquait à la planche. Il jugeait nécessaire que les porteurs communiquent directement avec le corps à élever. Je n'ai pas eu l'occasion de faire aucune expérience relative à ces faits curieux ; mais que l'effet général soit une illusion, ou le résultat de principes connus ou nouveaux, le sujet mérite une étude minutieuse.

Parmi les remarquables démonstrations de force mécanique et d'adresse, on peut citer celle de soutenir des pyramides d'hommes. Cette exposition est très ancienne. La forme la plus simple de cet exploit consiste à placer un certain nombre d'hommes les uns sur les épaules des autres, de sorte que chaque rangée se compose d'un homme en moins jusqu'à ce qu'ils forment une pyramide se terminant par une seule personne, sur la tête de laquelle un garçon est parfois placé avec les pieds vers le haut. .

DIVERS

CURIEUX TRUCS ET FANTAISIES.

"La jeunesse aime et vit du changement,

Jusqu'à ce que l'âme soupire après la similitude, qui enfin

Devient variété et prend sa place."

UNE MÉMOIRE ARTIFICIELLE.

Le lecteur aura dû remarquer que pour exécuter plusieurs des recréations de ce livre, il faut avoir une bonne mémoire ; mais comme c'est un don que chacun ne reçoit pas de la nature, de nombreuses méthodes ont été inventées pour suppléer à ce défaut par l'art, dont nous décrirons ici la plus importante.

Une mémoire artificielle respecte soit les chiffres, soit les mots ; pour le premier, que les cinq voyelles, a, e, i , o, u, représentent les cinq premiers chiffres ; les diphtongues qui commencent par les quatre premières voyelles, comme au, ea , c'est-à-dire , ou , représentant les quatre chiffres restants, y représentent un 0 ou un chiffre. Supposons que les dix premières consonnes représentent également les neuf chiffres et le chiffre, comme dans le tableau suivant :

un e je o toi au chaque c'est à dire ou oui

1 2 3 4 5 6 7 8 9 0

b c d F g h k je m n

Alors, pour représenter n'importe quel nombre, que la première lettre soit une voyelle ou une diphtongue, la seconde une consonne, la troisième une voyelle, la quatrième une consonne, etc. Ainsi pour le nombre 1763, vous écrivez ou retenez le mot *akaud* ; s'il y a plusieurs sommes à retenir, vous placez les mots sous forme de vers, ce qui les rendra plus agréables à répéter et plus faciles à retenir ; par exemple, si vous vous souvenez des dates de la découverte de l'Amérique par Colomb, de la colonisation de la Virginie par le capitaine Smith, du débarquement des pèlerins à Plymouth, de la bataille de Bunker Hill, de la déclaration d'indépendance et de la bataille de la Nouvelle-Orléans. , qui étaient en 1492, 1605, 1620, 1775, 1776 et 1815, vous écrivez ce qui suit, car vous devez remarquer que dans ce cas, ainsi que dans des cas similaires, lorsque le premier chiffre est toujours le même, il est inutile de écrivez-le après la première fois :

Afouc hyh poule keag keah décalage.

Lorsque plusieurs chiffres se rejoignent, au lieu de répéter y ou *n* , vous pouvez écrire y ou *n* 2, 3, etc.; ainsi, pour 3 400, écrivez *ify* 2, et pour 256 000, écrivez *ehun* 3.

Pour mémoriser n'importe quel nombre de mots, sélectionnez les premières lettres de ces mots et ajoutez au premier a, s'il commence par une consonne, ou b, s'il commence par une voyelle. De la même manière e ou c à la deuxième lettre initiale ; au troisième, ajoutez i ou d ; au quatrième o ou f; au cinquième u ou g, de sorte que des cinq initiales vous faites cinq syllabes, qui sont réunies en un seul mot - puis des cinq initiales suivantes vous faites, de la même manière, un autre mot, et de deux mots vous faites un vers; par exemple, supposons que vous vous souveniez des noms de tous les rois d'Angleterre depuis la conquête normande dans l'ordre dans lequel ils ont régné, vous écrivez alors ce qui suit :

W *a* w *e* h *i* s *o* hein _ R *a* j *e* h *i* ef _ par *exemple*
E *b* r *e* h *i* h *o* h *u* E *b* e *c* r *i* h *o* h *u*
E *b* m *e e* d j *o c u* C *a* j *e* avec *moi* un *f* g *u* G *a* g *e* g *je* g *o* w *u* V *a* .

Ou, si vous souhaitez vous souvenir des lettres qui commencent un certain nombre de versets, supposons que les vingt et unième lignes de l'Essai sur l'homme de Pope, vous écrivez comme suit :

A *b* t *e* l *i* t *o e* g A *b* a *c* o *d* t *o* t *u*
T *a* o *c* e *d a fl* u _ B *a* s *e* w *i* de *f u* . _

LE MIROIR DU MAGICIEN.

Construisez une boîte en bois, de forme cubique, ABCD , d'environ quinze pouces dans tous les sens. Qu'il soit fixé au socle P , à la hauteur habituelle de la tête d'un homme. De chaque côté de cette boîte, qu'il y ait une ouverture de forme ovale, haute de dix pouces et large de sept. Dans cette boîte, placez deux miroirs, AD , dos à dos. Laissez-les traverser la boîte en diagonale et en position verticale. Décorez les ouvertures sur le côté de cette boîte avec quatre cadres ovales et des verres transparents, et couvrez chacun d'eux d'un rideau de manière à ce que tous se rapprochent.

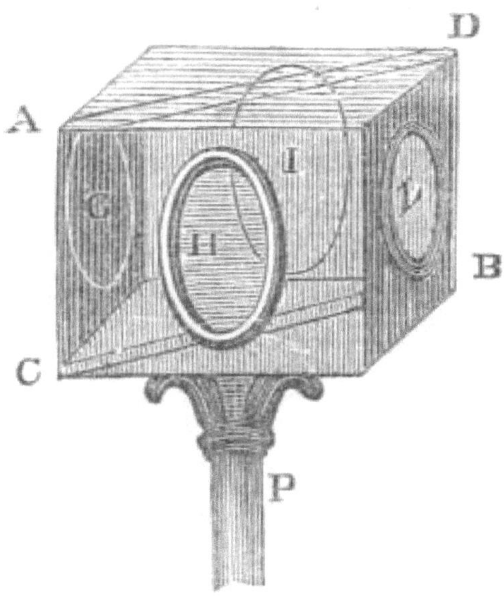

Placez quatre personnes devant les quatre côtés et à égale distance de la loge, puis rapprochez-les de manière à ce qu'elles se voient dans les miroirs, lorsque chacun d'eux, au lieu de sa propre figure, verra celle de la personne suivante. à lui, mais qui lui paraîtra placé du côté opposé. Leur confusion sera d'autant plus grande qu'il leur sera très difficile, voire impossible, de découvrir les miroirs dissimulés dans la boîte. La raison de ce phénomène est évidente ; car, bien que les rayons de lumière puissent être détournés par un miroir, ils *semblent toujours* se déplacer dans des lignes droites.

LE MIROIR DE PERSPECTIVE.

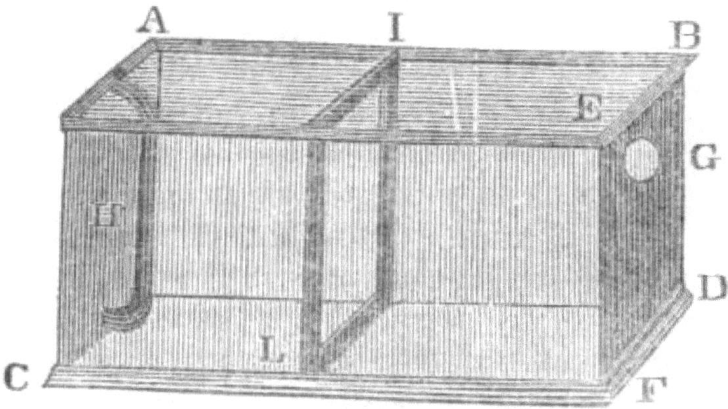

Fournissez une boîte ABCD d'environ deux pieds de long, quinze pouces de large et 12 pouces de haut. A l'extrémité AC , placez le miroir concave dont le foyer des rayons parallèles est à dix-huit pouces de la surface réfléchissante. A IL placer un carton, noirci, dans lequel est découpé un trou, suffisamment grand pour voir sur le miroir H l'objet placé à BEFD . Couvrez le haut de la boîte, de A à I , et fermez-le, afin que le miroir H soit entièrement obscurci. L'autre partie, IB , doit être recouverte de verre, sous lequel est placé une gaze ou un papier huilé, pour que l'intérieur ne soit pas visible. Faites une ouverture en G , près du haut du côté EB , sous laquelle, du côté intérieur, placez successivement des peintures de vues, de paysages, de figures, etc. pour qu'ils soient devant le miroir H . Que la boîte soit placée de manière à ce que l'objet puisse être fortement éclairé par le soleil, ou par des lampes à cire placées sous la partie fermée de la boîte AI . Par cette construction simple, les objets placés à GD seront projetés dans leur perspective naturelle, et si les sujets sont bien choisis et bien exécutés, l'apparence sera à la fois merveilleuse et agréable.

LE GYROSCOPE MAGIQUE.

Un petit instrument a été construit récemment, donnant des résultats si remarquables en ce qui concerne le mouvement rotatif, qu'il a grandement intrigué la plupart de ceux qui ont été témoins de ses étranges performances. Bien que beaucoup de nos lecteurs aient vu l'instrument, d'après les innombrables recherches qui ont été faites pour comprendre la raison de ses exploits particuliers, et aussi du fait que nous n'avons pas encore entendu de solution qui semble être la vraie, nous sont amenés à fournir une brève description et explication de l'ensemble.

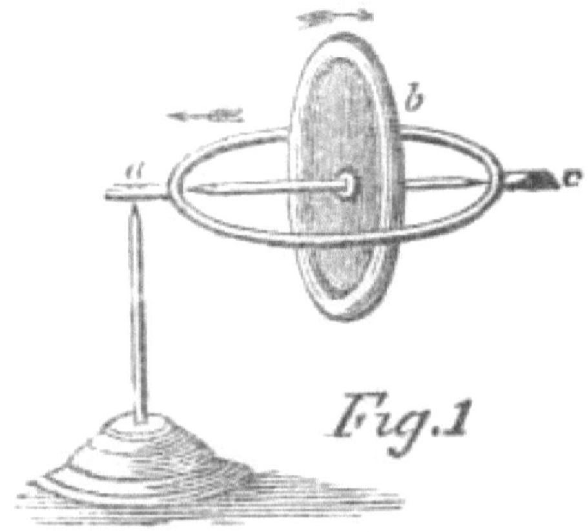

Il se compose d'une roue en laiton, B , de quatre ou cinq pouces de diamètre, avec un bord ou circonférence en plomb épais, de manière à donner à la roue, lorsqu'elle tourne rapidement, une impulsion suffisante pour la faire tourner pendant quelques minutes. L'axe de cette roue se termine par des pivots, disposés dans un anneau circulaire perpendiculaire à la roue, comme le représente la figure. Deux petites pièces plates de laiton (A et C) sont soudées à l'extérieur sur les côtés opposés de cet anneau, et une petite cavité est pratiquée sur la face inférieure de chaque pièce, de manière que le tout puisse reposer sur un fil vertical pointu, placé en un. de ces cavités, ce fil étant inséré dans une lourde base métallique pour lui donner de la solidité. Un petit trou est pratiqué dans l'axe de la roue, de sorte que l'extrémité d'une corde puisse y être enfoncée, que la corde s'enroule autour d'elle et qu'un mouvement rapide soit transmis à la roue comme la rotation d'une toupie. Ceci constitue l'ensemble de l'appareil, qui est représenté sur la figure 1.

Or, en plaçant la roue et son anneau, sur l'extrémité supérieure du fil pointu, comme le montre la figure, un seul côté *étant supporté* , la roue et l'anneau tomberaient bien entendu immédiatement par la force de gravité, en l'absence de support de l'autre côté, C . Mais si un mouvement de rotation rapide est donné à la roue au moyen de la corde déjà décrite, et qu'elle est placée sur le point en A , *elle ne tombera pas* , mais se déplacera lentement sur le point vertical, effectuant une rotation horizontale régulière. mouvement, tant que le mouvement de rotation rapide de la roue continue. Ce mouvement horizontal est si régulier et uniforme qu'il suggère généralement le mouvement des planètes autour du soleil.

Cette propriété *autonome* constitue la merveille et l'énigme de l'instrument, et de nombreuses explications ont été tentées. Certains l'attribuent à l'influence atmosphérique ; d'autres à l'électricité ; tandis que d'autres remarquent avec assurance : « Ah, oui, je le comprends, c'est le *mouvement* qui l'empêche de tomber, c'est l'élan, la force centrifuge ; » mais on ne nous dit pas *pourquoi* ce résultat est produit par la force centrifuge.

La véritable explication est la suivante :

1. La roue au repos peut bien entendu être facilement déplacée de manière à modifier la position de son axe, dans n'importe quelle direction. Mais il n'en est pas ainsi lorsqu'on le fait tourner rapidement ; si l'anneau est tenu dans les mains, la roue résistera fortement à tout mouvement latéral ou de torsion, à tel point qu'un novice sursautera et la laissera presque tomber, en supposant qu'il y ait quelque chose de vivant dedans ou, comme ils le *font* . remarque parfois; "Pourquoi ! c'est comme s'il y avait un *serpent* dans la roue !" Ceci n'est dû qu'à la forte impulsion de la *jante avant* (déjà décrite) tendant à maintenir la roue dans sa position ; car une tentative pour modifier sa position jette toute cette matière qui vole rapidement dans une direction différente, ce qui, il est évident, ne peut pas être facilement réalisé.

2. Le mouvement horizontal *de rotation lente* du pivot en A est dans une direction opposée au mouvement *de rotation* du *haut* de la roue, comme le montrent les flèches sur la figure 1. En d'autres termes, la partie avant de la

roue vole vers le haut. , et la partie arrière vers le bas. On constatera que c'est toujours le cas.

3. Maintenant, lorsque la roue se déplace horizontalement autour du pivot en *a* , la partie avant de la jante se déplace continuellement vers la *gauche* et la partie arrière vers la droite, comme représenté sur la figure 2. Le mouvement combiné de la roue La partie avant de la roue, à la fois vers le haut et vers la gauche, n'est donc pas perpendiculairement vers le haut, mais inclinée vers la gauche, et la tendance de son élan est de projeter également le haut de la roue vers la gauche. De la même manière, l'élan descendant derrière projette le bas vers la droite. En lançant le haut vers la gauche et le bas vers la droite, on soulève bien entendu la roue lorsqu'elle repose sur le pivot A . En d'autres termes, le mouvement combiné de la roue sur son axe, et sur le pivot A , tend constamment à la soulever, vainquant ainsi la gravité, et maintenant la roue dans sa position, appuyée seulement à une extrémité.

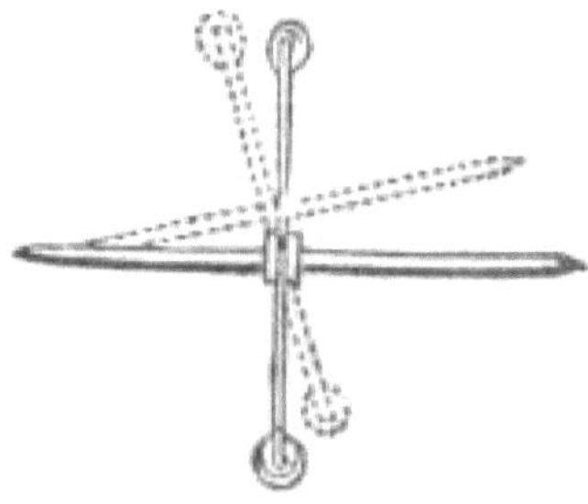

Figure 2

4. L'élan de la jante avant, tel que décrit en (1.), tendant à maintenir la roue dans sa position, la maintient également dans une attitude uniformément horizontale ; s'il est placé par la main, en l'inclinant vers le haut, il se déplacera sur le pivot selon *un* , sans altérer cette inclinaison ; ou le même résultat a lieu s'il est incliné au-dessous de l'horizontale.

5. La raison du mouvement horizontal vers l'avant est la suivante : la force de rotation de la roue tend à la projeter vers la gauche, et par conséquent à la soulever vers le haut, comme le montre (3). La gravité, d'autre part, tend à pour le tirer vers le bas; le mouvement *résultant* (ou intermédiaire) se fait donc entre eux, ou horizontalement . Comme preuve que la gravité produit ainsi le mouvement en avant : lorsque la roue tourne avec la plus grande rapidité, et a par conséquent la plus grande force relative à la gravité, le mouvement horizontal est le plus lent ; mais elle continue d'augmenter constamment à mesure que le mouvement de la roue est retardé et que la gravité prend une force proportionnelle plus grande.

LE PAYSAGE ARTIFICIEL.

Procurez-vous une boîte, comme en coupe, d'environ un pied de long, huit pouces de large et six pouces de haut, ou toute autre dimension que vous voudrez, afin qu'elles ne s'écartent pas beaucoup de ces proportions. A chacune de ses extrémités opposées, à l'intérieur de cette boîte, placez un morceau de miroir qui s'ajustera exactement ; mais à l'extrémité où se trouve le trou de vue A , grattez le mercure du verre, à travers lequel l'œil peut voir les objets.

Couvrir la boîte de gaze, par-dessus laquelle placer un morceau de verre transparent, qui sera bien fixé. Qu'il y ait deux rainures à chacun des endroits CDEF, pour recevoir deux scènes imprimées, comme suit : Sur deux morceaux de carton, que soit habilement peint, des deux côtés, tout sujet que vous jugerez approprié, comme bois, tonnelles, jardins, maisons, etc. ; et sur deux autres planches, le même sujet d'un seul côté, et découpé toutes les parties blanches : remarquez aussi qu'il doit y avoir dans l'une d'elles quelque objet relatif au sujet, placé en A, que le miroir placé en B ne peut pas refléter le trou du côté opposé.

Les planches peintes des deux côtés sont à glisser dans les rainures CDEF , et celles peintes d'un côté sont à placer contre les miroirs opposés A et B ; recouvrez ensuite la boîte avec son dessus transparent. Cette boîte doit être placée sous une lumière forte, pour avoir un bon effet.

Lorsqu'on le regarde à travers le trou de vue, il présente une anperspective illimitée de paysage rural, se perdant progressivement dans l'obscurité ; et il vaut bien les efforts consacrés à sa construction.

Méthodes faciles et curieuses pour prédire le temps pluvieux ou beau.

Si une ligne est faite d'une bonne corde de fouet, bien séchée, et qu'un plomb est fixé à son extrémité, puis accroché contre un lambris, et qu'une ligne est tirée en dessous, exactement là où le plomb atteint, par temps très modéré, elle on constate qu'elle s'élève au-dessus avant la pluie et qu'elle descend en dessous lorsque le temps est susceptible de devenir beau. Mais le meilleur instrument de tous est une bonne balance, dans laquelle il y a dans l'une un poids d'une livre de cuivre, et dans l'autre une livre de sel ou de salpêtre bien séché ; un support étant placé sous la balance afin d'éviter qu'elle ne tombe trop bas. Quand il pleuvra, le sel gonflera et fera couler la balance : quand le temps se fera beau, le poids de laiton reprendra son ascendant.

Une autre méthode très simple consiste à prendre une bande de bois de pin d'environ vingt pouces de long, un de large et un quart d'épaisseur, et à la couper dans le sens du fil. Prenez ensuite une bande de cèdre, de mêmes dimensions, mais coupée dans le sens du fil. Collez-les fermement face à face et placez-les debout sur un support. Quelque temps avant que la pluie ne tombe, les pores du pin vont absorber l'humidité de l'atmosphère et se gonfler jusqu'à ce que l'ensemble forme un arc, qui se redressera à l'approche des beaux jours. Il va sans dire que les tiges ne doivent pas être peintes ou vernies.

LA MESURE MAGIQUE.

La ligne à mesurer ne doit pas être excessivement longue, sinon il sera difficile de la mesurer avec précision ; car le moindre échec dans un objectif juste, ou le moindre écart par rapport à une position verticale, entraînerait des erreurs très sensibles dans la mesure d'une très longue ligne, surtout si le terrain était très inégal. Pour mesurer donc la ligne AB , accessible à l'extrémité A , supposons la largeur d'une petite rivière, celui qui prétend mesurer doit se tenir bien droit à l'extrémité A , et appuyer son menton avec un petit bâton appuyé sur un des boutons de son manteau, de manière à maintenir sa tête stable dans une position. Il doit baisser son chapeau sur son front jusqu'à ce que le bord de son chapeau cache à sa vue l'extrémité inaccessible B de la ligne à mesurer AB , puis il doit se tourner vers un terrain plat et uniforme et avec la même position. de son chapeau, observez le point du sol où se termine sa vue, comme C , puis mesurant avec une ligne ou une chaîne la distance AC , il a la longueur de la ligne proposée AB .

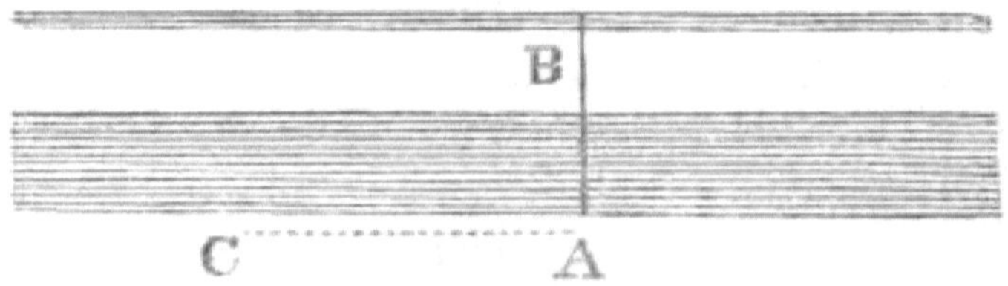

LA PERSPECTIVE SANS LIMITES.

Prenez une boîte carrée d'environ six pouces de long et douze de haut, ou de toute autre dimension proportionnelle. Couvrez l'intérieur avec quatre morceaux de miroir plats placés perpendiculairement à bottomla boîte. Placez au fond tous les objets qu'il vous plaira, comme une pièce de fortification, un château, des tentes, des soldats, etc. Sur le dessus, placez un cadre de verre en forme de pied de pyramide, comme sur la figure, et formé de manière à s'adapter à la boîte comme un couvercle. Les quatre côtés de ce couvercle seront composés de verre dépoli, ou recouverts intérieurement de gaze, afin que la lumière puisse entrer, et cependant l'intérieur soit invisible, sauf en haut, qui doit être recouvert de verre transparent : quand on regarde à travers ce verre, l'intérieur présentera une perspective agréable d'une étendue sans limites ; et, s'il est géré avec soin, il offrira beaucoup de divertissement.

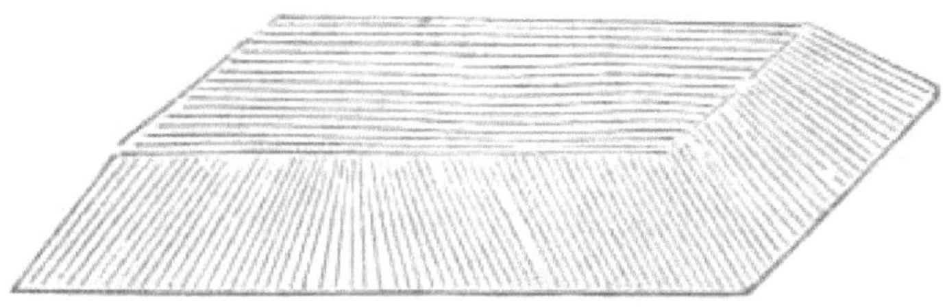

L'HEURE DU JOUR OU DE LA NUIT RACONTÉE PAR UN SHILLING SUSPENDU.

Aussi improbable que puisse paraître l'expérience suivante , elle a été prouvée par des essais répétés :

Enfilez un shilling ou six pence au bout d'un morceau de fil au moyen d'une boucle. Puis, en posant votre coude sur une table, tenez l'autre extrémité du fil entre votre avant-index et votre pouce, en veillant à le laisser passer sur la pointe du pouce, et suspendez ainsi le shilling dans un gobelet vide. Observez, votre main doit être parfaitement stable ; et si vous avez de la difficulté à le maintenir dans une posture immobile, il est inutile de tenter l'expérience. En supposant cependant que le shilling soit proprement suspendu, vous observerez que lorsqu'il aura retrouvé son équilibre, il sera un instant stationnaire : il sera alors de lui-même, et sans la moindre intervention de la part de celui qui le détient, prenez l'action d'un pendule, vibrant d'un côté à l'autre du verre, et, après quelques secondes, sonnera l'heure la plus proche de l'heure du jour ; par exemple, s'il est six heures vingt-cinq, six heures sonneront ; si six heures trente-cinq minutes, sept heures sonneront ; et ainsi de suite à toute autre heure.

Il est nécessaire d'observer que le fil doit reposer sur le pouls du pouce, et cela peut, dans une certaine mesure, expliquer la *vibration* du shilling ; mais la cause de la sonnerie de l'heure précise reste inexpliquée ; car il n'est pas moins étonnant que vrai que lorsqu'il a frappé le nombre convenable, sa vibration cesse, il acquiert une sorte de mouvement de rotation, et devient enfin stationnaire, comme auparavant.

DISPOSITIF POUR UNE LAMPE DE MONTRE, PARFAITEMENT SÉCURISÉE, QUI INDIQUERA L'HEURE DE LA NUIT, SANS AUCUN PROBLÈME, À UNE PERSONNE ALLONGÉE DANS LE LIT.

Il se compose d'un support à trois griffes dont le pilier est creusé, destiné à recevoir un chandelier à eau d'un pouce de diamètre. Au sommet du pilier, au moyen de deux charnières et d'un boulon, est fixée sur une petite table proportionnée, une boîte à six côtés, doublée de laiton, d'étain ou de tout métal brillant, neuf pouces de profondeur et six pouces de diamètre . . Au centre de l'un de ces côtés est fixée une lentille double convexe, d'au moins trois pouces et demi de diamètre. Le centre du côté directement opposé à la lentille est ajouré de manière à recevoir le cadran de la montre dont le corps est confiné à l'extérieur, au moyen d'une glissière creuse. Lorsque la boîte est éclairée par une lampe de montre ordinaire, les chiffres sont agrandis presque jusqu'à la taille de ceux d'une horloge ordinaire.

LE PALAIS ENCHANTÉ.

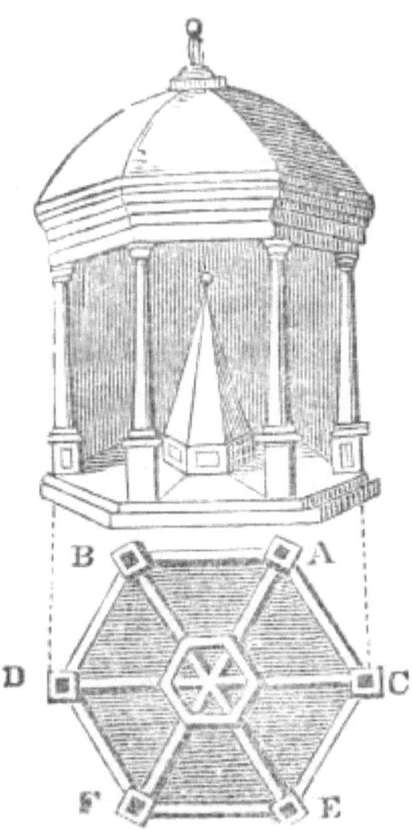

tout entier. Cette illusion paraîtra très remarquable, surtout si les objets choisis sont bien adaptés à l'effet que les miroirs sont censés produire.

Si vous placez entre deux de ces miroirs une partie de fortification, en guise de courtine, et deux demi-bastions, vous verrez une citadelle entière avec six bastions ; ou si vous placez une partie d'une salle de bal, ornée de lustres et de personnages, tous ces objets étant ici multiplied, vous offriront une perspective très agréable.

POUR SAVOIR QUELLE DES DEUX EAUX DIFFÉRENTES EST LA PLUS LÉGÈRE SANS AUCUNE ÉCAILLE.

Prenez un corps solide dont la densité est inférieure à celle de l'eau, du bois de pin ou de sapin, par exemple, et mettez-le dans chacune des deux eaux, et soyez assuré qu'il s'enfoncera plus profondément dans l'eau plus légère que dans l'eau. eau plus lourde; et ainsi , en observant la différence des coulées, vous saurez quelle est l'eau la plus légère, et par conséquent la plus saine à boire.

POUR SAVOIR SI UNE PIÈCE D'ARGENT SUSPECTE EST BON OU MAUVAIS.

Si c'est une pièce d'argent qui n'est pas très épaisse, comme un dollar ou un demi-dollar, dont vous voulez essayer la bonté, prenez une autre pièce de bon argent d'égale balance avec elle, et attachez les deux pièces avec du fil ou du cheval. -cheveux aux écailles d'une balance exacte (pour éviter le mouillage des écailles elles-mêmes) et tremper les deux pièces ainsi liées dans l'eau ; car alors, s'ils sont d'égale bonté, c'est-à-dire d'égale pureté, ils pendent en équilibre dans l'eau aussi bien que dans l'air ; mais si la pièce en question est plus légère dans l'eau que l'autre, c'est certainement faux, c'est-à-dire qu'il y a un autre métal mélangé avec elle qui a une densité moindre que l'argent, comme le cuivre. S'il est plus lourd que l'autre, il est également mauvais, car il est mélangé à un métal d'une densité supérieure à celle de l'argent, comme le plomb.

Si la pièce proposée est très épaisse, comme cette couronne d'or que Hiéron, roi de Syracuse, envoya à Archimède pour savoir si l'orfèvre y avait mis tous les dix-huit livres d'or qu'il lui avait données à cet effet, prenez une pièce d'or pur du poids égal à la couronne proposée, c'est-à-dire dix-huit livres, et sans prendre la peine de les peser dans l'eau, mettez-les dans un vase plein d'eau, l' un après l'autre, et celui qui chasse le plus d'eau doit être nécessairement mélangé avec un autre métal de densité moindre que l'or, car prenant plus de place, quoique de poids égal.

PYRAMIDE D'ALUN.

Mettez un morceau d'alun dans un verre d'eau et, à mesure que l'alun se dissoudra, il prendra la forme d'une pyramide. La cause de la diminution de l'alun sous cette forme particulière est brièvement la suivante : au début, l'eau dissout l'alun très rapidement, mais à mesure que l'alun s'unit à l'eau, le pouvoir solvant de cette dernière diminue. L'eau, qui se combine d'abord avec l'alun, s'alourdit par l'union, et tombe au fond du verre, où elle cesse de se dissoudre, quoique l'eau qu'elle a déplacée du fond soit remontée jusqu'au haut du verre. verre, et agit-il sur l'alun. Lorsque la solution est presque terminée, si vous examinez de près la masse, vous la trouverez couverte de figures géométriques découpées comme en relief sur la masse ; montrant non-seulement que la cohésion des atomes de l'alun résiste au pouvoir de dissolution dans l'eau, mais que, dans le cas présent, elle y résiste plus dans certaines directions que dans d'autres. En effet, cette expérience illustre magnifiquement l'action opposée de la cohésion et de la solution.

L'AUTOMATE DANSANT.

Procurez-vous un morceau de fil de soie d'environ six pieds de long et attachez un petit crochet en fil métallique à une extrémité et une fine aiguille à l'autre, puis faites un nœud dans le fil à environ dix pouces de l'extrémité sur laquelle le crochet est attaché. Vous vous procurez également une petite figurine en carton d'environ quatre pouces de long et percez un trou au centre de celle-ci, juste assez grand pour y insérer facilement l'aiguille. Cela fait, profitez de l'occasion qui vous convient et fixez le crochet dans le tapis à environ cinq pieds et demi de la chaise sur laquelle vous avez l'intention de vous asseoir pendant l'exécution du tour. Vous pouvez ensuite informer votre public que vous avez l'intention de faire danser le personnage et de garder le rythme sur n'importe quelle mélodie qu'il peut nommer. Vous glissez ensuite l'aiguille dans le trou de la figure et la jetez sur le sol, avec suffisamment de force pour la faire glisser sur le fil jusqu'à ce qu'elle atteigne le nœud, en prenant soin de conserver l'aiguille toujours dans votre main, puis sifflez l'air. la compagnie peut suggérer et sembler battre la mesure avec les mains sur les genoux. Cela fera danser la figure, au grand étonnement des spectateurs. Après avoir continué cela pendant quelques minutes, vous devez laisser tomber l'aiguille et ramasser la figurine, lorsque l'aiguille glissera à nouveau à travers le trou de la figurine, et que l'automate étant libéré du fil, vous pourrez le remettre au public. pour examen. C'est un excellent tour pour le salon et, s'il est bien exécuté, il défiera toute détection.

POUR FAIRE FONDRE UNE PIÈCE D'ARGENT DANS UNE COQUE DE NOYER, SANS BLESSER LA COQUE.

Pliez n'importe quelle pièce de monnaie fine et mettez-la dans une demi-coquille de noix ; placez la coquille sur un peu de sable pour la maintenir stable. Remplissez ensuite la coquille d'un mélange composé de trois parts de nitre pilé bien sec, d'une part de fleurs de soufre et d'un peu de sciure bien tamisée. Si vous allumez ensuite le mélange, vous verrez, lorsqu'il fondra, que le métal fondra aussi au fond de la coquille, en forme de bouton, qui deviendra dur lorsque la matière brûlante qui l'entoure sera consumée. : la coquille aura subi très peu de blessures.

LES RESSORTS INVISIBLES.

Prenez deux morceaux de *cordon de coton blanc* , exactement de même longueur ; doublez chacun d'eux séparément, de manière à ce que leurs extrémités se rejoignent ; puis attachez-les ensemble très soigneusement, avec un peu de *fil de coton fin* , à l'endroit où ils doublent (*c'est -à-dire* le milieu). Tout cela doit être fait au préalable. Lorsque vous allez montrer le tour, distribuez deux autres morceaux de corde, exactement semblables en longueur et en aspect à ceux que vous avez préparés, mais non attachés, et demandez à votre compagnie de les examiner. Vous revenez ensuite à votre table en plaçant ces cordes au bord, pour qu'elles tombent (apparemment accidentellement) au sol, derrière la table ; baissez-vous pour les ramasser, mais prenez plutôt ceux préparés, que vous aviez préalablement placés là, et posez *-les* sur la table. Vous emportez ensuite pour examen trois anneaux d'ivoire ; ceux donnés aux enfants lors de leurs poussées dentaires et que l'on peut se procurer dans tous les magasins de jouets sont les plus adaptés à votre usage. Lorsque les anneaux ont subi un examen suffisant, passez-y les doubles cordes préparées, et donnez les deux extrémités d'une corde à une personne pour qu'elle les tienne, et les deux extrémités de l'autre à une autre. Ne les laissez pas tirer trop fort, sinon le fil se cassera et votre astuce sera découverte. Demandez aux deux personnes de s'approcher l'une de l'autre, et demandez à chacune de vous donner un bout de la corde qu'elle tient, en lui laissant le choix.

Vous dites alors que, pour tout attacher, vous attacherez ces deux bouts ensemble, ce que vous faites en abaissant le nœud de manière à toucher les anneaux ; et rendant à chacun le bout de la corde à côté de lui, vous déclarez que ce tour s'exécute par la règle du contraire, et que lorsque vous désirez qu'ils tirent fort, ils doivent se détendre, et vice versa, ce qui est *susceptible* de suscitent beaucoup de rire, car ils sont certains de commettre de nombreuses erreurs au début. Pendant ce temps, vous tenez les anneaux avec les avant-doigts de chaque main, et avec les autres doigts, vous évitez que vos assistants ne séparent prématurément les cordons, lors de leurs erreurs ; vous désirez enfin, à haute voix, qu'ils se détendent, lorsqu'ils tireront fort, ce qui brisera le fil, les anneaux restant dans vos mains, tandis que les cordes resteront intactes : laissez-les être de nouveau examinés, et demandez-leur de se détendre. cherchez les ressorts dans les anneaux.

LE VOL DE L'ANNEAU.

Vous pouvez faire passer une bague d'une main à l'autre et la faire passer à n'importe quel doigt de l'autre main, pendant que quelqu'un tient vos deux bras, afin d'empêcher toute communication entre eux, en suivant ces instructions : Désirez une dame dans société de vous prêter une bague en or, en lui recommandant en même temps d'y faire une marque, afin qu'elle la reconnaisse à nouveau. Ayez votre propre bague en or. qui s'attachent par un petit morceau de ficelle en boyau à un barillet de montre, et le cousent à la manche gauche de votre habit. Prends l'anneau qui t'est donné dans ta main droite ; puis, mettant avec dextérité l'autre anneau attaché au barillet de la montre près de l'entrée de votre manche, tirez-le en privé jusqu'au bout des doigts de votre main gauche. Pendant cette opération, cachez l'anneau qu'on vous a prêté entre les doigts de votre main droite, et attachez-le adroitement à un petit crochet cousu à cet effet, sur votre gilet, et caché par votre habit. Après cela, montrez votre bague que vous tenez dans votre main gauche ; demandez ensuite à l'entreprise sur quel doigt de l'autre main elle souhaite que cela passe. Pendant cet intervalle, et aussitôt que la réponse a été donnée, mettez le doigt mentionné ci-dessus sur le petit crochet, afin d'y glisser l'anneau : à ce moment lâchez l'autre anneau, en ouvrant les doigts. Le ressort qui est dans le barillet de la montre, n'étant plus retenu, se contractera et fera glisser l'anneau sous le manchon, sans que personne ne s'en aperçoive, pas même ceux qui vous tiennent les bras, dont l'attention sera occupée à empêcher votre mains de communiquer. Après cette opération, montrez à l'assemblée que la bague est venue par contre, et faites-leur remarquer que c'est la même qui vous a été prêtée, ou que la marque est exacte. Il faut beaucoup de dextérité dans cette astuce, afin que l'on ne soupçonne pas la tromperie.

FIGURES MUSICALES RÉSULTANT DU SON.

Couvrir le goulot d'un verre à vin, muni d'un pied, d'une fine feuille de membrane sur laquelle est dispersée une couche de sable fin. Les vibrations excitées dans l'air par le son d'un instrument de musique tenu à quelques centimètres de la membrane feront que le sable formera à sa surface des lignes et des figures régulières avec une célérité étonnante, qui varient selon le son produit.

POUR FAIRE SAUTER UNE CARTE DU PACK.

Laissez n'importe qui tirer une carte, puis la mettre dans le paquet, mais prenez soin de savoir où la trouver à votre guise. Vous pouvez le faire en l'ayant *forcé* . Mettez ensuite un morceau de cire sous l'ongle de votre main droite, et attachez par celui-ci un cheveu à votre pouce, et l'autre extrémité du cheveu, par le même moyen, à la carte choisie : étalez le paquet sur la table. , et, en utilisant tous les mots que vous jugez appropriés, faites-le sauter du paquet autour de la table.

LES CARTES TÉLÉPHONIQUES.

Dites à n'importe qui de mélanger le paquet, d'enlever la carte supérieure et de la remarquer, puis de la poser sur la table, face vers le bas, et de mettre dessus autant de cartes que cela fera treize avec le nombre de points. sur la carte notée.

Par exemple : si la carte que la personne a regardée en premier était un roi, une reine, un valet ou un dix, demandez-lui de poser cette carte face vers le bas, en l'appelant dix ; sur cela, qu'il en pose un autre, l'appelant onze ; là-dessus, un autre, l'appelant douze ; et là-dessus, un autre, l'appelant treize ; puis dites-lui de retirer la carte immédiatement supérieure : supposez que ce soit un huit, qu'il la pose sur une autre partie de la table, en l'appelant huit ; sur ce dernier, un autre, l'appelant neuf, et ainsi de suite de la même manière, jusqu'à ce qu'il fasse ce tas jusqu'à treize ; puis laissez-le passer à la carte immédiatement supérieure, et ainsi disposer le troisième paquet de la même manière que les deux précédents, et si la carte supérieure est un as, il doit la poser, en l'appelant un, les deux cartes suivantes. , etc.

Tout cela doit être fait soit lorsque vous êtes hors de la pièce, soit lorsque vous avez le dos tourné ; en vous retournant, vous prenez les cartes qui restent ; votre but étant de compter, sans qu'on s'en aperçoive, combien il en reste, vous jetez les trois cartes du dessus, et vous posez les trois cartes suivantes sur la table, face vers le haut ; puis jetez-en une, puis retournez-en une, et ainsi de suite de la même manière, jusqu'à ce que vous sachiez combien il y a de cartes ; nous supposerons qu'il vous reste vingt-cinq cartes ; en déduire dix, lorsque les quinze restants seront le nombre de tous les points contenus dans toutes les cartes du bas des trois tas, en comptant les cartes de cour pour dix ; il faut se rappeler que dix est, dans tous les cas, le nombre à déduire des cartes restantes. Après avoir constaté que quinze est le nombre de points sur les cartes, ne le déclarez pas tout de suite ; mais choisissez parmi les cartes qui sont sur la table, face vers le haut, trois ou quatre qui, additionnées, feront quinze.

Par exemple : s'il y a un deux, un cinq et un huit, laissez-les un moment de côté, et prenant les autres cartes parmi lesquelles vous avez choisi les trois, mettez-les avec celles que vous avez rejetées auparavant ; vous remettez maintenant les trois cartes révélatrices à n'importe quelle personne, en lui assurant que le nombre de pépins sur ces cartes sera le même que celui des cartes du bas des trois tas, ce qui s'avérera être le cas.

LA DOUZAINE.

Présentez un jeu de cartes à un membre de la compagnie, en lui demandant de bien les mélanger et de les faire mélanger par qui bon lui semble ; puis faites-les couper par plusieurs personnes ; après quoi vous proposerez à quelqu'un de la compagnie de prendre le paquet et de penser à une carte, et de se souvenir d'elle, ainsi que de son ordre dans le paquet, en comptant un, deux, trois, quatre, etc., jusqu'à ce qu'il vienne, exclusivement. , à la seule pensée de; proposez-lui d'aller dans une autre pièce ou de lui bander les yeux pendant qu'il fait cela. Déclarez maintenant dans quel ordre la carte sera dans le paquet ; disons, par exemple, le vingt-quatrième ; et, en prêtant attention aux instructions suivantes, il en sera ainsi : Supposons que la personne qui pense à la carte s'arrête à treize, et que la treizième carte soit la reine de cœur, le numéro que vous avez indiqué sera dans le le pack étant de vingt-quatre ; vous retournez dans la chambre, au cas où vous l'auriez quitté, ou désirez qu'on vous enlève le mouchoir, si vous avez les yeux bandés ; et, sans poser aucune question à celui qui a pensé à la carte, demandez seulement le paquet, et appliquez-le sur votre nez, comme pour le sentir ; puis en le passant derrière votre dos, ou sous la table, prenez, au fond du paquet, vingt-trois cartes ; c'est-à-dire un de moins que le nombre que vous avez indiqué sera la carte à laquelle vous pensez ; placez ces vingt-trois cartes sur le dessus. Ceci fait, remettez le paquet à la personne qui a pensé à la carte en lui demandant de compter les cartes à partir du haut du paquet, en commençant par le numéro de la carte à laquelle il a pensé. Sa carte étant la treizième, il sera obligé de compter quatorze, et vous l'arrêterez lorsqu'il arrivera à vingt-trois, en lui rappelant que le nombre que vous avez mentionné est vingt-quatre, et que, par conséquent, le vingt-quatrième. la carte qu'il va prendre sera la carte à laquelle on pense ; et il en sera très certainement ainsi. [15]

LES BREVETS DE MAISON.

Prenez un jeu de cartes et placez tous les as ensemble, les deux, les trois, et ainsi de suite jusqu'aux rois. Il y aura alors treize tas différents. Vous dites : « Voici quatre maisons (déposant les quatre as séparément), dans lesquelles quatre valets entrent dans le but de voler (en plaçant un valet sur chaque as), et prennent avec eux leurs instruments pour cambrioler (et sur chacun des valets). vous posez un deux, trois, quatre, cinq, six, sept et huit). Les maîtresses des maisons rentrent à la maison (posant une reine sur chacun des tas), apportant leur argent avec elles (posant un neuf sur chaque reine). ... Peu de temps après, leurs maris reviennent également (posant un roi sur chaque reine), apportant également de l'argent avec eux » (posant un dix sur chaque tas). Vous avez désormais disposé de toutes les cartes, qui forment quatre tas distincts. Ensuite, posez les tas les uns sur les autres et laissez autant de personnes qu'il vous plaira les couper. Ceci fait, si vous commencez par le haut du paquet et que vous disposez les cartes face vers le bas, une par une, de manière à former treize tas séparés, vous trouverez tous les as ensemble, les deux, et ainsi de suite, comme vous les avez initialement placés.

LE LIVRE MAGIQUE.

Fournissez un livre in-8° en papier ordinaire, de l'épaisseur qui vous convient. Retournez sept feuilles depuis le début et peignez un groupe de fleurs ; puis retournez sept autres feuilles et peignez à nouveau la même chose, et ainsi de suite, jusqu'à ce que vous ayez tourné le livre jusqu'au bout. Collez ensuite un morceau de papier ou de parchemin sur chacune des feuilles peintes. Retournez le livre et peignez sur chaque sixième feuille un perroquet, puis collez des bandes dessus comme vous l'avez fait sur la première, seulement un peu plus bas. Procédez de cette manière jusqu'à ce que vous ayez peint le livre rempli d'images de toutes sortes, en prenant soin de laisser un côté des feuilles sur du papier blanc. Lorsque vous utilisez le livre, tenez-le dans votre main gauche et posez le pouce de votre main droite sur le premier des supports en parchemin ; parcourez le livre et il apparaîtra plein de fleurs ; puis arrêtez-vous et, soufflant sur le livre, parcourez-le de nouveau, avec le pouce sur les seconds feuillets de parchemin, et il apparaîtra plein de perroquets. Ensuite, retournez le livre et parcourez-le comme avant, et il apparaîtra composé de papier vierge.

LE TRUC DE LA BANDE.

Cette astuce consiste à laisser une personne vous attacher fermement les pouces, et pourtant vous pourrez les relâcher en un instant et les attacher à nouveau. La manière d'exécuter ce tour est la suivante : — Posez un morceau de ruban adhésif sur les paumes de vos mains, placées côte à côte, en laissant pendre les extrémités ; puis rapprochez rapidement vos paumes, tout en saisissant en privé le milieu de la bande avec vos quatrième et cinquième doigts. Ordonnez ensuite à chacun d'attacher vos pouces aussi étroitement qu'il le souhaite, mais il ne les attachera pas en réalité, car vous tenez le ruban, mais il lui semblera néanmoins qu'il le fait. Demandez-lui de mettre un chapeau sur vos mains ; puis soufflez sur le chapeau et dites : « Lâchez-vous », en glissant vos pouces sous le ruban ; demandez-lui d'enlever le chapeau et de montrer vos pouces libres. Vous demandez alors que le chapeau soit de nouveau placé sur vos mains, et en soufflant dessus, vous dites « Soyez attaché », en glissant à nouveau vos pouces sous le ruban ; et lorsque le chapeau sera retiré, vos pouces apparaîtront liés comme au début. Après avoir exécuté le tour, éloignez la bande, de peur qu'elle ne soit détectée.

PLUS QUE COMPLET.

Remplissez d'eau un verre à ras bord, et vous pourrez y ajouter de l'alcool de vin sans que l'eau ne déborde.

AIGUILLES FLOTTANTES.

Remplissez une tasse d'eau, posez délicatement sur sa surface de petites aiguilles fines et elles flotteront.

LE FIL NOUÉ.

Un amusement considérable, non dénué d'émerveillement, peut être occasionné parmi un groupe de dames, par une exécution intelligente de ce tour. Il est le plus souvent exécuté par une femme, mais son effet est considérablement accru lorsqu'il est exécuté par un jeune. Un morceau de calicot, de mousseline ou de lin est pris dans la main gauche, une aiguille est enfilée en présence des spectateurs, et le nœud habituel, ou même double ou triple, fait à l'extrémité d'une des extrémités du fil. il. L'opérateur commence son travail en tirant l'aiguille et le fil tout au long du linge, malgré le nœud, et continue de faire de même plusieurs points successivement.

La manière d'accomplir cette apparente merveille est la suivante : un morceau de fil, d'environ un quart de mètre de long, est enroulé une fois autour du haut du majeur de la main droite, sur lequel un dé à coudre est ensuite placé pour le maintenir. sécurisé. Cela doit être fait en privé et le fil doit rester caché, tandis qu'une aiguille est enfilée avec un peu de fil de longueur similaire. Le fil de l'aiguille doit avoir une de ses extrémités rapprochée et être cachée entre l'index et le pouce ; l'autre doit pendre presque aussi longtemps et du côté du fil qui est attaché sous le dé, de sorte que ces deux-là puissent paraître être les deux extrémités du fil. L'extrémité de la pièce qui est attachée sous le dé est alors nouée, et l'artisan commence à coudre, en bougeant rapidement sa main après avoir repris le point. Il semblera qu'il ait réellement passé le fil noué à travers le tissu.

L'EXPÉRIENCE BACCHUS.

Cette expérience, montrant l'élasticité de l'air, est réalisée avec un jouet agréable. Il représente une figure de Bacchus assis en face d'un tonneau dans lequel se trouvent deux compartiments séparés. Mettez dans l'un d'eux une portion de vin ou de liquide coloré, et placez l'appareil sous le récepteur épuisé d'une pompe à air, lorsque la force élastique de l'air confiné fera monter le liquide dans un tube de verre transparent (ajusté exprès). , dans la bouche de la figure bacchanale. Pour rendre l'expérience plus frappante, une vessie contenant une petite quantité d'air est attachée autour de la figure et recouverte d'une ample robe de soie, lorsque l'air dans la vessie se dilate et produit une augmentation apparente de la masse de l'air. la figure, comme occasionnée par l'excès d'alcool bu.

CURIEUSE MÉTHODE DE MESURE DE LA HAUTEUR D'UN ARBRE.

Pour déterminer la hauteur d'un objet, une méthode de mesure particulière est utilisée chez les Indiens de l'Isthme. En mesurant la hauteur d'un arbre, par exemple, un homme part de sa base jusqu'à un point où, en lui tournant le dos et en mettant la tête entre ses jambes, il ne voit plus que la cime ; à l'endroit où il peut le faire , il fait une marque au sol jusqu'à la base de l'arbre ; cette distance sera égale à la hauteur.

LES PIÈCES TRANSPOSABLES.

Prenez deux quartiers d'aigle et deux pièces de dix sous, et broyez-en une partie, d'un côté seulement, de manière à ce qu'ils n'aient que la moitié de l'épaisseur commune ; et observez qu'ils doivent être assez minces au bord ; puis rivetez un quart d'aigle et un sou ensemble. Posez une de ces pièces doubles, la pièce de dix cents vers le haut, sur la paume de votre main, au bas de vos trois index, et posez de la même manière l'autre pièce avec le quartier d'aigle vers le haut, dans l'autre main. Que l' entreprise remarque dans quelle main se trouve le quart d'aigle et dans quelle main se trouve le sou. Puis, en fermant vos mains, vous retournez naturellement les pièces, et lorsque vous les rouvrez, la pièce de dix cents et le quartier d'aigle sembleront avoir changé de place.

NOTES DE BAS DE PAGE

[1] Autrement dit, faites deux sacs et cousez les bords ensemble, de manière à ce qu'il y ait réellement un troisième sac entre les deux.

[2] Les chiffres représentent les paires, *je . e.* , le 1 sous M signifie que M appartient à la *première* paire.

[3] Cela peut être fait en effectuant la passe.

[4] Voir également page 84 .

[5] Toutes les expériences marquées ainsi * doivent être effectuées sur la plaque de cuisson de la grille, pour permettre aux fumées de s'échapper par la cheminée.

[6] L'œil doit être appliqué sur le petit trou circulaire visible sur la face supérieure.

[7] La substance la plus fine jamais observée est le film aqueux de la bulle de savon avant son éclatement ; pourtant, il est capable de refléter la faible image d'une bougie ou du soleil. Son épaisseur doit donc correspondre à ce que Sir Isaac Newton appelle le début du noir, qui apparaît dans l'eau à l'épaisseur de sept cent cinquante millièmes de pouce.

[8] Les épingles ne servent qu'à maintenir le pois stable avant qu'il ne soit soufflé du tuyau, car le pois seul dansera tout aussi bien.

[9] D est une bonne note pour cela. La corde supérieure peut être accordée sur le ré supérieur, et les deux cordes inférieures sur le ré inférieur et le D D . Les « harmoniques » sont les sons produits.

[10] Ancêtre des Napiers combattants et écrivains de notre époque.

[11] Lorsqu'une *moitié exacte* ne peut être prise sans une fraction, il doit prendre la *moitié la plus grande* : vous devez le lui dire avant de commencer. Ici, c'est la *plus grande moitié* .

[12] Extrait de Parkes' Philosophy of Arithmetic, un ouvrage capital publié par Moss & Bro. Crême Philadelphia.

[13] *C'est à dire.* , au quatrième carré à partir de l'angle droit.

[14] Cela se fait assez facilement, mais les instructions suivantes ne sont peut-être pas inutiles pour certains. Tracez une ligne droite pour une base de n'importe quelle longueur. Si vous souhaitez former un triangle équilatéral, *je . e.* dont les trois côtés sont égaux, divisez cette ligne de base par deux, et au point de division établissez une ligne verticale ; puis à partir de chaque extrémité de la ligne de base, inclinez-vous contre la ligne verticale centrale

sur toute la longueur de la base. Bien entendu, ceux-ci se rejoindront au sommet et le triangle sera formé. Tout autre triangle peut être formé de la même manière, la longueur des côtés étant au choix de l'artiste.

[15] Assurez-vous d'avoir le numéro que vous nommez supérieur à celui de la première position de la carte dans le paquet ; par exemple, vingt-quatre est supérieur à treize.

www.ingramcontent.com/pod-product-compliance
Lightning Source LLC
LaVergne TN
LVHW042344190726
843493LV00005B/916